CB069277

GUERRAS DE BEBÊS

ROBIN BAKER E ELIZABETH ORAM

GUERRAS DE BEBÊS

Tradução de
JORGE CALIFE

EDITORA RECORD
RIO DE JANEIRO • SÃO PAULO
2002

CIP-Brasil. Catalogação-na-fonte
Sindicato Nacional dos Editores de Livros, RJ.

B142g Baker, Robin, 1944-
Guerras de bebês / Robin Baker, Elizabeth Oram; tradução de Jorge Calife. – Rio de Janeiro: Record, 2002.

Tradução de: Baby wars
Inclui bibliografia
ISBN 85-01-05229-9

1. Família. 2. Pais. 3. Conflito interpessoal. 4. Evolução (Biologia) – Aspectos sociais. 5. Reprodução humana – Aspectos sociais. I. Oram, Elizabeth. II. Título.

02-1411

CDD – 306.8
CDU – 316.356.2

Título original em inglês:
BABY WARS
Parenthood and Family Strife

Copyright © 1998 by Robin Baker and Elizabeth Oram

Todos os direitos reservados. Proibida a reprodução, armazenamento ou transmissão de partes deste livro através de quaisquer meios, sem prévia autorização por escrito.
Proibida a venda desta edição em Portugal e resto da Europa.

Direitos exclusivos de publicação em língua portuguesa para o Brasil adquiridos pela
DISTRIBUIDORA RECORD DE SERVIÇOS DE IMPRENSA S.A.
Rua Argentina 171 – Rio de Janeiro, RJ – 20921-380 – Tel.: 2585-2000
que se reserva a propriedade literária desta tradução

Impresso no Brasil

ISBN 85-01-05229-9

PEDIDOS PELO REEMBOLSO POSTAL
Caixa Postal 23.052
Rio de Janeiro, RJ – 20922-970

EDITORA AFILIADA

Para Nat e Mimi

Sumário

Agradecimentos 9

Introdução 11

1 Altos e baixos

1 A novela real 23

2 Começando

2 Campanhas de concepção 27
3 Tempos estéreis 48
4 Sucesso? 56

3 Gravidez, trabalho de parto e serenidade

5 Sexo durante a gravidez 71
6 Enjôo na gravidez 82
7 Trabalho de parto 92

4 Guerras de bebês

8 Mamando no peito 101
9 Noites em claro 120
10 Depressão pós-parto 125

5 Famílias e dinastias

11 Vale tudo... 135
12 Qualidade ou quantidade? 150
13 Um único erro 159

6 Brigas em família

14	Rivalidade entre irmãos	165
15	Favoritismo paterno	172
16	Incesto	181
17	Abuso contra crianças	200
18	A mãe solitária	218

7 O caminho para os netos

19	Preparando o terreno	231
20	Rebelião, exploração e fuga (vôo)	250
21	A seleção de parceiros	258

8 A vida com os netos

22	Ajuda prolongada	269
23	Além da reprodução?	277
24	A ajudante familiar	284

9 O fim

25	Compromisso final	293

Outras leituras   303

Agradecimentos

Este livro é uma coleção de situações que ilustram aspectos diferentes da paternidade e da vida em família, sendo cada situação acompanhada de uma discussão sobre o comportamento dos principais personagens em cena. O objetivo é destacar as muitas idéias novas e interessantes que surgiram recentemente na biologia evolucionista, fazendo-o de um modo que seja compreensível para um público leigo. Este livro não poderia ter sido escrito sem a pesquisa inovadora feita por um grande número de cientistas. Nós optamos, entretanto, por não carregar as páginas de referências e notas. Assim, nossos principais agradecimentos vão para todas aquelas pessoas anônimas cuja pesquisa ou visão contribuiu, de algum modo, em maior ou menor parte, para as idéias e histórias apresentadas nestas páginas. Para os leitores que quiserem se aprofundar, há uma lista de leitura no final do livro. Sempre que possível, nós limitamos a lista de livros àqueles de leitura acessível, no lugar de trabalhos de pesquisa e similares.

Com muita gratidão reconhecemos o apoio que recebemos dos nossos editores nos estágios iniciais de planejamento e criação do livro. Christopher Potter, da Fourth Estate, Editor do Ano na Grã-Bretanha em 1996, acreditou no projeto desde o início e nos deu todo o estímulo de que necessitávamos durante os longos meses que passamos pesquisando e escrevendo o livro. Laura Susijn também desempenhou um papel-chave, nos encorajando e acertando tudo para que começássemos. Agora trabalhando para nossos agentes, Sheil Land Associates, ela continua a nos dar conselhos, dicas e encorajamento.

Finalmente, eu, RRB, gostaria de agradecer à Escola de Ciências Biológicas da Universidade de Manchester, que, no final de setembro de 1996, aceitou, no que deve ter sido um tempo recorde, meu pedido de aposentadoria no dia 1º de outubro daquele ano, de modo que eu pudesse me concentrar na carreira de escritor. Foi preciso muito esforço e organização da parte de várias pessoas, do Dr. Ron Butler em particular, para que minha saída fosse possível. Uma menção especial deve ir também para Chris Bainbridge e Charlie Nicholls, que possuem o discutível mérito de terem sido meus últimos pesquisadores assistentes. Não apenas eles aceitaram com benevolência meu súbito desaparecimento, o que significava pouca atenção para eles, como estudantes, mas também se ofereceram para ajudar em meu trabalho de supervisão dos projetos dos alunos de graduação, pelos quais continuei responsável.

Agradeço a todos. Sem sua ajuda, eu teria levado muitos meses mais para escrever este livro.

Introdução

A paternidade e a vida em família afetam todo mundo. Além disso, a maioria das pessoas, primeiro quando são crianças, e, 20 ou 30 anos depois, quando se tornam pais, passam pelos dois lados da experiência. Muitos terão lembranças agradáveis da vida em família, enquanto outros terão recordações que prefeririam esquecer. Nem a infância nem a paternidade são experiências fáceis. De tempos em tempos, mesmo nas famílias mais tranqüilas, brotam as tensões da vida diária. De fato, para algumas pessoas, a vida em família não passa de uma batalha contínua. Em grau maior ou menor, *bebês* significam *guerras* em todas as famílias.

Quando os conflitos familiares aparecem, a maioria das pessoas acaba culpando a si mesmas — ou ao seu companheiro, pais ou avós —, suspeitando que existe alguma incapacidade de adaptação. Neste livro, entretanto, vamos mostrar que o conflito é uma coisa normal, inevitável e constitui um aspecto importante da vida em família e da paternidade: sem conflitos, a maioria das pessoas aprenderia menos com a experiência. Este paradoxo é um dos principais temas deste livro.

Em *Guerras de bebês,* assim como em *Guerra de esperma,* que lidava com o comportamento sexual humano, cada tópico a ser discutido será ilustrado com uma cena curta no estilo de um caso fictício. Cada uma dessas cenas mostra uma pessoa experimentando uma fase da infância ou da vida adulta na qual um aspecto especial é destacado, sendo em seguida acompanhado por uma interpretação do comportamento adotado pelos personagens principais. O assunto vai de problemas comuns, como concepção, enjôo na gravidez, dor durante o trabalho de parto e insônia, até aspectos ilegais, como incesto e abuso sexual contra crianças.

Como em *Guerra de esperma,* a perspectiva teórica e filosófica das discussões é a de um biólogo evolucionista. Esta perspectiva é a mais básica porque procura explicar a origem evolutiva de todas as facetas da condição humana, das quais o comportamento dos pais e a vida em família constituem apenas dois aspectos. Outras disciplinas científicas — como a biologia, a medicina, a psicologia, a sociologia e a antropologia, por exemplo — aceitam que os seres humanos possuem uma anatomia particular, uma química corporal e um comportamento, e a partir daí fazem ligações e buscam conseqüências. Em oposição, a biologia evolucionista está interessada, em primeiro lugar, na programação genética que vai produzir a anatomia, a química do corpo e o comportamento.

A técnica da biologia evolutiva é muito simples. Seja qual for o aspecto do comportamento humano que está sendo discutido, o biólogo evolucionista procura ver primeiro que repercussões este comportamento vai ter na capacidade reprodutiva daquela pessoa, o que algumas vezes é chamado de sucesso na reprodução. A expectativa é de que qualquer comportamento que ocorra de forma generalizada deverá aumentar a capacidade da pessoa de produzir descendentes. Isto parece simples e direto, mas, como iremos mostrar ao longo do livro, os modos como o comportamento pode aumentar a capacidade de reprodução não são sempre óbvios. O desafio que o biólogo evolucionista enfrenta é explicá-lo. Tendo conseguido, ele avalia a explicação no contexto dos ambientes ancestrais onde viveram os seres humanos — pois foi onde e quando a moderna condição humana surgiu — e depois no contexto dos outros animais. Se o mesmo comportamento é encontrado em um grande número de culturas humanas e em outros animais, e se, em todas as situações, o modo como ele aumenta as chances de sucesso na reprodução for o mesmo, então o biólogo evolucionista pode estar certo de que a explicação é justificada. E ele poderá geralmente presumir que as bases químicas, neurais e cerebrais para tal comportamento foram programadas na estrutura genética humana pelo processo evolutivo.

Ficou evidente, pela resposta do público e da mídia a *Guerra de esperma*, que, para muitas pessoas, a principal revelação do livro foi a sugestão de que mesmo comportamentos complexos como a atividade sexual podem ser programados pela seleção natural. Acreditamos que a resposta dos leitores a *Guerras de bebês* possa ser semelhante. Embora este ponto seja importante, seria uma pena se a contribuição do livro para o modo como as pessoas pensam em paternidade terminasse aqui. Muito do fascínio da análise da biologia evolucionista sobre a paternidade deriva da nova compreensão que ela revela sobre comportamentos e situações que todos experimentam. Por que as mulheres ficam enjoadas na gravidez? Por que o choro dos bebês é tão estressante? Por que irmãos e irmãs brigam com tanta freqüência? Por que os adolescentes se rebelam e querem pôr o pé estrada? As respostas a essas perguntas são fascinantes em si mesmas, além de serem parte da visão geral da evolução do comportamento humano.

Não é surpreendente que a idéia que sustenta a abordagem do biólogo evolucionista seja a teoria darwiniana da evolução pela seleção natural. Nós não nos referimos aqui à evolução no sentido que tem sido abordada em inúmeros tratados filosóficos sobre o sentido da vida. A seleção natural, que se encontra no coração deste livro, não está aberta a tais discussões filosóficas. De fato, ela nem mesmo chega a ser uma questão biológica: trata-se de simples matemática e como tal constitui um argumento fechado.

O princípio é o seguinte: *se* algum tipo de comportamento possui um elemento genético *e se* os indivíduos portadores de uma forma do gene em questão têm, em média, maior sucesso reprodutivo do que aqueles que possuem outra forma, então, *com a certeza que vem da matemática*, a população acabará sendo dominada pelos indivíduos portadores da forma mais bemsucedida do gene. A maioria de nós descende das pessoas que se reproduziram com maior sucesso em sua geração. Poucos são descendentes dos que tiveram menos sucesso na reprodução. E, obviamente, nenhum de nós é descendente daqueles que não se reproduziram. Como o comportamento dos pais constitui um aspecto tão importante do processo reprodutivo dos seres humanos, a maior parte da nossa geração deve ser descendente dos melhores pais da geração passada.

Este princípio é irrefutável e deveria ser adotado como parte da cultura popular, mas isso não ocorre. E a principal razão parece ser emocional, e não cerebral. Enquanto um número cada vez maior de pessoas começa a perceber que sua anatomia e vários problemas médicos são o produto de seus genes, a maioria ainda acha difícil aceitar que o modo como nos *comportamos* possa ter relação com os genes. Eles não têm dificuldade em aceitar que a cor de seus olhos, do cabelo e da pele seja determinada na concepção pelos genes que herdaram de seus pais, e muitos estão familiarizados com o fato de que várias doenças — câncer de mama e fibrose cística, por exemplo — podem ser herdadas dos pais. Então, por que a maioria continua a resistir à idéia de que nosso comportamento também pode depender dos genes que herdamos de nossos ancestrais?

A pesquisa cada vez mais nos mostra que o comportamento é influenciado e até mesmo controlado pela genética. Por exemplo, o apetite sexual do homem, sua predisposição à promiscuidade, assim como a agressividade, são resultado do nível de testosterona e outros andrógenos que o corpo produz. Isto, em parte, depende do tamanho de seus testículos, e o tamanho do testículo é algo sob controle genético. Tome exemplo da bissexualidade. A evidência de que ela seja herdada geneticamente é tão grande que a única razão para a oposição à idéia é o preconceito. Acredita-se que muitos problemas mentais, como a esquizofrenia, por exemplo, tenham origem genética. O mesmo ocorre com a predisposição ao alcoolismo. Dezenas de milhões de americanos, particularmente aqueles com ancestrais índios ou japoneses, assim como alguns de origem européia, possuem uma incapacidade genética de tolerar álcool. E os geneticistas estão concluindo agora que existem até mesmo genes responsáveis pelo comportamento violento e anti-social.

Um dos obstáculos para a aceitação da base genética do comportamento é que freqüentemente não percebemos o quanto de nosso comportamento tem origem química e não cerebral. Costumamos presumir que nossos cérebros estejam no comando, simplesmente porque é assim que parece. Mas a pesquisa está tornando cada vez mais evidente que não é este o caso. Pergunte a alguém que sofra de depressão clínica qual o controle que ele tem sobre seus pensamentos e seu comportamento. Faça a mesma pergunta a quem sofre de SAD (desordem afetiva sazonal — depressão provocada por baixa exposição à luz do sol). A resposta será muito clara — nenhum. E o fato é que, em ambos os casos, o desespero é provocado pelo baixo nível de alguma substância química (serotonina, por exemplo) no cérebro. A natureza exata de seus sentimentos depende da substância e da parte do cérebro que é afetada. Ou pergunte a uma mulher qual o controle que ela tem sobre seu estado de espírito nos diferentes estágios de seu ciclo menstrual. A resposta é semelhante. E a razão é que todas essas mudanças de comportamento e ânimo são induzidas quimicamente por hormônios. E a produção desses hormônios é controlada geneticamente.

Mesmo aqueles que aceitam que sua anatomia, sua química corporal e seu comportamento têm uma base genética, freqüentemente acham difícil aceitar que não têm controle sobre seus genes. Eles ficam perturbados com qualquer sugestão de que sejam apenas um chassis para seu motor genético. Ou mesmo quando não se importam de ser uma carroceria, eles pelo menos querem achar que são também os motoristas. É claro, de certo modo as pessoas *são* o veículo de seus genes: elas os carregam de lugar para lugar, deixando cópias deles — na forma de esperma e óvulos — em várias paradas ao longo da jornada da vida. Mas são os próprios genes os motoristas. São eles que orquestram o desenvolvimento de uma pessoa, do óvulo fertilizado ao indivíduo adulto. São eles que determinam que sexo a pessoa vai ter, como ele, se for macho, deve se parecer, como deverá ser constituído, como seu cérebro será conectado, que hormônios terá e em que quantidades — e, conseqüentemente, como ele deve se comportar. São os genes que constroem até mesmo a carroceria que o levará pelo mundo. Gostem ou não, é impossível escapar da conclusão de que *o comportamento é orquestrado pelos genes.*

Isto não significa, é claro, que a experiência e o ambiente não desempenhem um papel. O cérebro é estruturado e programado pelos genes para se lembrar de experiências passadas e, quando colocado em uma situação nova, usa essas experiências passadas para decidir qual a ação adequada. Se esta ação produz péssimos resultados, o cérebro é programado para se lembrar dela e não cometer o mesmo erro da próxima vez. Os genes até mesmo programam o cérebro, no início da vida, para fazer pequenos ajustes em sua "fiação", em resposta às primeiras experiências.

Na maior parte do tempo, o corpo humano cuida de organizar sua vida sem incomodar o cérebro, deixando-o livre para fazer o que ele faz melhor: monitorar e lembrar do que pode ser visto, cheirado e assim por diante. O cérebro é igualmente programado para se lembrar onde estamos, onde colocamos as coisas, com quem estamos e como vamos de um lugar para outro. Ele faz o melhor que pode para que não sejamos comidos por um tigre ou atropelados por um ônibus. Essas tarefas são o forte do cérebro e quanto menos ele for incomodado por problemas corporais, melhor ele funciona. Ocasionalmente, entretanto, o corpo não tem outra opção senão consultar o cérebro.

Tome como exemplo o fato de que o corpo precisa de reabastecimento de tempos em tempos. Ele então gera a sensação de fome e, freqüentemente, depois de verificar sua situação química e determinar que proteínas e vitaminas estão acabando, ele produz uma fome *específica*. Ele cria um pensamento na mente consciente que diz que uma banana pode ser uma boa idéia. Não, não uma maçã, mas uma banana. E como funciona melhor em tarefas como estas, o cérebro agora procura lembrar-se — ou, não conseguindo, procura descobrir — onde poderia encontrar a banana mais próxima, considerando a localização do corpo, a hora do dia etc. É claro que o cérebro pensa que toda essa história de querer uma banana foi idéia sua, mas não foi. O desejo da banana foi conseqüência de milhões de verificações químicas feitas pelo corpo, seguindo um conjunto de instruções estabelecidas, em primeiro lugar, pelos genes. Foram os genes que determinaram também qual o nível mínimo das substâncias químicas da banana a ser atingido antes de dizer ao cérebro para encontrar uma. A única ocasião em que este processo funciona um pouco diferente é quando entra em ação o oportunismo. O olho detecta uma banana por perto e o cérebro diz ao corpo. O corpo faz uma pequena verificação em suas reservas químicas e diz: "Sim, logo estaremos com falta de compostos químicos de banana, coma uma", ou então: "Não, agora temos o suficiente. Deixe a banana, mas se achar uma maçã..."

Sexo, paternidade e todos os outros aspectos do comportamento funcionam de modo semelhante à fome. Os genes fornecem as instruções, o corpo as realiza e, quando necessário, pede ao cérebro que se lembre e calcule qual o melhor modo de fazer o que tem que ser feito. Por seu lado, nossos genes foram moldados da mesma forma como a seleção natural tratou nossos ancestrais, seja no modo como nos comportamos como pais, amantes, estudantes, guerreiros, competidores ou em qualquer outro aspecto da vida. E como são nossos genes e nossa química corporal, e não os nossos cérebros, que controlam nosso comportamento, a maior parte deste livro lida com comportamentos conduzidos *subconscientemente*. Damos pouca atenção à racionalização consciente que as pessoas fazem para explicar *por que* elas fazem o que fazem. A biologia evolucionista preocupa-se com *o que as pessoas fazem realmente*, e não com os que elas pensam, dizem ou sentem. E, em particular, neste livro, nós nos preocupamos com o modo como o comportamento das pessoas influencia seu sucesso reprodutivo.

As pessoas são programadas subconscientemente para ter filhos. Além disso, como já foi notado antes, elas são programadas para serem pais bem-sucedidos e bons. Por quê? Porque ao longo dos milênios, aqueles que não foram bons pais ou que nunca tiveram filhos, deixaram poucos ou nenhum descendente para herdar suas características. E, como resultado de gerações de pais bem-sucedidos, nós carregamos conosco os genes que nos levam à paternidade. Esses genes nos preparam para ter filhos quando somos jovens, nos conduzem através do labirinto da paternidade quando estamos adultos e nos predispõem a refletir sobre nossos sucessos e fracassos como pais e mães quando ficamos velhos. É claro que muitos daqueles que vão ler este livro não têm — ou ainda não têm — filhos. Muitos dirão, talvez com convicção, que não é este o papel que buscam na vida, enquanto outros queriam desesperadamente ter filhos, mas, pelo menos até o momento, não conseguiram. E todos poderão dizer que seu exemplo contradiz a sugestão de que as pessoas são programadas para ter filhos. Mas, como veremos, as pessoas que evitam ou perdem a oportunidade de ter filhos fazem parte da história tanto quanto aquelas mães e pais com mais de dez filhos.

As *estratégias* genéticas e a programação para ter filhos variam de pessoa para pessoa. A variação não é apenas fascinante, mas é também a matéria bruta através da qual a seleção natural continua a agir na geração atual. Alguns programas genéticos funcionam melhor do que outros e, assim, algumas pessoas geram mais filhos do que outras.

Para o biólogo evolucionista, a paternidade é um concurso, um concurso entre genes. É claro que não vemos os genes competindo. O que vemos no lugar disso é a competição entre pessoas, entre indivíduos — mas é a mesma coisa. Em cada geração os genes são empacotados em diferentes combinações, sendo cada pacote uma única pessoa. O objetivo de cada gene é ser misturado com outros genes para produzir uma pessoa que seja tão bem-sucedida na reprodução que cada gene do pacote receba um impulso em sua tentativa de se multiplicar — reproduzindo-se ao longo de gerações. Desta perspectiva, cada pacote — ou seja, cada pessoa — é uma experiência genética. Em cada geração, algumas dessas experiências são muito bem-sucedidas, outras têm sucesso moderado e algumas são fracassos completos.

Antes de prosseguirmos, vamos examinar melhor esta questão das diferenças. Se a seleção natural tem favorecido, invariavelmente o comportamento mais bem-sucedido de cada geração, então por que todas as pessoas não se comportam de modo igual — e perfeito? Existem, de fato, muitas razões pelas quais a evolução não age deste modo, mas primeiro é importante destacar dois aspectos completamente diferentes do processo. O primeiro se relaciona com o mecanismo da evolução: sob determinadas circunstâncias, a seleção natural predispõe pessoas diferentes a se comportar de maneira diferente, mas de modo que todos se reproduzam igualmente bem. O segundo detalhe é um fator do processo evolutivo: para a seleção natural, é muito difícil moldar uma resposta perfeita e, como conseqüência, as pessoas se comportam de modo diferente e algumas são mais bem-sucedidas do que outras.

Em primeiro lugar, vamos considerar o fato de que a seleção natural molda as pessoas para se comportarem de maneira diferente, mas para serem igualmente bem-sucedidas. Por exemplo, em *Guerra de esperma* nós discutimos em detalhe por que algumas pessoas são heterossexuais, algumas são homossexuais, algumas bissexuais, enquanto outras são prostitutas e estupradores — e todas são manifestações de modos diferentes de buscar sucesso reprodutivo, com suas próprias vantagens e desvantagens. Muito freqüentemente, o sucesso de qualquer estratégia depende da proporção de pessoas que seguem aquele caminho, e é a evolução que determina estas proporções. Além disso, ela fixa também a quantidade de pessoas que se comportam de cada maneira nos níveis em que cada estratégia tem a mesma média de sucesso. De fato, a população humana consiste em miríades de indivíduos que, enquanto buscam subconscientemente o sucesso na reprodução, empregam, cada um, uma estratégia que pode diferir bastante da estratégia usada por aqueles que os cercam. Portanto, freqüentemente, a evolução produz *diferenças genéticas* no lugar de semelhanças entre os indivíduos.

Outro fator que leva as pessoas a terem sucesso semelhante se comportando de modos diferentes é que a seleção natural molda as pessoas para alterarem seu comportamento de acordo com as circunstâncias — empregando *estratégias condicionais*. Nós somos geneticamente programados para avaliar nossa situação e nos comportarmos de acordo com as circunstâncias. Isto significa que pessoas diferentes se comportam de modo diferente porque as circunstâncias diferem, mas todos estão se comportando do modo mais adequado para a situação que vivem. Um observador pode ser confundido facilmente e levado a pensar que essas estratégias condicionais não são genéticas, e que o comportamento das pessoas é determinado inteiramente pelo seu ambiente. Mas o fato é que as instruções para avaliar a situação primeiro e depois reagir de acordo são programadas de modo tão rigoroso e genético quanto qualquer outra estratégia.

Agora vamos examinar o fato de que a seleção natural acha muito difícil criar uma resposta perfeita. Existem várias razões para isto. A primeira é que não é fácil se livrar de genes que são ligeiramente menos eficientes do que seus rivais. Tais genes irão, inevitavelmente, diminuir ao longo de gerações, mas vai levar milhares de anos para que um único gene, levemente inferior, desapareça completamente. Enquanto isso, as pessoas vão herdar esses genes inferiores de seus ancestrais que não foram tão bem-sucedidos — comportando-se de modo menos eficiente do que seus contemporâneos de maior sorte.

Novos genes surgem através de mutações, e a taxa de mutação é baixa. Mas, como temos uma quantidade tão grande de genes, não é de surpreender que muitos de nós tenhamos um, ou mesmo vários genes que sofreram mutação recente, surgindo em nós, nos nossos pais ou avós. A maioria dessas mutações influi pouco no modo como funcionamos ou nos comportamos. Mas, ocasionalmente, ocorrerá uma mutação que nos causará — e aos nossos descendentes — grandes problemas. Talvez, mais raramente ainda, vá surgir uma mutação capaz de melhorar o que existia antes e nos dar, e aos nossos descendentes, uma vantagem em relação aos nossos contemporâneos. A seleção natural, então, espalhará esse gene por uma porção ainda maior da população nas gerações futuras. Mas no que se refere ao gene da estratégia perfeita, a menos que ele surja de uma mutação, a seleção natural não pode produzir gerações posteriores dotadas desta estratégia perfeita. Enquanto isso, como só podemos agir a partir dos melhores genes que temos disponíveis, mesmo as pessoas mais bem-sucedidas não são estrategicamente perfeitas.

Já dissemos que o comportamento de uma pessoa não é determinado por seu ambiente, mas o ambiente desempenha um papel importante. E outra razão pela qual não nos comportamos todos de um modo perfeito é que o ambiente muda, tanto geográfica quanto historicamente. Comportamentos e genes que foram imensamente bem-sucedidos em um lugar e em uma época podem ter que lutar para sobreviver em outro lugar e outra época. Há meio milhão de anos, os humanos eram principalmente caçadores de animais que andavam nus, colhedores de frutas, raízes e sementes. Muitos dos genes que possuímos hoje foram transmitidos ao longo do tempo na onda do sucesso que tiveram naquele ambiente em especial. Desde então, muitos grupos sociais passaram por dezenas de milhares de anos de uso de algumas roupas (pelo menos), e dez ou 15 mil anos de cultivo de colheitas e pastoreio de animais. E recentemente muitas outras culturas também passaram por algumas centenas de anos de industrialização. É claro que alguns genes terão sido bem-sucedidos em todas essas situações e serão aqueles que a maioria de nós possui hoje. Outros genes tiveram seu apogeu na época dos caçadores-colhedores ou nos tempos da agricultura e, desde então, têm lutado e sucumbido. Aqueles de nós que ainda possuem esses genes não vão achar tão fácil quanto os outros competir no ambiente atual.

Pode ser que apenas uma minoria entre nós possua determinados genes, alguns deles, talvez, o resultado de mutações muito recentes, que nos ajustam ao atual ambiente industrial. Tais genes devem estar muito espalhados e diversificados. Uma pessoa, por exemplo, pode ter um gene que capacite seus pulmões a respirar atmosferas poluídas, mas também terá um gene que o faz reagir muito mal a compostos químicos feitos pelo homem. Outra pode ter genes que a tornam resistente às modernas doenças sexualmente transmissíveis, mas lhe dão uma psicologia dependente de drogas que a impede de se reproduzir. Passará um longo tempo antes que os genes mais adequados à vida no ambiente atual se tornem tão comuns que a maioria das pessoas os possuam — e quando isto acontecer, o ambiente provavelmente terá mudado de novo. *A evolução pode perseguir a perfeição, mas raramente tem tempo de alcançá-la.*

E o motivo final pelo qual não funcionamos todos com perfeição é conseqüência do fato de que a evolução não está agindo apenas em nós — ela está atuando sobre nossos rivais biológicos. Gradualmente está se descobrindo, de um modo surpreendente, que nosso sucesso em tudo, da simples sobrevivência à complexa tarefa de atrair um companheiro, depende de nossa resistência genética às doenças. Ela depende da eficiência com que nossos genes lidam com a infinidade de micróbios que nos atacam durante a infância e a adolescência. Esses organismos, que variam de bactérias a vírus, vermes e outros parasitas, estão constantemente tentando usar os nossos corpos para seu próprio crescimento, sobrevivência e reprodução. Algumas das doenças que eles causam são óbvias, como é o caso do sarampo. Outras são menos óbvias, criando sintomas tão sutis que nem as percebemos. E, no entanto, todas essas doenças reduzem nosso vigor, nos tornam mais sujeitos a acidentes, afetam nossa fertilidade e nossa capacidade de atrair parceiros. As pessoas cujos genes são particularmente resistentes a essas doenças atingem maior sucesso reprodutivo do que o resto.

Em cada geração, as doenças mais bem-sucedidas são aquelas que podem superar os genes e a fisiologia de uma pessoa. Tão logo a seleção natural começa a favorecer um gene humano que transmite resistência a uma determinada doença, ela também favorece o gene no organismo causador da doença, que não é afetado pela resistência humana. Ocasionalmente, parasitas são extintos, superados evolutivamente pelos seus hospedeiros. E, ocasionalmente, os hospedeiros desaparecem, superados por seus parasitas. Na maioria dos casos, entretanto, hospedeiro e parasita estão presos numa corrida armamentista evolutiva, cada um tentando produzir o gene perfeito para quebrar a resistência do adversário. E, ao mesmo tempo, procurando coexistir num equilíbrio incerto, no qual cada um sofre nas mãos do outro. Como resultado, ambos os organismos funcionam de modo imperfeito durante suas vidas e através de gerações.

A idéia que às vezes encontramos, de que o homem moderno está fora da evolução e que a seleção natural não age mais sobre nós, é um mito. Na verdade, os seres humanos estão tão expostos às forças da seleção natural no mundo atual quanto sempre estiveram. O que mudou foi a natureza dessas forças. A seleção natural só pára em determinada espécie quando a contribuição genética feita por indivíduos diferentes para as gerações futuras for numericamente independente dos genes que cada um possui. E isto está longe de acontecer no caso do homem moderno. As pessoas que vivem hoje farão uma contribuição às gerações futuras que depende, em grande parte, dos genes que cada um carrega. Do mesmo modo, a maioria de nós, hoje, carrega genes que foram bem-sucedidos nas gerações passadas, de modo que os genes mais bem-sucedidos de *nossa* geração dominem numericamente as gerações futuras. Isto se aplica tanto ao comportamento paterno quanto a tudo mais. Não há discussão quanto a isso, nem pode haver qualquer espaço para sentimentos — é a dura realidade da matemática básica.

CAPÍTULO 1
Altos e baixos

CENA 1
A novela real

Mesmo quando se levantou para falar, havia lágrimas em seus olhos. Ao observar as pessoas que tinham se reunido para celebrar a maioridade de seu filho, ele percebeu que a emoção daquela ocasião — o aperto na garganta — podia arruinar aquele momento de orgulho. Fez uma pausa e se inclinou para pegar uma bebida. O ato de engolir ajudou a limpar a garganta mas, mesmo assim, quando pronunciou as primeiras palavras, sua voz não estava firme.

Agradeceu aos convidados que tinham vindo ajudá-lo, e à sua esposa, a celebrar esta ocasião especial. Virando-se para ela, sorridente e radiante ao seu lado, ele disse a todos que ela era uma companheira maravilhosa e mãe dedicada. Além disso, bela como sempre fora, nunca estivera mais bonita do que quando estava grávida de seu filho. Nem poderia esquecer o momento mágico em que o tivera nos braços pela primeira vez.

Seu filho fora uma criança modelo, ele contou ao público atento. Sempre feliz, sempre responsável. Fora um colega maravilhoso, amigo e companheiro de sua irmã mais nova. Olhou para ela, sentada ao lado do irmão. Ainda eram amigos inseparáveis.

Num jorro final de emoção, ele elogiou de novo a personalidade de seu filho, chamou a atenção para sua boa aparência e então declarou, modestamente, que não sabia o que tinha feito para merecer duas crianças tão maravilhosas. Depois, pediu aos convidados que se juntassem a ele num brinde ao seu filho mais querido.

A emoção estava nos olhos de todos quando o filho se levantou para responder. Mais confiante e um pouco menos emocionado do que seu pai, ele começou agradecendo às pessoas que tinham vindo comemorar aquela ocasião tão especial. Enquanto falava, os olhos de muitas mocinhas traíam seus desejos de que ele, ou alguém como ele, as envolvesse num longo e apaixonado relacionamento. O jovem terminou virando-se para seus pais e erguendo o cálice num brinde. Agradeceu ao pai por ter sido seu amigo e mentor, a sua mãe por ter sido sempre tão serena e tolerante. Devia tudo a eles, ao seu amor e sua firmeza, ele acrescentou. Como seu pai, ele disse que não tinha idéia do que fizera para merecer pais tão maravilhosos, mas sabia que, em sua vida futura, tudo que desejava era poder ser como eles.

Os créditos tinham começado a passar na tela quando a porta da frente se abriu violentamente. As duas telespectadoras — uma mulher e sua filha adolescente — só tiveram tempo de olhar uma para a outra e rir enquanto enxugavam as lágrimas dos olhos. Então uma voz masculina trovejou dizendo que havia lama em toda a entrada. Depois a porta da sala de estar se abriu e um homem enorme e furioso apareceu. Estava tudo cheio de lama, ele repetiu, e o que elas pensavam que estavam fazendo, sentadas ali na frente da TV *enquanto o piso estava todo enlameado?* Reconheceu a música tema da novela que elas estavam assistindo e disse para que desligassem "aquela tolice", mas ele mesmo desligou a televisão enquanto falava. Erguendo-se diante das duas mulheres, ele disse que elas eram preguiçosas, não serviam para nada, e nunca faziam nada exceto ficar sentadas diante da TV. Apontando na direção do piso enlameado, ele trovejou que seu filho também não prestava, e que se não começasse a trabalhar logo, nunca chegaria a lugar algum. Só iria arrumar encrencas ficando pelas esquinas. Obviamente, saíra à mãe.

Emocionada com a novela a que acabara de assistir, a mãe ficou de pé imediatamente e enfrentou o marido. Ele era tão ruim quanto elas, disse. Era ainda mais preguiçoso e ela sabia muito bem de quem seu filho herdara a preguiça. A jovem gritou para que os dois não começassem a discutir de novo — ela não agüentava mais aquilo. Depois saiu correndo da sala. A mãe chamou a atenção do companheiro para o que tinha acabado de fazer, disse desejar que nunca o tivesse encontrado, depois perguntou por que ele não saía e se embebedava naquela noite, como fazia todas as noites. Ele saiu resmungando obscenidades.

O filho abriu a porta e entrou pela casa sem dizer uma palavra, ignorando a promessa do pai de matá-lo se ele trouxesse mais lama para dentro. E quando a mãe lhe contou o problema que ele causara e o mandou limpar toda aquela sujeira, o garoto praguejou e subiu as escadas, espalhando ainda mais lama.

A mãe se deixou cair no sofá enquanto ouvia os filhos começarem a discutir lá em cima. Lançou a cabeça para trás e gritou tão alto que sua garganta e seu peito doeram:

— Querem calar a boca e ir embora? Me deixem em paz!

A visão romântica tradicional da paternidade é de um homem e uma mulher vivendo um relacionamento monogâmico de longa duração, trabalhando juntos por um objetivo comum, gerando e criando uma família. Durante a gravidez, o homem é atencioso e amigo, enquanto a mulher lentamente engorda, aguardando serenamente o nascimento da criança tão esperada. Depois eles cuidam e protegem cada um de seus filhos, guiando-os de um modo feliz e saudável através da vida e fazendo o melhor possível para encorajar cada um a realizar seus objetivos. As crianças, por sua vez, se ajudam mutuamente e recompensam os esforços dos pais com uma contínua demonstração de gratidão e admiração por tudo que foi e está sendo feito por eles.

É claro que existem momentos e situações em que tal romantismo é brevemente realizado. De vez em quando, até mesmo as pessoas reais conseguem um vislumbre do paraíso familiar mostrado na TV, em cenas como a que abriu este capítulo. Mas como todos os pais sabem, a realidade diária da vida em família é muito diferente. A dor e o desconforto durante a gravidez, os problemas de cuidar de crianças pequenas, discussões sobre e entre as crianças, e os problemas da adolescência fazem parte da experiência de todos que tiveram filhos. Para alguns, ter filhos pode ser uma experiência solitária e, portanto, potencialmente ainda mais difícil. Para outros, o núcleo familiar pode levar à separação e à convivência com madrastas e padrastos. E para uns poucos, problemas devastadores, como incesto, abandono, abuso e mesmo assassinato, podem turvar sua vida como pais.

Mas, de modo geral, criar filhos não envolve emoções extremas — é mais uma sucessão de pequenas recompensas e vexames. Porém todas essas situações podem se deteriorar rapidamente. É como se viver em família fosse andar na corda bamba. Aqueles momentos em que a paternidade é fácil e gratificante podem rapidamente se transformar em conflitos e preocupações.

Por que a vida em família é assim? Por que deveriam surgir tantos problemas em algo tão antigo e básico quanto a reprodução humana? Os humanos e seus ancestrais primatas vêm tendo filhos há tantos milênios que é compreensível esperarmos que tudo seja tranqüilo. Mas não é, e o objetivo deste livro é explicar, usando a perspectiva científica e filosófica da biologia evolucionista, por que isso não acontece.

Em síntese, o fato é que, embora pais e filhos lucrem quando todos cooperam, eles lucram ainda mais se, ao mesmo tempo, puderem promover seus próprios interesses. E no final, cada aspecto da paternidade gera um conflito biológico de interesses, e é este conflito que produz as dificuldades de toda experiência familiar. O resultado é que bebês significam guerras — entre mãe e pai, entre pais e filhos e entre as próprias crianças.

CAPÍTULO 2

Começando

CENA 2
Campanhas de concepção

Era o final do verão. O dia fora quente, mas quando o casal deixou o bar, caminhando de volta para casa, o ar já tinha o frio úmido do outono. Se pegassem o atalho através do parque, seriam apenas 800 metros até a casa. Caminhar, em vez de pegar um táxi, fazia com que se sentissem menos culpados por terem bebido. Eles podiam até se convencer de que estavam levando a sério aquele regime da boa forma. Não se tratava de um exercício extenuante. De fato, a mulher, em especial, fora advertida para evitar exercícios em excesso. Ela era mais do tipo que apenas combate a gordura e diz "não seria bom poder subir as escadas correndo e assoviando ao mesmo tempo?". Ir para casa a pé, depois de uma noitada no bar local, parecia a coisa certa.

Depois de andarem alguns metros por ruas mal-iluminadas, eles passaram pelo portão do parque e começaram a atravessar o que, durante o dia, era um oásis verde num deserto de concreto e tijolos. Mas à noite não apenas a má iluminação fazia o verde virar preto, como o ar frio produzira uma camada de névoa que cobria a grama, flutuando até a altura dos joelhos.

O caminho mais curto através do parque os levou até o *playground*. Ele era cercado, para manter as crianças dentro e os cachorros fora. O acesso era através de um portão meio solto que arrastou no chão quando o abriram. A mulher não resistiu ao desejo de usar o balanço. Depois, quando chegaram no carrossel, ela subiu e pediu a ele que o fizesse rodar. Sentiu-se alegre com o ar frio passando em torno de seu corpo. Quando ele se cansou e parou de empurrar o carrossel, ela pediu mais. Desta vez, ele subiu e a segurou enquanto giravam, uma das mãos na guarnição de metal, a outra envolvendo a cintura dela.

Foi provavelmente o resultado deste momento de proximidade e contato. Quando o brinquedo perdeu velocidade e começou a parar, os dois tiveram a mesma idéia. Este seria um bom lugar, disseram quase ao mesmo tempo. Não seria brilhante, e uma história para contar, se acontecesse aqui?

Mas como? Especialmente se o carrossel estivesse girando. E ambos concordavam que, para a experiência ser perfeita, era indispensável estar girando. A mulher tentou se ajoelhar, com a cabeça para baixo e as nádegas para cima, mas quando o carrossel começou a girar ela caiu de lado. A única posição possível era deitar de costas, os braços esticados acima da cabeça segurando os ferros no ponto em que eles se ligavam ao eixo central. Ela disse que estaria bem desde que ele fosse rápido. E então se levantou, começando a difícil tarefa de tirar as calcinhas sem tirar os sapatos.

Ele tinha algumas dúvidas quanto à sua performance. Seis meses atrás, podia ter uma ereção a qualquer hora do dia e em qualquer lugar. E se estivesse nu e suficientemente excitado, ela podia durar meia hora. Os acontecimentos recentes, entretanto, tinham abalado sua confiança. Mas quando ela se livrou das calcinhas, seu parceiro se sentiu confiante.

Pensou em fazer tudo vestido, mas decidiu que não podia. Olhando nervosamente para a escuridão enevoada do parque, ele tirou as calças e a cueca. Quando ficou diante dela, só de camisa, a mulher começou a rir. O nervosismo do homem, o ar frio e talvez a bebida tinham se combinado para produzir um efeito devastador no pênis. Parecia estar escondido, aninhado no calor e na segurança do pêlo púbico, a virilha como um ninho de pássaro contendo um único ovo roxo. Parecia que ele precisava de ajuda, ela disse, e o puxou para junto dela. Sentando na beira do carrossel, ela colocou a boca no pênis do companheiro. Levou alguns instantes para sentir alguma reação, mas finalmente o calor úmido fez a mágica. A ereção imponente, que ela outrora considerara normal, agora causava alívio quando ocorria. Mas quando acontecia geralmente durava. Ela voltou para sua posição, levantou a saia e o casaco, ergueu os joelhos, abriu as pernas e estendeu as mãos sobre a cabeça para agarrar as barras de metal. Não era perfeito, mas era a posição mais confortável e acessível que podia conseguir.

Ele começou a girar o carrossel e, finalmente excitado, sentiu o pênis ereto batendo contra seu ventre enquanto corria. No momento certo subiu no brinquedo e enquanto giravam cada vez mais rápido, ficou em cima dela. Com dificuldade, porque ela não estava bem lubrificada, ele conseguiu introduzir o pênis. Impulsionou com dificuldade e a ejaculação não veio facilmente. Na verdade, o carrossel já tinha parado antes do primeiro jorro — mas quando eles contaram a história para os amigos, nas semanas seguintes, garantiram ter conseguido enquanto ainda estavam em movimento.

Apesar do desconforto da posição, ele não se afastou enquanto não teve certeza de que esgotara todas as gotas de esperma. E então um pensamento começou a perturbá-la. Se começassem a andar logo para casa, ela poderia perder o sêmen que custara tanto a obter. Mas ele teve um momento de inspiração: a força centrífuga era a resposta. Se ela ficasse com a cabeça na borda do carrossel enquanto ele o fazia girar bem rápido, a força centrífuga empurraria o esperma bem para dentro do corpo dela.

E foi o que fizeram, para divertimento de um casal de adolescentes que tinha entrado no parque procurando um lugar para o primeiro beijo e algumas carícias. Eles passaram depressa, mantendo distância, de modo a evitar qualquer envolvimento com o ritual bizarro que estavam testemunhando. Lá estava uma mulher, deitada de costas no carrossel, as pernas erguidas com os pés apoiados no eixo da estrutura, os braços abertos se firmando nas barras de ferro da borda. O homem, ainda semidespido, as pernas envoltas pela névoa, corria em círculos empurrando o carrossel, sua camisa ocultando o pênis encolhido.

O casal vivia junto há oito anos quando decidiu que era hora de começar uma família. Agora eles olhavam incrédulos para todos aqueles anos de contracepção, as semanas de preocupação achando que ela poderia ter engravidado se cometessem um descuido, se ela deixasse de tomar a pílula ou se uma camisinha rasgasse. Há seis meses mantinham a vida sexual bastante ativa, sem qualquer anticoncepcional, e ainda assim ela não engravidara. Quando tinham começado, as sensações do sexo sem proteção e a perspectiva de ter um filho tinham aumentado a excitação. A decisão de ter um filho revitalizara o que, para serem honestos, tinha se tornado um relacionamento monótono e cansativo. Mas, tomada a decisão, não sentiram dificuldade para fazer sexo todo dia, durante semanas. Para ele, especialmente, era um paraíso. Sempre quisera ejacular com mais freqüência do que ela queria ter uma relação e sempre precisara se masturbar quando ficavam separados um par de dias. Agora tinha carta branca para inseminá-la quando quisesse e não sentia mais necessidade de se masturbar. Além disso, penetrá-la era agora uma prioridade mútua. Nem tinha que se preocupar em quando e se ela chegava ao clímax. Pelo menos no início, era uma simples questão de ela deitar de costas, abrir as pernas e ele inseminá-la.

Mas as coisas começaram a mudar quando ela passou pelo primeiro período de menstruação, depois o segundo e o terceiro. Eles passaram a ler livros e pedir conselhos aos amigos férteis. Não questionavam a fertilidade dele. Seu elevado apetite sexual e grande fluxo de sêmen faziam sua potência ser considerada como algo garantido. Assim, devia ser algo com ela. Começaram a pensar que fora um erro esperar até que ela estivesse com 30 anos para começar uma família. Será que ela não estava produzindo óvulos?

Tentaram usar um kit previsor de ovulação, mas custava caro e dava resultados positivos nos dias mais estranhos de seu ciclo menstrual. Assim, depois de achar o que parecia um gráfico útil num de seus livros sobre gravidez, ela começou a medir a temperatura do corpo a cada manhã. Mas o gráfico resultante não se parecia em nada com o do livro. Mesmo assim, ela continuou usando o termômetro. Não custava nada e fazia com que se sentissem tentando algo positivo, além do óbvio, para conseguir engravidá-la.

A partir dos conselhos dos amigos, eles experimentaram fazer sexo em dias alternados, depois a cada três dias, e não mais diariamente. De início, o homem começou a se masturbar de novo, nos dias de abstinência, mas depois passou a resistir ao hábito, temendo que baixasse sua fertilidade. A abstinência era difícil, e às vezes ele não resistia ao impulso. Mas fez um grande esforço para se controlar, tendo sucesso na maioria das vezes. Depois de ler uma matéria num jornal, ele parou de tomar banhos quentes e começou a usar cuecas largas.

Ao contrário de seu parceiro, a mulher nunca se masturbara com freqüência, mas começou a se questionar se a prática ocasional poderia ser parte do problema. Talvez fosse importante ter um orgasmo *durante o ato sexual*. Normalmente ela chegava ao clímax uma vez a cada três coitos e a freqüência diminuíra durante esta campanha intensiva, quando a inseminação se tornara prioritária. Seguindo esse palpite, ela parou totalmente com a masturbação e começou a fazer um esforço especial para ter um orgasmo durante o ato sexual. Porém, quanto mais eles tentavam, mais ela achava difícil responder e acabaram forçados a deixar a natureza agir na questão do orgasmo. Ela passou a ficar imóvel depois do sexo, com os pés erguidos, apoiados contra a parede do quarto, de modo que o sêmen permanecesse por mais tempo em sua vagina. Nada disso deu resultado. Seus períodos menstruais seguintes deixaram os dois desanimados.

O casal então leu que o esperma penetrava mais facilmente se a mulher, em vez de ficar deitada de costas, deitasse de bruços. Assim, durante o oitavo mês do projeto de concepção, ele passou a penetrá-la por trás. Algumas vezes ela deitava na cama com as pernas bem abertas, às vezes ajoelhava-se com as nádegas para cima. Depois continuava deitada de bruços por meia hora.

Naquele mês ele tentou se concentrar para perceber quando estava chegando ao clímax, de modo a só ejacular bem dentro dela. Foi quando percebeu que seu interesse pelo sexo estava começando a diminuir. Em três ocasiões, quando ela sentiu uma excitação que poderia significar que era a hora adequada para tentar, ele foi totalmente incapaz de responder. E nada do que ela fizesse para ajudar produzia uma ereção. Eles se viram cada vez mais obrigados a se excitar através da novidade. Num fim de semana, arrumaram tudo para não ter que sair de casa e poder passar o dia inteiro nus, de modo que a qualquer momento em que ele se sentisse interessado pudesse possuí-la. Até certo ponto a coisa funcionou. Um hora ele teve uma ereção ao olhá-la trabalhando na pia da cozinha usando apenas um par de luvas. Com ela abrindo as pernas e dobrando os joelhos um pouco ele pode penetrá-la por trás, com alguma dificuldade, enquanto ela se curvava sobre a pia. Também fizeram sexo enquanto assistiam a um vídeo pornográfico. Mas o dia que tinham marcado para comemorar oito meses de sexo sem proteção foi arruinado pela vinda de outra menstruação.

Depois de tentarem mudar tudo o que podiam — freqüência, roupas, posição —, em desespero, eles tentaram mudar os locais. Embora fossem pessoas racionais, começaram a culpar a casa pelo fracasso. Achavam que se fizessem sexo num lugar mais "natural", talvez a concepção fosse automática.

No início do nono mês eles tinham usado o jardim, saindo de noite nus, de cobertor na mão, para fazer sexo sob as estrelas. E enquanto impulsionava o pênis para dentro dela, ele procurava olhar para a estrela mais brilhante do céu e ter pensamentos cósmicos. Duas noites depois, num acesso de loucura, os dois saíram no meio de um temporal e se amaram sob a chuva torrencial no jardim. Ela chegou a acreditar que relâmpagos tinham surgido no céu no momento em que ele começou a ejacular e que no último jato o trovão ribombara no horizonte. Depois, com ousadia cada vez maior, eles tentaram de novo no jardim em pleno dia.

Ambos achavam excitante a idéia de serem vistos e começaram a tentar alternativas ao jardim. Em parte, isso derivava da necessidade de produzir excitação sexual onde ela não mais existia. Mas também vinha de uma superstição irracional de que, quanto mais arriscado o lugar, mais provável que o corpo dela fosse levado a conceber pelo "choque".

Num domingo eles foram para um bosque que conheciam e encenaram o desafio que o homem tentara uma vez quando era um adolescente frustrado e solitário. Carregando as roupas numa sacola, eles andaram nus pela floresta, escondendo-se atrás das árvores sempre que alguém se aproximava. O objetivo era alcançar um rio, que ficava a um quilômetro e meio de distância, sem serem vistos ou, pelo menos, sem serem presos. Tiveram sucesso, a não ser por um cachorro que os encontrou e, fora da visão do dono, insistia em segui-los tentando lamber-lhes a genitália. A empolgação do sucesso e a excitação pela vulnerabilidade da nudez propiciaram a relação sexual mais satisfatória que tinham tido em meses, quando finalmente chegaram à margem do rio e se deitaram no capim alto.

E agora tinham feito o mesmo no *playground*, cercados pelos espíritos das crianças. Enquanto se vestiam para voltar para casa, ambos sentiam que, se não tivessem conseguido agora, jamais conseguiriam.

Este capítulo focaliza o primeiro passo no caminho para a paternidade — a concepção. Para muitos casais, este é um passo bem curto, tão rápido que eles nem percebem. Para outros, como o casal na cena acima, a concepção envolve um esforço intensivo e traz muitas perguntas e preocupações. Vamos acompanhar o mesmo casal através de três cenas, cobrindo dois anos de suas vidas.

No que se refere à concepção, as pessoas em geral, e o nosso casal em particular, podem ser desculpadas por pensar que a seleção natural é uma força diabolicamente ineficaz e desordenada. Como é possível que, depois de milhões de anos de evolução, com a seleção natural agindo rigorosamente em cada geração sobre algo tão fundamental como a concepção, muitos casais ainda tenham problemas para produzir um bebê? Existem muitas respostas possíveis e todas derivam do fato básico de que a concepção é uma batalha — seja uma batalha entre o casal e outros organismos (infecciosos) ou, por mais cooperativos que o homem e a mulher na cena acima tenham parecido, uma batalha entre o próprio casal.

Em média, leva de quatro a cinco meses para um casal *fértil* conceber um filho depois de começar a fazer sexo sem proteção. Um em cada três concebe no primeiro mês mas, depois disso, as chances de a mulher engravidar em qualquer mês caem rapidamente para uma em vinte. Um em cada dez casais *férteis* leva mais de um ano para conceber um filho, e um em cada 20 casais leva mais de dois anos. Se incluirmos em nossos cálculos os casais subférteis, então, depois de um ano de sexo sem proteção, somente cerca de 60% a 75% terão tido sucesso em gerar um filho. Estas médias, entretanto, ocultam uma infinidade de fatores que geram uma variação perfeitamente normal. Alguns casais fazem sexo sem proteção durante anos antes de a mulher engravidar subitamente. Outros, entretanto, conseguem ter sucesso no primeiro mês de cada tentativa.

Considerando que sexo e procriação são partes tão importantes da vida da maioria das pessoas, somos surpreendentemente mal informados sobre o assunto. O casal que observamos não agiu de modo incomum ao ficar cada vez mais confuso e irracional sobre o que era necessário fazer para ocorrer a concepção. Contudo, não devemos criticá-los, porque até mesmo os pesquisadores biomédicos ainda tem dúvidas sobre muitos aspectos do processo.

O casal da cena ficou cada vez mais obcecado com detalhes e aspectos práticos. Teria sido um erro esperar tanto tempo antes de iniciar uma família? Como poderiam determinar o melhor momento do ciclo fértil dela para fazer sexo? E com que freqüência deveriam fazê-lo? Que posição deveriam adotar? Como ter certeza de que o esperma penetraria na vagina o mais profundamente possível? Como mantê-lo lá dentro por mais tempo depois da relação? Ele deveria evitar a masturbação? Ela deveria evitar a masturbação? Qual a importância de ela ter um orgasmo durante a relação? Será que ele deveria evitar banhos quentes e cuecas apertadas?

A verdade é que, se ambos fossem férteis, nenhum desses fatores teria importância. Tudo que eles precisavam era fazer sexo onde, quando e como quisessem, em qualquer posição que desejassem. Se o homem e o momento fossem certos para o corpo dela, a mulher teria engravidado. A seleção natural, de fato, foi muito eficiente em criar um caminho para a concepção. O que as pessoas deixam de perceber, invariavelmente, é que, embora suas mentes conscientes lhes digam que seria muito conveniente engravidar *agora*, fazê-lo não está sempre dentro de seus interesses reprodutivos a longo prazo. O corpo de uma pessoa sabe disso e faz seus próprios julgamentos. E não importa qual seja o desejo consciente dele ou dela, o corpo tem a palavra final. O cérebro não pode forçar o corpo a conceber se o corpo decidiu que aquela gravidez não faz parte de seus objetivos a longo prazo.

Há dois fatores que tendem a gerar confusão na questão do fracasso na geração de filhos. Primeiro, a procriação é apenas *uma* das funções do ato sexual. É por isso que durante a vida inteira uma pessoa faz sexo cerca de três mil vezes, mas, dependendo do lugar onde vive, produzirá somente de duas a sete crianças. As outras funções da relação sexual vão aparecer ao longo deste capítulo. Segundo, no que se refere à capacidade reprodutiva do casal a longo prazo, na maioria das vezes é mais importante *evitar* a gravidez do que procriar. O cérebro das pessoas percebe isso, embora de um modo vago, e seus corpos também, o que é uma razão para o casal da cena ter usado anticoncepcionais durante oito anos. Mas só porque seus cérebros decidiram que chegara a hora de ter filhos, não significava que seus corpos concordariam automaticamente.

Dados esses dois fatores, a seleção natural, na verdade, fez um trabalho fantástico ao conciliar as necessidades diferentes que humanos e outras espécies têm de sexo e reprodução. Ela parece ineficiente apenas quando, como no caso do casal descrito, a concepção se torna o único objetivo *consciente* da relação sexual. Os corpos podem estar jogando um jogo diferente — e como sempre acontece, vai prevalecer o desejo de seus corpos. O que poderia estar acontecendo? Seria possível que, embora suas mentes conscientes desejassem desesperadamente ter um bebê, seus corpos tivessem um plano diferente? E, se for este o caso, como pode este plano estar ajudando os objetivos reprodutivos da pessoa se lhe nega o caminho óbvio para esta meta?

Essas perguntas gerais serão mais facilmente respondidas mais tarde. Ao discutir a cena que acabamos de descrever, vamos nos concentrar nos aspectos práticos com os quais o nosso casal se tornou tão obcecado.

Teria sido um erro esperar tanto tempo antes de iniciar uma família? Ambos estavam com 30 anos quando começaram sua campanha pela concepção e pode-se desculpá-los por acharem que talvez estivessem menos férteis do que já tinham sido. À primeira vista, as evidências parecem confirmar essas preocupações. Com menos de 25 anos, em torno de 90% das mulheres ficam grávidas depois de seis meses de sexo sem proteção, enquanto que, acima dos 30 anos a taxa cai para 20%. Existem duas razões principais para esta mudança ocorrer com a idade, e ambas deveriam tranqüilizar o nosso casal de trinta anos.

Como a maioria das pessoas, eles já tinham ouvido falar que a fertilidade de um homem chega ao auge aos 18 anos e declina daí em diante. Mas, embora seja verdade que um rapaz de 18 pode manter uma ereção por muito mais tempo do que um homem mais velho, não há indicação de que seu esperma seja mais fértil. De fato, um homem chega ao auge da sua capacidade de produzir esperma entre os 20 e os 30 anos. Vamos abordar a questão da idade do homem e sua capacidade de reprodução com mais detalhes depois. Como a idade do homem tem pouca possibilidade de influir neste caso, vamos nos concentrar na questão da idade da mulher.

O número de óvulos que uma mulher produz a cada ano muda ao longo de sua vida. A maioria das mulheres percebe que, se não menstruar, quase certamente não estará produzindo óvulos e não deve conceber. O que a maioria das mulheres *não* percebe, contudo, é que mesmo quando a menstruação ocorre, ela não significa necessariamente que tenha ocorrido ovulação. Períodos sem ovulações são chamados de *anovulatórios* e são estéreis, tornando a gravidez impossível, mesmo que o casal faça sexo com freqüência. E não existe nada anormal quanto a alguns períodos estéreis. Toda mulher saudável e fértil os tem. E longe de serem uma ameaça à sua fertilidade, eles são uma parte essencial de sua vida fértil. São um dos meios mais importantes pelos quais o corpo da mulher *evita* a concepção quando ela seria ruim para sua capacidade fértil a longo prazo. Em outras palavras, sem períodos de infertilidade, a mulher teria mais filhos do que seria bom para ela.

Os ciclos de infertilidade variam com a idade da mulher. Logo depois da puberdade, quando a menina começa a ter seus períodos, cerca de 90% dos ciclos são estéreis. E mesmo aos 20 anos, 60% dos períodos são estéreis. É entre os 25 e os 35 anos que a mulher tem menos probabilidade de ter ciclos de infertilidade, embora, mesmo nesta idade, um ciclo em cada cinco ainda será estéril. Acima dos 35, a proporção começa a diminuir e por volta dos 50 a maioria dos ciclos será novamente infértil — mas a esta altura, é claro, a maioria das mulheres deixará de tê-los de qualquer modo. O último ciclo, como parte da menopausa, geralmente acontece entre os 48 e os 51 anos. A mulher da nossa história, portanto, não precisa se preocupar em ter esperado os trinta anos para começar uma família. Mas fica claro, a partir das taxas de reprodução citadas anteriormente, que a proporção de períodos férteis não é o único fator. Algumas vezes outros fatores além da fertilidade feminina entram em jogo, o que nos leva à preocupação seguinte do nosso casal.

A principal razão pela qual casais com mais de 35 anos não conseguem conceber um filho com a mesma rapidez dos casais mais jovens é a menor probabilidade de que eles façam sexo durante os dias mais férteis do ciclo da mulher. E isso acontece porque eles tendem a fazer menos sexo do que os casais jovens — um fator que não se aplica, contudo, ao casal da nossa história, que em alguns estágios de sua campanha fazia sexo todo dia. Mesmo com o sexo pouco freqüente, entretanto, o problema de perder os dias férteis pode ser evitado se o casal conseguir determinar com precisão quando a mulher está fértil em cada ciclo. Esta foi uma das questões que preocuparam o nosso casal. Como eles poderiam reconhecer o melhor dia do ciclo feminino para fazer sexo? Eles sabiam, como sabe a maioria dos casais instruídos das modernas sociedades industriais, que existem apenas certos dias em cada ciclo em que uma mulher pode engravidar — mas que dias são esses? E por que deveria ser tão difícil para eles saber quando o dia tinha chegado?

Num ciclo ovulatório, em oposição ao anovulatório, há um dia, geralmente no meio do ciclo, no qual um dos dois ovários da mulher produz um óvulo — é a ovulação. Depois que o óvulo é liberado do ovário ele passa alguns breves momentos flutuando livremente na cavidade corporal. Depois é sugado para a extremidade aberta do mais próximo dos dois *ovidutos* na primeira parte de sua jornada de 80 horas pelo ventre, viajando a uma velocidade de um milímetro por hora. Neste caminho, o óvulo pode ser fertilizado se encontrar o esperma, mas a hora e a localização são fatores críticos. Existe apenas uma zona no oviduto, a quase um terço do caminho entre o ovário e o útero, onde a fertilização é provável. E além disso um óvulo humano não fertilizado vive somente de 12 a 36 horas.

Um número surpreendentemente grande de pessoas pensa que a mulher terá mais probabilidade de engravidar se fizer sexo nos dias *posteriores* à ovulação, o que não é verdade. Como o óvulo vive por um período tão curto, e como existe apenas uma zona em cada oviduto onde o esperma pode realmente fertilizar o óvulo, a concepção é mais provável se o casal fizer sexo *antes* da ovulação. Assim o esperma estará pronto, esperando o óvulo chegar na zona de fertilização. Uma mulher terá mais chances de engravidar se ela fizer sexo sem proteção *dois dias* antes da ovulação. Então ela terá uma chance em três de conceber naquele ciclo — e isto é o melhor que se pode conseguir. Relações antes e depois desse período ideal de dois dias têm probabilidades cada vez menores de serem bem-sucedidas. Seis dias antes da ovulação as chances são de praticamente zero, e cinco dias antes elas são de uma em dez. Isto acontece porque, uma vez dentro da mulher, o esperma permanece fértil por, no máximo, cinco dias. Uma relação no dia da ovulação também só tem uma chance em dez de ser bem-sucedida. E no dia seguinte as chances são virtualmente zero, porque é bastante improvável que o óvulo ainda esteja vivo. Assim, o nosso casal precisava ser capaz de saber quando faltavam apenas dois dias para a ovulação. Haveria algum meio de saber?

Infelizmente a resposta é não — ou, na melhor das hipóteses, "talvez". Antes da pesquisa médica moderna e da tecnologia atual, a resposta teria sido um não categórico. Diferentemente de algumas fêmeas de primatas — os chimpanzés, por exemplo —, que desenvolvem vaginas vermelhas e crostas nas nádegas para anunciar que entraram na fase fértil de seus ciclos, os corpos das mulheres na verdade tentam *esconder* o seu período mais fértil. E nossa espécie não é única neste ponto. Muitas outras fêmeas de primatas, como os orangotangos e os sagüis de cauda comprida, fazem o mesmo. A ocultação da fase fértil, ou *ovulação críptica*, tem sido tão bem moldada pela seleção natural que nem o parceiro da mulher, nem ela mesma, pode dizer quando uma relação sexual tem mais chances de levar à concepção.

Num testemunho da eficiência da ovulação críptica, até o advento da pesquisa biomédica nossos ancestrais tinham uma visão muito confusa da concepção. De fato, muitos nem conseguiam ver uma ligação entre o ato sexual e a gravidez, principalmente porque as pessoas faziam sexo tão freqüentemente sem ficarem grávidas — numa média de uma gravidez a cada quinhentas inseminações — que uma ligação entre as duas coisas parecia absurda. Até a década de 1920, as pessoas tinham um variado número de crenças em relação à fertilidade e à concepção. Indígenas do Brasil e da Austrália, assim como muitos africanos, achavam que os bebês entravam nas mães vindos do meio ambiente — por exemplo, quando a mulher estava nadando. Em outras partes da África pensava-se que as crianças eram formadas inteiramente do sangue menstrual que se acumulava na mulher. Outras sociedades perceberam que o homem estava envolvido de algum modo, mas achavam que ele simplesmente engatilhava o organismo da mulher para a concepção, sem nenhuma outra influência no processo.

Já outras culturas achavam que somente o homem estava envolvido. Elas pensavam que bebês completos se originavam e eram "incubados" dentro do homem, talvez em seu cérebro, então passavam para o pênis antes de serem implantados na mulher através do fluido seminal. Aristóteles era um dos principais defensores desta hipótese. Quando o esperma foi examinado ao microscópio pela primeira vez, há 300 anos, os cientistas realmente pensaram que podiam ver pequenas pessoas, inteiras, dentro do esperma humano, burrinhos no esperma dos burros e assim por diante. Esses seres foram chamados de espermatozóides, que significa "sementes de animais".

O primeiro europeu a sugerir que a fêmea também teria um papel na concepção foi Hipócrates. Ele achava que o sangue menstrual, depois que parava de fluir da vagina, se acumulava na mãe para formar a carne do bebê, enquanto o fluido seminal dava origem ao cérebro e aos ossos. Como conseqüência disso, as pessoas achavam que o fim da menstruação era o período mais fértil. Foi somente no final do século 19, quando se observou o esperma fertilizando óvulos (em estrelas do mar e ouriços) que o papel da fêmea — a produção de óvulos — foi reconhecido. Mesmo assim, só na década de 1920 a pesquisa médica demonstrou que o período mais fértil do ciclo menstrual é no meio, não no fim.

Mas os corpos femininos eram tão eficientes em ocultar sua fertilidade que o enigma sobre o período fértil do ciclo só foi desvendado pela pesquisa médica. E o mistério não foi resolvido com a observação das pessoas, porque todos os aspectos da química e do comportamento feminino colaboram na dissimulação. As mulheres ficam excitadas ou apáticas ao longo do ciclo e também passam por períodos de bom e mau humor. Sem dúvida as mulheres experimentam momentos de excitação e buscam ou aceitam ter relações sexuais durante a fase fértil do ciclo, mas estas circunstâncias estão tão bem dissimuladas entre outros momentos de excitação que nada significam, que nem a mulher, nem os homens em torno dela podem dizer quando a vontade feminina de fazer sexo significa ou não fertilidade. O casal da nossa história estava certo em ter relações sempre que tinha vontade, mas isso nem sempre significava o que eles estavam esperando.

Embora a libido feminina não seja uma indicação certa de fertilidade, a pesquisa biomédica descobriu três outros métodos mais eficazes. Eles não são infalíveis e dois exigem o uso de tecnologia moderna — um kit detector de ovulação e um termômetro — que vamos discutir daqui a pouco. Mas o primeiro método exige apenas os dedos da mulher.

Durante a fase fértil ela pode notar um aumento da umidade nos lábios vaginais. Se ela introduzir o dedo na vagina e tirar um pouco do muco, vai notar que ele está bem elástico. Durante as fases estéreis este muco é mais espesso e menos elástico. Assim sendo, vamos ver de onde vem este muco e por que ele muda de consistência durante a fase fértil do ciclo menstrual.

Esse muco indicador tem sua origem no cérvix, uma estreita passagem através da qual o esperma tem que passar em seu caminho da vagina para o útero. Quando a mulher está deitada de costas, o útero é como um vaso emborcado, encaixado no topo da vagina. O cérvix é a boca desse vaso e se projeta através do "teto" da vagina por cerca de 2,5 centímetros. O cérvix está tapado pelo muco que é produzido pelas próprias paredes cervicais. O muco flui lentamente ao longo do cérvix como uma geleira. Aos poucos, a extremidade mais velha do muco escorre do cérvix para dentro da vagina. A função principal do muco cervical é dificultar a entrada de qualquer vírus ou bactéria no útero. Por isso, na maior parte do tempo ele é espesso e difícil de penetrar. A conseqüência disso, é claro, é que o esperma também tem dificuldade de passar — como se tivesse que nadar através de melado. Assim, durante a fase fértil, o cérvix precisa tornar este muco mais fácil de ser penetrado — de outro modo, o esperma não poderia passar facilmente da vagina para o útero. Porém, mesmo durante sua fase fértil, a mulher não pode perder toda a sua proteção contra doenças.

O cérvix resolve este problema duplo tornando o muco mais líquido, de modo que os espermatozóides possam nadar através dele mais facilmente, mas ao mesmo tempo ele aumenta o fluxo da "geleira". Esta aceleração foi aperfeiçoada pela seleção natural. O esperma, que nada rapidamente, consegue passar, como o salmão nadando contra a corrente, mas os vírus e bactérias mais lentos são varridos. São essas mudanças no fluxo e na consistência do muco que podem alertar uma mulher e seu parceiro para o fato de que ela se encontra na fase fértil.

Também foi sugerido que as secreções cervicais e vaginais podem ter um odor mais agradável durante a fase fértil. Contudo, estudos feitos com mulheres que usaram absorventes internos durante a noite, em estágios diferentes de seus ciclos, não produziram resultados conclusivos. Uma equipe que cheirava sem ver esses absorventes não conseguiu classificá-los quanto a um odor mais ou menos "agradável". A única diferença sentida foi que as secreções menstruais tinham cheiro mais desagradável do que as não menstruais.

Assim, por que o casal de nossa história não foi aconselhado a observar as secreções da mulher para identificar a melhor ocasião para fazer sexo? Algumas pessoas têm recebido este conselho — e certamente vale a pena tentar. Infelizmente este método não é mais confiável nem mais fácil do que qualquer outro que tenhamos considerado. Isto porque o muco pode se tornar elástico alguns dias antes do auge da fertilidade e permanecer assim alguns dias depois. O auge da fertilidade às vezes coincide com o auge desta característica do muco, mas nem sempre. Além disso, há um problema prático: a dificuldade de se esperar pelo auge de alguma coisa é que a identificação de um climax só é possível depois que ele já passou e o declínio é óbvio — e então já é muito tarde.

Em vez de esperar por muco cervical abundante e elástico, o casal da história optou por substitutos "tecnológicos". Primeiro eles tentaram kits previsores de ovulação encontrados no comércio, depois a mulher começou a medir sua temperatura todas as manhãs. Os dois métodos ajudam, mas nenhum é infalível. O problema, novamente, é que eles tentam detectar um pico ou uma depressão e isto é tão difícil quanto o teste do muco cervical: na hora em que se detecta o pico ou a depressão, já é muito tarde.

Em princípio, os kits previsores de ovulação deveriam resolver este problema, e as versões mais recentes são tão fáceis de usar quanto os testes de gravidez. A mulher simplesmente coloca o dispositivo de amostragem no fluxo de sua urina e espera alguns minutos. Se a ovulação for iminente, aparece uma linha azul. Embora o sistema esteja testando a presença de um hormônio que está sempre presente — e chega na quantidade máxima dois dias antes da ovulação —, os fabricantes ajustaram a sensibilidade do teste de modo que o kit só dê resultado positivo se o hormônio atingir num nível que indique um pico importante. Na maioria das mulheres a coisa funciona.

Infelizmente, os níveis deste hormônio variam de pessoa para pessoa. Algumas mulheres nunca conseguem uma resposta positiva porque seu nível máximo está abaixo da sensibilidade do kit, enquanto outras sempre recebem uma resposta positiva porque mesmo seu nível básico está acima da sensibilidade. Ambos os tipos de mulher estão tendo ciclos de fertilidade normais, mas nenhuma delas pode prever quando vai ovular usando este tipo de teste. Temos que admitir que essas mulheres são minoria, mas, infelizmente para a mulher da nossa história, ela estava em uma dessas categorias.

De modo semelhante, tirar a temperatura teve pouca utilidade para ela em sua campanha. O gráfico no livro mostrava uma curva de temperatura que gradualmente caía durante os dias de menstruação, ficava baixa por duas semanas, então exibia um dia com temperatura realmente baixa antes de subir lentamente, nivelando-se num patamar elevado. Se a concepção não ocorre, a temperatura começa a cair de novo no começo da menstruação seguinte. Se a gravidez ocorreu, a temperatura permanece alta. Esta é a clássica curva "bifásica" do ciclo menstrual fértil. Ciclos anovulatórios estéreis possuem uma curva de temperatura que permanece baixa o tempo todo.

Para um casal que tenta ter filhos, existem duas características importantes em uma curva fértil bifásica. Se contarem para trás 14 dias a partir do primeiro sangramento, eles poderão identificar o dia em que a mulher ovulou naquele ciclo. O dia de temperatura realmente baixa, ou "nadir", ocorre *geralmente* dois dias antes disso. Portanto, o que o nosso casal deveria ter buscado, em seus registros de temperatura, era o dia do nadir. Fazer sexo naquele dia significaria maior chance de concepção.

Infelizmente há problemas até mesmo com esse sistema. Uma infecção, como uma gripe, vai dar à mulher uma temperatura anormalmente alta em qualquer fase do seu ciclo. E o que é mais enganador, a temperatura dela não fica *consistentemente* baixa naquelas duas semanas críticas antes da ovulação. Ela sobe e desce consideravelmente dependendo de vários fatores. Por exemplo, será anormalmente alta se ela se atrasar um pouco em medir a temperatura, se tiver se exercitado ou se tiver comido. Também será alta se ela tiver tomado muita bebida alcoólica na noite anterior. E embora raramente alcance o patamar elevado que vem depois da ovulação e oscile muito menos, esses altos e baixos inevitáveis antes da ovulação tornam muito difícil detectar quando o nadir ocorreu até que o patamar tenha se estabelecido, vários dias depois. Mas então será muito tarde — o óvulo já terá sido produzido e estará morto.

Mas manter um registro de temperatura tem algumas utilidades. Primeiro, durante um certo número de ciclos, ele permite a um olho treinado julgar se a mulher está realmente ovulando, e se estiver, em que período de seus ciclos. Em segundo lugar, o método é verdadeiramente útil para aqueles que desejam *evitar* a gravidez mas sem usar anticoncepcionais, na medida do possível. Depois de começado o patamar na curva de temperaturas elevadas, o casal tem dez dias — o restante daquele ciclo — nos quais pode fazer sexo sem proteção com relativa segurança.

Como ferramenta para decidir qual é o melhor dia para engravidar, os registros de temperatura são razoavelmente inúteis. Assim, por que procurar indícios da fase fértil? Se o ciclo menstrual dura 28 dias e a ovulação ocorre 14 dias antes do começo do período seguinte, então podemos concluir que a ovulação vai ocorrer quatorze dias antes do início do próximo período? Neste caso, o pico da fertilidade será dois dias antes do décimo segundo dia. Certamente, nosso casal deveria "apenas" ter esperado o período começar, contar os dias e ter uma relação sexual no dia 12.

Infelizmente, isto também não funciona. Ao moldar o corpo da mulher para a ovulação críptica, a seleção natural confundiu esse tipo de aritmética. Raramente uma mulher tem a ovulação exatamente no dia 14 de seu ciclo. Embora *seja* verdade que o período que vai *da ovulação* ao início do próximo período tenha uma precisão razoável de 14 dias, o tempo que vai do início do período *até a ovulação* não tem. De fato, ele é incrivelmente variável, de mulher para mulher e de ciclo para ciclo em uma mesma mulher — algo em torno de 4 a 5 dias para 40-50 —, e é por isso que o intervalo de um período para o seguinte também é tão variável. Assim, sexo no dia 12 não tem mais chances de levar à concepção do que em qualquer outro dia do ciclo.

Algumas mulheres insistem que sabem quando ovularam porque sentem uma dor — a chamada *"mittelschmertz"* (literalmente, dor média) no baixo ventre, no meio do ciclo. Esta dor *pode* ser causada por uma irritação no revestimento da cavidade corporal devido ao sangue ou outro fluido que escapa do ovário durante a ovulação. Contudo, não se sabe com que freqüência esta dor coincide com a ovulação, nem se sabe se a mulher poderá distingui-la de outras dores similares no abdômen. Mas mesmo se puder, esta habilidade terá pouca utilidade para a concepção. Como já vimos, uma vez que a mulher já tenha ovulado, as chances de concepção serão mínimas, mesmo que ela consiga ter uma relação imediatamente.

Assim, devido à ovulação críptica, nosso casal não pode dizer quando a mulher estava em seu dia mais fértil. Mas por que eles deveriam se importar com isso? Desde que fizessem sexo todo dia, certamente atingiriam o dia do pico de fertilidade, dois dias antes da ovulação. Eles tentaram isso, mas não funcionou. Assim eles tentaram fazer sexo a cada dois ou três dias. Que estratégia *deveria* ter funcionado? Com que freqüência eles deveriam fazer sexo? O fato é que não existe vantagem real para a concepção em se ter relações sexuais todo dia. O homem não produzirá mais esperma no total, e as chances de perder o óvulo não serão menores, em princípio, do que se o casal fizer sexo a cada dois ou três dias. Na verdade, pode haver desvantagens em fazer sexo todo dia. Mas por quê?

Quando um homem insemina uma mulher, uma parte do esperma vai direto para os dois ovidutos, chegando lá aproximadamente uma hora depois da ejaculação. Desta "vanguarda" de espermatozóides, alguns continuam viajando até a zona de fertilização, enquanto outros param assim que chegam ao oviduto e se acomodam em uma espécie de área de repouso na extremidade inferior. A maioria dos espermatozóides, entretanto, nem tenta ir imediatamente para os ovidutos. Em vez disso, eles viajam uma distância bem menor até locais de repouso alternativos — as várias "criptas" na muralha interna do cérvix. As entradas para essas criptas fazem a parede cervical parecer o topo de um saleiro, um local perfeito para os espermatozóides repousarem um pouco. Nos cinco dias seguintes os espermatozóides deixam as criptas e completam sua jornada através do útero para a segunda área de repouso nos ovidutos. Essas áreas terão sido desocupadas pela primeira leva de espermatozóides, que já terá saído para nadar pelo resto do oviduto, passando pela zona de fertilização e saindo para a cavidade corporal da mulher. Lá eles morrerão. Somente um espermatozóide, dos 150 bilhões que são introduzidos na mulher, tem a sorte de encontrar e fertilizar um óvulo enquanto passa pela zona de fertilização.

O resultado desta hábil seqüência no comportamento do esperma é que uma hora depois de cada relação sexual, e durante os cinco dias seguintes, um fluxo constante de espermatozóides passa pela zona de fertilização. O importante nesse aspecto é que desde que o casal faça sexo a cada dois, ou mesmo três dias, haverá sempre espermatozóides passando pela zona. Nenhum óvulo deixaria de ser fertilizado.

Assim, fazer sexo todo dia não aumenta as chances de conceber. E nem mesmo aumenta o número de espermatozóides que passam através do oviduto. Isso acontece porque o corpo do homem faz um cálculo muito sofisticado durante o ato sexual: o número de espermatozóides que ele ejacula muda de acordo com o intervalo desde a última vez que ele inseminou sua parceira. Quanto mais curto o intervalo, menos espermatozóides são ejaculados. E o corpo masculino faz este ajuste com tanta precisão que o número total de espermatozóides que passa pelos ovidutos será o mesmo se ele inseminar a parceira duas vezes por dia ou duas vezes por semana.

É até possível que se um casal fizer sexo com demasiada freqüência o número de espermatozóides se torne menor e não maior. Isto acontece porque os espermatozóides começam a ficar um no caminho do outro. O esperma da inseminação anterior que ainda estiver no muco cervical na próxima inseminação, bloqueará os canais, que são muito estreitos, tornando mais difícil a travessia para os espermatozóides recém-chegados. Sexo em dias alternados provavelmente é o ideal. Se o casal não deixar passar mais de três ou quatro dias entre as relações, é muito improvável que os espermatozóides deixem de encontrar o óvulo enquanto estão vivos e na zona de fertilização. O casal da história cumpriu esta exigência mas não teve sucesso. O que mais pode ter dado errado?

Suas preocupações se voltaram para outra questão — se o esperma estava conseguindo chegar aos óvulos. Eles imaginaram que se mudassem a posição durante o sexo faria diferença. Além disso, ele tentou esguichar o sêmen o mais fundo possível, enquanto ela tentava se certificar de que perderia o mínimo de esperma depois do ato. Se os dois soubessem o que realmente acontece dentro do corpo da mulher depois da ejaculação, eles teriam percebido o quão insignificante seria fazer qualquer coisa além de seguir a inclinação natural de cada um.

Muitas pessoas imaginam que a vagina, o cérvix e o útero formam um tubo mais ou menos reto. Assim, se um homem tiver força e precisão poderá esguichar seu esperma bem em cima do óvulo. Nós já vimos que isso não acontece. Quando a mulher deita de costas, o útero fica *acima* da vagina, com o cérvix penetrando cerca de 2,5 centímetros para dentro da vagina. Além disso, o canal através do cérvix está cheio de muco. Finalmente, para tornar impossível uma entrega direta e forçada, o cérvix cresce durante o ato sexual e se estende até chegar à superfície interna da vagina, de modo que a extremidade do pênis não encontra a entrada para o útero e sim uma parede, a frente do cérvix. Se um homem ejacula, seu esperma termina formando uma poça no fundo da vagina e entra no cérvix e no útero pelo esforço dos espermatozóides, não devido a qualquer ação masculina. Com o cérvix na beira da poça e seu muco se misturando com o sêmen, o esperma simplesmente nada para dentro do muco.

Com esta imagem em mente, podemos ver que o nosso casal estava certo ao achar que a posição dela durante e depois do ato deveria ter *alguma* importância. A poça de sêmen no topo da vagina fica lá depois que o pênis é retirado, não importa que posição seja adotada. Em parte, isto é devido ao fato de que a poça coagula, tornando-se mais gelatinosa quase imediatamente depois de formada, e em parte porque a vagina se fecha atrás do pênis encolhido, mantendo o esperma no lugar. Somente com a posição da mulher por cima é que existe o perigo de que parte do esperma seja perdido antes que os espermatozóides tenham tempo de escapar em segurança pelo cérvix. Mesmo assim esta perda só coloca a fecundação em risco se o homem retirar o pênis muito rapidamente, enquanto ele ainda está ereto.

A posição sexual tem pouca influência na retenção do sêmen e também na habilidade do esperma de escapar da poça. Isto é devido ao desenho perfeito do cérvix. Na posição clássica, com a mulher deitada de costas, o sêmen é depositado no piso da vagina, com o cérvix mergulhado na poça. Na penetração por trás, ou o cérvix fica por baixo da poça de sêmen, como um ralo numa pia, ou ele se projeta para cima e pende para baixo, como uma mola comprimida. Na posição em que a mulher fica por cima, a vagina fica quase na vertical. O cérvix se projeta através da parede dianteira da vagina, curvando-se para mergulhar na poça seminal deixada pelo pênis que se retrai depois da ejaculação. Além disso, mesmo que ela mude de posição depois da inseminação, a gravidade garante que o cérvix continuará pendendo sobre a poça, mantendo o contato entre o sêmen e o muco.

Pode parecer que o nosso casal estava certo — uma penetração por trás, com a mulher deitada de bruços, depois da inseminação talvez fosse a melhor opção. A posição "ralo de pia" poderia ser a melhor para assegurar o contato máximo entre a poça de sêmen e a abertura cervical. Mas nem isto adianta. No estado de repouso, depois da excitação do ato sexual, o cérvix se projeta quase 2,5 centímetros para dentro da vagina. Poucas poças de sêmen serão tão profundas que permitam à mulher deitar de bruços, forçar o contato entre a abertura cervical e o sêmen acumulado, além do que já é garantido pela própria estrutura do cérvix. E uma vez que ele tenha se retirado da poça, nada pode fazê-lo voltar.

Este desenho aparentemente perverso do cérvix e seu comportamento não acontecem por acaso. É que freqüentemente a mulher não quer nem necessita de todo o esperma que o homem injeta nela. A *maior parte* do esperma na poça é velho ou supérfluo. O cérvix mergulha no sêmen simplesmente para sorver o melhor e descartar o resto. E a mulher não quer a poça de esperma dentro dela por mais tempo do que o adequado para coletar o número necessário de espermatozóides. O fluido seminal está lá para proteger os espermatozóides das secreções ácidas da vagina, não para o benefício da mulher. De fato, o fluido seminal, além de conter doenças, poderá ser perigoso se entrar no útero. Em experiências de laboratório, o fluido seminal colocado sobre músculos uterinos faz com que eles se contraiam violentamente, produzindo espasmos e cãibras. Se o casal soubesse disso, não teria se preocupado tanto em impedi-la de vazar esperma depois da relação.

O material que a mulher perde uma hora ou duas depois do ato sexual é conhecido como "refluxo" é e uma conseqüência normal e importante do coito. O refluxo é simplesmente o material indesejado, uma mistura de muco cervical (que é inofensivo), fluido seminal (que não é) e os espermatozóides que eram velhos ou fracos demais para escapar da poça de sêmen e penetrar no muco cervical. A mulher fica melhor sem isso, e ela o ejeta. Minutos depois de o homem ejacular, o cérvix desce, sorve, seleciona e eventualmente rejeita. A melhor coisa que ela pode fazer é deixar o cérvix tomar todas as decisões — não que ela tenha qualquer escolha. Seu cérvix foi programado para ter controle total da situação, e ser imune a qualquer coisa que ela faça ou que aconteça com ela depois do ato sexual — como, por exemplo, ser perseguida por um tigre. Em qualquer campanha conceptiva, o cérvix e seu muco são os melhores aliados da mulher.

A mulher da nossa história nunca teria estabelecido a conexão, mas é precisamente porque o cérvix e o muco são tão importantes para ela que de tempos em tempos ela sentia o impulso de se masturbar. A masturbação é uma forma de "faxina cervical". O muco cervical está sempre acumulando resíduos. Restos de menstruação, esperma velho de inseminações anteriores, células do ventre e, o mais perigoso de tudo, colônias ocasionais de bactérias e vírus invasores que se acumulam, particularmente no muco velho que tapa o cérvix onde ele se projeta na vagina. Na maior parte do tempo, o lento fluxo do muco é suficiente para manter o cérvix limpo e saudável, mas às vezes é necessário alguma coisa mais dinâmica. É mais ou menos como o nariz, que se mantém saudável através de uma lenta secreção de muco, mas, ocasionalmente, quando é preciso acelerar o processo, o resultado é um nariz escorrendo ou um espirro.

Cada vez que o muco cervical escorre do cérvix para a vagina, seu trabalho está terminado. Enquanto flui, ele forma uma fina cobertura sobre as paredes vaginais. Quando uma mulher fica excitada durante o sexo, as paredes da vagina suam. Este líquido não é escorregadio, mas combinado com o muco cervical velho ele cria uma mistura escorregadia. É isso que dá à mulher a sua principal lubrificação durante o ato sexual. E novamente o fluxo constante do muco geralmente é suficiente, mas quando a cobertura se torna muito fina, é necessário um fluxo súbito do muco.

Um orgasmo via masturbação geralmente resolve este problema duplo. Na ausência do efeito complicador, se não contrário, do sêmen, o orgasmo livra o cérvix do muco velho, recobrindo assim as paredes da vagina, pronto para lubrificar a mulher durante o próximo coito. Um orgasmo sem esperma também torna o muco cervical restante mais ácido e, portanto, mais resistente à invasão de organismos infecciosos. E como esses efeitos são benéficos para a mulher no meio de uma campanha conceptiva, o impulso de se masturbar, quando surge, não deve ser reprimido. Ela pode ficar tranqüila, seu corpo está monitorando constantemente o estado do cérvix e da vagina. E se eles precisarem do efeito higienizador de um orgasmo, ela sentirá o impulso de se masturbar. Um orgasmo estimulado pelo parceiro fará exatamente a mesma coisa, desde que seja antes, e não depois, da relação sexual.

Os mesmos benefícios para o cérvix podem ser produzidos pelos orgasmos noturnos — orgasmos que ocorrem durante o sono, às vezes, associados a sonhos eróticos. Relativamente poucas mulheres experimentam, ou pelo menos se lembram de tais episódios, em comparação com aquelas que sentem impulsos de se masturbar. Aos 20 anos, cerca de 10% das mulheres terão experimentado um orgasmo noturno, e aos 40, somente 40% o terão tido. Mas 80% das mulheres desejam se masturbar de tempos em tempos. Aquelas que nunca experimentaram ou sentiram o desejo de um orgasmo na ausência de um homem, certamente não precisam de limpeza cervical além do fluxo rotineiro da geleira de muco.

A mulher da nossa história se preocupava não apenas com a idéia de *ter* orgasmos na ausência de seu parceiro, mas também em *não tê-los* durante a relação. Novamente ela não devia ter se preocupado. Já se sabe, há décadas, que um orgasmo durante a relação não é necessário para a concepção. É verdade que um orgasmo simultâneo com o clímax do parceiro, ou depois, até ela perder o refluxo, vai aumentar o número de espermatozóides que ela reterá no cérvix depois do coito. Esta diferença nos números, contudo, não vai influir nas chances de engravidar, por razões que vamos discutir mais adiante.

E quanto aos hábitos de masturbação masculinos? Ele também se preocupou com a possibilidade de estar arruinando suas chances e teve fases em que fez o maior esforço para não sucumbir aos impulsos. Seria importante para ele tentar? Novamente a resposta é não. Quando um homem se masturba, ele elimina o esperma mais velho de seus tubos de armazenagem. O resultado é que, na próxima vez que ele inseminar uma mulher, ele vai ejacular menos espermatozóides, mas estes serão espermatozóides jovens e mais ativos. Uma proporção maior deles conseguirá escapar da poça seminal e entrar no muco cervical e, como são mais jovens, vão viver mais. Exatamente como no caso da mulher e seu muco cervical, o corpo de um homem vigia a saúde e o vigor do esperma que ele armazena. Quando decide que uma parte precisa ser eliminada, ele sente o impulso de se masturbar. Ou, como no caso das mulheres, ele pode eliminar esse esperma velho de noite, enquanto dorme. Em ambos os casos, a eliminação do esperma pode ser positiva para as intenções do homem de engravidar sua parceira.

Além disso, nosso homem se preocupava com a possibilidade de que banhos quentes ou roupas de baixo apertadas pudessem reduzir sua fertilidade. Novamente ele não precisava se preocupar. É verdade que o esperma prefere ser mantido relativamente frio enquanto está sendo armazenado. É por isso que o tubo principal de armazenagem, o epidídimo, fica situado na superfície dos testículos, logo abaixo da pele do saco escrotal. E é por isso que os testículos ficam pendurados em vez de estarem colocados em segurança dentro do corpo. Quando um homem está nu, seu esperma experimenta uma temperatura seis graus mais baixa do que o resto do corpo, e quando ele está vestido, a diferença é de apenas três graus. Quanto mais apertadas forem suas roupas e quanto mais banhos quentes ele tomar, mais alta será a temperatura média a que ficará exposto seu esperma. Uma temperatura testicular alta vai fazê-lo produzir menos espermatozóides — e de um tipo mais geriátrico. A diferença, contudo, é mais estatística do que dramática, e é bastante improvável que tenha influência nas chances de concepção, principalmente depois dos esforços combinados de suas masturbações e da seleção cervical da mulher.

Um fator que não foi considerado pelo casal, mas que em princípio poderia ter influenciado no sucesso de sua campanha, foi a época do ano. Nós não pensamos nos seres humanos como reprodutores sazonais, mas as mulheres tem mais tendência a ovular e, portanto, a engravidar em determinados meses. E é este padrão sazonal da ovulação que leva a picos nas taxas de nascimentos nove meses depois. Nas latitudes temperadas do norte, por exemplo, ocorrem mais nascimentos em fevereiro e março, com um pico secundário em setembro, refletindo picos de ovulação e concepção ocorridos em maio/junho e dezembro. Foi no verão passado que encontramos o casal da nossa história pela primeira vez e eles já estavam tentando conceber há nove meses, passando por duas das épocas de pico.

Podemos ver agora que a maioria das preocupações do nosso casal e seus "remédios" não era necessários. É claro que alguma coisa os impedira de ter um filho, mas não era nenhum dos fatores que eles consideraram. De qualquer maneira, depois de suas aventuras no jardim, no bosque e no carrossel, eles ficaram bastante otimistas.

CENA 3
Tempos estéreis

Duas semanas depois da aventura no carrossel, o casal teve um jantar, uma reunião com as colegas de ginásio da mulher e seus companheiros. Dez anos antes, as quatro mulheres tinham morado juntas em um apartamento, no último ano antes da formatura. Três ainda moravam na cidade, a uma distância curta uma da outra, mas a quarta tinha se mudado para bem longe. Quando ela vinha visitá-los, duas vezes por ano — geralmente na companhia do marido e de seus dois filhos —, todas se reuniam na casa de uma delas para comer, beber e lembrar os velhos tempos. Exceto pelo casal que servia de anfitrião naquela noite, todos tinham filhos.

A primeira hora da reunião foi um pouco desagradável para a anfitriã e seu parceiro, já que as três mães ficaram trocando histórias sobre o comportamento dos filhos. Com a autoconfiança da fertilidade provada, as três romanceavam os dias antes da maternidade, quando podiam fazer o que queriam e sair quando quisessem. Mas elas tiveram a consideração de não dizer que seus amigos sem filhos tinham sorte, porque sabiam que eles estavam tentando ter um filho há meses. Ela ficara tão confiante em sua fertilidade e tão excitada com o fim das barreiras anticoncepcionais, que anunciara o início da campanha de concepção para todas as amigas.

Apesar desses momentos de tensão, ela conseguira apreciar aquela noite — em especial porque, intimamente nutria a crença de que finalmente poderia estar entrando no clube. Sua menstruação estava *atrasada três dias*! À medida que suas convidadas bebiam, a conversa ia ficando cada vez mais pessoal e indecente. A anfitriã conseguira até esquecer, ou ficar mais despreocupada, com as tensões dos últimos meses.

E enquanto o álcool fazia o seu trabalho, ela e o parceiro relataram algumas de suas aventuras mais recentes, enfatizando a freqüência com que estavam fazendo sexo. O ponto alto foi, sem dúvida, a história do carrossel. Ambos sabiam que faria sucesso. Eles chegaram a pensar que seus convidados iriam pedir para ver o local e uma demonstração prática. Mas enquanto saboreava o momento, a mulher se inclinou para a frente para encher outro copo de vinho e gelou. Lá estava aquela sensação inconfundível de calor e umidade entre suas pernas. Por um segundo ela pensou — e desejou — que fosse apenas a excitação de estar relatando suas aventuras sexuais. Mas no fundo ela sabia. Sua menstruação estava começando.

Ela parou por um segundo, a mão na garrafa. Subitamente estava sozinha naquela sala, isolada em seus pensamentos, desligada do barulho e das conversas em volta. Então ela se sentou, concentrada na sensação em sua vagina, registrando e analisando cada nuance. Alguém perguntou se ela estava bem. Ela forçou um sorriso, respondeu que estava ótima e se levantou. Pediu licença para ir ao banheiro. Lá, correu para examinar a calcinha e viu o que passara a odiar. A mancha marrom que anunciava o fluxo vermelho que viria, destruindo suas esperanças por mais um mês — e justamente neste mês. Depois da margem do rio e do carrossel, ela tinha se convencido de que manchas em sua calcinha eram coisa do passado, para ser esquecida até que ela também estivesse se queixando dos sacrifícios da maternidade.

Começando a chorar, ela olhou para seu reflexo no espelho do banheiro. Com a calcinha nos joelhos, os olhos cheios de lágrimas, ela se desesperou e odiou o próprio corpo. Por que ela? Todo mundo achava tão fácil. O que havia de errado com ela? Tudo o que ela pedia era um bebê. Não era justo, realmente não era justo.

Estava soluçando há algum tempo quando uma de suas amigas, a que morava fora da cidade, bateu na porta para ver se ela estava bem. Deixou-a entrar e as duas ficaram sentadas desconfortavelmente na beira da banheira, o braço da visitante em torno dos ombros da mulher. A amiga tentou animá-la. Quando a mulher contou que o fluxo ainda era apenas uma mancha, a amiga disse que ela ainda poderia estar grávida. Quando concebera seu segundo filho, a menstruação ainda aparecera. Não tão intensa quanto normalmente, mas o suficiente para que pensasse que não engravidara naquele mês, até perceber os outros indícios. Assim, ela ainda não devia perder as esperanças.

A outra queria acreditar, mas tinha certeza de que sua menstruação estava chegando. A amiga perguntou há quanto tempo estavam tentando, embora soubesse que eram nove meses. Isso fora mencionado várias vezes durante o jantar. Nove meses não eram nada, ela disse, tranqüilizando-a. Conhecia pessoas que tinham tentado durante anos antes de ter sucesso. Mas admitiu que seus dois filhos tinham sido gerados de modo imediato.

A mulher em lágrimas contou que tinha lido o suficiente sobre concepção, nos últimos meses, para saber que às vezes levava algum tempo. Também sabia que, se fosse ao médico, ele provavelmente lhe diria para voltar para casa e tentar mais alguns meses, antes de levá-la a sério. Mas a idéia de mais tentativas, sempre frustradas, lhe parecia um purgatório. Achava que não suportaria. Tudo o que ela queria era um bebê, por que não poderia ter um bebê? Era uma mulher, o que havia de errado com ela? Aos poucos ela se acalmou, graças à amiga e ao companheiro bêbado, que se juntara a elas, pouco depois, no banheiro. Ao ouvir a notícia, ele primeiro ficou incrédulo, depois ficou com raiva do mundo até se recompor e compartilhar de sua tristeza.

Quando voltaram para a sala e ela explicou sua ausência, a alegria acabou e as conversas após o jantar foram encurtadas. Os dois casais que moravam na cidade telefonaram chamando táxis mais cedo. Os hóspedes se desculparam e foram logo para a cama, depois de dar uma olhada nos filhos, que dormiam tranqüilamente no quarto que os anfitriões queriam preparar para o bebê.

O casal sem filhos teve uma noite horrível, especialmente quando uma visita ao banheiro, de madrugada, confirmou que a menstruação chegara mesmo. Sentados na cama, os dois passaram uma hora lembrando o que acontecera durante o mês, examinando cada detalhe, tentando encontrar um motivo para o fracasso. As escapadas que tinham lembrado tão alegremente naquela noite, fonte de novas esperanças há tão pouco tempo, agora pareciam tolas e inúteis, talvez mesmo a *causa* do fracasso. No próximo mês, chegaram a concordar, só fariam sexo na cama.

Na manhã seguinte, enquanto os outros estavam tomando uma ducha ou cuidando das crianças, a mulher teve uma longa conversa durante o café com o marido de sua amiga. Ele não pôde tranqüilizá-la, mas ela achou uma boa catarse falar em detalhes, e longamente, sobre suas esperanças e medos com alguém que ela não conhecia muito bem, mas que era genuinamente solidário. A mesma coragem ela sentiu uma semana depois, quando foi ao médico sem contar ao seu companheiro. Foi menos animador quando eles voltaram juntos ao consultório e o médico lhes disse todas as coisas que já tinham lido, deu-lhes todas as garantias que já tinham ouvido e os mandou embora para que tentassem durante mais alguns meses, pedindo para que medissem a temperatura a cada manhã, o que eles já estavam fazendo.

O relacionamento entre os dois quase não sobreviveu aos meses seguintes, quando passaram por uma série de problemas, alguns já previstos e outros inesperados. O sexo, que fora tão agradável para ambos, se tornou difícil e desagradável. Os temores quanto à própria fertilidade os levou a torcer para que o problema estivesse no outro. Tudo ficou prejudicado, até mesmo a atração que sentiam um pelo outro. A excitação, para ambos, agora parecia levar uma eternidade. Queriam uma garantia que nenhum dos dois podia dar e assim começaram a evitar situações em que o sexo fosse inevitável, mas onde o fracasso pudesse levar a acusações.

A tensão levou a mais e mais discussões. Desacordos momentâneos provocavam silêncios que duravam o dia todo. Às vezes, um dos dois saía aborrecido de casa e dirigia pela cidade durante horas, tentando encontrar um sentido em suas vidas e emoções. Até mesmo ver televisão juntos se tornou uma coisa tensa. Cada programa parecia lembrá-los da situação que enfrentavam. Além de uma porção de programas que falavam de sexo, nascimentos e crianças, até os momentos aparentemente inocentes deixavam uma marca profunda. Fossem imagens de crianças lindas ou anúncios com famílias felizes se divertindo enquanto empinavam pipas e comiam a marca certa de cereal, tudo feria. No final, até cenas de filmes mostrando casais fazendo sexo provocavam constrangimentos.

A mulher, em especial, passou a se sentir agredida pelo mundo exterior. Cada mulher grávida que via, cada carrinho de bebê, cada criancinha a enchia de tristeza. Então ela encontrou algum alívio procurando motivos para não gostar dos filhos das outras. Observava os narizes escorrendo, os rostos com urticárias, ouvia as pirraças e detectava evidências de fraldas sujas, sentindo-se grata por estar sendo poupada de tudo aquilo. Mas o artifício não funcionava por muito tempo. No minuto seguinte, no dia seguinte, a visão de uma criança perfeita trazia de volta a tristeza, a raiva, o desespero. Quando os dois voltaram ao médico estavam sofrendo os efeitos emocionais de quatro tentativas frustradas de fazer sexo — sem o menor indício de uma ereção — e o relacionamento entre os dois tinha chegado ao fundo do poço. O que a mulher não sabia, porque o parceiro não lhe contara, é que mesmo nas duas ocasiões anteriores, quando pelo menos ele conseguira penetrá-la, não houvera estímulo e ele apenas fingira ejacular.

O médico examinou seus gráficos de temperatura, disse que não via nenhum problema aparente e pediu que fizessem uma série de exames. Enquanto aguardavam os resultados, a esperança de que o problema fosse com o outro recomeçou. E, paradoxalmente, esses pensamentos faziam com que se sentissem antecipadamente solidários entre si, como se a notícia que secretamente esperavam já tivesse chegado. Também se sentiram aliviados pelo fato de que alguma coisa positiva estava acontecendo. Não estavam mais sozinhos — alguém mais, mesmo que fosse uma figura anônima num laboratório distante, estava trabalhando em seu problema. À medida que o "dia do julgamento" ficava mais próximo, eles começaram a compartilhar o apoio de que precisavam há tanto tempo. E no dia em que foram pegar o resultado dos exames sentiam-se mais próximos do que em qualquer outra ocasião, desde aquele jantar.

Um estudo mundial sobre fertilidade humana, realizado pela Organização Mundial de Saúde e publicado em 1990, concluiu que 15% da humanidade são estéreis. (Nos países industrializados, o número é de aproximadamente 10% e quase igual para homens e mulheres.) Isto significa que um em cada seis casais, no mundo inteiro, vai achar impossível, ou pelo menos extremamente difícil, ter um filho. Em um terço desses casais o problema é do homem, em um terço é da mulher e na terça parte restante é de ambos. Além disso, se um casal não conseguir ter um filho depois de dois anos de sexo sem proteção, ele terá apenas uma chance em quatro de conceber sem ajuda médica. É muito provável, portanto, que o casal da nossa história não pudesse resolver seu problema simplesmente continuando a ter relações sexuais. Por outro lado, há uma boa chance de que exames médicos identifiquem a causa de seus problemas.

Um estudo realizado pela Organização Mundial de Saúde em 25 países e envolvendo mais de dez mil casais estéreis mostrou que problemas de ovidutos bloqueados nas mulheres e dificuldades de produção ou passagem de esperma em homens eram as principais causas da infertilidade. Se nosso casal tivesse problemas deste tipo, ele teria sido diagnosticado logo.

Pode parecer surpreendente que exista um índice tão alto de infertilidade, já que, por gerações, a seleção natural favoreceu somente os homens e mulheres mais férteis. Por que então, ela não livrou a população de um problema tão fundamental, dando à humanidade a vitória na batalha pela fertilidade? A resposta, que vai surpreender muita gente, é que metade dos casos de infertilidade humana não é resultado de uma falha do corpo, e sim de doenças — infecções no sistema urogenital que vão parar nos ovidutos e nos tubos de armazenagem de esperma, causando inflamações e bloqueios. O resultado é que óvulos e espermatozóides não conseguem chegar ao destino certo para a fertilização. Algumas vezes essas infecções causam apenas períodos temporários de infertilidade, que acabam quando a infecção desaparece. Em outros casos, entretanto, o resultado pode ser um bloqueio permanente e esterilidade. Tais doenças incluem aquelas que parecem inofensivas infecções da infância, irritações passageiras que quase não são notadas. Mas, se uma pessoa não tiver sorte, uma única infecção urogenital pode causar uma vida inteira de esterilidade.

O fato de que a maioria dos casos de infertilidade é causada por doenças explica o fracasso da seleção natural em livrar os seres humanos desse problema. O ponto importante é que os organismos patogênicos têm seus próprios objetivos no mundo e a seleção natural não toma partido. Se qualquer um desses organismos cria um mecanismo para melhorar sua própria capacidade de reprodução à custa da nossa, a seleção natural vai favorecê-lo; se pudermos fazer o mesmo, ela nos favorecerá. O resultado disso é uma corrida armamentista entre nós e as doenças, e nenhum dos lados conseguiu ganhar ainda. Esse equilíbrio instável, no qual eles e nós coexistimos, significa que, em qualquer geração, algumas pessoas escapam do ataque das doenças e da infertilidade e outras não.

Talvez um dos dois personagens de nossa história tenha sido vítima do que parecia uma branda infecção urogenital no início de sua vida, ou é um dos 10% que são estéreis ou subférteis. Se forem, eles logo ficarão sabendo pelos exames. Eles logo saberão se a mulher tem problemas hormonais. Isso pode fazer com que ela nunca ovule. Ou mesmo que ela ovule e um óvulo seja fertilizado, o desequilíbrio hormonal pode impedir que o óvulo se fixe no útero. Como já foi dito, um exame de seus gráficos de temperatura indicará se seus ciclos são férteis ou não. Mas os exames que ela fez vão medir os níveis hormonais exatos e fornecer uma indicação mais precisa sobre problemas nesta área.

Se o nosso casal tiver este tipo de problema, quase certamente haverá uma forma de tratamento para ele. Cirurgia, terapia com hormônios ou fertilização in vitro (FIV) — ou uma combinação dessas técnicas. Hoje em dia, até mesmo uma gestação no ventre de outra mulher pode ser usada. A FIV permite que o óvulo de uma mulher seja fertilizado pelo esperma do homem num recipiente, em laboratório, contornando assim os obstáculos de ovidutos bloqueados. A FIV também é uma solução para os homens com dificuldade de produção de esperma e de inseminação. Já foram desenvolvidas técnicas que permitem que até mesmo um único espermatozóide, ainda que imaturo e sem cauda, consiga a fertilização ao ser injetado diretamente num óvulo. Na maioria dos tratamentos de FIV, o óvulo fertilizado é reimplantado no útero da mulher e então a gravidez e o parto ocorrem de modo normal. Hoje em dia, entretanto, se a mãe for incapaz de ter um óvulo fixado, ou de carregar a criança em seu ventre, seu óvulo fertilizado pode ser introduzido no útero de uma mãe de aluguel, que entrega a criança aos pais genéticos quando ela nasce.

Embora tais tratamentos possam parecer maravilhosos, suas taxas de sucesso não são muito altas. A maioria dos métodos tem índice maior de fracassos. De qualquer forma, eles trazem esperanças para casais que, de outro modo, não poderiam ter filhos. O casal em nossa história ainda não chegou a este ponto. Nem todas as campanhas de concepção muito longas são resultado de infertilidade ou subfertilidade. Muitas são provocadas por condições temporárias que, depois que desaparecem, permitem que o casal atinja seus objetivos de modo súbito e inexplicável.

Um dos fatores mais importantes nestas fases de infertilidade temporária é o estresse, que pode ter muitas origens. Problemas financeiros, vida em condições difíceis, acidentes, doenças ou morte na família, assim como dúvidas sobre a fidelidade do parceiro, podem produzir tensão emocional e o estresse é um anticoncepcional poderoso. Todos os aspectos da campanha conceptiva podem ser afetados — perda do desejo, dificuldades de ereção, falta de ovulação ou de fixação do óvulo e até aborto são mais prováveis se as pessoas estão sob tensão. Os homens também ficam com maior probabilidade de produzir um esperma estéril. O resultado é que, quanto mais estressado estiver um casal, menores são as chances de que tenham um filho. E como nosso casal descobriu, a incapacidade de conceber pode gerar ainda mais estresse. Não é por acaso que a tensão produz infertilidade. A seleção natural ligou as duas coisas com firmeza.

Num capítulo posterior veremos como é importante, biologicamente, que um casal tenha o número certo de filhos. Por enquanto, o aspecto crítico a ser notado é que quanto menos filhos eles tiverem, mais importante será tê-los na melhor época. Acima de tudo, eles devem evitar a concepção em períodos ruins — e ao ligar o estresse com a concepção, a seleção natural fez exatamente isso. Ela moldou a química de nossos corpos para garantir que, em tempos difíceis, eles não embarquem em algo tão trabalhoso e exigente quanto a maternidade — para benefício de sua própria capacidade reprodutiva *a longo prazo*.

Talvez o casal de nossa história já estivesse sob tensão quando resolveu ter filhos. Talvez suas finanças não fossem estáveis, suas carreiras não estivessem suficientemente sólidas, sua casa não fosse bastante espaçosa. Poderia haver problemas com seus pais, ou talvez um dos dois não estivesse totalmente convencido de que poderia confiar no outro.

Enquanto consideramos esta possibilidade, é importante perceber que não é a situação *absoluta* do casal o que importa, mas como essa situação corresponde às expectativas. Circunstâncias que poderiam estressar o casal de nossa história não incomodariam um casal que vivesse numa sarjeta do Terceiro Mundo, porque suas expectativas são diferentes. De qualquer modo, o fato de que nosso casal tinha uma vida relativamente confortável não significa que a tensão não pudesse influir nas suas chances de ter um filho. E qualquer que tenha sido o motivo que os colocou sob pressão antes de começarem a tentar conceber, uma coisa é certa: quando eles tentaram e não conseguiram, ficaram ainda mais estressados. Particularmente, cada um começou a questionar a fertilidade do outro. E se o estresse era a causa de seus problemas, é improvável que tivessem sucesso até que as dúvidas fossem esclarecidas.

O relacionamento do nosso casal foi por água abaixo à medida que, mês após mês, os fracassos se sucediam. Quando os deixamos, o relacionamento entre os dois ainda estava intacto, mas não seria surpresa se não estivesse. Casais estéreis têm uma taxa mais alta de separação do que casais com filhos e, sob uma perspectiva evolutiva, isto é natural. Se cada membro de um casal está fazendo o possível para melhorar sua capacidade reprodutiva, ficar com um parceiro estéril é, obviamente, desvantajoso. Na esperança de que o problema estivesse no outro, ambos reconheciam secretamente que talvez fosse melhor se separar e procurar outro parceiro.

O tempo não era aliado deles, qualquer que fosse a solução final. Não há problema em esperar até os 30 ou mais para começar uma família, desde que o sucesso chegue rápido. Para a mulher, em especial, o fracasso em ter um filho aos 30 anos impõe pressões especiais. Nesta idade, embora os critérios variem de país para país, é quase sempre difícil uma mulher ser aceita em programas de fertilização in vitro, exatamente porque as chances de sucesso diminuem rapidamente depois dos 30. Há uma redução, também, nas chances de encontrar e se estabelecer com um novo parceiro. À medida que o tempo passa, a mulher de nossa história ficaria cada vez mais ansiosa.

Quando mulheres que lutam contra a infertilidade são entrevistadas, elas freqüentemente sentem necessidade de justificar o desejo de ter um filho. Isto não seria necessário. Na introdução nós mostramos como é inevitável o impulso de ter filhos: genes que programam as pessoas para *não* querer filhos são impiedosamente eliminados pela seleção natural. Desde que a pessoa gere pelo menos um filho, ainda há chance de sucesso reprodutivo a longo prazo; de fato, para alguns, uma criança é o tamanho familiar ideal. Mas *nenhuma* criança jamais será o ideal, e os corpos das pessoas anseiam pela reprodução, pela menos uma vez, mesmo que tenham que esperar muito tempo pelo momento certo. Não devemos nos surpreender se alguns acham difícil justificar seu desejo pela paternidade ou maternidade: o desejo é do corpo e nem sempre chega ao cérebro de forma lógica. A biologia evolucionista mostra porque a grande maioria da população é programada para desejar ter filhos.

A seleção natural não é afetada pelo que as pessoas dizem e sim pelo que elas fazem. Muitas mulheres que afirmam, no início da vida, que nunca vão ter filhos, acabam com tantos filhos e netos quanto suas colegas. A recusa na juventude é simplesmente parte de uma estratégia subconsciente de planejamento familiar, com o cérebro revelando os planos sutis de seu corpo. O casal da nossa história, que desejava conscientemente ter filhos, fazia todo o possível para conceber. Em qualquer mês que ela tivesse ovulado, seu óvulo certamente seria fertilizado. Só existem, portanto, duas explicações para seu fracasso. Uma, é claro, é a de que eles fossem estéreis ou subférteis e precisassem de assistência médica até certo ponto. A outra hipótese é a de que um deles, ou ambos, estivesse evitando, subconscientemente a concepção. Por tudo o que sabemos, um dos dois corpos poderia ter uma razão poderosa para não conceber, *por enquanto,* de modo a aumentar as perspectivas de reprodução a longo prazo. Se for isso, a tensão fez o seu trabalho.

A hipótese mais provável ainda não está clara. Tudo será revelado, contudo, quando nos juntarmos a eles no consultório do médico, onde eles aguardam o resultado dos exames.

CENA 4
Sucesso?

Segundo o médico, as notícias eram boas. Enquanto esperavam, vendo o médico folhear os vários exames, olhando mais cuidadosamente alguns, o casal sentia uma mistura de alívio e descrença. Evidentemente os canais dela estavam livres, seu útero parecia saudável, ela estava ovulando e seu perfil hormonal era o desejado. Ele, talvez, tivesse menos esperma do que seria esperado — a menos que ejaculasse com muita freqüência, comentou o médico, sem tirar os olhos do papel — e talvez com um número um pouco maior de espermatozóides com cabeças de formato estranho, mas nada que não estivesse dentro do normal para um homem fértil. Não podia ver nenhuma vantagem ou razão para recomendar uma fertilização *in vitro* ou qualquer outra forma de concepção assistida. Devia poupá-los desta despesa, da dor e da tensão.

Resumindo, disse o médico, não havia nada que os impedisse de ter uma criança pelo modo normal e tudo que podia recomendar era que continuassem tentando.

— Joguem fora os gráficos de temperatura — aconselhou ele. — Tentem esquecer tudo isso e façam o que lhes parecer natural.

— Por que não tiram umas férias? — foi seu último conselho. — Saiam e divirtam-se, livrem-se dessa tensão.

Os dois ficaram muito quietos na volta para casa, o alívio e a confusão misturando-se em suas mentes. Estavam felizes porque pareciam ser férteis, mas intrigados quanto ao motivo para ela não estar grávida dezoito meses depois de pararem de usar qualquer tipo de anticoncepcional. E embora não falassem nada a respeito, ambos sentiam certo desapontamento porque nenhum problema fora encontrado no parceiro. A perspectiva de apenas continuar tentando, sem nenhuma explicação sobre o que poderiam estar fazendo de errado, deixava-os desapontados e entediados.

Chegando em casa, eles tomaram uma garrafa de vinho e "celebraram", sem muita animação, fazendo sexo. Depois, começando a tomar uma segunda garrafa, ainda na cama, eles conversaram sobre a possibilidade de tirar férias. Apesar do conselho do médico eles ainda tentavam calcular quando viriam os próximos dois períodos dela, para marcar as férias no auge da fertilidade. Entretanto, depois de combinarem para dali a seis semanas, o período seguinte chegou uma semana antes do esperado e arruinou todo o planejamento.

No fim de semana antes das férias, eles receberam a visita de seus amigos de fora da cidade com os dois filhos. Eles estavam apenas de passagem e ficariam por uma noite. As outras duas amigas da mulher e seus parceiros estavam trabalhando e desta vez não houve a reunião habitual.

Sempre que os dois casais se encontravam e as crianças iam finalmente para a cama, as mulheres ficavam um pouco bêbadas e seus maridos mais ainda. Como sempre, a conversa ia de lembranças nostálgicas sobre os dias do ginásio, as perspectivas futuras de trabalho, sexo — e problemas de concepção. Para decepção das visitas, desta vez não houve histórias picantes — apenas o relatório do médico. E quando os homens dormiram nas poltronas, as mulheres começaram a falar sobre seus ex-namorados.

A anfitriã acordou na manhã seguinte com a cabeça fresca, o estômago em boa forma e, para sua surpresa — pois era raro nesses dias —, um desejo irresistível de sentir um pênis dentro dela. Congratulando-se por ter calculado com perfeição a quantidade de bebida que tomara na noite anterior, ela começou a acordar seu parceiro, brincando com a genitália dele. Ele gemeu não de prazer ou excitação, mas por causa da dor em sua têmpora direita e a sensação de náusea. Mesmo assim, como se tivesse vontade própria — afinal fazia três dias desde a última vez que ejaculara, o que era um longo tempo para ele —, o pênis respondeu ao desafio. Durante a relação, e por alguns momentos depois da ejaculação, a ressaca diminuiu, apenas para retornar enquanto a excitação do coito desaparecia.

Depois de cochilar um pouco a mulher saiu da cama, tomou uma ducha e vestiu um roupão, descendo a escada para a cozinha, que tinham deixado numa grande bagunça na noite anterior. Mal tinha chegado e ouviu os filhos da amiga subindo alegremente a escada . Sempre que ficavam hospedadas lá, as crianças subiam para o quarto querendo jogar com seu marido. Ele era muito bom e muito paciente com crianças — daria um pai maravilhoso, se tivesse uma chance. Enquanto ouvia a alegria lá em cima, a tristeza ameaçou dominá-la novamente.

Quinze minutos depois ele apareceu, vestido e de banho tomado, mas ainda pálido e abatido, acompanhado pelas crianças barulhentas. Elas queriam que o homem as levasse na loja local, como sempre fazia. Nessas ocasiões ele invariavelmente estava de ressaca e considerava a caminhada terapêutica. Geralmente comprava seu jornal e mais alguma coisa para as crianças — algo que as impedia de tomar o café da manhã quando voltavam. Hoje, embora concordasse em ir, ele insistiu em tomar um café antes. Enquanto bebia, a mãe das crianças entrou na cozinha e pediu desculpas pelo comportamento de seus filhos. Ela também tinha vontade de caminhar e iria junto, para protegê-lo dos piores pedidos dos pimpolhos.

O grupo acabara de sair quando o pai das crianças, vestido com uma malha de ginástica, juntou-se à sua anfitriã na cozinha. Ele tinha ouvido a porta se fechar e calculara — já que o passeio até a loja era um ritual — o que estava acontecendo. Enquanto a mulher colocava suas luvas de borracha para lidar com a bagunça na pia — ele começou a fazer um pouco de café para ambos.

Eles falaram pouco, tranqüilos na companhia um do outro, depois de anos de amizade. Após alguns minutos ele perguntou onde ela queria que botasse o café. Ainda ocupada na pia, a mulher indicou o peitoril da janela diante dela. O homem se aproximou por trás e se inclinou para colocar a xícara onde ela tinha mandado, mas quando tentou se afastar ela chamou sua atenção para alguma coisa no jardim. Para ver melhor ele teve que ficar bem atrás dela, olhando para a janela por sobre seu ombro. Ao perder ligeiramente o equilíbrio ele teve que se apoiar na cintura e nos quadris da mulher. O contato inesperado e a proximidade produziram um fluxo imediato da química sexual em seus corpos. Normalmente tal contato seria momentâneo e ele pediria desculpas. Ele pediu desculpas agora, mas deixou as mãos permanecerem mais do que seria esperado. Contrariando suas consciências, ambos se moveram de modo que as nádegas dela encostaram na virilha dele, enquanto ela se curvava para a frente, um prato sujo na mão enluvada. Apesar da malha de ginástica e do roupão, ela sentiu o pênis enrijecer.

Ambos gelaram, confusos pelo que acabava de acontecer. Mudando seu apoio, ele se encostou nela fazendo um leve movimento com os quadris — o suficiente para lhe dar um sinal, bem sutil, mas de modo que ambos pudessem fingir que nada tinha acontecido, se fosse necessário. Depois de um momento, foi a mulher que quebrou o silêncio.

— Vamos — disse ela sem mover o corpo —, vá em frente. — Havia mais raiva do que paixão em sua voz baixa mas determinada. Como ele não respondeu imediatamente, ela repetiu: — Vamos, vá em frente.

Atordoado, agindo automaticamente, trêmulo com a pressa — ele levantou o roupão dela para expor suas nádegas. Com o prato ainda na mão ela não se moveu, apenas se curvou mais sobre a pia. O homem levou a mão entre as pernas da mulher para localizar a vagina, abrindo seus lábios com os dedos. Estava muito úmida e ele presumiu que fosse de excitação, não sabendo que, uma hora atrás, ela tinha sido inseminada por seu parceiro. Arriando a calça de sua roupa de ginástica, ele liberou o pênis, que se ergueu mais duro e ereto do que tinha estado há meses. Com a mão ele o empurrou entre as pernas dela, e roçou com a ponta os lábios da vulva, depois tentou introduzi-lo. A ponta entrou, mas o ângulo estava errado e mesmo ficando na ponta dos pés ele não conseguia penetrá-la mais. Sentindo que a ejaculação estava a caminho pediu a ela que se abaixasse um pouco mais e abrisse mais as pernas. Ela obedeceu e imediatamente ele conseguiu uma penetração profunda. A mulher ficou imóvel como uma estátua. Somente alguns sons abafados escapavam de sua garganta. Depois de alguns impulsos ele começou a ejacular e o corpo dela estremeceu levemente. Todo o processo, do primeiro momento em que as mãos dele tocaram a cintura dela, ao primeiro esguicho da ejaculação, tinha levado menos de três minutos.

O segundo jato de sêmen tinha acabado de esguichar na vagina, quando ouviram vozes de crianças na porta da frente, do outro lado da casa. Segundos depois, o par ainda unido ouviu o som distante de chaves na fechadura. Ele ainda estava dentro dela e não esgotara sua excitação. Em pânico, e com algum desconforto, retirou o pênis, ainda ereto e ejaculando. Freneticamente, abaixou o roupão dela e levantou as calças para ocultar o pênis rígido, enquanto um último jato de esperma molhou a roupa.

Estavam se afastando quando as crianças entraram na cozinha. Quando seus parceiros chegaram, os dois estavam em lados opostos. Ele bebia café e queixava-se da ressaca para as crianças, ela estava ocupada com a lavagem dos pratos. Ele passou alguns minutos de nervosismo até seu pênis voltar ao tamanho normal, com medo de que sua mulher notasse através da roupa de malha. A anfitriã também passou por um mau momento quando, minutos depois, ao tirar as luvas, notou uma gota de sêmen no piso da cozinha. Os adultos estavam decidindo o que iam comer e, com um hábil movimento do pé descalço, ela destruiu a evidência.

Graças principalmente à bagunça das crianças, o nervosismo do par infiel não foi notado. Depois do almoço os visitantes partiram e os donos da casa voltaram à sua rotina. Alguns dias depois eles viajaram para sua semana de férias. Passaram os dias relaxando em praias ensolaradas e as noites comendo e bebendo enquanto observavam as crianças locais brincando em torno das mesas onde jantavam. Tinham relações sexuais quase todo dia e há um ano não se sentiam tão felizes e positivos em relação ao seu relacionamento.

E desta vez a menstrução dela não veio. Duas semanas depois de voltarem das férias, ele acordou com o ruído dela vomitando no banheiro e os testes confirmaram que estava grávida. O médico ganhou um abraço por sugerir que umas férias podiam dar resultado e em pouco tempo ela estava se sentindo tão mal que duvidou que tivesse desejado ficar grávida. Eles esperaram três meses, até a gravidez estar garantida, antes de anunciarem para os amigos. E quando todos se reuniram de novo, não era mais necessário falar em campanhas conceptivas. Todos eram pais agora — ou assim pensavam.

Mas o que aconteceu? Por que um casal sem problemas médicos aparentes conseguiu conceber um filho depois de quase dois anos de fracassos?

Existem, é claro, muitas hipóteses, e uma das mais interessantes, e menos óbvias, é que desde o princípio a campanha de concepção, longe de ser um esforço cooperativo, tinha sido uma guerra de desgaste. No fundo, só um deles tinha realmente desejado ter filhos até aquele mês das férias.

É claro que os casais freqüentemente discordam *abertamente* quanto à melhor ocasião para iniciar uma família e as diferenças de opinião podem provocar brigas sérias. Tanto o homem quanto a mulher terão boas razões para seus pontos de vista e invariavelmente tentarão fazer o que for melhor para sua capacidade reprodutiva. A seleção natural tem moldado a capacidade da maioria das pessoas para julgar o que é melhor para elas e se isso não coincide com o que é melhor para seu parceiro, o conflito é inevitável. Entretanto, uma discórdia *explícita* não era uma característica do nosso casal. Aparentemente, ambos estavam cooperando o máximo que podiam. Qualquer discórdia, portanto, tinha que ser subconsciente — e quando observamos o modo como as coisas aconteceram, encontramos mais de um indício de que o corpo da mulher estava jogando um jogo diferente, mais dissimulado que o do homem.

Sem dúvida alguma, ele estivera fazendo o melhor que podia, consciente e subconscientemente, para engravidar sua parceira. E, *conscientemente*, a mulher fizera o máximo para cooperar. Mas, sem o conhecimento de ambos, o corpo dela estivera retardando a concepção, esperando pelo momento certo e talvez, pelo homem certo. É mais do que provável que o pai genético da criança, que nasceu no final da campanha conceptiva dela, não fosse o seu parceiro e sim o marido de sua amiga — um homem com quem ela tivera uma relação de três minutos numa manhã de domingo, enquanto lavava pratos. Vamos explicar o motivo.

Há um detalhe no ciclo menstrual da mulher que ainda não descrevemos e que evoluiu para permitir que ela tire vantagem de situações como a mostrada acima. O que parece acontecer é o seguinte: nos dias posteriores ao início de um período, o corpo feminino passa por uma série de mudanças hormonais que o preparam para produzir um óvulo. Mas, dois dias antes de a ovulação ocorrer, o corpo fica "na expectativa". Se ele vai produzir ou não um óvulo, vai depender do que acontecer nos dias ou semanas seguintes.

Este período de espera é uma oportunidade para coletar esperma, apenas de seu parceiro ou não. Talvez de apenas um homem, talvez de dois ou mais. Em parte, a ovulação depende do que seu corpo sentirá em relação ao homem ou homens dos quais ela recebeu esperma. Mas o mais importante é a disposição do corpo para a gerar uma criança nas circunstâncias no momento, o que é medido pelo nível de estresse. Se o homem e o momento parecerem absolutamente adequados, a ovulação e a concepção podem ser realmente provocadas pelo coito. Mas, se o homem e o momento não forem corretos, a relação sexual não vai influenciar e pode até mesmo inibir a ovulação.

Qual é a evidência disto? Entre os dias 14 e 35 do seu ciclo (considerando o dia do primeiro sangramento como o dia 1), uma mulher tem muito mais chances de conceber a partir de uma relação inesperada, do que de uma relação *rotineira* com seu parceiro. Uma relação inesperada pode ser com um amante ou um estuprador, ou mesmo com o parceiro habitual que volta para casa por pouco tempo (numa folga de fim de semana, por exemplo). Ela tem mais chances de engravidar nestes casos do que numa relação rotineira que ocorra *nesses dias do ciclo*. Isto não quer dizer que o parceiro habitual da mulher não possa provocar uma ovulação. Acontece que ela tem menos probalidade de responder positivamente numa situação de rotina do que, com ele ou com outros homens, em situações extraordinárias.

O estímulo ocasional da ovulação através de uma relação sexual provavelmente explica por que uma mulher tem mais chances de engravidar de um ato que ocorra *dois dias* antes da ovulação, embora uma hora depois do ato sexual haja um fluxo contínuo de espermatozóides pelos seus ovidutos durante os cinco dias seguintes. A razão para isso é que, provavelmente, se o homem e o momento forem adequados para seu corpo, o sexo no período de espera realmente provoca a ovulação, mas o processo do estímulo até a ovulação leva dois dias. Portanto, em vez de tentar determinar quando a mulher ovularia, nosso casal poderia simplesmente fazer sexo quando quisesse e, particularmente, sempre que a mulher tivesse vontade.

Além desta aparente capacidade de ovular em resposta a uma oportunidade, os hormônios da mulher fazem com que ela seja muito mais receptiva a um amante ocasional do que ao seu parceiro regular durante o período de expectativa do corpo. Como vimos anteriormente, uma mulher fará sexo com seu parceiro costumeiro, em qualquer estágio do seu ciclo menstrual, como parte da ovulação críptica. Além de ter mais probabilidades de fazer sexo com um amante durante o período de espera, uma mulher é programada por seus hormônios para mudar seu comportamento nos períodos de expectativa. Estudos sobre o comportamento feminino mostram que as mulheres que não têm um parceiro habitual passam por poucas mudanças durante o ciclo menstrual, enquanto as que têm maridos ou companheiros tendem a passar menos tempo com eles e mais tempo explorando novos lugares durante suas fases mais férteis. E enquanto estão *fora da vista de seu parceiro*, elas se vestem e se comportam de modo mais provocante.

Em uma discoteca de Viena, pesquisadores fotografaram as mulheres e mediram a quantidade de pele nua que elas estavam expondo e quão transparentes ou justas eram suas roupas. Depois as mulheres se submeteram a um teste de saliva para medir os níveis de estrogênio. Aquelas que tinham parceiros fixos há muito tempo, mas que os deixavam em casa enquanto saíam para passar uma noite "com as colegas", estavam mais propensas a se vestir de modo provocante durante a fase fértil de seu ciclo, quando os níveis de estrogênio estavam altos, do que em outras ocasiões. Já as mulheres sem parceiros em casa não demonstravam esta variação.

A conclusão é que, até ter um parceiro constante para sustentá-la, uma mulher não busca relações sexuais ocasionais durante a fase de expectativa do seu ciclo. Uma mulher sustentada por seu parceiro tem muito mais possibilidade de ser levada, pela química de seu corpo, a tentar atrair as atenções de outros homens durante esta fase. E, tendo oportunidade, ela estará mais disposta a receber esperma e ter um filho desses parceiros ocasionais. O fato de que a mulher da nossa história acordou com desejo de sentir um pênis em sua vagina sugere que ela estava neste período de espera do corpo. O corpo dela esperou mais um mês para ver o que aconteceria antes de tomar uma decisão quanto à ovulação. Além disso, o fato de que, tirando vantagem de uma rápida oportunidade, ela permitiu que o marido de sua amiga a inseminasse — talvez inconscientemente provocando-o — sugere que seu corpo estava nesse estágio.

Por que esta mulher estava muito mais propensa a ovular e conceber depois de receber esperma de outro homem? Dez anos antes, ela e seu parceiro tinham decidido viver juntos e compartilhar suas vidas. E desde então tinham passado por muita coisa enquanto tentavam ter um filho. Por que traí-lo agora?

Infelizmente para aqueles que desejariam que as coisas fossem diferentes, a seleção natural predispôs os corpos das pessoas para o egoísmo e o egocentrismo, e não há mecanismo para produzir o verdadeiro altruísmo. Nós somos descendentes de pessoas cujos corpos davam prioridade à reprodução e herdamos o egoísmo de nossos ancestrais. É verdade que nossos corpos cooperam com outros corpos em muitas ocasiões de nossas vidas — freqüentemente por longos períodos —, mas somente quando esta cooperação aumenta nossas chances de sucesso pessoal na reprodução. No momento em que esta cooperação começa a ameaçar o sucesso na reprodução, nossos corpos fazem o que é melhor para eles, e não o que é melhor para o companheiro. A seleção natural favoreceu os corpos que, enquanto cooperam com um parceiro constante, estão alertas para a oportunidade de aumentar suas chances de sucesso reprodutivo com outros parceiros. E se tal oportunidade surge, o corpo faz o possível para tirar vantagem, sem levar em conta o que isto representa para o sucesso reprodutivo do companheiro. E foi exatamente isto que a mulher da nossa história fez.

Ninguém deve se surpreender com o fato de que uma mulher precisa, de tempos em tempos, contar com a infidelidade para melhorar suas perspectivas na reprodução. Esta é uma conseqüência quase inevitável desde que os homens assumiram o papel de pais a longo prazo. Num capítulo posterior discutiremos os critérios pelos quais uma mulher seleciona seus parceiros, mas existe uma dualidade interessante para ser discutida aqui. De um lado, a mulher precisa de um homem que a ajude a criar seus filhos. De outro, ela precisa de genes que em combinação com os seus, produzam crianças férteis, atraentes e bem-sucedidas. Parte de suas dificuldades vem do fato de que existe um número muito maior de fornecedores de genes do que de parceiros permanentes. Como vimos, leva apenas alguns minutos para coletar os genes de um homem, mas são necessários muitos anos de colaboração dele para criar.

Na nossa história, a mulher com dificuldade para engravidar parecia muito satisfeita com seu parceiro como pessoa capaz de sustentar e criar qualquer filho que ela pudesse ter. Eles tinham uma vida de classe média, podiam ter sua própria casa, seu carro e tirar férias. E pelo modo como seu parceiro tratava os filhos de sua amiga, ele demonstrava que seria um bom pai. Mas talvez o corpo dela não estivesse convencido de que ele fosse o melhor em termos de genes para os filhos. Pode ter sido este o motivo que levou seu corpo a impedir a concepção em primeiro lugar — e depois que as sementes do medo quanto à fertilidade dele, tinham sido semeadas, a relutância corporal dela foi reforçada.

As mulheres procuram qualidades diferentes nos parceiros de curto e longo prazo. E a ampla possibilidade de escolha dos fornecedores de genes a curto prazo abre duas grandes opções. Uma é encontrar um homem que, embora não seja o melhor fornecedor de genes nem o melhor parceiro, seja pelo menos o melhor relacionamento que ela possa conseguir. A outra opção é conseguir o melhor parceiro permanente e depois contar com a infidelidade para obter os melhores genes. A mulher da nossa história, provavelmente, começou a seguir a primeira opção dez anos antes. Mas depois, como vimos, ela acabou recorrendo à segunda opção, e ela não é a única.

Cerca de 10% das crianças não são geradas por seus supostos pais. Alguns homens têm maior probabilidade de ser traídos do que outros, e os de classe social mais baixa estão na pior situação. Os números verdadeiros variam de 1% em regiões de alto nível de vida, como a Suíça e os Estados Unidos, a 5-6% entre os homens de classe média na Grã-Bretanha e Estados Unidos, e 10 a 30% entre os homens de baixo nível financeiro e social na França, Inglaterra e Estados Unidos. Os homens de classe alta são os que têm mais probabilidade de seduzir as mulheres casadas de baixo *status* social. Estudos antropológicos mostram o mesmo padrão. Em todas as sociedades, os homens ricos de classe alta conseguem parceiras mais cedo, se relacionam com maior número de mulheres, começam a ter filhos mais cedo, têm menos propabilidade de ser traídos e mais chances de tirar as mulheres de outros homens. Em todas as situações, portanto, os homens com *status* e riqueza têm condições para ser reprodutores mais bem-sucedidos do que seus contemporâneos de baixa posição social.

E que exista um padrão de dependência de *status* na infidelidade feminina não deve nos surpreender. A coisa funciona assim: as mulheres que se unem a homens ricos e de alta condição social têm pouco a ganhar com a infidelidade, e muito a perder. Mas aquelas que se casam com homens pobres têm pouco a perder e, potencialmente, muito a ganhar — especialmente se puderem trair os maridos com homens das camadas superiores da sociedade. Mas para a mulher da nossa história, é pouco provável que a busca de riqueza e posição social tenha sido o motivo da sua infidelidade. Ela não tinha a intenção de trocar seu companheiro pelo da amiga, que era da sua mesma classe social. O interesse de seu corpo por ele era puramente genético. Ela queria o seu esperma e os seus genes e se aproveitou da oportunidade para consegui-los. Mas sua estratégia só teria realmente compensado, se o ganho genético fosse maior do que as desvantagens que ela poderia ter com a infidelidade — já que havia também perigos potenciais em seu comportamento, além dos benefícios.

Em primeiro lugar, havia o risco de contrair uma ou mais doenças sexualmente transmissíveis. Quanto maior for o número de parceiros, maior é o risco. A probabilidade não é particularmente alta, mas existe e aumenta com cada ato de infidelidade. Ela pode ser uma ameaça à saúde e à fertilidade futuras da pessoa. Os outros perigos só se materializariam se seu ato de infidelidade fosse descoberto. Na pior das hipóteses, ela poderia ter sofrido uma violência por parte de seu parceiro ou de sua amiga traída. Ela corria o risco de seu parceiro deixá-la, principalmente se ela ficasse grávida logo depois da traição, levando-o a suspeitar de que a criança não era sua. E existem outros riscos associados à criação de filhos sozinha ou com um padrasto, mas vamos discuti-los em outro capítulo. Fora o risco de doença, nenhum dos perigos da infidelidade era particularmente grande, *desde que ela pudesse evitar que fosse descoberta*.

O homem também correu riscos com sua infidelidade. Ele também se arriscou a contrair doenças, a ser abandonado ou mesmo a sofrer uma violência se fosse descoberto — violência tanto da parte do parceiro da mulher quanto de sua parceira. Mas novamente nenhum desses riscos era especialmente grande *desde que não fossem descobertos*.

Foi essa necessidade de manter segredo que fez o homem e a mulher reagirem instintivamente com urgência e astúcia quando ouviram seus parceiros voltando da loja com as crianças. É improvável que um dos dois tivesse pensado com antecedência no que faria em tal situação, mas quando chegou a hora ambos disfarçaram automaticamente. A descarga de adrenalina foi tão instantânea como se um tigre tivesse entrado na sala. E como ficou demonstrado, a dissimulação foi bem-sucedida. Seus parceiros continuaram ignorando o que tinha acontecido durante aqueles dez minutos de ausência.

Os seres humanos não são a única espécie a usar a dissimulação e a astúcia para evitar os custos da infidelidade enquanto colhe seus benefícios. Devido à força que impele de um corpo quimicamente programado para evitar a descoberta, estratégias adequadas podem ser inventadas sem o auxílio do cérebro humano. Muitas pessoas já devem ter visto o filme que mostra uma macaca procurando comida no solo enquanto o macho a observa atentamente de um galho alto. Então aparece outro macho. Ele se senta, inocentemente se coçando e ocultando sua ereção do primeiro macho. E cada vez que o macaco no alto da árvore se distrai ele bate no ombro da fêmea. Em certo momento, ela se vira e ele a insemina num ato não muito diferente daquele que testemunhamos na cozinha. E o ato foi tão rápido que quando o companheiro olhou de novo naquela direção, eles já tinham retomado suas atividades corriqueiras, fingindo inocência.

Os acontecimentos com o casal da nossa história esclarecem outro enigma do início da campanha conceptiva: o mistério da ovulação críptica. Depois que o sexo diário vira uma obrigação e não um prazer, muitos casais amaldiçoam a incapacidade de determinar quando a mulher está no auge da sua fertilidade. Para muitos, a ovulação críptica parece um dos truques mais perversos da seleção natural. Mas, ao contrário, ela é uma das armas mais poderosas que as mulheres têm para controlar sua reprodução. A história ilustra bem por que é tão importante para a mulher que seu corpo oculte o estágio em que ela se encontra no seu ciclo menstrual. Isto lhe dá mais liberdade para escolher o pai genético de seu próximo filho, do que se ela anunciasse quando está fértil.

As fêmeas de alguns primatas, como chimpanzés e babuínos, que anunciam sua fertilidade, passam por uma período agitado quando estão na fase fértil. Os machos lutam para se aproximar delas e as fêmeas são freqüentemente importunadas. Pior ainda, de muitos modos o macho mais forte faz o possível para garantir que só ele irá inseminar a fêmea. É claro que, de tudo isso, a fêmea obtém a vantagem de ser inseminada principalmente pelo macho mais robusto e mais capaz de se aproximar e de protegê-la. Mas o preço que ela paga por isso é a redução da sua liberdade para selecionar seu próprio parceiro. Ela pode preferir outros machos, mas o macho dominante tenta evitar que ela se relacione com eles. Por exemplo, no bando de macacos pode existir um macho jovem, que dentro de alguns anos será o mais bem-sucedido. Ela preferiria ter seu filho com ele do que com o líder atual. Ocasionalmente esta fêmea consegue "ser infiel" ao macho dominante, como mostra o exemplo descrito acima, mas para ela isso não será tão fácil quanto para uma mulher. Isso acontece porque o macho que a vigia sabe quando ela está fértil, ao contrário do que acontece com seu equivalente humano. Ele pode até mesmo deixar de comer e dormir durante aqueles poucos dias críticos, de modo a vigiá-la constantemente, tornando muito difícil uma escapada.

Se o parceiro da nossa personagem *soubesse* como aquele dia era crítico, talvez não tivesse levado as crianças até a loja, deixando sua companheira sozinha com o outro homem. Mas para ele, aquele parecia um dia como qualquer outro. Da mesma forma, a maioria dos homens não faria objeção se sua companheira quisesse ir a uma discoteca com as amigas. Mas se o homem *soubesse* que aquela era uma noite crítica, na qual sua mulher estava quimicamente preparada para atrair, flertar, responder e conceber com outro homem, ele não a deixaria sair.

É por isso que a seleção natural estruturou o corpo da mulher para esconder suas fases férteis dos homens. Mas por que esconder esta informação da própria mulher? A resposta é que, para a mulher esconder sua fertilidade dos homens de modo absolutamente convincente, ela precisa escondê-la de si mesma. Assim é menos provável que ela se traia inadvertidamente.

Há um elemento na história que ainda não consideramos. Se a mulher, como estamos supondo, engravidou depois daquela manhã na cozinha, ela o fez quando tinha esperma de dois homens diferentes dentro dela. Ao acordar, ela induziu seu parceiro ao sexo e, uma hora depois, estava tendo uma relação com o marido de sua amiga. E pelos cinco dias seguintes seu corpo conteve o esperma de ambos, com um fluxo constante passando pelos seus ovidutos. Aproximadamente 4% das crianças são concebidas nestas circunstâncias. Sempre que uma mulher faz sexo com dois homens diferentes no espaço de alguns dias, as duas doses de espermatozóides competem pelo troféu de fertilizar qualquer óvulo que ela possa produzir.

A competição é ao mesmo tempo uma loteria e uma corrida, mas, acima de tudo, é uma guerra. Na ejaculação de qualquer homem saudável e normal existem espermatozóides de muitas formas e tamanhos diferentes. Alguns com cabeças grandes, outros com cabeças pequenas — alguns têm cabeças tão minúsculas que não há espaço para cromossomas e genes. Alguns espermatozóides possuem caudas curtas, outros têm duas, três ou até mesmo quatro caudas. Cada tipo desempenha um papel diferente na guerra do esperma. Menos de 1% dos espermatozóides é programado para buscar e fertilizar um óvulo, e os restantes são encarregados de uma série de ações ofensivas e defensivas: de maneiras diferentes, seu trabalho é tentar impedir que os espermatozóides de outro homem fertilizem o óvulo.

As mulheres, às vezes levam vantagem ao promover a guerra de esperma. Foi o que certamente aconteceu com a mulher da nossa história. Durante dois anos, suas dúvidas crescentes quanto à fertilidade de seu parceiro prejudicaram a posição dele como pai genético adequado. E um modo de seu corpo submeter seu parceiro, e o esperma dele, a um derradeiro teste seria colocá-lo em competição direta com o esperma de um outro homem cuja fertilidade já fora comprovada. Deixar que eles lutem e que o melhor vença. Foi o que ela fez.

As probabilidades são de que o esperma de seu parceiro tenha perdido a batalha. No mínimo, porque a guerra de esperma que a mulher promoveu foi desigual, já que ela manipulou as chances contra seu parceiro. Como? Naquela manhã ela não teve orgasmo com seu companheiro, e sim com seu amante. E apesar de o último esguicho da ejaculação do outro ter acabado no piso da cozinha, ela certamente reteve o esperma da primeira ejaculação. E em maior quantidade do que fez com o esperma de seu companheiro. Neste caso, por possuir o maior exército de espermatozóides, seu amante tinha mais probabilidade de ganhar a guerra do esperma. Como já dissemos antes, seu orgasmo não influiu em suas *chances* de concepção, mas se ela engravidou enquanto tinha em seu ventre o esperma de ambos os homens, isso terá feito diferença *quanto ao homem* que fertilizou o seu óvulo.

Até aqui estamos supondo que o diagnóstico do médico estava correto e o companheiro dela era realmente fértil. Mas, ao mesmo tempo, não podemos ter certeza de que ele *era* fértil só porque os exames não revelaram nenhum problema. Infelizmente os estudos da fertilidade masculina ainda estão longe de permitir conclusões definitivas. Podemos encontrar correlações estatísticas entre os níveis de fertilidade e todas as características de uma ejaculação — o número de espermatozóides, a proporção de espermatozóides de aparência normal e sua mobilidade, por exemplo —, mas isso é tudo o que temos, correlações estatísticas. Seus resultados não podem ser aplicados com certeza em nenhum homem. Às vezes, homens com ejaculações de aparência rala são férteis e homens com espermatozóides aparentemente magníficos às vezes são estéreis.

Um dos maiores enganos a esse respeito é a idéia de que os homens precisam injetar um número enorme de espermatozóides durante a relação para ter alguma chance de engravidar uma mulher. Há dois motivos para essa idéia falsa. Em primeiro lugar, os homens normalmente ejaculam uma grande quantidade de espermatozóides — uma ejaculação média contém cerca de 300 milhões de espermatozóides. Em segundo lugar, estudos médicos mostram que os homens que ejaculam menos de 20 milhões de espermatozóides (por masturbação, depois de três dias de abstinência sexual), têm mais probabilidade de ser subférteis do que os homens que ejaculam a quantidade padrão de 300 milhões.

Isto significa que um número reduzido de espermatozóides pode ser sintoma de algum problema de saúde. Ele *não* quer dizer que se um homem sem este tipo de problema introduzir apenas 20 milhões de espermatozóides em sua parceira ela não vai engravidar. Se o esperma for saudável e fértil, são necessários poucos para a concepção. Se um homem ejacula por masturbação ou sexo oral menos de uma hora antes de penetrar sua parceira, ele vai inseminá-la apenas com 20 milhões de espermatozóides, ou talvez menos. Há um caso registrado de um homem que sofrera vasectomia. Ele não produzia mais do que algumas dezenas de espermatozóides em cada inseminação e ainda assim sua mulher ficou grávida. Nem ele, nem os médicos podiam acreditar que seu salpico de espermatozóides tinha conseguido uma fertilização, e suspeitavam de que sua parceira fora infiel. Ela negou veementemente e pediu a realização de um teste de paternidade usando a impressão de DNA. E provou que seu parceiro era de fato o pai da criança. Voltando para a nossa história, a conclusão do médico sobre a ejaculação do homem era apenas *uma opinião* sobre sua fertilidade num determinado momento, não um veredicto sobre seu estado permanente.

Até agora nossa discussão presumiu que o pai genético da criança seja o homem cuja fertilidade era comprovada, não o parceiro da mulher. Isto porque ela engravidou durante o ciclo em que foi infiel, e isso é muita coincidência. Mas não seria também possível que o homem que a engravidou fosse de fato o seu parceiro?

Uma possibilidade é a de que a mulher não tenha engravidado de nenhuma das relações que teve no dia de sua infidelidade. A concepção pode ter ocorrido na semana seguinte, quando o casal saiu de férias — e neste caso o médico merecia os cumprimentos que recebeu. Desde os primeiros meses da campanha conceptiva o casal vivia sob tensão. As preocupações quanto à fertilidade prenderam os dois num círculo vicioso, e todo o estresse pode ter feito seus corpos se colocarem num ritmo de planejamento familiar, como já discutimos. Depois, à medida que os meses passavam, o relacionamento entre os dois foi se deteriorando e a tensão fez o seu trabalho contraceptivo com um vigor ainda maior. Assim, apesar dos desejos conscientes do casal, seus corpos tinham decidido que, até que as condições melhorassem e seu relacionamento estivesse mais seguro, a gravidez poderia, de fato, prejudicar as perspectivas de reprodução a longo prazo. Então, ao relaxarem nas férias, sentindo o alívio pelos exames médicos que garantiam sua fertilidade, seus corpos decidiram que era a hora. O homem pode ter começado a produzir ejaculações mais férteis enquanto a mulher se tornava receptiva a todo o processo de transporte de esperma, fertilização, implantação do óvulo e gravidez.

A segunda possibilidade é a de que houvesse um problema de saúde durante todo o tempo em que eles tentaram conceber e que, por coincidência, terminou quando eles começaram a fazer exames. Infecções brandas mas recorrentes no organismo feminino e masculino podem provocar bloqueios temporários que terminam sem necessidade de tratamento, restaurando a fertilidade. Talvez seus corpos estivessem realmente retardando a concepção até que o problema fosse solucionado. E neste ponto ela engravidou.

Para os moralistas, ambos os cenários podem ser a explicação preferível. Contudo, ainda é mais provável que a mulher tenha engravidado com o seu ato de infidelidade. Neste caso, houve uma grande mas instrutiva ironia naquela relação sexual. Durante quase dois anos a mulher e seu parceiro tinham feito tudo para ter um filho, escolhendo cuidadosamente os momentos e as posições, fazendo o melhor que podiam, em cada ocasião, para manter o sêmen dentro dela pelo maior tempo possível. E, no entanto, um coito espontâneo, que durou apenas três minutos e aconteceu enquanto ela estava de pé — e em que parte da ejaculação terminou não em sua vagina, mas no piso da cozinha —, produziu o resultado esperado.

Este episódio serve para ilustrar a realidade da concepção. Para uma mulher fértil, se o homem e o momento estão certos, o processo de fertilização pode ser bastante eficiente. Quando o corpo da mulher, em oposição a sua mente, deseja engravidar, ele pode fazê-lo facilmente.

CAPÍTULO 3

Gravidez, trabalho de parto e serenidade

CENA 5

Sexo durante a gravidez

Ele acordou de seu sonho no momento da ejaculação. O alívio era incrível — seu inconsciente o convencera de que as circunstâncias lhe dariam maneiras cada vez mais engenhosas de controlar seus impulsos. Ele saiu cuidadosamente da cama, preocupado em não acordar sua companheira, que dormia profundamente ao seu lado.

Uma olhada no relógio, ao lado da cama, mostrou que tinha acabado de passar da meia-noite. Ela já estava dormindo há quatro horas. Parecia precisar de mais horas de sono agora que estava grávida. Há alguns meses, ela nunca iria para a cama antes das dez. Se fosse, seria com ele, para fazer sexo. Há quanto tempo não tinham uma relação? Há três meses, no mínimo.

Enquanto se limpava no banheiro, ele se lembrou das primeiras semanas da gravidez, quando ainda não sabiam que ela estava grávida. Eles tinham feito sexo com mais freqüência do que o normal, e era geralmente a mulher que tomava a iniciativa. Não havia dúvida de que sua libido tinha subitamente aumentado naquela ocasião. Ela também desejava mais orgasmos, pedindo-lhe com freqüência que a masturbasse até chegar ao clímax. Se o exame de ultrassom não tivesse revelado, eles teriam pensado que ela engravidara durante aquele súbito ímpeto de atividade sexual.

Ele apreciara aquelas poucas semanas, mas tudo mudara com o começo dos enjôos da gravidez. Ela agora vivia cansada e com dores de cabeça. E subitamente o sexo passou a ser sua última preocupação. Começou a ir para a cama cada dia mais cedo. O contato físico ficou limitado a algumas carícias e afagos. Não queria pressioná-la e ocultara cuidadosamente sua frustração — mas com certeza estava frustrado. A mulher perdera um pouco de peso devido a sua falta de apetite e seus seios tinham começado a inchar. Ele começou a achá-la mais atraente, o que parecia estranhamente inadequado.

Com o tempo, ela ficou cada vez mais pesada. A cintura alargou e ela começou a andar com um leve gingado. Sutilmente convidando-o a discordar, a mulher começou a comentar que se sentia feia. Ele reagiu encontrando outros modos de elogiá-la, mas na verdade estava achando sua forma cada vez menos atraente. Não que gostasse menos dela. Na verdade, se sentia cada vez mais carinhoso e afeiçoado do que antes. Acontecia apenas que seus impulsos em relação à companheira não eram mais de natureza sexual, um fato que o fazia se sentir culpado cada vez que comentavam seus sentimentos um com o outro. E o que tornava tudo pior era que seus sentimentos estavam mudando exatamente na ocasião em que ela passava por um período de insegurança. Uma ou duas vezes ela chegou a acusá-lo de desejar outras mulheres. A coisa chegou ao clímax numa noite em que foram juntos a uma festa. Tudo já começara mal. Queixando-se de que não tinha nada adequado para vestir ela não queria ir, preferindo ficar em casa, ver televisão e dormir cedo.

Ele estava animado e queria se divertir um pouco. E embora não dissesse, queria a oportunidade de exibir a companheira grávida. No meio da festa, o casal se viu em grupos separados. Ele conversava animadamente com uma mulher que conhecia vagamente do trabalho. E embora nunca tivesse reparado muito nela antes, esta noite a achava curiosamente atraente. Sem perceber, ficou conversando com ela por mais de meia hora. Então sua companheira chegou, segurou-o pelo braço com firmeza e disse que era hora de irem embora. Ele notou que alguma coisa estava errada. Será que ela estava se sentindo mal ou alguma coisa a aborrecera?

Depois de umas despedidas desajeitadas, os dois caminharam em silêncio até o carro. Ela olhava com firmeza para a frente, ele olhava de esguelha para ela. Quando chegaram no carro, ela explodiu. Ele estivera flertando com a colega de trabalho. Ele tentou se defender, mas foi inútil. Ela estava determinada a não ouvir nada. E quando chegaram em casa, ela o acusou de não apreciar seu corpo de grávida. E então, sabendo que era ridículo e se arrependendo assim que falou, ela o desafiou a provar que ainda a achava atraente, fazendo sexo com ela.

A esta altura, uma relação com a companheira era a última coisa em que ele pensava. Também sabia que em seu estado meio embriagado as chances de conseguir e manter uma ereção eram poucas, principalmente levando-se em conta sua falta de interesse. Tudo que queria era dormir. Contudo, ele apenas disse que não achava adequado ter uma relação com ela num estágio tão adiantado de gravidez. E se provocasse alguma coisa? Será que eles não podiam ir para a cama e simplesmente ficar abraçados? No final ela concordou e deitou de lado, com as pernas dobradas, enquanto ele colocava o braço suavemente sobre seu ventre dilatado. Em minutos ele adormeceu. Ela ficou acordada, com os olhos brilhando cheios de lágrimas, e levou uma hora para adormecer.

Durante a madrugada, perceberam que estavam ambos acordados. Ele começou a beijá-la de um modo lento e sensual. Começou a se sentir excitado, talvez o efeito do álcool estivesse passando. Nenhum dos dois disse nada — apenas continuaram a se beijar e acariciar. O homem não tinha certeza do que ela desejava que fizesse, já que havia um acordo anterior quanto a não correr riscos. Mas não demorou muito para ela demonstrar seus desejos. Num movimento decidido, ainda que desajeitado, ela deslizou para cima dele, segurou seu pênis e o guiou para dentro de sua vagina.

A atividade terminou quando ele recuou de um modo abrupto depois da ejaculação, preocupado em não machucá-la. Exceto por um momento, quando a vagina pareceu extraordinariamente curta, para ele a relação não pareceu muito diferente do normal. Mesmo assim, ele impulsionava com cautela e ficou surpreso quando ela pareceu ter um orgasmo.

Depois de ser penetrada, ela também ficou indecisa quanto ao que estava fazendo. Sim, ela tinha conseguido um orgasmo — mas rapidamente se arrependeu logo depois que sentiu a criança se virar dentro do seu ventre, como se o orgasmo a tivesse perturbado de algum modo. Não gostara da sensação e pareceu demorar muito até que a agitação em seu útero cessou e ela pôde voltar a dormir.

Depois de se limpar no banheiro, o homem ficou olhando para o espelho. Lembrando de seu sonho, ele pensou na criança que logo ia nascer e imaginou se seria parecida com ele. De volta ao quarto, olhou para a forma escura de sua mulher adormecida. Faltava pouco mais de uma semana para saber a resposta. Presumivelmente logo estaria andando de novo pelo quarto, de madrugada, mas por um motivo bem diferente.

À primeira vista, parece estranho que a seleção natural tenha desenvolvido o hábito de continuar com a atividade sexual durante a gravidez. Nem o homem nem a mulher aumentariam sua capacidade reprodutiva com isso. A mulher já está grávida e não pode mais conceber. E parece ainda mais estranho se levarmos em conta que todo o esperma que o homem inseminar será eliminado no refluxo da mulher. Assim, por que os humanos, e muitos outros mamíferos, continuam a ter relações depois que a mulher engravida?

A resposta é que a gravidez não é a época de serena cooperação que muitos desejariam que fosse. É uma época de conflito, interno e externo para a mulher, como as três cenas deste capítulo demonstrou. Algumas das batalhas ocorrem dentro da criança em desenvolvimento e no ventre de sua mãe — essas serão discutidas nas duas próximas cenas. Outras batalhas entre o homem e a mulher são mais visíveis — acabamos de testemunhar um exemplo em nossa última história. Alguns desses conflitos homem/mulher são explícitos e percebidos por todos. Outros são sutis e passam facilmente despercebidos. Mas todos envolvem sexo.

Uma das formas mais sutis de conflito entre o homem e a mulher é a atividade sexual que ocorre durante as primeiras semanas da gravidez. É tão sutil que algumas pessoas acreditam que este comportamento seja motivado por diferenças de interesse da parte dos envolvidos. Menos sutis são as discordâncias sobre até que fase da gravidez o casal deve continuar fazendo sexo. E o menos sutil de todos é o conflito sobre o crescente interesse do homem por outras mulheres, na fase em que sua parceira está mais vulnerável.

Nenhum desses conflitos é um acaso perverso. Todos derivam inevitavelmente do fato de que a seleção natural predispôs os homens e as mulheres a darem prioridade a sua própria performance reprodutiva, mesmo em detrimento da de seu parceiro. Depois vamos analisar a questão que incomodava mais as mentes conscientes do nosso casal: até onde o sexo na gravidez é perigoso? Pois se, como comentamos, o sexo durante a gravidez é uma batalha, existe risco de ocorrerem baixas? Mas em primeiro lugar, para entender qualquer um desses conflitos, temos que analisar por que as pressões sobre homens e mulheres são diferentes.

A gravidez é uma das fases mais críticas e *ambivalentes* da vida quanto à capacidade reprodutiva da mulher e de seu parceiro. De um lado, um grande passo foi completado pela mulher e o pai genético da criança. Por outro lado, embora seja menos óbvio, intuitivamente, a gravidez é também uma *ameaça* à capacidade de reprodução a longo prazo do casal. A natureza desta ameaça precisa ser mais bem explicada.

Em relação à mulher, se alguma coisa sair errada durante a gravidez, seu corpo poderá sofrer tantos danos que sua capacidade futura de ter filhos pode ficar comprometida. De fato, os danos podem chegar a impedir que ela tenha mais filhos (vamos examinar os danos que uma mulher pode sofrer com a gravidez no final deste capítulo). Além desses riscos, há a ameaça de que o companheiro a abandone ou dê a ela e à criança pouco apoio no futuro. Freqüentemente o sustento da mulher depende tanto do homem que, se ele fizer uma dessas coisas, a sobrevivência da criança e seu futuro ficarão ameaçados.

Quanto ao homem, a gravidez da mulher é um grande passo em sua meta de deixar descendentes — mas somente se ele for o pai genético da criança. Se não for, a gravidez dela será uma ameaça à sua capacidade reprodutiva a longo prazo. Não só ele estará se comprometendo a dedicar muitos anos em benefício da produção de um outro homem (e à sua custa), como o ano seguinte será um período estéril no qual *ele* não poderá engravidar sua companheira, já grávida. Se ele tiver dúvidas quanto à paternidade da criança que ela espera, então será melhor abandoná-la em benefício de seus interesses de reprodução a longo prazo. Principalmente se ele puder arranjar outra mulher.

Devido a essa ameaça para sua descendência, a confiança de um homem em sua paternidade é um dos fatores mais importantes para que ele seja um bom pai para a criança que vai nascer. Em quase todos os capítulos seguintes deste livro vamos interpretar o comportamento masculino nesse contexto. Algumas vezes seu comportamento é conscientemente influenciado por sua confiança na paternidade. Com mais freqüência, entretanto, ele é influenciado de modo subconsciente, exatamente como o comportamento paterno de outras espécies. Estudos com animais tão variados como pardais, leões e macacos mostram que a qualidade do comportamento paternal do macho é fortemente influenciada pela probabilidade de que ele seja o pai biológico.

Se a mulher, como as fêmeas de outras espécies, vai conseguir o máximo de ajuda do homem para criar suas crianças, é de importância vital para ela fazer o máximo para convencê-lo de que é o pai da criança. E ao mesmo tempo é fundamental para ele determinar a probabilidade real de que seja o pai biológico.

Na cena anterior, o homem imaginava se o bebê seria parecido com ele. Com isso, ele demonstrava a precupação comum aos seres humanos de encontrar semelhanças entre as crianças e seus pais. Esta preocupação não deve nos surpreender. Se um homem puder confirmar que uma criança é sua simplesmente olhando para ela, ele poderá determinar se um cuidado paterno prolongado com esta criança contribui para seus interesses reprodutivos a longo prazo. Mas é evidente que isso não é possível — ou pelo menos não é suficiente para garantir certeza. Os resultados dos estudos variam, mas a conclusão geral é de que uma terceira pessoa, comparando a criança com um grupo de possíveis pais, tem um índice pouco maior de acerto do que se simplesmente "chutar" a resposta. O que também não é surpresa. Somente a metade dos genes que determinam a aparência de uma criança vem do pai. Embora certas semelhanças possam ser notadas até mesmo no primeiro ano de vida, a identificação é muito imprecisa e existem muitas possibilidades de erro. Afinal, se os genes de uma mulher permitissem que seu filho se parecesse inconfundivelmente com o pai, ela perderia sua liberdade de escolher o melhor pai genético possível para a sua prole. Exatamente como se ela anunciasse a sua fase fértil, permitindo ao marido vigiá-la 24 horas por dia. Se as mulheres precisar colher os benefícios da infidelidade, é vital que seus genes entrem em competição com os do pai para produzir uma criança de rosto tão diferente quanto possível. De fato, quanto mais indefinido for o rosto de uma criança, maiores são as chances de que *qualquer* homem o ache semelhante com o seu. As possibilidades são de que pelo menos um detalhe nas feições do bebê lembre as suas feições, seja ele o pai verdadeiro ou não. As mulheres parecem ter vencido esta batalha genética. Como nenhum homem pode ter certeza de que um filho é seu só porque ele e outras pessoas notam semelhanças, vai precisar de mais informações do que aquelas que podem ser obtidas por uma simples comparação de aparências. Se uma mulher puder convencer seu parceiro de que ele é o pai de seus filhos, quando na verdade não é, então ela ganhou a batalha da reprodução enquanto seu companheiro perdeu (como vimos no capítulo anterior, quando a mulher provavelmente engravidou com um ato de infidelidade na pia da cozinha). Mas se ela não conseguir convencer o companheiro quando ele realmente é o pai da criança, então ambos saem perdendo, porque a criança não receberá a devida atenção paterna que de outro modo teria. A pressão sobre o homem é a de julgar corretamente a situação enquanto cabe à mulher convencer o seu parceiro de que ele é o pai genético, seja isso verdade ou não. E os efeitos desta pressão são sentidos logo. Os eventos que levam à concepção são críticos.

Nos meses, ou mesmo anos, em que uma mulher espera o momento certo para ter um filho, é importante que ela mantenha o maior número de opções possível. A ovulação críptica, como já vimos, lhe dá uma vantagem. O homem é vulnerável: tudo que ele pode fazer é ficar de guarda e tentar garantir que, chegada a hora, seja ele o pai genético. Mas as circunstâncias mudam logo que a mulher se entrega à tarefa de carregar a criança de um determinado homem. Agora é ela que fica vulnerável, principalmente se não conseguir convencer seu parceiro permanente de que ele é o pai.

Um modo de aumentar sua confiança seria se entregar ao máximo de atividade sexual com ele *antes* da concepção. Freqüentemente a mulher continua com sua cautelosa ovulação críptica até este momento. Então, depois que ela engravida, seu corpo gera um desejo de sexo mais freqüente com ele. Novamente o corpo do homem não pode determinar com precisão a data em que sua parceira engravidou, por isso ele tenderá a acreditar que tudo aconteceu naquele período de maior atividade sexual. Foi assim que a mulher se comportou na cena que acabamos de testemunhar. Podemos presumir que aqui não houve subterfúgios e que, como em 90% dos nascimentos, o parceiro constante é também o pai genético da criança. Mas foi assim também que a mulher do capítulo anterior se comportou — aquela que provavelmente engravidou de outro homem enquanto se curvava sobre a pia da cozinha. E seu companheiro de sofrimentos acabou acreditando que, depois de dois anos de tentativas, foi nas férias que ele se tornou pai.

De certo modo, continuar a fazer sexo durante a gravidez é a arma final desta dissimulação sexual. Se ela perdesse o interesse por sexo assim que engravidasse, estaria dando um sinal claro de sua condição aos homens em torno dela. Isso permitiria que todos, principalmente seu companheiro, fizessem uma suposição melhor sobre quem era o pai da criança. Um interesse sexual extra durante a gravidez evita que ela dê qualquer sinal visível de que acabou de ficar grávida. Isso lhe permite dar ao homem que escolheu, geralmente o companheiro constante, o impulso necessário para acreditar que é o pai de seu filho.

O corpo das mulheres desenvolveu outro artifício para esconder a data exata da concepção. Elas freqüentemente ficam menstruadas duas semanas depois da concepção, ou até mesmo um mês ou dois depois. Este pseudofluxo menstrual pode ser menor do que o normal, mas é suficiente para provocar confusão. De novo ela pode aumentar a confiança do pai que escolheu para a criança oferecendo-lhe um interesse sexual extra quando, de fato, já está grávida. Muitos casais e seus médicos erram sobre a data exata do início de uma gravidez por causa dessas falsas menstruações. Somente na década passada, com a chegada dos exames rotineiros de ultrassonografia em fetos com 14 ou 18 semanas de existência, é que foi possível determinar a data da concepção e com precisão a semana certa.

Um aumento do desejo sexual nas primeiras semanas de gravidez não é um fenômeno exclusivo do mundo ocidental industrializado. As mulheres do povo !Kung, das savanas, revelam o mesmo comportamento que também ocorre com certas espécies de primatas. Seja a espécie monogâmica, como o gibão, seja com as fêmeas dos chimpanzés, que fazem sexo abertamente com muitos machos, todas aumentam a confiança paterna continuando a fazer sexo com determinados machos mesmo estando grávidas. Mas nem todos os primatas têm este tipo de comportamento. Ele parece ter se desenvolvido com mais frequência em espécies como os humanos, com ovulação críptica.

Mas por que um casal deveria continuar a fazer sexo mesmo depois que ficou evidente para todos que a mulher está *realmente* grávida? Existem várias explicações, algumas mais prováveis do que outras — e, infelizmente, algumas mais sinistras do que outras. Mas todas partem do pressuposto de que o ato sexual é parte de uma guerra contínua, já que as pressões sobre homens e mulheres continuam a ser diferentes durante a gravidez.

Homens abandonam mulheres grávidas. E também são infiéis. Isto acontece porque os nove meses de uma gravidez são um período desvantajoso para o corpo de um homem. É a ocasião em que sua parceira não pode ajudá-lo naquilo que a seleção natural transformou num objetivo subconsciente mas supremo: a fertilização de óvulos. Pelo menos durante nove meses, o único meio de ele fazer isso é com outras mulheres. Não deve nos surpreender, portanto, que os homens tenham mais probabilidade de ser infiéis quando suas companheiras estão grávidas do que em outras ocasiões. E não surpreende, também, que mulheres como a da história que acabamos de contar se tornem ciumentas e possessivas durante a gravidez. A mulher tem uma necessidade tão grande de se resguardar contra a infidelidade de seu parceiro nesta fase quanto ele tinha de evitar que ela lhe fosse infiel antes de engravidar. Se ele tiver sucesso em sua infidelidade ela só tem a perder. Ele pode contrair uma doença sexualmente transmissível e passar para ela. Ou pode abandoná-la, ficando com a outra mulher. Possessividade é sua maior defesa.

As coisas se complicam ainda mais para a mulher pelo fato de que a gravidez é a melhor época para seu parceiro ser infiel. Embora o principal objetivo da infidelidade — ter um filho extra com outra mulher — continue existindo, esteja ela grávida ou não, vários dos maiores riscos da infidelidade estão agora reduzidos. As chances de sua parceira abandoná-lo, se descobrir, diminuem, porque ela não pode realmente passar sem ele depois que a criança nascer. Também são pequenas as chances de ela revidar, sendo infiel também.

Existe, entretanto, outro perigo potencial para um homem que pensa em ser infiel enquanto sua mulher está grávida: o risco de que suas ações provoquem um aborto. E abortar a criança passa a ser uma defesa dela contra a deserção. A descoberta da infidelidade é uma causa comum para abortos espontâneos, assim como a morte do parceiro. A razão pela qual a seleção natural criou uma resposta tão drástica é óbvia: em vez de ter um filho com poucas chances de receber apoio paterno, o corpo da mulher opta por começar tudo de novo, talvez com outro homem.

Na história que acabamos de contar, a mulher continuou a permitir e até mesmo a instigar as relações sexuais até os seis meses de gravidez. Como esta atividade sexual pode ajudar uma mulher a se defender contra a infidelidade ou abandono do seu parceiro? Uma explicação freqüente, e que serve tanto para os humanos quanto para outras espécies, é de que, fazendo seu parceiro ejacular dentro dela, a mulher reduz o seu desejo de ejacular dentro de outras fêmeas. Esta é uma resposta otimista e bastante improvável. Mesmo que os homens, em média, ejaculem somente duas ou três vezes por semana (dependendo da idade e da circunstância), a única situação em que a maioria dos homens ejacula, independentemente da freqüência anterior, é quando eles têm chance de inseminar uma nova mulher. E embora os homens nem *sempre* aceitem uma oportunidade de inseminar outra mulher, que não sua parceira — seus corpos temem doenças, descoberta ou compromisso —, geralmente eles vão em frente.

Há uma outra explicação para o ocasional interesse sexual da mulher no meio ou no fim da gravidez, que é oposta ao que acabamos de mencionar. Embora um homem tenha grande interesse em inseminar uma amante, uma hora depois de inseminar uma parceira grávida, ele estaria muito menos interessado em inseminar sua parceira grávida uma hora depois de inseminar uma amante. Se a mulher grávida instiga o sexo e seu parceiro não corresponde, isto pode alertá-la quanto a um caso que ele possa estar tendo e que de outro modo ela não perceberia. É claro que um fracasso também poderia ser atribuído a uma masturbação recente. Mas vale a pena para ela fazer o teste, mesmo que a possibilidade de uma traição se revele um alarme falso. Assim, o interesse ocasional de uma mulher grávida em sexo com seu parceiro é mais um meio de ela verificar se ele ejaculou recentemente do que de tentar evitar uma ejaculação num futuro próximo.

E não é estranho que os homens eventualmente percam o interesse em inseminar uma parceira grávida. Já que eles não podem ter nenhum ganho reprodutivo em fazer sexo com ela, a seleção natural moldou o senso estético dos homens para que eles sintam menos interesse sexual pela forma de uma mulher grávida do que por uma não grávida. Como vamos mostrar em outro capítulo, os homens foram programados para sentir grande interesse sexual por um corpo feminino com uma cintura que tenha 70% da circunferência dos quadris. Mulheres com esta forma têm mais tendência a ovular e menos probabilidade de já estarem grávidas.

Depois que a gravidez começa a destruir a forma mais fértil de uma mulher, os homens perdem o interesse sexual nela. Mesmo assim, é freqüentemente uma estratégia da mulher verificar se ainda é um objeto sexual para seu parceiro, mesmo quando em adiantado estado de gravidez, e é bom para o homem garantir que ela é. É tudo parte de uma verificação contínua para garantir que o parceiro vai continuar por perto e garantindo o sustento dela e de sua criança. Mas é impossível saber com que freqüência ele diz a verdade ou a mulher realmente acredita nele.

O desejo crescente e a atividade sexual do início da gravidez, assim como o sexo gentil e cuidadoso da gravidez avançada, se juntam como parte de uma disputa entre homem e mulher enquanto ambos procuram aumentar sua capacidade de deixar descendentes a longo prazo. Como já vimos, em 90% das ocasiões tal peleja é desnecessária e ambos vão se beneficiar, do ponto de vista reprodutivo, por terem feito o melhor que podiam pela criança que vai nascer. Mas em certas ocasiões, a disputa é necessária e um deles vai levar vantagem com uma vitória à custa do parceiro. A razão para tal competição sempre existirá, porque nenhum dos dois pode ter absoluta certeza de que seus interesses coincidem.

O lado mais ameaçador do sexo durante a gravidez, mencionado antes, levanta a questão que mais preocupou o casal da nossa história. Qual o risco que ele representa? Não existem evidências úteis ou suficientes que possam responder a esta pergunta — as opiniões médicas são variadas e hesitantes. Mas basicamente todos concordam em um ponto: desde que seja um desejo da mulher, que ela escolha o momento e a posição e dirija completamente o ato, é improvável que ocorram efeitos indesejados. O corpo dela estará buscando um ato determinado pela seleção natural que, ao mesmo tempo, programou suas defesas contra os três maiores riscos.

O primeiro risco é o de infecção pelo pênis, o fluido seminal e o esperma do homem (que pode carregar vírus e bactérias). Depois de uma semana de gravidez, o organismo feminino se protege o melhor que pode contra infecções dando prioridade máxima à segurança do útero e do embrião que se desenvolve dentro dele. Para isto, o muco cervical se modifica, ainda mais do que durante o ciclo menstrual. E o que é mais importante, ele fica mais espesso, tornando-se gelatinoso e mesmo fibroso. Qualquer canal existente através do muco se torna muito estreito e cheio de resíduos celulares. Deste modo, os espermatozóides não conseguem passar. Além disso, aumentam a produção e o fluxo do muco. O resultado é que, durante a gravidez, a mulher freqüentemente sente uma umidade entre as pernas e o fluido que sai é pegajoso. É esse espessamento e aumento do fluxo de muco cervical que permitem que ela se livre de tudo que for introduzido em sua vagina durante uma relação; quase todo o sêmen e os espermatozóides e quaisquer bactérias e vírus que forem inseminados serão ejetados no refluxo.

O segundo perigo potencial é a presença de um pênis se impulsionando dentro da vagina, qualquer que seja a posição adotada. Mas seu corpo foi moldado pela evolução para só desejar sexo quando um pênis não for uma ameaça. E até onde é possível, a evolução predispôs seu corpo a lidar com o pênis até mesmo nas ocasiões em que ele é uma ameaça — quando é o homem, e não ela mesma, que busca a relação sexual. Mas é claro que há um limite para a proteção que a seleção natural pode oferecer em tais circunstâncias.

O que nos leva ao terceiro perigo — o de um homem insistir em sexo violento e agressivo, especialmente na posição normal, com a mulher por baixo dele. Em termos de danos que isso pode causar a uma mulher grávida, ter todo o peso de um homem em cima de seu ventre dilatado, com ele impulsionando agressivamente, é quase o mesmo que cair de uma escada ou ser vítima de uma agressão. Sempre que a iniciativa e o controle do ato for do homem haverá perigo para a mulher e o bebê. Mas, infelizmente, há muitas situações em que uma relação violenta satisfaz aos interesses reprodutivos do homem. E aqui voltamos à questão da confiança na paternidade: estamos a ponto de encontrar a primeira das várias situações neste livro em que as suaves manobras estratégicas degeneram em guerra declarada.

Desde que o homem tenha certeza de que é o pai, é seu interesse que não aconteça nada com o bebê. Mas se ele não tem confiança, as chances de reproduzir com sua parceira podem ser adiadas enquanto ela está grávida de outro homem. Neste caso, se ela abortar estará ajudando os seus interesses reprodutivos, porque vai encurtar o tempo de espera até que a mulher esteja fértil de novo. Mas não existem dados para mostrar com que freqüência uma mulher grávida pode ser vítima de violência sexual quando seu parceiro tem pouca confiança em sua paternidade. É o que a biologia evolutiva prevê. É claro que existem outros tipos de violência com que um homem pode induzir sua companheira a abortar.

Na história acima, o homem jamais pensou em nada violento. Pelo contrário, ele tinha muita confiança em sua paternidade e se preocupou com as possíveis conseqüências do sexo com ela. Ela também teve medo dos resultados do orgasmo, preocupando-se com a reação aparente do bebê na última vez em que fizeram sexo. Novamente não existem dados sobre a influência de um orgasmo em uma criança no útero, mas a biologia evolutiva prevê que não existam efeitos danosos. A seleção natural determinou que a mulher deve continuar a ter orgasmos durante a gravidez, e assim deve ter ajustado seu corpo para lidar com eles.

E por que uma mulher grávida deve continuar a experimentar orgasmos durante o sexo, quando dorme, e depois de um impulso para se masturbar?

Isto contribui para a "limpeza do cérvix", como vimos, e o muco cervical da mulher grávida ainda precisa de cuidados ocasionais, em que um orgasmo continua a ser um mecanismo importante.

O sexo durante a gravidez ainda pode ter outra explicação surpreendente. Trata-se do que ocorre nas primeiras horas e dias depois da concepção. Embora o esperma seja geralmente inútil para a mulher depois que ela engravida, ele não é *imediatamente* inútil para todas as mulheres. Estudos recentes mostram que os *gêmeos fraternos* são o resultado de dois óvulos produzidos com um ou dois dias de diferença. Em determinadas ocasiões, portanto, os dois óvulos serão fertilizados por espermatozóides de duas inseminações diferentes. Geralmente tais inseminações serão feitas sucessivamente pelo mesmo homem — o parceiro permanente da mulher. Mas em um de cada 200 casos, a produção de gêmeos é obtida por inseminações sucessivas por homens *diferentes*. E nos casos mais notáveis os pais, e portanto os gêmeos, pertencem a raças diferentes.

Assim, para as poucas mulheres que vão gerar gêmeos fraternos, o sexo na primeira semana da concepção não ocorre apenas para reforçar a confiança do homem na paternidade, e sim para fertilizar um segundo óvulo. E mesmo então, o comportamento da mulher pode esconder o fato de que um de seus dois óvulos foi fertilizado por outro. Ainda existe potencial para conflito — e desta vez não apenas entre a mulher e seu parceiro, mas também entre os dois homens e entre o esperma deles.

Parece inevitável encontrarmos conflitos em cada aspecto da gravidez que investigamos, até mesmo onde menos se espera. E isto não é menos verdadeiro quando examinarmos os sofrimentos do enjôo e do trabalho de parto nas duas próximas histórias.

CENA 6

Enjôo na gravidez

A mulher se encostou na parede do banheiro. Eram 2h30 da madrugada e pela quinta vez naquela noite o som da descarga da privada ressoava alto no silêncio da casa. De volta ao quarto, ela parou por um momento, observando seu parceiro que dormia profundamente. Sentiu uma súbita irritação. Por que ele deveria dormir tão bem enquanto ela se sentia tão mal? Se ele não podia compartilhar o desconforto, podia pelo menos acordar e testemunhá-lo.

Pensou em dar outra descarga na privada, desta vez com a porta do banheiro aberta. Ou talvez fazer um pouco de barulho. Pensou na cena. Ele iria aparecer sonolento na porta. Protegendo os olhos do brilho da luz fluorescente, ele perguntaria se ela estava bem. E ela diria que certamente estava bem, apesar da dor nas costas, da dor de cabeça, da azia e da necessidade constante de urinar — de fato ela tinha sido avisada de que isto aconteceria nas últimas semanas da gravidez. Sim, ela estava ótima, por que ele não voltava para a cama? Tentando parecer desperto e preocupado, ele perguntaria se havia alguma coisa que pudesse fazer. E ela amoleceria um pouco, lamentando o sarcasmo e começando a se sentir culpada por tê-lo acordado. Não, honestamente não havia nada que ele pudesse fazer. Ele hesitaria por um segundo ou dois, esperando que ela olhasse para ele e sorrisse embaraçada, então voltaria ao quarto. Depois de ouvi-lo cair na cama pesadamente, ela apagaria a luz e o seguiria.

Quando fechou a porta do banheiro, os faróis de um carro brilharam através de uma fenda na cortina e iluminaram as paredes, interrompendo seus pensamentos. A irritação começou a diminuir e subitamente ela se sentiu tremendamente cansada. Enquanto se deitava com cuidado, ficou feliz por não tê-lo acordado.

Deitar e sair da cama era difícil, mas já se acostumara com a manobra. Com o corpo ereto, e apoiando-se nos braços, ela dobrou as pernas e se virou, colocando-as em cima da cama, depois afundou suavemente no travesseiro. A sensação de algo repuxando no meio do corpo lembrou que não podia mais dormir de costas. Também não podia dormir de bruços. De fato, a única posição que oferecia algum conforto era de lado, com as pernas encolhidas e as coxas tocando a parte inferior do ventre dilatado. Enquanto manobrava para deitar o homem grunhiu, se virou e segurou os joelhos dela. Ela se ajeitou e observou a silhueta do companheiro à meia luz. Enquanto seu corpo se aquecia e relaxava de novo, os pensamentos dela começaram a divagar. Após alguns momentos ele se mexeu de novo, tirando a mão dos joelhos e permitindo que ela encolhesse ainda mais as pernas. Finalmente conseguiu adormecer.

Esta mulher não tinha planejado ficar grávida. Pretendia ter filhos um dia, mas achava que ainda não era hora. É verdade que o tiquetaquear distante de seu relógio biológico começara a ser ouvido, mas conseguia se convencer de que ainda havia bastante tempo. Ser mãe lhe parecia um salto muito grande no escuro. Mas depois de ficar grávida, resignou-se rapidamente. De certo modo, apreciava o que acontecera, pelo menos como prova de sua fertilidade.

As primeiras semanas foram tranqüilas. Fora uma estranha irritação e um formigamento nos seios, ela não sentira nada muito diferente. Encontrou-se marcando a data do nascimento em todos os calendários da casa, para lembrar a mudança em sua situação. Como se quisesse forçar uma mudança, ela anunciou a gravidez para algumas pessoas no trabalho, e sua decisão de continuar trabalhando até as últimas semanas. Sentindo-se relaxada, mas excitada, esperou pelo brilho e o ar de serenidade que via nas fotos de mulheres grávidas nas revistas. Começou a observar as mulheres em gravidez adiantada. E de repente parecia haver bebês em toda parte. Observou o cabelo brilhante e a pele macia, e se encantou com o modo como eles podiam chorar tão freneticamente. E também viu uma velha em um trem se levantar em todas as paradas para conseguir um único sorriso.

Então a náusea começou. Mas não foi de repente como tinha esperado. Na sexta semana de gravidez ela acordou uma noite se sentindo faminta. Foi para a cozinha e fez um sanduíche. Mas logo esta fome noturna deu lugar a uma sensação constante de enjôo, que durava o tempo todo, noite e dia. Perdeu completamente o apetite. Comer se tornou um suplício, mesmo que se sentisse bem depois, ainda que por pouco tempo. E embora reagisse mal à visão de comida, ou simplesmente em pensar em se alimentar, seu olfato se intensificou. No trabalho ela podia sentir o cheiro da cantina, embora seu escritório ficasse quatro andares acima. Começou a atravessar a rua só para evitar os odores que saíam dos restaurantes. Supermercados e o cheiro de vinho tinto lhe embrulhavam o estômago. Começou a perder peso e só conseguia pensar em como se sentia horrível.

Em busca de consolo, ela consultou suas amigas que eram mães. Disseram que o mal-estar passaria depois dos primeiros três ou quatro meses. Mas mesmo assim sempre havia alguém que sentira enjôo durante toda a gravidez. A perspectiva a apavorava. Ficou convencida de que também ia sofrer durante os nove meses. Tudo que seu companheiro podia fazer era segurar seu cabelo enquanto ela vomitava repetidas vezes no vaso sanitário e manter um estoque de suco de frutas e água mineral, mesmo que às vezes ele tivesse que sair no meio da noite para comprar mais, quando as reservas acabavam. Também agüentava pacientemente o mesmo assunto repetidas vezes. Ela dizia que estava saturada e ele dizia que tudo acabaria logo.

Nas semanas seguintes ela se sentiu permanentemente fraca e exausta. De manhã quase não tinha forças para sair da cama. De noite se sentia tonta de cansaço e ia para a cama na primeira oportunidade. Passava a maior parte do fim de semana de camisola, encolhida no sofá. Foi tomada por uma preguiça mental e pela primeira vez na vida teve que fazer listas e escrever lembretes para se recordar das coisas. Era impossível se lembrar de datas e horários. No trabalho ela perdera seu jeito confiante e articulado. Começou a se sentir deprimida. Era como se aquele minúsculo ser dentro dela estivesse sugando suas forças, ameaçando seu bem-estar. Como se seu crescimento ocorresse à custa da capacidade física da mãe. Passou a registrar todos os detalhes de seu sofrimento em um diário. E quando chegasse a ocasião, também registraria seu retorno ao relativo conforto.

A recuperação começou na décima quarta semana. Aos poucos, seu apetite voltou e a energia reapareceu. De fato, fora uma dor na parte inferior das costas que surgia de manhã, ela começou a se sentir muito bem. Comprou roupas novas enquanto seu companheiro tirava fotos do ventre dilatado. A criança começou a dar chutes.

Mas a fase boa também foi curta. Em algumas semanas a dor nas costas piorou. Também começou a sentir dores agudas no ventre. E então, uma manhã ela sangrou muito no banheiro. Hipnotizada pela visão de tanto sangue, levou alguns segundos para reagir. Depois agarrou a toalha pendurada ao lado do chuveiro e a enfiou entre as pernas enquanto gritava para o marido através da porta aberta. Esperaram um pouco, mas as dores na barriga pioraram e eles decidiram ir para o hospital. No caminho ela não se preocupava só com o bebê, mas também consigo mesma. Se abortasse nesse estágio, teria que passar por tudo isso de novo. Vinte semanas de gravidez acabando em nada. Todo aquele sofrimento em vão.

Nas culturas dos países industrializados a gravidez é tradicionalmente vista de um modo romântico, como uma época de serenidade, em que o corpo da mulher está cumprindo seu destino e suavemente nutrindo um novo indivíduo na segurança e no calor do ventre, antes de entregá-lo ao mundo. Para algumas mulheres, é claro, a realidade não é muito diferente. Para a maioria, entretanto, existe muito pouca semelhança. Como a mulher da nossa história descobriu, a gravidez pode significar meses de extremo desconforto. Toda a experiência pode representar mais dor do que prazer e provocar uma atitude de estoicismo no lugar de serenidade.

Por que o corpo da mulher deveria ser programado para nove meses de desconforto — e não apenas uma vez, mas quantas forem necessárias para ela gerar sua família? À primeira vista pode parecer estranho que a seleção natural faça algo tão básico quanto a gravidez ser, às vezes, tão traumático. Mas há uma explicação: a resposta surpreendente é que uma guerra é travada durante cada gravidez. O campo de batalha é o corpo da mulher e aqui a seleção natural fica do lado de todos.

Assim, se o campo de batalha é o corpo dela, quem são os combatentes? Pode parecer que o confronto é entre a mãe e seu bebê. Mas na realidade a verdadeira guerra é genética, e os dois exércitos são os conjuntos de genes maternos e paternos. O conflito começa logo que o esperma do pai, carregando seus vinte e três cromossomas, fertiliza o óvulo da mãe, que também tem vinte e três cromossomas.

Cada cromossoma humano é um fio helicoidal de DNA, uma seqüência de milhões de moléculas de aminoácidos. Este é o nosso código genético, nossos genes, as instruções que dizem ao óvulo fertilizado como ele deve se desenvolver e que órgãos deve formar. Também estão codificados no DNA os detalhes da anatomia, da fisiologia e do comportamento que fazem cada um de nós ser único. Numa manobra extraordinária de alinhamento, cada um dos cromossomas do pai se alinha com o cromossoma correspondente da mãe. E de modo ainda mais extraordinário, cada gene do nosso pai se casa com o mesmo gene da mãe: gene de cor dos olhos com gene de cor dos olhos, gene de cor de cabelo com gene de cor de cabelo, gene cancerígeno com gene cancerígeno e gene da sexualidade com gene da sexualidade.

Freqüentemente os genes materno e paterno são os mesmos. O espermatozóide e o óvulo carregam genes de olhos castanhos nos seus cromossomas apropriados. Talvez ambos tenham transportado genes para resistência ao câncer de mama no lugar de predisposição à doença. E talvez ambos tenham carregado o gene da heterossexualidade e não da bissexualidade. Neste caso, não há conflito entre os genes maternos e paternos quanto às características da criança. Ela vai crescer com olhos castanhos, resistência ao câncer de mama e predisposição para heterossexualidade.

Mas freqüentemente os genes não serão iguais. Talvez o esperma tenha gene para olhos azuis enquanto o óvulo da mãe tinha genes para olhos castanhos. Há algum conflito neste ponto, mas brando. Provavelmente não importa, para o sucesso reprodutivo da mãe e do pai, se a criança tem olhos azuis ou castanhos, o que importa é que seja uma cor ou outra, não uma mistura das duas. Durante o curso da evolução, portanto, esses dois genes chegaram a um acordo tácito. Sempre que se encontram, o gene de olhos azuis dá poucas instruções, ou nenhuma, para a criança em desenvolvimento e, como resultado, ela termina com olhos castanhos. (De fato, a herança da cor dos olhos nos seres humanos não é tão simples quanto este exemplo familiar sugere. Há vários genes envolvidos e a cor dos olhos pode variar do azul-claro ao castanho-escuro. Mas com freqüência os genes de olhos azuis cedem lugar aos de olhos castanhos, e nosso exemplo ilustra razoavelmente bem esse tipo de cooperação genética.)

Mas outros genes não chegaram a esse tipo de cooperação amigável. Em determinadas ocasiões, realmente *importa* para a mãe e para o pai que prevaleçam as suas características genéticas, não as do parceiro. E isto significa que o corpo da criança vira o campo de batalha entre os dois conjuntos de genes. A raiz deste conflito genético está nas diferenças com que homem e mulher buscam o sucesso na reprodução. Ambos tentam maximizar sua produção, mas seguem caminhos diferentes. Vamos debater isto com mais detalhes depois, mas um resumo aqui pode ser útil.

A mulher só pode maximizar sua capacidade reprodutiva tendo o número ideal de filhos durante sua vida. O desafio que cada mulher enfrenta é, portanto, o de primeiro determinar o tamanho ideal da sua família, e depois assegurar que realmente tenha o número escolhido de filhos. Feito isto, há outra coisa que ela deve fazer para aumentar sua contribuição às gerações futuras: ela deve procurar o(s) melhor(es) pai(s) para seus filhos. Isto é, os homens com os melhores genes e, para parceiro permanente, o que tenha os melhores recursos. Ter um filho com um homem que tem os melhores genes, do ponto de vista da biologia evolutiva, lhe dará crianças melhores. Já se unir a um homem com muitos recursos lhe dará as melhores oportunidades de criar os filhos num ambiente saudável e fértil, transformando-os em adultos competitivos.

Por seu lado, um homem pode, pelo menos em teoria, ter um número ilimitado de filhos. Sua única limitação consiste em encontrar mulheres dispostas não apenas a ser fertilizadas por ele, mas também a criar as crianças sem sua ajuda. Assim, apenas os homens que têm recursos suficientes ou genes superiores, capazes de despertar o interesse sexual em muitas mulheres, podem ter mais filhos do que uma mulher teria em média. O caso mais famoso foi Ismael, o Sangüinário, um ex-imperador de Marrocos. É provável que nem todos os 888 filhos que ele afirmava ter gerado fossem realmente seus, mas mesmo descontando uma infidelidade ocasional do seu harém, é razoável considerar que seu sucesso reprodutivo foi acima da média. Mas o homem *médio*, é claro, termina tendo o mesmo número de filhos que a média das mulheres. De qualquer forma, o princípio é claro: por mais que um homem tenha dificuldades de encontrar mulheres dispostas a ter um filho com ele, ele não depende de *um único* corpo feminino para conseguir seu objetivo, enquanto a mulher depende de *seu próprio* corpo. Quando uma mulher se torna incapaz de ter mais filhos, acaba sua vida reprodutiva. Mas se a parceira de um homem se torna estéril, ele pode simplesmente procurar outra mulher para ter seus filhos.

Esta diferença nas limitações de homem e mulher significa que os genes femininos precisam ser muito mais cautelosos quanto a uma gravidez e parto potencial do que os do homem. Os genes da mãe precisam equilibrar a contribuição que a criança em seu ventre vai fazer para sua produção total de netos, contra a contribuição que qualquer criança futura possa fazer. Seus genes estão sempre tentando maximizar o número de netos e descendentes futuros. E se sua gravidez atual ameaça de algum modo sua capacidade de ter mais filhos no futuro, seu corpo pode decidir interrompê-la.

Os genes do pai, é claro, também estarão tentando maximizar o número de netos que ele terá. Mas como o seu sucesso reprodutivo depende menos da contínua fertilidade da mãe da criança, seus genes tendem a ser muito ativos para tornar a criança no ventre tão bem-sucedida quanto possível. Seus genes podem correr mais riscos com o corpo da mulher do que os genes dela.

Antes de discutirmos a natureza desses riscos, vamos verificar quais as opções disponíveis para o bebê e seus dois conjuntos de genes. Já examinamos os mecanismos que levam à fertilização do óvulo pelo espermatozóide no oviduto da mulher. Vamos retomar a história no momento em que o óvulo fertilizado começa a se dividir enquanto desce pelo oviduto. Quando o óvulo que tinha uma única célula chega ao útero, a nova vida consiste num *blastócito* de cerca de cem células.

O corpo da mãe se prepara para a chegada deste pequeno pacote de células aumentando a espessura do revestimento do útero e aumentando seu suprimento de sangue. Se o óvulo foi fertilizado, o blastócito se implanta no revestimento de dois a quatro dias depois de entrar no útero. Enquanto espera a implantação, ele recebe nutrição através das secreções da parede uterina. Essas secreções formam o *leite uterino*. O blastócito também desenvolve células especiais em sua superfície, os *trofoblastos,* que produzem enzimas capazes de digerir e diluir as células próximas da parede uterina. Os trofoblastos então se multiplicam rapidamente, invadem e digerem mais células do revestimento do útero enquanto começam a formar a parte fetal da placenta. Esta "invasão" do corpo do revestimento uterino da mãe é conhecida como implantação. Completada a implantação, está pronto o cenário para a batalha entre os genes maternos e paternos.

A gravidez humana dura em média 270 dias. Durante este tempo, a mãe e o bebê se comunicam quimicamente através da placenta. No local em que a placenta toca e se mistura com a parte materna, formada pelo revestimento uterino na região invadida pelos trofoblastos, enormes áreas de membranas e vasos sangüíneos dos dois indivíduos entram em contato. A rede de vasos e membranas forma a totalidade da placenta, à qual o bebê se liga através do cordão umbilical (de cerca de 50 centímetros de comprimento). É através do cordão e da placenta que a nutrição passa da mãe para a criança e os resíduos metabólicos vão da criança para a mãe. Além de serem canais vitais para a transferência química, as membranas placentárias também são barreiras importantes. Seu trabalho, aperfeiçoado durante milhões de anos de evolução dos mamíferos, é permitir que as substâncias químicas benéficas passem, ao mesmo tempo em que bloqueiam a passagem de substâncias prejudiciais à mãe e ao seu filho. Por exemplo, é a placenta que impede que os sistemas imunológicos de ambos se rejeitem mutuamente, confundindo-os com parasitas invasores ou órgãos transplantados.

Pelo que dissemos até agora, parece que a gravidez é uma época de cooperação entre a mãe e o bebê, em que nenhum dos dois quer fazer algo que possa prejudicar o outro. Até certo ponto, é assim que funciona. Interessa a todos — criança, mãe e pai — que o bebê se forme, cresça, sobreviva e tudo corra bem. O conflito surge porque os genes maternos e paternos não chegam a um acordo quanto aos riscos que o corpo da mãe deve correr para garantir que a criança faça todas essas coisas. Os genes do pai querem que os da mãe se preocupem menos com o futuro *dela* e façam o máximo pelo bebê, enquanto os genes da mãe querem maior garantia.

O primeiro sinal de que uma guerra está ocorrendo no corpo é o enjôo da gravidez. Cerca de 70% das mulheres experimentam algum tipo de enjôo. Embora ele seja mais comum pela manhã, não fica limitado a esta parte do dia, como a mulher da nossa história descobriu. Geralmente diminui por volta da décima segunda semana. Contudo, 50% das mulheres ainda têm alguns sintomas por volta da décima quinta semana. E infelizes 15% sentem náuseas e 5% continuam a vomitar durante toda a gravidez.

O enjôo da gravidez protege a criança à custa do conforto da mãe — ele é parte do exército de genes paternos. Para ilustrar, vamos considerar algumas estatísticas referentes à América do Norte. Lá, 10% das crianças nascem com algum defeito. Podem ser anormalidades relativamente pequenas, como surdez, ou mais sérias, como membros deformados. Em um terço dos casos, a causa é óbvia: geralmente o problema foi causado por alguma doença hereditária ou por drogas que a mãe tomou durante a gravidez. Isso deixa dois terços dos casos sem explicação e uma possibilidade é que sejam provocados por toxinas na comida da mãe. E existem muitas toxinas deste tipo. O café, por exemplo, contém uma centena — e uma súbita aversão a café é um dos primeiros sinais de gravidez nas mulheres modernas das sociedades industrializadas.

Os órgãos do bebê se desenvolvem principalmente durante os primeiros três meses de gravidez. Depois disso, a gestação é apenas uma questão de crescimento. Assim, qualquer anormalidade no desenvolvimento é conseqüência de algo que aconteceu nos primeiros três meses. O corpo da mãe é muito eficiente em detectar anormalidades no feto em desenvolvimento e, quando o faz, sua reação é abortar espontaneamente, preparando o terreno para tentar de novo assim que for possível. Uma grande quantidade de fetos abortados nos primeiros três meses tem algum tipo de deformidade.

As mulheres que sofrem de enjôo na gravidez têm muito menos probabilidade de abortar. A explicação é que o enjôo protege o feto, de algum modo, das substâncias químicas que poderiam afetar o seu desenvolvimento, produzindo anormalidades e, portanto, provocando um aborto. A placenta age como um filtro mais ou menos eficiente contra substâncias químicas indesejáveis, mas sua eficiência é maior na filtragem de grandes moléculas. Como ela precisa permitir a passagem de nutrientes e resíduos entre mãe e filho, e vice-versa, muitas moléculas pequenas não podem ser evitadas. Muitas delas são perigosas para a criança. Além disso, o corpo materno tem suas próprias necessidades alimentares para continuar saudável e manter suas reservas. E o que é mais importante, ele tem que manter o cérebro dela bem nutrido para que a mulher possa se comportar adequadamente durante e depois da gravidez. Os genes do pai estariam prestando um desserviço a si mesmos se fizessem o bebê exigir tantos nutrientes a ponto de danificar o cérebro da mãe.

Os primeiros três meses da gravidez são um cabo de guerra do ponto de vista da nutrição. A melhor combinação de nutrientes para a criança não é necessariamente a melhor para a mãe. De fato, existe um risco tão grande de que as toxinas da alimentação da mãe possam prejudicar o desenvolvimento do bebê que a opção mais segura para o feto seria a de sua mãe ficar em jejum. Ela poderia então consumir lentamente as gorduras livres de toxinas do seu corpo, assim como outras reservas, transportando as substâncias químicas em seu sangue para que o bebê tirasse o que quisesse através da placenta. Estudos feitos em regiões assoladas pela fome mostram que isso pode acontecer realmente. O bebê deixa a mãe com nutrientes suficientes apenas para proteger seu cérebro, mas tira o resto para si. E enquanto a mãe emagrece durante a gravidez, o peso da criança, ao nascer, é quase normal, pelo menos enquanto a fome for apenas moderada. Claramente, contudo, a menos que a mãe tenha reservas superabundantes antes de engravidar, o que é bem improvável, esta opção não é boa para ela.

O cenário está montado para a grande batalha entre os genes paternos e maternos. Os genes do pai (no bebê) tentam manipular a mulher para comer e digerir muito pouco e dentro de uma dieta que seja a melhor possível para a criança. Os genes da mãe (nela mesma e na criança) tentam chegar a um equilíbrio entre o que é melhor para o bebê e o que é melhor para manter sua futura capacidade reprodutiva. Os genes paternos tentam manipular a mãe através de substâncias químicas liberadas pelo feto na corrente sangüínea da mãe. Essas substâncias provocam mudanças nos níveis de estrogênio, progesterona e outros hormônios que afetam o apetite, o paladar e o olfato da mulher. O resultado é que o bebê induz mudanças esporádicas no apetite e nas preferências alimentares de sua mãe. Seu último recurso, caso ela coma ou beba alguma coisa prejudicial à criança, é a indução de náuseas e vômito.

E se apesar de toda essa ação defensiva algumas toxinas conseguem passar, o corpo da mãe tende a detectar o problema e abortar. É melhor para ela abortar enquanto o feto é pequeno e começar tudo de novo do que se arriscar a dar à luz um bebê atrofiado e já plenamente desenvolvido. Para o pai, contudo, que devido à morte, abandono ou infidelidade feminina pode não ter outra chance de ter um filho com esta mulher, é melhor proteger este feto, evitando, antes de tudo, que as toxinas o atinjam — daí a utilidade do enjôo na gravidez. Assim, quando os genes do pai predominam, a mãe sofre com o enjôo, mas o feto recebe a melhor nutrição possível e tem menos probabilidade de ser abortado. Quando os genes da mãe predominam, o enjôo é mínimo, a mãe e o feto chegam a um acordo quanto à nutrição, mas o aborto é mais provável.

No ponto em que paramos a nossa história pode parecer que os genes da mulher estavam perdendo a batalha contra os genes paternos e, como conseqüência, ela sofreu um grande desconforto durante os primeiros três meses da gravidez. Se de fato não soubéssemos que ela não ia abortar, poderíamos achar que todo o desconforto daquele enjôo fora em vão. Poderíamos pensar que seu corpo detectara alguma anormalidade na criança e resolvera abortá-la. Mas tudo se esclarecerá logo, já que vamos retomar a história no ponto em que paramos — com os acontecimentos que se seguiram à visita ao hospital, depois daquela forte hemorragia.

CENA 7
Trabalho de parto

Trinta e seis horas depois de ir para o hospital, a mulher já estava em casa, com sua gravidez ainda intacta. Os exames não tinham conseguido explicar a origem do sangramento, mas pelo menos a deixaram tranqüila ao saber que o bebê estava com um tamanho razoável e parecia saudável e ativo.

As semanas seguintes foram tranqüilas, mas o quase aborto a tinha deixado abalada. A gravidez subitamente lhe parecia algo muito frágil e, portanto, a possibilidade de abortar passou a assombrar seus pensamentos. A cada noite ela riscava mais um dia no calendário, esperando que a data do nascimento ficassse cada vez mais próxima. Então ia para a cama e sonhava com cores de caleidoscópio envolvendo o processo do nascimento, e acordava à menor pontada no ventre.

À medida que a criança crescia, ela se sentia cada vez mais desconfortável. Agora, durante a noite, apesar das almofadas extras e de uma bolsa de ar para sentar, sentia um estremecimento nas pernas que a levavam a andar pela sala e bater com os pés no chão. Os seios estavam doloridos e pesados e ela sentia azia a maior parte do tempo. E embora não parecesse muito gorda, estava carregando um bebê de bom tamanho cujos movimentos eram mais dolorosos do que agradáveis para ela. Em sua trigésima oitava semana da gravidez, os movimentos da criança de noite a mantinham acordada e seus chutes eram tão fortes que ela sentia o ventre machucado por dentro. A pele da barriga estava tão esticada que se tornara sensível ao toque. Mas o pior de tudo era a dor nas costas que a acompanhara durante toda a gravidez. Tinha piorado gradualmente e agora havia ocasiões, principalmente no início da manhã, em que ela quase não podia se mover. Seu companheiro a ajudava a sair da cama e a se vestir.

Naquela manhã, ela tinha combinado de encontrar-se com uma amiga que também estava nas últimas semanas de gravidez. Elas tinham planejado uma curta caminhada pelo parque, seguida de um chá num bar próximo. A amiga estava animada e falou o tempo todo. Para ela a gravidez tinha voado. Ela se sentia saudável e confiante desde o começo, sem sinal de náuseas, cansaço ou dor nas costas. De fato, insistia em que se sentia melhor do que nunca — cheia de energia, relaxada e contando os dias para o nascimento com uma expectativa feliz.

A mulher não pôde deixar de sentir inveja. "A gravidez obviamente combina com você", comentou secamente quando tinham percorrido um quarto do caminho pelo parque. Para ela, a caminhada era uma tensão. A sensação de dilatação na cintura se intensificava, forçando-a a respirar de modo curto e ofegante.

As pernas doíam e, olhando para os pés, achou que seus tornozelos estavam inchando. Persuadiu a amiga a ir até o banco mais próximo, onde se sentou suavemente. Depois, no café, ela admitiu que mal podia esperar a hora do parto não porque estivesse com pressa de ser mãe, mas porque ele significaria o fim da gravidez.

Duas semanas depois o telefone tocou. Antes mesmo de erguer o fone a mulher já sabia do que se tratava. Um segundo depois o som da voz da amiga confirmou. Cansada mas alegre, ela contou a história do parto e do nascimento de seu filho. Embora fosse um pouquinho pequeno, tinha chegado no dia certo, depois de um parto fácil e sem complicações. Nem mesmo precisara levar pontos. Esperava poder voltar para casa no dia seguinte.

A mulher recolocou o fone no gancho e suspirou profundamente, deixando suas feições sérias relaxarem. Sabia que não tinha parecido tão satisfeita por sua amiga quanto devia, mas no momento só conseguia pensar em si mesma. Já tinham se passado dez dias da data prevista para o nascimento e estava ficando cada vez mais ansiosa. Não se sentira bem nos últimos dias e sua pressão sangüínea estava um pouco alta. A princípio lhe disseram para não se preocupar. Depois, quando começou a sentir uma dor de cabeça persistente e seus tornozelos começaram a inchar, recebeu ordens para ficar na cama. Se piorasse, deveria ir logo para o hospital.

Pegou uma revista e começou a folhear, tentando encontrar alguma coisa para se distrair. Mas não adiantou. Só conseguia pensar no seu estado. Deixando a revista de lado, saiu com cuidado da cama e foi até a janela. Um gato caminhava pela beirada da jardineira. Ainda agitada, ela saiu da janela e pela terceira vez naquele dia foi até o quarto do bebê, recentemente montado. O quarto branco, intocado, tinha um ar de expectativa. Mexendo no móbile acima do berço, ela imaginou um bebê olhando para os palhaços coloridos que giravam. A imagem não se formou facilmente.

A criança ainda levou mais uma semana para nascer. O trabalho de parto começou no início da manhã, quando a bolsa amniótica arrebentou. Tremendo violentamente, ela ficou sentada no banheiro, enrolada num cobertor, enquanto o marido tirava o carro da garagem. Mais tarde não conseguia se lembrar de nenhum detalhe do percurso até o hospital, exceto que todos os sinais de trânsito pareciam estar contra eles. Depois de ser levada para a ala de partos, o trabalho de parto continuou até o meio da manhã, quando se sentia exausta e trêmula.

As contrações eram muito mais dolorosas do que tinha imaginado, apesar de uma injeção de pethidina e do uso de uma máscara de oxigênio. Suando muito, ela pediu à enfermeira que a ajudasse a tirar a camisola. A borda da máscara começava a deixar uma marca avermelhada em suas bochechas e no meio do nariz, onde ficava comprimida. Sentia a boca e os lábios secos. À medida que o tempo passava, ia ficando cada vez menos consciente do que acontecia ao seu redor. Aos poucos ela perdeu a noção do tempo, enquanto mergulhava cada vez mais na névoa induzida pela anestesia. Percebia pessoas entrando e saindo da sala, mas suas vozes pareciam distantes. Chegou a perceber alguns estudantes de medicina olhando entre suas pernas abertas. No segundo estágio do parto, a violência das contrações a trouxe brevemente de volta à consciência. O impulso de empurrar o bebê para fora dominava tudo. A criança finalmente nasceu às seis horas da tarde, depois de um trabalho de parto de 17 horas. O bebê pesava 4,5 kg.

Mais tarde a mulher ficou sabendo dos detalhes. Sua filha era tão grande para um primeiro bebê que o parto foi difícil e até perigoso. Em várias ocasiões os monitores mostraram que a criança estava em perigo e os médicos pensaram em fazer uma cesariana. Foi nesse ponto que seu útero ficou machucado. Felizmente a criança era tão forte que resistiu à provação, e depois que começasse a mamar em quantidade suficiente, ficaria mais forte a cada dia.

Mas a saúde e a força da filha contrastavam visivelmente com o estado da mãe. Os médicos advertiram que seu útero fora tão afetado que seria difícil para ela ter outros filhos. E eles estavam certos. Embora engravidasse mais três vezes nos dez anos seguintes, ela abortou em todas as ocasiões. Quando estava no início dos quarenta, um ano de sangramentos freqüentes obrigou-a a fazer uma histerectomia.

Mas apesar dos problemas que esta mulher enfrentou, ao longo dos anos, a filha foi sua principal fonte de força e prazer, principalmente depois que seu companheiro a deixou, para começar uma nova família com uma mulher mais jovem. Mãe e filha continuaram unidas, até mesmo durante a adolescência da menina. E quando ela saiu de casa para cursar a universidade, as duas se encontravam com freqüência, sempre sentindo um grande prazer na companhia uma da outra — eram mais como irmãs, como disse uma delas certa vez. Mais tarde a filha conseguiu conciliar com sucesso uma carreira exigente com a criação de sua própria família, e a mulher acabou se tornando uma avó dedicada para seus quatro lindos netos.

No cenário número 6 analisamos como os genes de nossa personagem perderam a batalha pela tranqüilidade no conflito do enjôo da gravidez. Mas ainda teria que enfrentar uma batalha muito maior e, de certa maneira, mais importante com os genes do pai. E como vamos ver, ela novamente perdeu para o pai da criança em suas buscas independentes pelo sucesso na reprodução.

Durante a gravidez o bebê flutua no líquido amniótico dentro da bolsa. As chances de o útero ser invadido por organismos patogênicos são muito reduzidas pela presença do tampão cervical, que, como explicamos, consiste num muco cervical tão espesso e carregado de resíduos celulares que quase nada pode passar da vagina para o útero. As paredes fortes e fibrosas do cérvix também ajudam a manter a criança no útero. Mas, quando chega o momento do parto, as paredes cervicais amolecem, se esticam e enfraquecem. Os ossos do púbis cedem um pouco e a bolsa de líquido amniótico estoura. A criança então tem que ser empurrada através do cérvix, ao longo da vagina e para fora do corpo da mãe.

A seleção natural fez o melhor que podia ao moldar a mãe para realizar este processo natural. Mesmo assim, todo esse estiramento, alargamento, empurrões e forças sobre seu corpo durante o nascimento podem constituir uma experiência perigosa. Depois que a criança nasce, a mãe tem que expelir a placenta e rejuvenescer o revestimento do seu ventre, além de fazer os órgãos voltarem ao estado pré-gravidez. Se conseguir fazer bem tudo isso, será capaz de passar pelo mesmo processo novamente, durante sua próxima gravidez. Mas caso não consiga, como aconteceu com a mulher da nossa história, ela nunca mais poderá ter filhos. Na pior das hipóteses, ela pode até morrer. Então por que a seleção natural fracassou em relação à necessidade mais crítica das mulheres? A resposta é que embora ela tenha feito o que podia pelas mulheres, também fez o melhor que podia pelos homens e seus interesses a longo prazo.

É claro que não interessa a ninguém, nem ao pai ou à criança, que a mãe morra durante o trabalho de parto. Em países como Bangladesh, por exemplo, em 75% dos casos de morte da mãe o bebê morre com ela. Também não interessa a ninguém que a mãe fique tão enfraquecida ao dar à luz que seja incapaz de cuidar do recém-nascido. Mas existem situações menos extremas, em que a criança tem o melhor início de vida possível, mas a capacidade reprodutiva *futura* da mãe é destruída. Por exemplo, é possível que a mãe se esforce tanto, física e emocionalmente, fazendo o melhor que pode por uma criança, a ponto de ficar doente ou estéril e assim ser incapaz de ter outros filhos para compor sua família ideal. Estima-se que, para cada mulher que morre em trabalho de parto, cerca de 30 sofrem lesões e infecções, muitas das quais deixam sequelas dolorosas e incapacitantes pelo resto da vida. É claro que esses danos físicos são uma desvantagem para a mãe do ponto de vista reprodutivo, mas não são necessariamente uma desvantagem para o pai. Como aconteceu com o personagem em nossa história, depois de gerar uma criança perfeita com uma mulher, ele partiu para tentar repetir o processo com outra. Estamos de volta à batalha entre os genes maternos e paternos.

O indicador mais importante da capacidade de sobrevivência de uma criança é o seu peso ao nascer. Bebês maiores têm perspectivas melhores. Mesmo agora, nos países mais industrializados e com os melhores recursos médicos, o peso da criança ao nascer tem uma grande influência em suas perspectivas de sobrevivência e em sua resistência às doenças. Na Inglaterra e no País de Gales, em 1994, por exemplo, um em cada cinco bebês que nasceram com menos de 1,5 quilo morreu no primeiro ano de vida, enquanto morreu apenas um em cada 400 na faixa dos 3,0-3,5 quilos. E a desvantagem do pouco peso ao nascer não desaparece com o primeiro aniversário, ela permanece pelo resto da vida. Nos Estados Unidos as crianças que pesam menos de 2,5 quilos ao nascer têm o dobro de probabilidade de serem hospitalizadas entre os três e os cinco anos, comparadas com seus contemporâneos de peso normal (3,3 quilos). Essas crianças também apresentam um desempenho fraco na escola, e as meninas, quando se tornam adultas, têm mais probabilidade de terem bebês de baixo peso. Nos países do Terceiro Mundo e no nosso passado histórico e evolutivo, a influência do peso nas perspectivas de sobrevivência e fertilidade foi ainda maior.

Inevitavelmente o tamanho do bebê é o fator que mais influencia a capacidade da mulher de ter mais filhos. Quanto maior a criança, mais perigo ela representa ao nascer. Conseqüentemente, devido à importância do peso ao nascer para o bem-estar da criança, esta é uma das principais áreas de conflito da guerra genética. Os genes maternos tentam limitar o peso da criança, de modo que ela seja grande, mas não maior do que o tamanho que o corpo possa agüentar sem prejuízo para sua futura capacidade reprodutiva. Os genes paternos, por outro lado, tentam produzir a maior criança possível, mesmo que isso implique risco de destruir a futura fertilidade da mãe. Mas não tão grande que ela não possa dar à luz.

Existem dois fatores que podem tornar uma criança maior ao nascer: ela pode crescer mais depressa enquanto está no ventre da mãe, ou pode ficar lá por mais tempo. Algumas, é claro, fazem as duas coisas. Para crescer mais depressa, a metade da placenta que pertence ao bebê precisa ser mais agressiva — e provocar mais riscos à saúde da mãe e sua segurança, pelo tipo e quantidade de nutrientes que extrai do corpo dela. Para ficar mais tempo no útero, o bebê precisa manipular os hormônios maternos, de modo que o nascimento seja retardado.

A guerra entre genes maternos e paternos tem objetivos relativamente simples enquanto o bebê está no ventre. Em resumo, os genes do pai tentam manipular a criança para extrair uma nutrição maior, melhor e mais segura do corpo da mãe — e de modo mais rápido. E, em segundo lugar, tentam ficar dentro dela o maior tempo possível. Os genes da mãe tentam fazer o bebê ser menos exigente e persistente, dando mais controle ao corpo dela. Se os genes do pai dominam, a mãe tem mais possibilidades de sofrer durante a gravidez, passar do prazo previsto para o nascimento e ter um parto difícil. Mas o resultado será uma criança maior e com melhores perspectivas de vida. Quando os genes *dela* dominam, ela terá uma gravidez tranqüila e um parto fácil, mas a criança será menor e não terá tão boas perspectivas de sobrevivência e fertilidade. A mãe, contudo, estará em melhores condições para ter outra criança, quando for mais adequado *para ela*, e não para o pai.

A última fase desta batalha genética ocorre no final da gravidez, e se relaciona com a data do nascimento do bebê. Quanto mais tempo ele ficar no ventre da mãe, maior ele será, mas mais difícil e perigoso será o parto. Os genes do pai querem prolongar a gravidez, e tentam prever até quando o corpo da mãe poderá nutrir a criança. Já os genes maternos, por seu lado, tentam calcular o momento em que a criança está suficientemente grande para ter boas perspectivas de sobrevivência, mas não tão grande a ponto de prejudicar a capacidade reprodutiva futura da mãe pelas dificuldades do parto.

Esta batalha ocorre dentro e sob o controle do bebê e quando é resolvida, a mãe recebe o aviso de que a hora chegou. Estudos com ovelhas e cavalos e algumas observações em pessoas cujos bebês tinham o cérebro atrofiado, mostram que o trabalho de parto é iniciado pela criança. De fato, a criança ou sua metade da placenta, fica continuamente se pesando durante as últimas semanas antes do nascimento. E quando o peso adequado é atingido, uma parte do cérebro do bebê produz hormônios que passam através da placenta para a mãe, acionando os hormônios dela para iniciar o trabalho de parto. Se uma parte crítica do cérebro do feto foi lesada ou atrofiada, o trabalho de parto não começa e a gravidez continua indefinidamente. Em carneiros, a gravidez continuou até o equivalente a 15 meses em seres humanos, e o mesmo aconteceria com uma mulher em situação semelhante, se não fosse a intervenção médica.

O vencedor desta batalha para decidir quando o bebê vai nascer varia de casal para casal e de gravidez para gravidez. Na história que acabamos de contar, a personagem principal claramente perdeu sua batalha particular pela tranqüilidade. Seu corpo foi levado ao limite e, embora a criança tenha nascido com excelentes perspectivas de sobrevivência e fertilidade, a capacidade da mulher para gerar outras crianças foi prejudicada. Sua amiga, por outro lado, atravessou a gravidez de acordo com a ascendência de seus genes sobre os de seu parceiro e seria capaz de ter outras crianças. Mas seu filho deve ter tido menos sucesso reprodutivo do que a filha pesada da personagem principal.

Esta batalha entre genes maternos e paternos quanto ao tamanho da prole ocorre com todos os mamíferos, não apenas com seres humanos. E também a experiência de sofrer durante a gravidez e o parto. Ambas começaram com a evolução dos mamíferos placentários — aqueles em que a prole cresce dentro de seus corpos — há 60 milhões de anos. Assim que a evolução levou as fêmeas a proteger e nutrir os embriões dentro de seus corpos, pela formação da placenta, os genes paternos ganharam um novo e poderoso meio de influir no crescimento e na sobrevivência de seus descendentes. Esta batalha contínua entre os genes cresceu como bola de neve ao longo da evolução e continua hoje no corpo de cada mãe.

A gravidez e o trabalho de parto são períodos de alto risco para todas as fêmeas de mamíferos, mas deveríamos ter mais pena das fêmeas das hienas pintadas. Para nós elas parecem ter sido vítimas de um dos truques mais cruéis da evolução. Para garantir sua posição em outra batalha entre os sexos — a da luta pela comida e pelo espaço em uma sociedade bastante agressiva —, a evolução elevou o nível de hormônios masculinos aos quais as fêmeas são expostas no ventre de suas mães. O conseqüente aumento de agressividade e capacidade de competir, na luta por comida, espaço e posição no grupo, é um fator vital para o sucesso reprodutivo. Ele faz com que as fêmeas mais bem-sucedidas tenham mais do dobro do sucesso das menos favorecidas. Contudo, elas pagam um preço por isso.

Devido à exposição aos hormônios masculinos, a evolução moldou o clitóris e o tecido circundante das hienas fêmeas para formar uma réplica quase perfeita do pênis e dos testículos. Esses órgãos podem ficar eretos e são usados para marcar com o cheiro e para exibição, como os equivalentes masculinos. Mas a conseqüência desta imitação perfeita é que a hiena fêmea precisa dar à luz *através do seu clitóris*. O canal clitoriano mede apenas 2 centímetros de diâmetro, enquanto a cabeça do filhote, ao nascer, tem de 6 a 7 centímetros de diâmetro. Assim, quando a fêmea dá à luz pela primeira vez, o clitóris se rasga. Freqüentemente o parto é tão difícil que o feto pode ficar no clitóris durante 30 minutos antes de emergir. Quase a metade das hienas tem dificuldades com o nascimento da primeira ninhada e 9% morrem em conseqüência dos problemas de parto.

Em comparação, nas sociedades industrializadas, e graças principalmente à assistência médica, poucas mulheres (uma em duas mil) morrem hoje em dia do trabalho de parto. Mas no início do século 20 o parto ainda era um momento perigoso na vida da mulher e continua a ser nos países do Terceiro Mundo. Na África, por exemplo, cerca de 4% das mulheres morrem de complicações no parto. No sul da Ásia a proporção é de 3%, enquanto na América Latina o número é de 1%. Além disso, para cada mulher que morre ao dar à luz, provavelmente 30 sofrem lesões ou infecções. De acordo com a Unicef, o número de mulheres que ficam com incapacidade ou lesões devido à gravidez constitui um dos problemas de saúde mais negligenciados do mundo. É provável que mais de 15 milhões de mulheres por ano sejam vítimas da "morbidez materna", e hoje, no mundo, milhões de mulheres sofrem as conseqüências da falta de tratamento de lesões sofridas durante a gravidez e o parto.

Todos esses números sugerem que a gravidez e o parto são desconfortáveis e até perigosos em toda parte. A expectativa geral, entre as mulheres, assim como entre os homens, de que todas as mulheres deviam ser capazes de dar à luz num campo, ou onde quer que estivessem, e depois retomar suas atividades normais, surgiu porque a natureza fundamental da gravidez tem sido mal compreendida. Se tudo fosse apenas uma relação entre mãe e feto, talvez as expectativas gerais pudessem se realizar. Mas não é. Como se trata de uma batalha entre os genes paternos e maternos, não pode deixar de ser arriscado.

CAPÍTULO 4

Guerras de bebês

CENA 8

Mamando no peito

A mulher ouviu o uivo quase animal bem antes de acordar. O som tinha penetrado lentamente em seus sonhos antes mesmo de ela recobrar a percepção do mundo exterior. Quase instintivamente sabia que era o *seu* bebê que estava chorando. Ela já podia distinguir o seu choro do choro dos outros oito bebês na enfermaria, ainda que ele só tivesse dois dias de vida. Cuidadosamente evitando o jarro com água, ela estendeu a mão, acendeu a lâmpada da cabeceira e girou o corpo, tirando as pernas da cama. O piso parecia morno. Enquanto procurava os chinelos, ela percebeu que seus tornozelos ainda estavam bem inchados. Quanto tempo levaria para ela poder usar de novo os seus sapatos?

O bebê estava num berço pequeno e transparente, aos pés da cama, sua pequena face contorcida de angústia, os punhos fechados. Ele não parou de chorar até que o pegou no colo. Enquanto o segurava junto do seu corpo, quente e trêmulo com o esforço que fizera, o bebê virou a cabeça e começou a procurar o bico do seio.

Ela olhou para a mulher que estava do outro lado da enfermaria, com o filho sobre uma almofada em seu colo e dobrando-se sobre seu corpo. Eles pareciam tão confortáveis que ela tentaria imitá-los. Até agora não conseguira encontrar uma posição confortável para amamentar. Para sua surpresa, esta posição pareceu funcionar muito bem. A criança se grudou firmemente ao seu mamilo e sugou esfomeada. Com a mão minúscula repousando em seu seio, o bebê mantinha os olhos bem abertos, como se estivesse muito concentrado.

Lentamente ela começou a relaxar. Pela primeira vez estava realmente apreciando a experiência. O bebê começou a fazer pausas enquanto sugava, até que, pouco depois, seus olhos se fecharam e seus lábios se afrouxaram em torno do bico. Logo depois a cabeça tombou para longe do seio. O mamilo vermelho e alongado brilhou com minúsculos pontos de leite. Ela enxugou o leite da boca da criança e colocou-a de volta para dormir. Então voltou para a cama e adormeceu de novo em poucos minutos.

Tinha esperado tanto pela experiência de alimentar a criança no peito. Queria sentir a ternura e a intimidade desse momento, e ouvira dizer que a amamentação reduziria suas chances de ter câncer de mama. Assim, queria fazê-lo também para benefício de sua saúde futura. Desta vez tudo saíra bem, ao contrário do primeiro filho, que se recusara a fazer qualquer coisa que tivesse ligação com os seios da mãe. Desde seus primeiros momentos na sala de parto, ele mostrara aversão em sugar os mamilos dela, deixando-a frustrada e chocada. Cada vez que tentava colocá-la no peito, a criança chorava e se curvava, lançando a cabeça para trás de modo a afastá-la do mamilo o máximo que fosse possível, todo o seu corpo se enrijecendo. Incapaz de acreditar que uma coisa tão natural poderia ser tão difícil, ela se lembrava de ter chorado de frustração enquanto observava a criança se alimentar com uma mamadeira oferecida por uma das enfermeiras. Confusa e rejeitada, ela acabou sentindo hostilidade em relação àquela criança.

Por fim, teve que extrair o leite do peito para uma mamadeira, usando uma máquina elétrica grande e velha, que era levada até a beira de sua cama a cada duas horas. Odiava o processo de tirar o leite, mas sentia-se obrigada a fazê-lo, como único meio de garantir que a criança recebesse os benefícios do leite materno. Depois que o leite começou a fluir, ela produziu uma grande quantidade, mas seu filho nunca se agarrou ao seu peito nem aceitou sugá-lo. Ela forçou-se a retirar o leite com a máquina durante seis semanas, até que o fluxo diminuiu por causa de uma mastite em ambos os seios.

De certo modo foi um alívio para ela quando o leite secou. Pelo menos a decisão de suspender a retirada de leite fora tomada por ela. Detestara a máquina tanto quanto sentira a falta do bebê mamando no peito. Relembrando aquela experiência, ela se perguntava agora se valera a pena tanto esforço. Seu relacionamento inicial com o filho fora certamente prejudicado. Quando foi forçada a lhe dar mamadeira, ele pareceu gostar muito. Mas agora, com a nova criança, tudo parecia ir muito bem.

No dia seguinte seu companheiro chegou junto com o filho mais velho, para levá-la para casa. Quando eles atravessaram a enfermaria na sua direção, ela estava amamentando o bebê e já arrumara as malas. Estava ansiosa para voltar para casa: seria ótimo estar entre suas coisas outra vez. E mais do que tudo, estava ansiosa para encontrar uma posição confortável para amamentar. Seu sucesso na noite anterior fora relativo. A posição era ótima desde que a amamentação não demorasse muito, porque depois de algum tempo lhe dava dor nas costas.

Ela experimentara todas as posições que podia imaginar. Ficar recostada em almofadas, na cama, era confortável a princípio, mas depois ia escorregando para baixo, sem que pudesse evitar. Ficar sentada ereta, na beira da cama ou em uma cadeira ao lado, funcionava bem, mas só até começar a lhe dar dores nos ombros e no pescoço. Ela sabia que ficava muito tensa, não querendo se mexer para não tirar a criança do seio. Se ao menos conseguisse relaxar... E a posição não era seu único problema. Vivia esquecendo de deixar tudo o que era necessário ao alcance da mão quando amamentava. Sem dúvida estava pronta para ir para casa — lá, pelo menos, haveria travesseiros extras e alguém para pegar as coisas para ela.

Foi durante a primeira mamada em casa que ela sentiu uma dor aguda no mamilo esquerdo. Examinando depois, achou que parecia inchado. Também julgou ver uma pequena rachadura na base. No armário de remédios encontrou o creme que tinha comprado antes de ir para o hospital. Aplicou grande quantidade do creme em ambos os mamilos e esperou que melhorasse — já tinha ouvido falar muito na agonia de mamilos rachados. Enquanto passava o creme, pensou se o cheiro forte não iria afastar o bebê. Talvez devesse tirar o creme antes da próxima mamada.

Nos dias seguintes, apesar do creme, os mamilos da jovem mãe ficaram cada vez mais doloridos e rachados. Logo a dor nos seios — que ficaram pesados e inchados com o aumento da quantidade de leite — somou-se ao seu desconforto. Sabia que era apenas um problema temporário, mas isso não ajudava a suportá-lo. Logo seus seios ficaram tão duros e inchados que o bebê tinha dificuldade de agarrá-los na hora da amamentação. E mesmo quando ele conseguia, os reflexos da mãe eram tão rápidos que a criança tossia e engasgava enquanto tentava engolir o leite que esguichava. Por algum tempo, ela detestou a hora de dar de mamar.

Mas nas semanas seguintes todas as dificuldades foram desaparecendo. Os seios gradualmente deixaram de produzir leite em excesso, e o fluxo se ajustou às necessidades do bebê. As fendas nos mamilos cicatrizaram e eles se tornaram mais maleáveis. Ela voltou a apreciar a amamentação, achando-a fácil e conveniente. Continuou feliz por mais oito meses antes de começar a pensar em quando deveria parar, principalmente devido às perguntas dos outros. Não era uma decisão fácil.

Por um lado, ela e o bebê estavam gostando da amamentação e não queria negar a ele este prazer. Imaginava como ele reagiria à mamadeira. Será que sentiria falta do seio tanto quanto achava que ele iria sentir? Iria ficar irritado? Por outro lado, havia cada vez mais razões para parar. Estava perdendo muito peso, a ponto de suas amigas dizerem que ela estava parecendo doente e abatida. Tinha que admitir que se sentia permanentemente cansada. E depois havia o problema de amamentar quando não estava em casa. Nos primeiros meses não tivera que sair muito. E mesmo quando precisou sair, não fora difícil fazê-lo entre os horários de amamentação. Fora duas ocasiões — uma em que o amamentara num estacionamento e outra no banheiro de uma loja de departamentos —, nunca deixara de chegar em casa antes de o bebê ter fome. Agora, entretanto, ela estava saindo com mais freqüência e por períodos mais longos, e não gostava da idéia de ter que amamentar diante de outras pessoas. Sentia-se sempre embaraçada. Seu filho não era mais um bebezinho e era difícil alimentá-lo sem chamar atenção.

Mas a pressão maior para parar vinha de seu parceiro. A princípio ele adorara vê-la amamentar. Sabia que ele se sentia tão satisfeito quanto ela, depois do trauma com o primeiro filho. O segundo agarrara o seio imediatamente. Mas agora sabia que, secretamente, o marido queria que ela parasse. Queria a mulher de volta e queria que sua vida sexual voltasse ao normal. Até agora ele fora muito paciente e compreensivo, mas ela sabia que ele estava ficando cada vez mais frustrado. O desejo sexual dela praticamente desaparecera desde o nascimento e sentir-se cansada o tempo todo não ajudava em nada. Ele começou a soltar indiretas. Disse-lhe que ficava preocupado ao vê-la tão magra e cansada e garantiu que poderia ajudar se passassem a alimentar a criança com uma mamadeira. Começou a se preocupar com a possibilidade de que o companheiro estivesse com ciúme do monopólio aparente que o filho tinha sobre o corpo dela.

Afinal, com grande relutância e um pouco de tristeza, ela passou a usar a mamadeira.

Bebês significam guerras e em nenhum estágio este conflito é mais intenso do que nos primeiros meses da vida da criança. Este capítulo trata das primeiras guerras dos bebês que os pais experimentam, aquelas que acontecem logo depois do nascimento.

Há três cenas aqui. Na cena número 10 vamos considerar os conflitos que podem surgir em algumas mulheres como resultado da depressão pósparto. Na cena 9 vamos debater a guerra de desgaste entre a criança e seus pais devido ao sono e ao choro, um problema que leva ao drama de muitas noites em claro. Mas vamos começar com o conflito muito mais sutil que cerca o que deveria ser uma das fases mais satisfatórias da maternidade — a amamentação.

Em princípio, nada deveria ser mais simples, mais seguro, benéfico e compensador para um casal do que a mãe alimentar a criança no seio. O leite de peito é ao mesmo tempo comida e bebida, balanceadas de um modo ideal pela seleção natural para satisfazer a todas as necessidades alimentícias da criança. Além disso, como é carregado pela mãe para onde vai, é conveniente, está sempre disponível e na temperatura certa. O leite do peito contém bactérias benéficas que ajudam na digestão do recém-nascido e previnem a diarréia, uma causa freqüente de morte de bebês nos países em desenvolvimento. Ele também é rico em imunoglobulinas, que protegem a criança de doenças. Com elas a mãe passa para o filho parte da imunidade que desenvolveu ao longo de toda a sua vida. Mamar no peito também ajuda a corrigir a arcada dentária, facilita o desenvolvimento da fala e reduz o risco de obesidade e diabetes — se a criança mamar no peito por mais de três meses, sua probabilidade de contrair a diabetes de tipo 1, por exemplo, cai em 40%.

Sendo assim, por que, apesar de todas essas vantagens, a mãe da nossa história teve tantos problemas? Podemos desculpá-la se ela, como todas as mulheres, achar que, depois de milênios de seleção natural, o processo de amamentação deveria ter chegado a um estágio de perfeição. Por que isso não acontece?

Existem duas razões principais. Uma é a de que alguns problemas são muito recentes e ainda não foram abordados pela seleção natural. Eles representam problemas para a mulher moderna, não para todo o gênero feminino e, portanto, não podemos culpar a seleção natural por eles. A maioria desses problemas surge, de algum modo, com a dúvida entre *começar* a alimentar a criança no peito ou simplesmente usar uma mamadeira. Vamos lidar com eles na segunda parte deste debate. A segunda razão está mais no âmbito da biologia evolutiva e envolve um conflito de interesses na amamentação. Este conflito abrange a decisão da mulher sobre a época ideal para *parar* de alimentar a criança no peito, depois que começou. São os problemas inerentes a esta decisão que vamos discutir primeiro.

Estudos que dividiram as crianças alimentadas no peito em categorias baseadas na duração desta alimentação, mostram que aquelas que mamaram por mais tempo tiveram menos doenças como as moléstias gastrointestinais, doenças respiratórias, esclerose múltipla, diabetes e doenças cardíacas. Essas crianças também tiveram um desempenho melhor nos testes de Q.I. De modo geral, os bebês que mamaram no peito durante 18 ou 24 meses eram mais saudáveis do que aqueles que se alimentaram no seio por menos de seis meses, mas mesmo estes se saíram muito melhor do que os criados unicamente com mamadeiras. Nenhum desses estudos examinou crianças que mamaram no peito por mais de dois anos, e por isso não sabemos se os benefícios da amamentação materna continuam ou param nesta idade. O que sabemos é que há uma lei da redução de benefícios agindo aqui. Os primeiros seis meses de amamentação com leite de peito são muito mais importantes para o desenvolvimento nutricional e da capacidade imunológica da criança do que, digamos, os seis meses entre as idades de três anos e meio e quatro. Isso não significa que o leite do peito deixa de ser benéfico. O sistema imunológico de uma criança não amadurece completamente antes dos seis anos de idade, e sabemos que o leite materno ajuda no desenvolvimento do sistema imunológico, reforçando-o com anticorpos maternos enquanto é ingerido. Diante disso, podemos esperar que a seleção natural tenha programado as mulheres para amamentar suas crianças até os cinco ou seis anos, o que seria equivalente ao tempo médio da amamentação em outros primatas. Mas isto, obviamente, não aconteceu.

Uma análise de 64 estudos antropológicos, feitos antes da década de 1940, mostra que a duração média da amamentação é de 2,8 anos, com algumas sociedades permitindo que as crianças mamem no peito por muito menos tempo e outras por mais tempo. Ainda existem muitas sociedades no mundo em que as crianças podem mamar nos seios da mãe até os quatro ou cinco anos, e mesmo em países como os Estados Unidos, algumas mamam por mais tempo. Quando podem mamar por tanto tempo quanto quiserem, elas geralmente abandonam o hábito, sem discussões ou traumas, entre os três e os quatro anos de idade. Nos modernos países industrializados, entretanto, a maioria é desmamada bem antes disso, na hora mais adequada para a mãe e seu companheiro, não para a criança. A época certa para desmamar a criança é um problema que nossas ancestrais enfrentaram tanto quanto as fêmeas de outros mamíferos ao longo da evolução. Este problema ainda não foi resolvido, porque não tem solução. E isso decorre de um conflito de interesses, algo que já discutimos várias vezes neste livro. Quando a imagem idealizada da amamentação é abandonada, o que encontramos é um conflito em andamento. E é este conflito que provoca a maioria dos problemas que as mulheres enfrentam depois que começam a amamentar.

Para o biólogo evolucionista, a amamentação e seu término representam uma disputa — uma disputa entre mãe, pai e criança. Às vezes há até quatro personagens envolvidos: mãe, criança, marido e o pai biológico da criança. E a disputa surge, como em todos os conflitos, porque os interesses das pessoas envolvidas são diferentes. Mas para entender este conflito de interesses, precisamos considerar algumas das repercussões menos óbvias da amamentação. Seu benefício é maior do que apenas fornecer alimento para o bebê. Ela também regula a química do corpo materno para garantir sua capacidade de reprodução a longo prazo.

A seleção natural fez com que os humanos, e muitos outros primatas, tenham menos probabilidade de engravidar enquanto estão amamentando. As mulheres que amamentam podem levar seis ou mais meses para começarem a menstruar depois de darem à luz. Além disso, a primeira menstruação, com a mulher ainda amamentando, é geralmente estéril. Até mesmo os três ciclos seguintes têm menos de 55% de probabilidade de serem férteis. Uma mulher *pode* engravidar durante os meses em que está amamentando, e, com o tempo, as chances aumentam. Mas essa probabilidade é sempre menor do que se ela não estivesse amamentando, ou tivesse amamentado e depois parado.

Por que a seleção natural decretou que as fêmeas humanas deveriam adiar a concepção enquanto amamentam seus filhos? Isto não é *obrigatório*. Muitos mamíferos concebem enquanto estão amamentando e alguns são até mesmo estimulados a ovular pelos mesmos hormônios que inibem a ovulação nos seres humanos. A resposta é que as mulheres herdaram um problema básico de suas ancestrais primatas: é muito difícil carregar mais de uma criança quando se caminha por longas distâncias.

É claro que o problema era, e ainda é, mais sério nas sociedades em que as mulheres são responsáveis pela coleta e transporte de grandes quantidades de comida, água, lenha e outros materiais. Até mesmo carregar uma criança de cada vez é difícil e cansativo — carregar duas seria impossível. Em tais circunstâncias, o maior sucesso reprodutivo é conquistado pelas mulheres que evitam ter outro filho até que o anterior não apenas possa andar, mas também cuidar de si mesmo.

Um estudo detalhado, feito na década de 1980, entre a tribo dos !Kung San, nativos que vivem no deserto do Kalahari, no sudoeste da África, mostrou um intervalo de cerca de quatro anos entre os partos de cada mulher. As mulheres dos !Kung San são responsáveis pela coleta diária de alimento e freqüentemente precisam carregar a comida e seus filhos mais novos por longas distâncias. Nesta cultura, as mulheres que têm filhos com intervalos inferiores a quatro anos ficam mais sujeitas a prejudicar seus corpos e sua capacidade reprodutiva futura. Ao moldar a química de seus corpos para gerar crianças com intervalos de quatro anos, a seleção natural fez o melhor que podia por elas, de acordo com o seu modo de vida.

O desafio que a seleção natural enfrentou foi de desenvolver uma química corporal feminina que, por um lado, atrasasse uma nova gravidez pelo tempo que a mulher precisasse carregar seu filho, mas, por outro lado, antecipasse esta concepção, caso a criança viesse a morrer. Isso não parece difícil. A seleção natural poderia simplesmente permitir que o cérebro da mulher informasse ao seu corpo se a criança está viva, e se está, com que freqüência ela tem que carregá-la. Mas isso não aconteceu. É estranho, mas a evolução parece não ter confiado no cérebro da mulher para informar ao seu corpo quanto às necessidades e à sobrevivência do bebê. Ela preferiu confiar na evidência dos mamilos. Assim, quando o bebê os suga, o corpo da mulher fica sabendo que a criança está viva.

Como dissemos no início desta discussão, o ato de sugar evoluiu e passou a ser mais do que um meio pelo qual a criança obtém o leite. Em primeiro lugar, ele estimula os centros, no cérebro da mãe, que acionam uma série de comandos químicos informando ao corpo que ele deve produzir mais leite. E não apenas isso, mas a intensidade e duração da mamada, e a quantidade de leite que o bebê absorve em cada refeição, informam ao corpo qual a quantidade que ele deve produzir na próxima mamada. Além disso, o ato de sugar produz mensagens químicas que reduzem as chances de a mulher ovular e, portanto, engravidar. É por isso que, se a mulher não amamenta, mesmo que seu cérebro saiba muito bem que o bebê ainda está vivo, seu corpo começa a fazer preparativos para conceber, meses ou anos mais cedo do que o ideal. Um estudo feito no Chile descobriu que nenhuma das mulheres que amamentaram seus filhos no peito engravidou no período de seis meses após o parto, contra 72% das que não amamentaram. É por isso também que, se uma criança morre e a mãe passa a amamentar o filho de outra — como as amas-de-leite faziam no passado —, seu corpo atrasa os preparativos para uma nova gravidez, ainda que seu cérebro saiba que o filho está morto.

Com base nesta informação, podemos ver agora por que os interesses da mulher, do bebê e do companheiro dela são diferentes, o que faz com que a época de desmamar vire um conflito entre três ou quatro pessoas.

Quanto ao bebê, ele vai ficar maior, mais saudável e com mais chances de sobreviver durante a infância se puder obter o leite de peito por mais tempo e com tanta freqüência quanto possível. Isso lhe dará também um maior potencial reprodutivo. Além disso, ao prolongar o tempo da amamentação, um bebê adia a próxima gravidez da mãe. Este é o nosso primeiro encontro com um fenômeno conhecido como rivalidade entre irmãos, algo que discutiremos em detalhes no Capítulo 6. Aqui é importante notar que, ao impedir a mãe de engravidar por tanto tempo quanto possível, o bebê evita que a atenção dos pais se volte para um filho mais novo. E assim ele recebe mais atenção durante aqueles primeiros meses e anos críticos, quando sua própria sobrevivência, assim como suas perspectivas futuras, dependem da qualidade do cuidado que ele recebe. Portanto, uma criança lucra se *prolongar* o período da amamentação.

Em relação à mãe, ela lucra mais se encontrar o *melhor equilíbrio* para maximizar sua capacidade reprodutiva *a longo prazo*. Se ela amamentar a criança atual por pouco tempo, a saúde e as possibilidades futuras desta criança ficarão comprometidas. Mas se ela amamentar por tempo demasiado, é a saúde *dela* e suas perspectivas futuras que serão afetadas. Isto porque, neste último caso, ela se arriscará a reduzir as reservas de seu corpo a um nível demasiado baixo. Além disso, ela estará retardando por tempo demais sua próxima gravidez, perdendo os benefícios do intervalo ideal, que já analisamos.

O conflito de interesses entre mãe e criança, contudo, raramente se transforma num conflito real. Nem pode — a disputa favorece demais a mãe. Estudos recentes em ratos mostram que substâncias químicas no leite, assim como o comportamento de mãe e filhote, transmitem sinais de necessidade e intenção. Assim que o corpo do bebê detecta que ele está prestes a ser desmamado, seu sistema digestivo começa a produzir as enzimas necessárias para a mudança da dieta, independente de sua idade. Neste conflito de interesses entre mãe e filho, a decisão da mãe é definitiva. Já o conflito entre mãe, filho e marido é bem mais equilibrado. No que se refere ao homem, seu interesse quanto à duração da amamentação vai depender da situação. Duas coisas são importantes aqui — a probabilidade de ele ser o pai do filho atual daquela mulher e suas chances de ser o pai do próximo.

Os princípios são simples e diretos. Primeiro, quanto maior for a certeza que ele tiver de sua paternidade, mais os seus interesses reprodutivos vão coincidir com os da criança. Os interesses de ambos serão satisfeitos se a mulher amamentar com tanta intensidade e por tanto tempo quanto possível. Mesmo se, ao fazer isso, ela venha a comprometer sua futura capacidade de reprodução. Como já notamos, nos casos da gravidez, enjôo e trabalho de parto, se for necessário, o pai pode ter filhos com outra mulher. Por outro lado, quanto menos certeza ele tiver da sua paternidade, mais seus interesses serão atendidos se a amamentação for encurtada ou até mesmo não ocorrer. Assim ele terá uma chance, mais cedo, de ser o pai do próximo filho dela. O segundo princípio é este: quanto maiores forem as chances do homem de ser o pai da próxima criança, mais importante será, para seu objetivo reprodutivo, que a amamentação seja menos intensa e termine mais cedo, encurtando o tempo que ele vai esperar para engravidá-la de novo.

Essas diferenças de objetivo entre a mãe e seu parceiro são a principal causa dos problemas experimentados por *casais* no que concerne à amamentação, conforme vimos na última história. Os sentimentos de rejeição e ciúme que os homens às vezes têm quando observam suas companheiras amamentarem, e a pressão que eles exercem para que o processo seja encurtado, derivam deste conflito. Um conflito que às vezes pode chegar a extremos. Nos Estados Unidos, por exemplo, alegações de amamentação prolongada foram usadas contra as mães em disputas judiciais com os pais, sobre a custódia dos filhos. E o biólogo evolucionista espera que quanto maiores forem as dúvidas do homem de que o filho é realmente seu, maior deverá ser o ciúme e a pressão que ele exercerá. E quanto maior for a certeza do homem, ou quanto menos dependente ele for daquela mulher para ter seu próximo filho, menos intenso será o ciúme e a pressão.

Homens, mulheres e bebês têm passado por este conflito desde que a humanidade existe e a disputa nunca será solucionada porque as diferenças de interesse sempre existirão. Mas a mulher moderna enfrenta outras dificuldades, além daquelas provocadas pelo seu passado evolutivo. A maioria desses problemas recentes, cujas origens são sociais e tecnológicas, surgem do fato de que, pelo menos nas sociedades industrializadas, as mães têm escolha quanto à alimentação das crianças. No passado, nem as mulheres nem os homens tinham qualquer opção. Para que uma criança tivesse alguma chance de sobreviver, a mãe tinha que amamentá-la. Uma ama-de-leite era a única alternativa. O advento da mamadeira e do leite industrializado mudou tudo isso. As pressões, que no passado se referiam apenas à questão de quando desmamar, agora se aplicam à necessidade de decidir, antes de tudo, se a mulher deve amamentar ou não.

Pode parecer que nenhuma mulher deveria optar pela mamadeira ou ser levada a usá-la quando pudesse evitar. Quanto mais pobre for a família, mais vital será a proteção fornecida pelo leite materno. Não há nenhum perigo inerente ao leite artificial, mas ele não pode oferecer todas as vantagens do leite humano. Do mesmo modo, se o leite de vaca é perfeito para bezerros, ele é inadequado para bebês humanos, assim como todos os tipos de leite artificial. E os efeitos desta troca são devastadores. Um estudo mostrou que um grupo de crianças alimentadas com leite artificial gastou 68.000 dólares em tratamentos médicos durante um período de seis meses, enquanto as despesas com um número igual de crianças que mamaram no peito foram de apenas 4.000 dólares. No Brasil, onde o atendimento médico nem sempre é disponível, as crianças que não são amamentadas no peito têm uma probabilidade 14 vezes maior de morrer do que aquelas que mamaram exclusivamente no peito. E suas chances de morrer são quatro vezes maiores do que as das crianças que receberam leite materno e leite artificial.

Mas, apesar dessas evidências, a mulher moderna, independentemente de onde viva, às vezes pode ser pressionada para não seguir o hábito de amamentação de suas ancestrais. Mesmo no Brasil, onde os riscos da amamentação artificial são tão grandes, só 4% dos bebês são alimentados exclusivamente com leite materno durante os primeiros quatro meses. As proporções variam de 90% em Ruanda a 1% na Nigéria. E de 53% na Bolívia a 3% no Haiti.

A pressão para usar a mamadeira vem de todos os lados. Um dos aspectos mais interessantes do problema é o fato de que, assim que esta alternativa se torna disponível em uma sociedade, surge uma pressão social intensa para que a mulher *não* amamente. Este padrão é persistente e mesmo agora o uso do leite materno não é a norma na maioria das sociedades industrializadas. No Reino Unido, por exemplo, em 1990, apenas 63% das novas mães tentaram dar o leite do peito para seus filhos. E depois de duas semanas, somente 50% das mulheres ainda estavam amamentando. Após seis semanas, o número caiu para 39%. E apenas uma em cada dez mães amamentou seus bebês por mais de nove meses. Esta pequena proporção de crianças alimentadas com leite materno persiste apesar de todas as tentativas dos médicos de convencer as mulheres dos benefícios da amamentação. No passado, as pressões sociais eram a favor da mamadeira. Há algumas décadas, mamar no peito era considerado anti-higiênico na Europa e nos Estados Unidos. Outras pressões variam de advertências quanto às dificuldades de amamentar a hostilidade contra as mulheres que se atrevem a amamentar em público. Ocorrem também pressões comerciais, por meio de publicidade dos fabricantes de mamadeiras e de leite industrializado.

Algumas vezes é obvio que o uso da mamadeira *vai prejudicar* tanto a mãe quanto a criança. O exemplo recente mais tocante vem do Terceiro Mundo. Enquanto estão no hospital, após o parto, as mães são pressionadas a usar a mamadeira apesar do fato de que, ao saírem do hospital, elas não terão mais acesso ao leite industrializado, nem água potável disponível para fazer as mamadeiras.

Em alguns lugares, como em certas partes dos Estados Unidos, as mães que amamentam enfrentam hostilidade, aversão e preconceito. E para as mulheres afetadas esse tipo de atitude não é um assunto banal. Ela pode colocá-las sob uma pressão muito maior do que o leve constrangimento experimentado pela personagem de nossa história. Nos Estados Unidos, mães amamentando no peito já foram convidadas a deixar restaurantes, parques públicos, *shopping centers* e tribunais, e até mesmo ameaçadas de prisão por atentado ao pudor. E em todos esses lugares a amamentação com mamadeira é normalmente permitida. De fato, a oposição pública à amamentação no peito é tão generalizada que vários estados tiveram que criar leis para esclarecer que a amamentação não é uma forma de exibicionismo indecente.

Além disso, a afirmação de que existe alguma coisa sexual e inadequada em uma mulher amamentando no seio uma criança que já passou da primeira infância deu origem a acusações de abuso sexual infantil contra algumas mães, embora nenhuma tenha sido condenada. No estado de Minnesota, por exemplo, uma mãe foi acusada de abuso sexual por amamentar uma criança de seis anos em público. A criança, na verdade, tinha apenas três anos, e quando a idade foi determinada o caso foi arquivado. No Tennessee, acusações contra uma mãe que amamentou uma criança de quatro anos e meio foram afinal abandonadas. E, na Flórida, outra mulher foi inocentada das acusações de abuso sexual por ter amamentado uma criança de seis anos.

Para o biólogo evolucionista, esta pressão pública contra a amamentação natural é bem interessante. Ela pode ser interpretada, cinicamente, em termos da evolução do egoísmo. Tanto os homens quanto as mulheres, na população em geral, lucram ao pressionar a população feminina *como um todo* a não amamentar no peito — por várias razões.

Interessa a todo homem que a população feminina, com exceção da mãe de seus filhos, não amamente no peito. Quanto menor for o número de mulheres que estiver amamentando, maior será a disponibilidade de reprodutoras para cada homem. As mulheres se beneficiam ao pressionar outras a não darem de mamar no peito. Como em média, aquelas que o fazem terão mais chances de sucesso reprodutivo do que as que não o fizeram, as que amamentam serão uma ameaça maior ao sucesso reprodutivo de cada mulher. Assim, não importa se uma mulher alimenta ou não seus filhos no peito, ela só tem a ganhar, reprodutivamente, convencendo outras mulheres a usarem a mamadeira. As pressões sociais contra a alimentação no peito e em favor das mamadeiras não devem nos surpreender, porque elas são um produto da seleção natural, como tudo o mais que temos discutido.

Seria um erro, entretanto, achar que as mulheres só optam pela mamadeira em decorrência da pressão por parte de outras pessoas. Algumas mulheres decidem de um modo lógico, e outras de um modo mais intuitivo, que para seus interesses pessoais será melhor que elas dêem aos filhos leite industrializado em mamadeira, e não o leite natural dos seus seios. E existem, de fato, ocasiões em que o uso da mamadeira, embora não sirva aos interesses do bebê, *poderá* contribuir para os interesses futuros da mãe. Não é uma decisão fácil. A amamentação no peito tem custos e benefícios para a mulher moderna, assim como o uso da mamadeira implica custos e benefícios. Os fatores relevantes são uma combinação sutil de tradição antiga e inovação moderna.

Um dos *benefícios* da amamentação natural, que ainda não analisamos, é aquele que foi considerado especialmente importante pela mulher da nossa história. Ela tinha ouvido falar que a amamentação seria benéfica para sua saúde futura. Não é uma surpresa. Como o corpo da mulher é geneticamente programado para produzir leite depois da gravidez, impedir que isso aconteça pode ter efeitos nocivos a longo prazo. Um benefício da alimentação no peito, por exemplo, é contribuir para a mulher recuperar a forma, o peso e a beleza que tinha antes da gravidez. De fato, quando não amamentam, algumas mulheres nunca recuperam a sua forma anterior. E se a circunferência de sua cintura não volta a medir 70% dos quadris, sua capacidade de atrair os homens pode diminuir. Em um aspecto ainda mais sério, a alimentação no peito influencia as chances da mulher ter câncer no seio. Num estudo publicado no *New England Journal of Medicine*, as mulheres que tinham amamentado apresentavam um risco menor de câncer do seio, *pré*-menopausa, do que as outras. Além disso, o estudo mostrou que quanto mais cedo e por mais tempo a mulher amamentava — porque tivera um número maior de filhos ou porque amamentara cada um durante muitos meses — mais proteção ela recebia contra o câncer de mama. Mas a lactação não parece influir nas ocorrências de câncer de mama *pós*-menopausa.

Não é coincidência que a amamentação tenha essas conseqüências benéficas, já que se trata de antigos legados moldados pela seleção natural. Nem é coincidência que sejam prejudiciais as conseqüências que vamos examinar agora, pois elas estão ligadas a mudanças sociais e tecnológicas recentes, que a seleção natural ainda não teve tempo de influenciar.

Os mamilos inchados e rachados, que atormentou muitas mães modernas, levam com freqüência ao abandono das tentativas de amamentação. A mastite também pode ser um problema. Na melhor das hipóteses ela é dolorosa, na pior, deixa a mulher muito doente e interrompe a produção de leite.

Podemos ser levados a achar que os problemas com os mamilos e os seios sejam um fracasso da seleção natural. Se a evolução determinou que as mulheres deveriam amamentar, por que não lhes deu mamas e mamilos adequados para esta tarefa? A resposta, é claro, é que ela o fez, mas foi incapaz de prever o ambiente em que vive a mulher moderna. A inadequação de seus seios não é uma falha da evolução, mas das convenções sociais relacionadas com a roupa. E isso, por sua vez, não é culpa do processo evolutivo, e sim do sucesso do homem em invadir as regiões de clima cada vez mais frio. Isto ele pôde fazer somente depois que descobriu o fogo — e inventou as roupas. Mamilos inflamados são o preço que a mulher moderna paga pelo sucesso da humanidade em colonizar o planeta. Os seios se desenvolveram para ficar expostos aos elementos. Os mamilos, e a pele em volta deles, deveriam ser fortalecidos e curtidos por anos de exposição ao sol, à chuva e ao vento. Assim eles agüentariam a tarefa. Eles são mais ou menos como os pés. Envolva os pés em meias e sapatos, proteja-os dos elementos, faça-os suar durante anos e eles nunca ficarão resistentes. Então exija que eles façam o trabalho para o qual foram criados — andar sobre rocha dura durante horas a fio, e eles fracassam. A sola racha, sangra e fica infeccionada. O mesmo acontece com os seios. Envolva-os em roupas, proteja-os do clima e faça-os suar durante anos e eles nunca ficarão rijos. E assim, quando é necessário que façam o trabalho para o qual foram projetados — ser sugados, agarrados e puxados pela boca úmida de um bebê —, eles não dão conta. Ficam rachados inflamados e sangram.

A segunda conseqüência da alimentação no peito, que pode prejudicar a mulher moderna, é que ela interfere na sua volta ao trabalho ou na busca de um parceiro novo ou melhor. Esses dois fatores, como já mostramos, podem ser importantes para a capacidade reprodutiva da mulher a longo prazo, já que ajudam a melhorar o ambiente e o cuidado que a criança recebe.

Só porque alguma coisa não foi moldada pela seleção natural não significa que seja desvantajosa. Nem é uma verdade inevitável que, se uma coisa é recente, ela não vai se adaptar às estratégias da evolução. Pelo menos em um sentido a alimentação com mamadeiras é um fenômeno desse tipo. As mulheres têm sido sobrecarregadas com uma química corporal que liga sua opção pela mamadeira a uma probabilidade crescente de gravidez rápida e o risco adicional, nos séculos passados, de ter de carregar mais de uma criança. Embora o problema de transporte de certa forma ainda exista, carros, carrinhos de bebê e cadeirinhas de empurrar quase liberaram a mulher moderna deste legado ancestral. Como conseqüência, a mulher da sociedade industrial pode ser muito mais oportunista na questão de conceber filhos sucessivos. Se ela encontra uma oportunidade adequada para engravidar de novo apenas alguns meses depois de ter um filho, tem pouco a perder se comparada com suas ancestrais nômades. Enquanto a amamentação pode impedir essa gravidez seguida, a alimentação com a mamadeira a libera desta repressão ancestral, permitindo-lhe conceber duas crianças em rápida sucessão, se as circunstâncias favorecem este tipo de estratégia.

Todos os custos e benefícios de dar de mamar no peito ou na mamadeira deixam a mulher moderna num delicado dilema. À antiga questão de quando desmamar a criança, agora se soma a dúvida, quanto a se deve ou não começar a alimentá-la no peito. Sem dúvida, algumas mães *podem* favorecer seus interesses reprodutivos usando a mamadeira no lugar do seio, e toda mulher tem a difícil tarefa de decidir se ela *é* esse tipo de mulher.

Infelizmente, ela vai ter que tomar esta decisão sozinha. Como a opção da mamadeira é muito recente, a seleção natural ainda não pôde moldar a capacidade de decidir neste assunto. Erros vão ocorrer com freqüência. Nos próximos milênios, entretanto, esperamos que até este aspecto da maternidade receba a correção que precisa, à medida que a seleção natural elimine os genes que predisponham suas possuidoras a tomar a decisão errada. Assim, os genes das mulheres que tomaram decisões certas quanto aos méritos do leite de peito e de mamadeira, *de acordo com a situação de cada uma*, irão gradualmente se espalhar pelas gerações seguintes.

Outro conjunto de genes que recebeu uma nova oportunidade de vida, com o advento da mamadeira, foi aquele que o primeiro filho da mulher da nossa história presumivelmente possuía. Genes que predispõem seu possuidor, quando bebê, a não se agarrar ao seio da mãe. Não sabemos se, no passado, tais bebês foram obrigados pela fome a *eventualmente* mamar, ou se eles simplesmente morriam. Mas uma coisa é evidente. No mundo moderno, depois que esses bebês descobrem a facilidade de se alimentar com a mamadeira, eles recusam e rejeitam o seio materno. Hoje em dia estes bebês são tratados com menos severidade pela seleção natural, e sofrem pouca ou nenhuma desvantagem comparados com as crianças que aceitam prontamente o seio da mãe. De fato, com o advento das máquinas para tirar leite do peito, eles podem até mesmo receber o leite materno na mamadeira, ganhando as mesmas vantagens nutritivas e imunológicas dos que mamam no peito. Mas como é muito mais fácil para eles sugar uma mamadeira do que um seio, eles podem ter a vantagem de se cansar menos.

O outro problema experimentado pela mulher da nossa história foi o da posição. Como os mamilos inchados, esta dificuldade também é, em parte, conseqüência do modo de vida moderno. Um estilo de vida sedentário deu a muitas pessoas músculos e costas tão fracas que, para elas, manter qualquer posição fixa pode ser cansativo e doloroso. E o que é mais interessante, o clima, as roupas e as convenções fazem com que o ato de dar de mamar vire um acontecimento. A mulher tem que interromper o que está fazendo, se despir parcialmente e encontrar um local que seja social e espacialmente aceitável.

Os primatas e as mulheres, em particular, não foram projetados para amamentar desse jeito. Nem a anatomia feminina, nem o apetite do bebê foram moldados pela seleção natural para semelhante cerimônia. A amamentação evoluiu para interferir o mínimo possível com as atividades da mãe. Seja mico, macaco ou humano, esteja caminhando, sentada ou mesmo dormindo, a fêmea foi projetada para carregar a criança com a cabeça perto do mamilo, de modo que o alimento esteja próximo em qualquer parte do dia. Enquanto prosseguia em sua rotina diária, a mãe quase não notava se o bebê estava mamando ou não. Contudo, mesmo se as mulheres modernas *pudessem* andar nuas (pelo menos da cintura para cima) enquanto amamentam, muitas não teriam força ou disposição para ir longe.

Foi exatamente porque a seleção natural fez da amamentação um procedimento tão espontâneo que ela deu às mulheres suas cinturas, quadris e seios característicos. Enquanto os bebês dos outros primatas podem se agarrar nos pêlos da mãe, os bebês humanos tendem a se enganchar nos quadris da mãe, apoiados pelo braço dela. Quadris *são* poleiros para crianças. É por isso que a forma feminina ideal, como já mencionamos, é de uma cintura bem menor do que os quadris. É por isso, também, que os homens são programados para achar esta forma atraente. Uma razão semelhante faz com que as mulheres tenham seios.

Seios são almofadas, não glândulas. O acolchoamento, que lhes dá sua forma característica, não tem nada a ver com a produção de leite. É por isso que o tamanho dos seios de uma mulher, antes da gravidez, não fornece nenhuma indicação quanto a sua capacidade de produzir leite. É a acumulação de gordura e outros tecidos, e não do tecido que vai produzir o leite, que dá aos seios sua forma e *tamanho* no início de puberdade. As fêmeas humanas são as únicas entre os primatas que desenvolvem seios pendentes a partir da puberdade e que os mantêm ao longo da vida. Todas as outras, incluindo as fêmeas dos grandes macacos, só possuem seios pendentes no início da lactação, e os conservam apenas enquanto estão amamentando. O principal motivo para as mamas dos primatas ficarem pendentes durante a amamentação é que assim podem ser sugadas de diferentes posições. É preciso comprimento e maleabilidade para alcançar a boca do bebê enquanto a mãe caminha, senta ou dorme. Um mamilo achatado no peito, como nos homens, seria de pouca utilidade.

Depois que a evolução colocou nossos ancestrais sobre os membros traseiros e andando eretos, as mulheres passaram a ter um problema que não fora experimentado com freqüência por suas ancestrais pré-humanas: como evitar que a cabeça do bebê, particularmente bamboleante enquanto ele dorme, ficasse batendo em suas costelas. Parte do processo da evolução para a locomoção bípede, foi o de produzir uma almofada para a cabeça dos recém-nascidos. E que almofada seria melhor do que um seio estufado? Além disso, como as mulheres às vezes carregam crianças muito depois de elas serem desmamadas, assim como as moças pós-puberdade carregam seus irmãos mais jovens e irmãs, antes mesmo de terem seus próprios filhos, as fêmeas humanas possuem seios da puberdade em diante.

Inevitavelmente as mulheres perdem sua proporção característica de cintura-quadril durante a gravidez. A "cintura" eventualmente se torna muito maior do que os quadris. É importante para sua capacidade reprodutiva futura que ela recupere as proporções ideais logo que possível, após o parto, ou pelo menos na ocasião em que se beneficiariam com uma nova concepção. Mas como elas fazem isso?

Esta é uma situação em que os desejos conscientes da mulher coincidem com o subconsciente. Ambos a encorajam a perder peso suficiente para recuperar as medidas anteriores à gravidez. Muita coisa pode ser dita a respeito da perda de peso durante a amamentação. Ela, no mínimo, revela uma reviravolta curiosa e inesperada, um caso em que o modo de vida moderno, inadvertidamente, enganou a seleção natural — embora sem beneficiar ninguém.

Os principais alvos da preocupação da mulher, depois que a criança nasce, são os depósitos de gordura em suas nádegas, coxas e abdômen. Eles se acumularam durante os estágios finais da gravidez. Mesmo que ela não amamente a criança no peito, seu corpo está programado para reduzir esses depósitos. Não é surpresa que, quanto mais ela amamentar e menos ela comer, mais rápido esses depósitos desaparecerão. Os depósitos de gordura são, na verdade, reservas de energia, uma proteção importante em caso de escassez, após o nascimento, como vimos na cena 7. Eles estão lá para proteger a mulher e o bebê se a comida ficar escassa durante a lactação, e permitem que ela continue a produzir leite na quantidade necessária, mesmo durante períodos de fome. Passando fome para proteger o bebê, ela usará cada vez mais suas reservas de gordura. A seleção natural ajustou de modo tão eficiente o sistema de produção de leite que, em condições de escassez moderada de alimentos, a taxa de crescimento do bebê fica reduzida em apenas 10%.

Mas existe um limite para a falta de comida que uma mãe pode suportar durante a amamentação — e esse limite é alcançado quando a última de suas reservas de gordura é usada para produzir leite. A evolução predispôs seu corpo a vigiar atentamente a rapidez com que ela consome esses depósitos. Uma nutrição pobre durante a amamentação pode ter poucas conseqüências sobre a quantidade de leite que ela produz, mas vai deixar a mãe tão magra que ela não terá condições de engravidar de novo, mesmo depois que parar de amamentar. Por isso a seleção natural programou as mulheres para não ovular se suas reservas de gordura estiverem muito baixas. Até que recuperem o peso, seus corpos dificilmente permitirão a ovulação e uma nova gravidez.

E é aqui que temos a reviravolta curiosa. Uma mudança que apresenta um novo problema para a seleção natural. No passado, o corpo da mulher era programado para monitorar suas reservas de gordura de um modo simples: o corpo monitorava os níveis de açúcar no sangue. Eles geralmente são mais altos quando as reservas de gordura estão elevadas. Este é um mecanismo eficiente e, desde que a mulher mantenha uma dieta saudável, *tradicional*, ele permite que a seleção natural impeça a ovulação enquanto suas reservas de gordura estão baixas. Estudos feitos com *hamsters*, entretanto, mostram que, embora a desnutrição aguda bloqueie a ovulação, a simples adição de glicose na água que é bebida engana o corpo. Faz com que ele acredite possuir reservas adequadas de gordura, retirando o bloqueio contra a ovulação. Assim, se uma mulher com poucas reservas de gordura comer muito doce, ou os alimentos ricos em açúcar da dieta moderna, seu corpo também poderá se enganar, acreditando ter reservas maiores do que realmente possui. Inadvertidamente ela pode iniciar uma ovulação, e até mesmo uma gravidez, que seu corpo normalmente não permitiria.

Existe uma última questão em relação a seios, mamilos e amamentação que não tem nada a ver com a maternidade, mas apesar disso é interessante. Por que os homens têm mamilos? Alguns até mesmo produzem minúsculas quantidades de leite. Será que, em um passado distante, os homens também amamentavam?

Os machos de todos os mamíferos superiores, exceto ratos e camundongos, possuem mamilos. Isto é uma indicação de que os primeiros machos dessas espécies também os tinham. E no entanto essas primeiras criaturas, assim como a maioria dos seus parentes modernos, levavam uma vida tão nômade que raramente encontravam seus filhotes, e assim nem podiam demonstrar cuidado paterno ou alimentá-los. Podemos garantir que os mamíferos machos nunca amamentaram seus filhotes. Então por que os machos *têm* mamilos? A resposta desapontadora é: os machos têm mamilos porque as fêmeas têm mamilos.

A seleção natural acha difícil desenvolver alguma coisa em apenas um sexo. Geralmente, se alguma coisa evolui por ser benéfica para um dos sexos, o outro herda a mesma coisa por omissão. Então a evolução começa a moldar aquele item de forma diferente nos dois sexos, de acordo com suas necessidades. É por isso, por exemplo, que machos e fêmeas possuem o mesmo conjunto de hormônios, mas em proporções diferentes. É por isso também que a genitália de macho e fêmea é formada com os mesmos tecidos, o clitóris e os pequenos lábios sendo formados pelo mesmo tecido fetal que forma o pênis, enquanto os grandes lábios surgem do mesmo tecido que forma a bolsa dos testículos. E é por isso que os machos herdam tecido produtor de leite — e mamilos. Eles são apenas menos desenvolvidos nos machos e relativamente, mas não inteiramente, inúteis. Cerca de metade dos homens possui mamilos suficientemente sensíveis a ponto de se envolverem na estimulação sexual. Também é possível que o tecido produtor de leite nos homens produza substâncias que ajudem a regular a química do corpo e seu comportamento, como acontece com as mulheres. Isto já seria suficiente para a evolução não tentar livrar os homens de seus mamilos. Mas em relação à maternidade ou à paternidade, os mamilos masculinos não fazem parte da história.

CENA 9
Noites em claro

Prestes a acordar, a mulher nua mudou de posição, instintivamente evitando o bebê que dormia ao seu lado. Seu seio direito, inchado de leite, pareceu roçar na cabeça da criança. Confortável em seu leito de folhas e aquecida pela fogueira próxima, ela se sentiu tranqüila com o som familiar de homens ressonando e ruídos da floresta.

De repente seus sonhos foram atravessados por um uivo e depois outro. Havia cães por perto. Ela estendeu o braço para puxar o bebê para mais perto de seu corpo, mas ele não estava ali. Acordando em pânico, a mulher se agitou nas sombras lançadas pelo fogo, buscando a sensação tranqüilizadora do corpo quente do filho. Onde ele estava? Teria rolado para longe? Ou será que um dos cães selvagens o tinha puxado de debaixo de seu seio, enquanto ela e os outros dormiam? De pé e procurando enxergar na escuridão ela tentou acordar os homens, mas nenhum deles se mexeu. Imaginou seu bebê carregado na boca de um cão, os dentes esmagando seu corpo frágil. Correu freneticamente em círculos, depois foi para a borda da clareira, adicionando seus gritos ao uivo dos cães. Será que eles estavam disputando seu filho, puxando-o pelos membros? Eles se afastaram em silêncio — mas agora podia ouvir o bebê gritando. Devia alcançá-lo. Seu gritos angustiados não estavam muito longe, então por que não podia vê-lo?

Molhada pelo suor do pânico, a mulher acordou de repente. Seu sonho tinha sido tão real — mas fora apenas um sonho. Seu cérebro, atordoado pela falta de sono, lentamente se ajustou à realidade. O bebê estava no quarto ao lado, chorando como se realmente estivesse sendo atacado por cães selvagens. Ao seu lado, seu companheiro roncava alto. Tão exausto quanto ela, não percebia o choro da criança.

A mulher gemeu. Tinha se passado apenas uma hora desde que a criança adormecera pela última vez. Eles a tinham alimentado, trocado suas fraldas e colocado a criança no berço. Então fecharam a porta do quarto e por alguns minutos felizes o bebê ficara quieto, distraído com os ruídos do pequeno abajur giratório, que projetava figuras no teto enquanto rodava. Mas assim que a corda do brinquedo acabou ele começou a chorar. Depois gritou. Ela o pegou no colo, tentou alimentá-lo de novo, depois o embalou, e verificou de novo as fraldas. Mas nada adiantou, a criança continuava a chorar.

No final eles fecharam a porta e voltaram para a cama, esperando que a criança chorasse até cansar e dormir. Foi o que ela fez, mas levou algum tempo. E a mãe ficara acordada, na agonia de decidir se devia ou não ir para junto da criança. Será que estava sendo cruel? Estaria lhe fazendo algum mal terrível? Será que faria mal para o bebê chorar tanto? Ele parecia abalado, mas ela estava tão cansada que suas preocupações com o bem-estar do filho se alternavam com sentimentos de hostilidade, pelo modo como o bebê arruinava suas noites de sono.

Nas primeiras noites, depois de chegar do hospital, ele tinha dormido bem. É claro que precisavam se levantar duas vezes por noite para alimentá-lo, mas nos intervalos ele dormia. Ficavam cansados, mas conseguiam agüentar. A cada noite, porém, a criança ficava cada vez menos tempo quieta no berço, até que agora as noites eram realmente uma agonia — com apenas algumas poucas horas de sono, quando tinham sorte. Há uma semana, seu companheiro ficara tão desesperado para poder dormir um pouco que tinha se levantado, se vestido e levado a criança para um passeio de carro. O bebê tinha dormido perfeitamente bem no carro, como sempre fazia, mas assim que voltou para o berço começou a chorar de novo.

O casal não deixou de receber a simpatia e os conselhos dos amigos que já tinham passado por tudo isso. Mas nenhum conselho valia a pena. Chegaram a pensar em deixar a criança dormir na cama, entre os dois, mas não gostavam da idéia. Tinham medo de rolar sobre ela, ou de estar criando problemas para o futuro. Quando o bebê soubesse que podia dormir na cama dos pais, poderia se recusar a ir para sua própria cama. À medida que os meses passavam, o casal ia se acostumando com a falta de sono. Algumas noites eram melhores do que outras, mas nunca conseguiam dormir uma noite inteira. Então, quando o filho estava com oito meses, as coisas pioraram ainda mais. A criança parecia ter desenvolvido a capacidade de chorar sem parar durante horas de cada vez. Eles experimentaram tirar o berço do quarto do bebê e o colocaram ao lado da cama. Isso ajudou bastante por uma semana, mais ou menos, e então começou uma nova fase. Eles acordavam e o encontravam sentado no berço, olhando para a escuridão e chorando como se eles estivessem a um milhão de quilômetros de distância. Cada vez que o deitavam, ele se levantava de novo e continuava de onde tinha parado.

Finalmente, numa noite desesperadora, eles tiraram a criança do berço e a colocaram entre eles na cama, e a ignoraram. O bebê ainda resmungou um pouco, mas logo depois ficou quieto. E dormiu pelo resto da noite. Na noite seguinte, o bebê foi colocado entre eles assim que se deitaram, e tiveram sua primeira noite completa de sono em meses. Logo eles estavam deixando que a criança adormecesse no sofá, ao lado deles, e depois a levavam para a cama quando iam se deitar.

Desde então as noites insones se tornaram coisa do passado. Tinham que admitir que sofriam outros desconfortos quando o bebê se agitava entre eles. Ocasionalmente, em seu sono inocente, a criança acertava um soco no olho de um dos pais, chutava uma virilha ou arranhava onde quer que suas unhas afiadas pudessem tocar. Foi só aos dois anos que ele aceitou dormir em uma cama ao lado da cama dos pais e somente aos três anos passou a dormir em seu próprio quarto.

Quando o filho finalmente se mudou, eles já tinham um segundo bebê, uma menina. Ela dormiu tranqüilamente na cama dos pais desde que nasceu, alimentando-se no seio da mãe sempre que desejava. E desta vez foi o casal que deu conselhos, geralmente não solicitados, aos amigos insones.

Seres humanos têm passado noites em claro com seus bebês desde que surgiram na Terra. Com um período de evolução anterior tão longo, os homens modernos deviam esperar que qualquer grande problema já tivesse sido resolvido. E, no entanto, os pais em geral, nas modernas sociedades ocidentais, sofrem algumas das piores experiências da paternidade durante as primeiras semanas, meses ou mesmo anos da vida em casa, com um novo bebê. A maioria das pessoas será capaz de se identificar com alguns, ou mesmo com todos os percalços do casal da história acima. A completa exaustão de ter que continuar com a rotina diária depois de noites sem sono pode ser terrivelmente familiar.

Por que os bebês são programados para transformar em pesadelo as noites e, portanto, os dias de seus pais? Poderíamos esperar que fosse tão importante para o bebê, quanto para seus pais, que eles permanecessem saudáveis, alertas e simpáticos. A resposta, é claro, é que o bebê *não é* programado para tornar difícil a vida de seus pais. Ele, na verdade, é programado para alertá-los quando tem um problema, e faz isso chorando. Por que ele *chora*, em vez de fazer uma careta ou acenar com as mãos, é algo que discutiremos depois. Primeiro vamos examinar o tipo de problema que pode levar um bebê a achar que vale a pena o esforço de chorar para alertar seus pais.

Um bebê tem necessidades tão limitadas — comida, conforto e segurança — que deveria ser fácil, para a seleção natural, ajustar mãe e criança, de modo a minimizar todos os perigos e tensões. E, na maior parte, foi o que ela realmente fez. O problema é que as soluções da evolução não se ajustam facilmente ao estilo de vida e ao ambiente dos pais modernos.

Em primeiro lugar, até o aparecimento das roupas e das mamadeiras, a seleção natural tinha resolvido os problemas potenciais de mãe e bebê com relação à comida. Através da evolução dos humanos e dos primatas, a comida para as crianças era apenas uma questão de se aninhar no peito e sugar o mamilo, como já vimos. Os bebês, como todos os jovens primatas, eram carregados permanentemente pela mãe, em geral junto ao peito, numa posição em que podiam alcançar o seio. De dia *ou de noite,* tudo que eles tinham que fazer era agarrar e sugar. Raramente precisavam chorar para que suas mães soubessem que estavam com fome. E durante a noite, as mães nem precisavam estar acordadas para alimentá-los.

Em segundo lugar, até o advento das roupas, a seleção natural tinha pouca dificuldade para lidar com urina e fezes. Durante a maior parte da evolução humana as mães e seus filhos andavam nuas e dormiam no chão. Urinar e defecar durante o dia, enquanto estavam em movimento, não apresentava problema, e durante a noite tudo não passava de uma irritação menor. Os bebês não se encharcavam em sua própria urina nem se sujavam com suas fezes mais do que os filhotes de qualquer outro primata. Nas culturas em que as pessoas ainda andam nuas, a mãe desenvolve a capacidade de prever quando o bebê está a ponto de urinar ou defecar, e geralmente consegue ajustar sua posição para que ambos tenham um desconforto mínimo. A colonização das regiões mais frias do mundo, entretanto, trouxe a necessidade de roupas e mudou a situação, criando um problema que pode ser minimizado tecnologicamente, com fraldas, mas nunca será resolvido pela evolução.

Finalmente, a seleção natural fez tudo o que podia para resolver o problema da segurança. Se a mulher de nossa história estivesse realmente dormindo nua no solo de uma floresta, ela saberia o que fazer com seu bebê. Em tal ambiente, assim como em qualquer ambiente inseguro, só existe um lugar para a criança ficar: em contato com o corpo de um adulto, sendo carregado ou seguro. Durante a noite, as mães nômades ancestrais teriam colocado automaticamente seus bebês ao lado delas, de preferência em contato com seus corpos, de modo a perceber imediatamente se eles rolassem para longe. Melhor ainda, o bebê seria colocado entre elas e uma criança mais velha, ou um adulto. Por esta razão, a seleção natural predispôs os bebês a procurarem tranquilidade de três fontes principais — calor do corpo, cheiro do corpo ou movimento. Se um bebê recebe sinais satisfatórios de uma dessas três fontes, garantindo que está seguro, então ele pode relaxar e dormir em paz, até ficar com fome ou sentir algum desconforto. É por esta razão que os bebês dormem tão bem dentro de um carro, como o homem da nossa história descobriu. A sensação de movimento faz seus corpos pensarem que estão sendo carregados e, portanto, seguros.

É claro que *nós* sabemos que os bebês estão seguros em casa, durante a noite, pelo menos quanto ao perigo representado por bandos de lobos, coiotes, felinos e outros bichos. Mas isto não é tão óbvio para o bebê. Em nosso passado evolutivo, a seleção natural favoreceu os bebês que choravam ante *qualquer* sensação de estarem separados dos pais, principalmente da mãe e particularmente quando estavam no escuro. Esses foram os bebês que sobreviveram, se reproduziram e passaram seus genes aos descendentes, de modo que outros bebês, gerações depois, agissem do mesmo modo. Aqueles que aceitavam em silêncio o isolamento tinham mais probabilidade de ser atacados e carregados pelos predadores, e é menos provável que tenham descendentes vivos nos dias de hoje. Quanto ao bebê e seu programa genético, portanto, eles ainda se encontram no ambiente ancestral, com todos os seus perigos, e nenhuma explicação ou "castigo" vai convencê-los do contrário.

Durante a evolução era tão normal que os bebês dormissem ao lado de suas mães que a seleção natural se permitiu usar a presença da mãe para ajudar a criança a realizar certas tarefas vitais. Os bebês coordenam sua respiração com a da mãe, a ponto de crianças separadas da mãe às vezes desenvolverem pausas longas e perigosas entre cada inspiração. Isto pode parecer um truque tolo da evolução — mas não seria tolo se a evolução presumisse que a mãe estaria sempre ao lado de seu bebê.

Podemos ver, portanto, que pelo modo como os bebês modernos sujam suas fraldas, dormem sozinhos e precisam pedir para ser alimentados, eles têm *mais razões* para precisar alertar os pais sobre problemas do que seus irmãos ancestrais. Mas por que eles precisam fazer isto chorando, e não por algum outro meio mais pacífico? Por que os bebês choram e por que estamos programados para achar o som tão angustiante?

Não existe mistério no fato de o bebê usar sons e não gestos para alertar seus pais. Gestos seriam ótimos se a criança tivesse certeza de que os pais estavam ao alcance da visão e sempre vigilantes. Mas como não existe tal garantia, especialmente à noite, ele precisa fazer ruídos. É claro que fazer ruído implica risco. Num ambiente inseguro, chorar atrai mais do que a atenção dos pais para a localização do bebê — também atrai a atenção dos predadores e outros perigos. Com astúcia, porém, a seleção natural descobriu um meio de bebês explorarem este risco — já que, de modo geral os pais farão tudo para proteger seu filho. De fato, um bebê chora para estimular os pais recalcitrantes e, portanto, garantir sua própria sobrevivência. Ele procura forçá-los a agir, e a agir logo, prevendo que vão querer acalmá-lo antes que atraia o perigo com seu choro. Quando os pais deixam o bebê chorar, eles iniciam uma guerra de desgaste que só termina quando o bebê eventualmente se cala, ou eles cedem e respondem.

Os pais modernos, seguros em suas casas confortáveis, retardam sua resposta por mais tempo do que os bebês estão programados para esperar. Em nosso passado evolutivo, era importante que os pais acudissem rapidamente um bebê que chorava, assim a resposta hormonal, ao som do choro, tinha que ser do tipo lute ou fuja. Tais respostas são, por sua própria natureza, angustiantes, particularmente quando não se age prontamente em relação a elas. É por este motivo que o som do choro da criança é um dos ruídos mais estressantes que um ser humano pode ouvir. Em termos hormonais, é como ver um tigre se aproximar enquanto estamos amarrados a um poste, incapazes de lutar ou fugir.

Os humanos modernos, vivendo em seus hábitats de concreto, forçados pelo clima e pelas pressões sociais a usar roupas, podem fazer pouco além do que já fazem quanto ao problema do bebê se sujar. Mas eles podem não forçar a criança a dormir separada deles, e as mães que amamentam podem permitir que o bebê passe as noites perto do seio materno. Aqueles que adotam estas práticas ancestrais descobrem que as noites de insônia são fáceis de evitar. Já para os que preferem ignorar a sensibilidade da criança, as noites sem dormir são um ônus inevitável da moderna emancipação.

CENA 10
Depressão pós-parto

A jovem mãe caminhava lentamente pela calçada, empurrando o carrinho com a criança de quatro meses. O carrinho, novo, caro e reluzente, deslizava suavemente. Quando estava grávida, ela sonhara com esta experiência e chegara a empurrar o carrinho vazio pela cozinha algumas vezes, imaginando a criança a olhar para ela. Sorrira então. Fazia com que se sentisse com cinco anos de idade novamente, carregando uma coleção de bonecas e ursinhos pelo jardim dentro de um carrinho rosa, com uma alça preta brilhante.

Mas hoje ela saiu porque achara que podia se sentir melhor. E até agora não dera resultado. Nada a fazia se sentir melhor naquele momento. E não estava só um pouco deprimida. Sentia um desespero de cortar o coração, que lhe dava vontade de gritar para os estranhos que passavam. É claro que não fazia isso. Apenas olhava fixamente para a frente, segurando com força a alça do carrinho do bebê e continuava a andar.

Sem rumo certo, ela se virou hesitante em direção à quitanda. Parou, olhando para o colorido arranjo de frutas e verduras. Antes do nascimento do bebê, ela teria se aproximado sem hesitação, com a lista de compras na mão, enchendo rapidamente a bolsa com todas as frutas e legumes de que necessitavam para a semana. Agora, entretanto, não conseguia nem mesmo decidir que tipo de maçã comprar. Será que gostavam mais das verdes, ácidas ou das vermelhas macias? Tomar decisões, mesmo as mais simples, era quase impossível para ela. Era como se sua mente estivesse tão entorpecida que corria o risco de parar de funcionar completamente. Ficou imóvel por alguns momentos, como que paralisada, e então percebeu uma pessoa que a empurrava pelas costas e uma voz dizendo: "Com licença, por favor, querida." Afastando-se para o lado, ela puxou o carrinho e saiu da loja.

Aquela manhã parecia-lhe especialmente difícil. Ela tinha acordado cedo com o estômago embrulhado e um mau presságio. Sua primeira reação foi de se encolher numa postura fetal e passar o dia inteiro na cama. Estava convencida de que um sono prolongado a faria se sentir melhor. Mas logo, o estômago e a bexiga cheia a forçaram a se levantar. A caminho da banheiro, ela parou junto do berço e olhou para a criança que dormia. Um pensamento atravessou sua mente. Talvez ele não acordasse. Talvez isto fosse a melhor coisa que poderia acontecer — melhor para todo mundo. Mas, naquele momento, o bebê se mexeu. Ele chutou e então se esticou. A mãe ficou imóvel por um momento, depois se curvou para o berço e o pegou.

Desceu as escadas e começou a amamentá-lo no peito. Apanhando o controle remoto, ligou a televisão. Enquanto olhava, sem ver o que passava na tela, um sentimento de tristeza intensa a dominou e ela começou a chorar. No princípio o choro era baixo, aparentemente controlado, mas logo se tornou alto e desesperado. O bebê, com os olhos agora abertos, soltou o mamilo e começou a chorar também. Colocando-o no sofá ao seu lado, ela passou o dorso da mão nos olhos, para enxugar as lágrimas. Por que estava se sentindo assim? Por que estava se sentindo tão horrível? Ela só sabia que começara depois do nascimento da criança.

O parto tinha sido mais doloroso do que ela imaginara. E suas tentativas de falar sobre a experiência só encontraram ouvidos desinteressados. Todos só queriam saber da criança. Durante os primeiros dias ela sentira uma espécie de entorpecimento, quase um isolamento de tudo ao seu redor. Embora tentasse, não conseguia sentir nada pelo pequeno recém-nascido agarrado ao seu peito. Olhava para ele raramente, e quando o fazia, era como se estivesse vendo alguma criatura alienígena, que não tivesse qualquer ligação com ela. Não podia acreditar que tinha realmente dado à luz aquele bebê. As visitas iam e vinham, dizendo-lhe que ela tinha sorte por ter uma criança tão bonita e perfeita, mas ela não sentia ter sorte alguma. Sentia-se completamente incapaz de lidar com aquilo, como se as coisas jamais fossem voltar ao normal.

Seu companheiro fora bastante compreensivo. Durante o parto ele estivera ao lado dela, ajudando-a a empurrar a criança para fora, falando e encorajando-a. Sua empolgação tinha aumentado à medida que o parto progredia. Depois ele tinha carregado o filho recém-nascido orgulhosamente pelo quarto, como se estivesse segurando um troféu. Mas ela só queria dormir.

De volta ao lar, sua sensação de isolamento aumentou. Era como se ela estivesse cercada por uma barreira de vidro, aprisionada em seu próprio pesadelo silencioso. Quando a criança estava com seis dias, o companheiro partiu em uma viagem de negócios pré-programada. Ele não queria ir, mas no final não teve escolha. Enquanto ele fazia as malas, ela rodava pela sala com o bebê adormecido no colo, seguindo-o de um lugar para outro. Queria implorar para que não fosse, mas não o fez. Sabia que ele não podia deixar de ir. Ambos sabiam que a viagem era a primeira chance que ele tinha de provar que merecera a promoção. Não havia como simplesmente desistir e ficar em casa com ela. O aumento em seu salário era vital para seus planos futuros. Mesmo assim, quando ele lhe deu um beijo carinhoso de despedida, prometendo telefonar todas as noites, ela foi incapaz de olhar para ele.

Depois que o marido partiu, ela mergulhou cada vez mais na depressão. O cansaço a dominava. Começou a passar o dia inteiro de camisola; parecia não haver motivo para se vestir — ou para tomar banho, escovar os dentes ou pentear o cabelo. As menores tarefas a desanimavam. Mal conseguia se alimentar e trocar as fraldas da criança. Nos poucos momentos de atividade, quando a realidade penetrava em sua consciência o suficiente para incomodá-la, ela entrava em pânico com o estado da casa e o caos ao seu redor. Passava horas sentada, encolhida, olhando para o vazio, enquanto o bebê chorava, abandonado no berço. Assim que tinha sido até aquela manhã quando, num incrível esforço de vontade, ela se aventurara a sair para fazer compras. Ela levara quase cinco horas para se aprontar e arrumar a criança.

Voltando da quitanda para casa, sua cabeça pareceu ficar lúcida. Ela tinha certeza agora: era um completo fracasso como mãe, totalmente incapaz de cuidar de seu filho. Ele certamente estaria melhor sem ela. A única opção era abandoná-lo num lugar onde alguém pudesse encontrá-lo e cuidar dele do modo como merecia. Então sua vida voltaria ao normal. Tudo o que tinha a fazer era se livrar da criança. Ela convenceu a si mesma de que isto faria tudo melhorar. Apressou o passo. Sentia-se estranhamente excitada. Sua mente começou a pensar em modos de abandonar o bebê. Estava caminhando ao longo de uma rua movimentada, no centro da cidade. Logo depois deveria atravessar e virar numa rua lateral. Seus olhos se fixaram na esquina em frente, onde ela deveria parar e virar o carrinho do bebê na beira da calçada. Enquanto o barulho do trânsito trovejava em sua cabeça, ela pensou que seria fácil simplesmente empurrar devagar o carrinho para o meio da rua. Parecia o plano perfeito, tão simples. Em alguns segundos tudo estaria terminado. Seria o melhor que poderia acontecer, ela se tranqüilizou, melhor para todos...

Lembrando-se depois daquele momento, não conseguia determinar o que a fez puxar o carrinho de volta, para a segurança da calçada, no último instante. Talvez o instinto, talvez o medo. O que ficou claro para ela foi que aquele momento marcou a reviravolta em sua doença. Voltou para casa num estado de choque que não desapareceu enquanto o marido não lhe telefonou à tarde. Em meio a acessos de choro histérico, ela conseguiu lhe contar o que acontecera e como se sentia desde que ele partira. Ela teve uma maravilhosa sensação de alívio por ter sido capaz de contar a alguém o seu sofrimento. E quando o marido apareceu, horas depois, encurtando a viagem em uma semana, seu longo caminho para a recuperação realmente começou.

Desde os tempos de Hipócrates os médicos têm notado distúrbios no estado de espírito de mulheres que deram à luz recentemente. As mesmas perturbações têm sido descritas em muitas culturas, e parecem ocorrer em todos os grupos socioeconômicos. Nas atuais sociedades industrializadas, cerca de 50% das mães recentes experimentam pequenas mudanças de ânimo conhecidas como "tristeza de bebê". Os sintomas chegam ao auge de três a cinco dias após o parto e duram de algumas horas a umas duas semanas. As mães que experimentam a "tristeza de bebê" ficam deprimidas, choram com facilidade, se irritam, ficam cansadas ou hostis em relação à criança, ao marido e a outros membros da família.

Mas a mulher da história que acabamos de contar estava sofrendo de uma condição muito mais grave, conhecida como depressão pós-natal ou depressão pós-parto. Ela se manifesta em 10% das mães que tiveram o primeiro filho, pode começar semanas ou mesmo meses depois do parto e durar meses ou anos. As mulheres que sofrem da depressão pós-parto experimentam sentimentos muito mais intensos e graves, como solidão extrema, incapacidade, culpa e sérias perturbações. Elas também podem passar por uma série de sentimentos negativos em relação ao recém-nascido. No passado, a depressão pós-parto freqüentemente levava a mãe a negligenciar, abandonar ou até mesmo matar a criança. No fim do século 19, na Inglaterra, houve um quase-pânico com o número de crianças mortas encontradas abandonadas, presumivelmente assassinadas por suas mães. Hoje em dia, um final tão dramático para esta doença é raro. Então, como é que a depressão pós-parto se encaixa na biologia evolucionista da maternidade?

A resposta simples é que tudo faz parte do planejamento familiar da mulher, do qual alguns aspectos foram discutidos no contexto do estresse e da concepção (e outros serão abordados no próximo capítulo). A depressão pós-parto é uma manifestação do modo como a seleção natural predispôs as emoções e a psicologia femininas para julgar quantas crianças ela deve ter, quando e com quem. Como vimos anteriormente, o objetivo subconsciente da mulher é gerar uma família do tamanho exato que lhe permita tirar o máximo de proveito de seu *status* e das circunstâncias, fazendo suas tentativas de reprodução coincidirem com as fases mais alegres de sua vida. Com esta finalidade, sua química corporal vai fazê-la procurar ou não a relação sexual, ovular ou não ovular, implantar e fertilizar o óvulo ou não, abortar ou não abortar, dependendo da situação. E finalmente ela tem o impulso de cuidar do bebê recém-nascido, ou não tem. Os dias e semanas depois do nascimento representam sua última oportunidade real para decidir se quer ou não criar aquele filho. Depois que ela começa a investir leite, tempo e energia no bebê, ficará cada vez mais desvantajoso, para sua capacidade futura de reprodução, abandonar aquela tentativa e tentar de novo, quando as condições melhorarem.

Mesmo se as condições estiverem favoráveis no início da gravidez, elas ainda podem se deteriorar antes de a criança nascer. Os últimos três meses são freqüentemente associados com mudanças significativas na psicologia da mulher. Primeiro, ocorrem as fases bem conhecidas de "construção do ninho" — fortes impulsos para preparar o ambiente no qual o bebê vai nascer. Ela também pode experimentar momentos de profunda reavaliação da sua situação, nos quais os alvos principais serão seu companheiro, a casa e o ambiente em geral. Estas fases freqüentemente se manifestam por meio de preocupações, depressão e irritabilidade. Além disso, ela também pode ficar preocupada com o futuro. O principal objetivo estratégico dessas fases é testar a situação da mulher, do companheiro e de outros sistemas de apoio, buscando indícios de fragilidade, sugerindo que aquela pode não ser uma boa época para reprodução. Qualquer deterioração maior das condições, na ocasião, pode levar à depressão e posterior negligência ou mesmo rejeição do bebê. A depressão pós-parto parece dar à mulher, que está indecisa, uma última oportunidade de pesar a situação e mudar de idéia, antes de se entregar completamente à tarefa de cuidar de seu bebê. Ao se retrair, tornando-se agressiva em relação ao companheiro e à criança, ela testa ao máximo a vontade dele de ajudá-la a criar o bebê.

A única descoberta consistente que emerge do estudo da depressão pós-parto é que ela tem mais probabilidade de ocorrer quando a mãe tem pouco apoio de seu companheiro, dos amigos ou da sociedade em geral. Uma grande tensão ambiental também é um fator, mas ela é menos importante do que a falta de apoio social. Nas sociedades pré-industriais, as culturas que tradicionalmente mostram apoio a todas as novas mães têm taxas mais baixas de depressão pós-parto.

Com maior freqüência, entretanto, as mulheres passam pelos últimos três meses de gravidez e pelas primeiras semanas ou meses da maternidade com pouco mais do que ataques brandos da "tristeza". Seus corpos não têm dificuldade para decidir se aquela é uma época perfeita para criar um filho, e não julgam necessário testar o apoio que ela tem até o limite, entrando na depressão pós-parto. Mesmo uma mulher que tem dúvidas suficientes sobre sua situação para se tornar deprimida, freqüentemente conclui que ela é bastante favorável e emerge da depressão como uma mãe boa e atenciosa.

Mas se as condições não passam no teste, a nova mãe pode ser dominada por um impulso irresistível para negligenciar, abandonar, ou mesmo matar seu bebê. Este impulso tem sido tão amplamente reconhecido, histórica e geograficamente, que muitos sistemas jurídicos pelo mundo afora reconhecem que uma mulher pode não ser responsável por seus atos na fase imediatamente posterior ao parto.

Provavelmente, quase todos os casos de infanticídio durante o primeiro ano da vida de um bebê são precedidos por uma depressão pós-parto na mãe. Através da história, o infanticídio tem sido, e ainda é, uma das principais formas de controle da população usadas pelas mulheres. Nas tribos de caçadores-colhedores — pessoas que vivem caçando e colhendo, como faziam todos os nossos ancestrais até 15 mil anos atrás, cerca de 7% das crianças são mortas por suas mães. Mesmo nas sociedades ocidentais industrializadas, o infanticídio era comum até uma época relativamente recente. Segundo a Organização Mundial de Saúde, este era o método mais comum de planejamento familiar na Grã-Bretanha do fim do século 19.

Tal comportamento não é exclusivo dos seres humanos. O infanticídio, como todas as outras formas de planejamento familiar natural, foi herdado de nossos ancestrais mamíferos. Qualquer pessoa que tenha criado animais de estimação, como coelhos, *hamsters* ou camundongos, sabe que se a mãe estiver estressada depois do parto vai matar ou mesmo devorar alguns filhotes, ou toda a ninhada. Isto não é uma prática doentia. Ela reflete a decisão subconsciente da mãe de não criar aquela ninhada nas circunstâncias do momento. Ela opta por adiar suas tentativas de reprodução até que as condições melhorem.

E a situação da mulher não precisa ser absolutamente desesperadora para ela sofrer de depressão pós-parto. Tudo é relativo. A mulher na história que acabamos de ver não tinha uma vida dura. Muitas mulheres lutam para criar seus filhos em condições muito piores do que nossa personagem teria que enfrentar. O fator importante, para cada mulher, não é como as coisas estão, num sentido absoluto, mas como podem melhorar *para ela*, se esperar mais um pouco.

Na história, o parceiro da mulher tinha acabado de ser promovido e talvez, em poucos anos, eles pudessem conquistar a situação confortável que ambos desejavam. Mas outros cenários são possíveis. Talvez a mulher necessitasse de uma garantia de que a promoção do companheiro e a melhoria financeira que ela poderia trazer não iria fazer com que ela passasse muito mais tempo sozinha, com o mínimo de ajuda dele para criar o filho. Talvez ela até precisasse de uma garantia de que o novo *status* dele não fosse torná-lo infiel, em alguma futura viagem de negócios ao exterior. Talvez, no fundo, ela temesse ser abandonada com a criança. A situação tinha mudado drasticamente enquanto ela estava grávida, e ainda não tivera chance de julgar o que as novas circunstâncias poderiam significar para seu futuro. Seu corpo, portanto, decidiu testar com rigor a capacidade dela para criar aquela criança. Ele questionou seriamente se a segurança, a saúde e o sucesso reprodutivo da mulher, no futuro, não seriam mais garantidos se ela não se esgotasse agora e esperasse por um momento melhor e mais seguro. No final, sua situação e o sistema de apoio passaram no teste, e ela optou por criar aquela criança, como a maioria das mulheres faz. Mas em um ponto, no caminho da quitanda para casa, ela esteve a um empurrãozinho de não fazê-lo.

A depressão pós-parto, assim como a depressão clínica e a desordem afetiva sazonal, tem sido alvo de muitas pesquisas recentes. Elas surgem como exemplos perfeitos do reduzido controle que nossa consciência tem sobre os estados de espírito produzidos pelo corpo. Atualmente, a explicação mais aceita para a depressão é a de que ela é produzida por mudanças químicas no cérebro, como uma redução nos níveis de serotonina, por exemplo. Essas mudanças são geradas quimicamente pelo corpo, seja internamente, como após um parto, seja em resposta a acontecimentos externos, como a duração dos dias no inverno, ou a tensão a longo prazo. Qualquer que seja a origem, as mudanças no cérebro geram padrões de pensamento e comportamento totalmente diferentes da personalidade normal do indivíduo. Agora se compreende que não adianta pedir à pessoa que "caia na real" ou "mantenha a calma". A química cerebral da depressão impede os processos de pensamento que lhe permitiriam fazer isso.

Existem apenas duas maneiras de se mudar os padrões de pensamento. Um deles é mudar a química cerebral pela administração de antidepressivos. O outro método é encontrar o gatilho ambiental que faça o corpo mudar suas instruções químicas para o cérebro. Em relação à depressão sazonal, isso pode ser feito através da exposição à luz forte. Quanto à depressão pós-parto, a receita é uma forte demonstração de apoio por parte do parceiro da mulher, dos amigos, e, hoje em dia, dos serviços sociais. Uma vez que o corpo tenha recebido o sinal de que a mulher terá o apoio de que precisa para criar o bebê, ele muda a química cerebral e o estado de espírito e o comportamento dela se tornam apropriados para a função materna.

Não sabemos o que aconteceu com a mulher da nossa história nos anos posteriores à sua depressão. A probabilidade é de que ela tenha conseguido criar bem o filho, ambos se beneficiando bastante da promoção do marido. Neste caso, o corpo dela tomou a decisão certa no momento em que estava junto do meio-fio, segurando a alça do carrinho. Vale notar que a mudança na situação, ocorrida durante sua gravidez, não iria beneficiá-la *inevitavelmente*. Seu parceiro poderia ter reagido à nova situação no trabalho, passando a vê-la raramente ou deixando-a por outra mulher. O corpo da nossa personagem provavelmente fez a coisa certa ao se retrair, testando o apoio do marido. Para ela a depressão foi uma experiência muito desagradável, mas não deixou de ser vantajosa a longo prazo.

CAPÍTULO 5

Famílias e dinastias

CENA 11
Vale tudo...

As duas adolescentes estavam sentadas numa extremidade do campo, observando o cavalo, enquanto o pênis do animal ficava cada vez maior. Parecia que logo tocaria o chão. Momentaneamente em silêncio, elas continuaram observando enquanto o cavalo se sacudia, fazendo seu enorme apêndice oscilar para a frente e para trás. A jovem de cabelo escuro, mais bonita do que sua colega loura, virou-se e com uma risadinha fez um comentário demasiado maldoso para uma menina de sua idade. Primeiro sobre o cavalo e depois sobre os passatempos favoritos de seu irmão mais velho.

A risada das duas e a ereção do cavalo foram interrompidas dramaticamente pela coisa mais assustadora que já acontecera com elas. De repente, um som estranho, que começara com um murmúrio distante, roncou ensurdecedoramente sobre as árvores, no outro lado do campo, e tomou conta do céu. Com o pênis encolhendo rapidamente, o cavalo disparou pelo campo, enquanto as meninas, de mãos dadas para não tropeçar, fugiam em pânico na direção da fileira de chalés onde moravam. A meio caminho de casa, o céu ficou novamente silencioso e elas pararam, primeiro para recuperar o fôlego, depois para confirmar, uma com a outra, o que tinham visto. Já tinham ouvido falar nos aeroplanos, mas esta era a primeira vez que viam um.

— Quem chegar primeiro! — gritou a morena, enquanto retomavam a corrida para casa, cada uma querendo ser a primeira a contar para a mãe o que tinham visto.

Por alguns momentos as duas correram lado a lado, então, a uns 20 metros da casa, a garota morena, sempre a mais veloz, começou a tomar a dianteira. Foi quando sua amiga, deliberadamente, a segurou pelo calcanhar, jogando-a no chão.

— Eu venci! — gritou a loura, ao chegar na porta do chalé.

— Só porque trapaceou! — respondeu a outra. Mas era tarde, sua amiga já entrara.

As duas meninas tinham nascido com dias de diferença uma da outra, e sempre foram companheiras inseparáveis. Ambas ficaram empolgadas quando, no verão seguinte ao episódio do avião, foram empregadas como criadas na casa do proprietário daquelas terras. Ambas tinham então 15 anos. Nunca houve qualquer dúvida quanto ao emprego. As casas em que viviam pertenciam à grande fazenda, e seus pais, assim como a maioria das pessoas no vilarejo, trabalhavam para o fazendeiro.

A amizade continuou firme como sempre durante o primeiro inverno em que trabalharam na casa. Sobreviveu até mesmo ao jardineiro de dezoito anos, que chegou na primavera seguinte. Como a maioria dos homens, ele foi atraído primeiro pela bela moça morena. Sempre que encontrava as duas juntas, era com ela que falava primeiro e com ela que flertava. A jovem apreciava sua companhia, e uma vez, quando sabia que sua amiga a estava observando da janela do andar de cima, deixou que o jardineiro a beijasse enquanto se inclinava sobre o tronco do magnífico cedro que se erguia no meio do jardim. Mas na maior parte do tempo ela o mantinha à distância.

A partir do momento em que testemunhou aquele primeiro beijo, a loura decidiu provar para si mesma, e para a amiga, que era igualmente, se não mais, capaz de atrair as atenções do jardineiro. Sempre que se encontravam, na casa ou no jardim, ela arranjava um pretexto para tocá-lo, enquanto falavam ou passavam um pelo outro. À medida que o verão se aproximava e o tempo ficava mais quente, ela o encontrava diariamente na horta, quando ia colher as verduras. No caminho, ela desabotoava a parte de cima da blusa, na esperança de que ele visse seus seios enquanto ela se curvava sobre a terra fofa. Ele demorou a reparar, concentrado em conquistar a atenção da amiga mais bonita, mas eventualmente seus esforços começaram a funcionar. E uma noite, no início do verão, ela perdeu a virgindade para ele no jardim, sob o céu estrelado.

A vitória, embora doce, foi apenas parcial. Ela sabia que o amante, duramente conquistado, ainda cobiçava sua amiga morena. Ele falava nela com freqüência, às vezes logo depois de fazerem sexo. E o que era mais frustrante, sua amiga nem demonstrava que percebera ter sido derrotada. Num esforço para forçar a aceitação, ou pelo menos o conhecimento, a loura passou a contar em detalhes seu caso de amor para a amiga. Às vezes até exagerava para fazer o relacionamento parecer mais excitante e mais sério do que realmente era. Para sua irritação, a amiga limitou-se a rir e a adverti-la para que não ficasse grávida. Disse-lhe que, embora o jardineiro fosse um rapaz bonito e divertido, dificilmente teria condições de sustentá-la e ao bebê — mesmo que pudesse confiar nele. Para se defender, e lembrando de alguma coisa que sua mãe uma vez lhe dissera, a loura respondeu que todo mundo sabia que uma moça não pode ficar grávida até ter sua primeira menstruação — e ela não tivera.

Nem teve um período naquele verão — mas engravidou. E os acontecimentos que resultaram daquela gravidez anunciaram o fim da amizade entre as duas.

Mal ela tinha perdido a virgindade com o jardineiro quando o filho do fazendeiro chegou, voltando da universidade. Quando as garotas viram o rapaz — vinte anos, confiante, belo e rico —, não conseguiram pensar em mais nada. Secretamente as duas sonhavam em que ele tomaria uma delas nos braços, proclamaria seu amor eterno e a transportaria para uma vida de luxo e tranqüilidade. Mas ele tinha outras idéias.

A loura tinha começado a apreciar a exploração dos prazeres do sexo com o jovem jardineiro, ingênuo e gentil. E embora seu amante ainda estivesse de olho em sua amiga, ela não estava disposta a abandonar seu único caminho para a recém-descoberta excitação do sexo. Mas a partir do momento em que o jovem filho do fazendeiro chegou, era ele que ela desejava, e tornou-se cada vez mais ciumenta ao perceber que ele também achava sua amiga mais atraente. E desta vez a amiga estava correspondendo.

Era verdade que a moça morena sentia mais excitação sexual na presença do filho do patrão do que jamais sentira. Três noites depois do primeiro flerte que tiveram, ela se masturbou até dormir, sonhando em estar nua debaixo dele. Ainda conseguia aparentar frieza e distanciamento em sua presença, e enfrentava suas investidas com maturidade e não timidez. Ainda virgem, ela ouvira muitas histórias de sua mãe a respeito de jovens empregadas que ficavam grávidas e eram despedidas para se arranjarem sozinhas. Não ia permitir que isto lhe acontecesse.

Duas semanas depois de o rapaz voltar para casa, seus pais viajaram por algumas semanas. Com o cozinheiro e o mordomo de folga naquela noite, as duas moças serviram-lhe o jantar. Quando terminou a refeição, o rapaz pediu que a moça morena ficasse mais um pouco. A loura voltou para a cozinha cheia de frustração e ódio. Ela atirou um prato no chão, depois se sentou e chorou, imaginando a relação sexual que estava a ponto de acontecer. Sua fantasia era um engano, mas o ciúme e o ódio que sentiu pela amiga, naquele momento, iriam durar pelo resto de sua vida.

Não havia dúvida de que o rapaz esperava fazer sexo com a moça morena naquela noite. Ele flertou e sugeriu que ela o ajudasse a preparar seu quarto para a noite, até mesmo a ameaçou sem muita convicção — não adiantou nada. Como último recurso, ele tentou um truque que nunca falhara antes. Disse que ela era a moça mais bonita que já tinha visto e que acreditava estar se apaixonando por ela — será que ela não gostaria de se tornar a dona da casa um dia? A jovem andou na corda bamba da resistência e se saiu de modo impecável. Ela fez todas as coisas certas — levou-o a sério, riu e se moveu — nos momentos certos, enfrentando as ameaças e avanços do rapaz com bom humor e discernimento. Nem por um momento ela o fez sentir-se embaraçado ou ofendido, e quando finalmente saiu da sala de jantar, o sentimento entre os dois era de amizade, não de desejo frustrado.

Por uma semana ou mais, depois daquela noite, houve uma proximidade entre os dois que superava suas diferenças de *status*. Às vezes, o filho do fazendeiro interpretava mal a amizade da moça, e tentava desrespeitar o acordo implícito que tinham feito. Mas na maior parte do tempo ele simplesmente apreciava a companhia desta jovem bela e interessante, sempre que suas tarefas lhe permitiam passar alguns momentos com ele. O rapaz ainda tinha fantasias, se imaginando nu, na cama com ela como ela também tinha. Mas até que pudesse confiar em que ele não a abandonaria se ficasse grávida, ela não estava preparada para arriscar nenhuma fantasia.

A loura confundiu a amizade dos dois com um sinal, não apenas de que estavam tendo um caso, mas de que o jovem estava levando o relacionamento a sério. Cada vez mais invejosa, ela decidiu que iria arruinar todos os sonhos de uma vida com este homem que sua ex-amiga pudesse ter. Faria com o filho do fazendeiro o mesmo que fizera com o jardineiro, forçando-o a reparar nela, e sempre que possível criticaria sua ex-amiga. E no final o tomaria dela. Estava determinada a conseguir isso. Usando todas as desculpas e cada ardil que o olho atento do mordomo permitisse, a loura atacaria sua presa todas as vezes que pudesse. E quando estivesse na companhia do rapaz, usaria todos os truques provocantes que sabia para atrair sua atenção.

A moça morena percebeu o que sua colega estava tentando fazer, mas recusou-se a jogar o mesmo jogo. Confiante em sua aparência e personalidade superiores, ela estava convencida de que sua amizade com o rapaz era genuína. Desprezava e até se divertia com as artimanhas da outra. Até mesmo se permitia sonhar que um dia a amizade se transformaria num verdadeiro romance e que talvez pudesse se tornar a senhora da casa. Mas seus sonhos tiveram vida curta. A mudança começou na noite em que sua amiga, com os botões do vestido abertos no peito, se curvou para pegar um copo do chão, em frente à cadeira do rapaz. Então, ela aparentemente perdeu o equilíbrio e caiu no colo dele, os seios fartos praticamente saindo do vestido, uma mão sobre a genitália do rapaz. Ela se desculpou e saiu correndo da sala, fingindo-se embaraçada.

E as esperanças da moça morena foram destruídas numa tarde quente e úmida, quando os chefes da criadagem foram até a vila e o filho do fazendeiro estava cavalgando. Ela devia estar arrumando um quarto no andar de cima, mas o calor a deixara cansada. Um risinho, vindo de fora, a levou até a janela aberta.

Nos fundos da casa havia uma plantação de milho, as hastes douradas erguendo-se a seis metros de onde ela se encontrava. Podia ver o jardineiro perseguindo a loura no campo. Ele rapidamente a alcançou e, depois de um beijo falsamente forçado, os dois arrancaram as roupas com um desejo urgente, que a jovem de cabelos negros nunca imaginara. Mas depois que estavam nus, a loura empurrou o rapaz, fazendo-o cair sentado no meio da plantação. Correu e ele saiu atrás dela, o casal despido ziguezagueando no meio da vegetação. A jovem morena, no alto da janela, observava fascinada o modo como os seios da loura balançavam e sacudiam, enquanto ela corria e se desviava. Estava curiosa para saber se o jardineiro estava tendo uma ereção enquanto corria, mas para sua frustração o trigo chegava na cintura dele e tudo o que ela pôde ver foi um rápido vislumbre de suas nádegas.

A perseguição durou algum tempo, mas no final a loura desistiu. Ficou parada e depois se ajoelhou no trigal, enquanto o jovem jardineiro ria sem fôlego diante dela. Quando os dois se deitaram, desapareceram no meio da vegetação dourada. O silêncio do campo e a direção da brisa fizeram com que todos os sons produzidos pelo casal flutuassem até a janela onde a moça morena olhava paralisada. Indecisa entre o constrangimento, o ciúme e a curiosidade, ela ficou olhando na direção deles, de boca aberta, ouvindo cada gemido e suspiro, até que sua colega chegou ao clímax, e depois do que pareceu uma eternidade, os grunhidos do homem chegaram ao auge e também terminaram.

Ela ia sair da janela quando o resfolar de um cavalo atraiu sua atenção para o jardim abaixo. Parecia que não fora a única testemunha da cena. Parcialmente oculto pelas árvores e os arbustos, o filho do fazendeiro, montado em seu cavalo, também estava olhando para o campo de milho. Prendendo a respiração, ela imaginou o quanto ele teria visto e o que iria fazer. Não teve que esperar muito. Assim que o jardineiro ficou quieto, o herdeiro da fazenda gritou seu nome. Como não houve resposta, ele gritou de novo, mandando que o empregado voltasse ao jardim.

A moça morena ouviu os sussurros de pânico do casal, cada um perguntando ao outro onde tinha deixado suas roupas. Ela viu as hastes de milho se mexerem enquanto o jardineiro nu, andando abaixado, seguia um rastro, depois outro. Mas os dois tinham corrido por tanto tempo, depois de tirarem as roupas, que era como se tentassem encontrar a saída de um labirinto. No final, xingando e ainda abaixado, o rapaz deu uma longa volta através do campo, em direção a sua casa, que ficava a uns cem metros de distância.

Evidentemente o filho do proprietário também podia ver o que estava acontecendo. Ele esperou até que o jardineiro estivesse quase desaparecendo de sua vista antes de gritar para que ele "fosse andando". Depois de esperar mais meio minuto, ele gritou o nome da loura e ordenou que ela saísse do campo. Ainda oculta de sua vista, ela não respondeu ao primeiro chamado, mas na segunda vez respondeu que não conseguia achar suas roupas. O filho do fazendeiro desmontou do cavalo, pulou a cerca e foi até o milharal, seguindo a trilha que os amantes tinham deixado em sua corrida. Quando chegou no ponto em que ambos tinham se despido ele parou e olhou nervosamente em volta. A moça morena ficou chocada ao perceber que ele também estava se despindo. Nu, ele chamou a loura dizendo que tinha encontrado suas roupas e que se ela as queria, teria que vir buscá-las. Ela se levantou do milharal com os braços cruzados, as mãos cobrindo os seios. Depois de um momento de hesitação, ela caminhou ao encontro dele. A uma certa distância ela parou e pediu que lhe jogasse as roupas. Ele se recusou, dizendo que havia um preço a pagar por ter sido apanhada negligenciando seus deveres.

Os momentos seguintes iriam mudar as vidas das duas moças. A loura mentiu, dizendo que não queria fazer sexo com o rapaz, e mantendo-se a alguns metros de distância, ainda meio oculta pelos pés de milho, que lhe alcançavam a cintura. "Por que não?", indagou o rapaz, apontando para o local onde a vira deitar com seu amante. Ela dificilmente poderia ter objeções morais depois da "performance" na plantação, ele acrescentou. A loura disse que não era uma questão de moralidade, mas de doença. Todos sabiam que ele estava tendo relações com sua amiga morena, o que significava que ele certamente estaria infectado a esta altura — e ela não iria correr o risco de se infectar também.

— Que doença? — perguntou ele.

Mas quando a loura contou ele disse que não importava, porque não estivera fazendo sexo com a amiga dela.

— Mas ela está espalhando para todos que você a persegue — mentiu de novo a loura. — E contou que finalmente cedera, mas que ele não soubera o que fazer. Será que era tudo mentira?

É claro que era mentira, respondeu o rapaz, embaraçado. Nunca quisera fazer sexo com a outra, acrescentou. Mas se ela pensava que ele não sabia o que fazer, por que não se aproximava e descobria? Com o sorriso da vitória nos lábios, a loura tirou lentamente as mãos de cima dos seios e caminhou ao encontro do rapaz. Colocou os braços em volta do pescoço dele, apertou o corpo contra o seu e pediu que ele mostrasse sua capacidade.

Ouvindo todas aquelas mentiras, a moça morena se sentiu enjoada. Queria gritar da janela que não era verdade, mas ficou paralisada e acabou fugindo do quarto. E assim, não viu a segunda relação de sua ex-amiga num período de quinze minutos. Não ouviu o filho do fazendeiro mandar a loura virar as costas para ele e se curvar. Ela disse que não gostava daquele jeito, e ele respondeu que nada o faria deitar no chão, em meio às folhas. Por algum tempo a jovem morena ficou deitada em sua cama, chorando de raiva e frustração.

Depois de conquistar sua vitória no campo de milho, a loura continuou a fazer sexo com seu jovem patrão, deitando-se com ele muitas vezes naquele verão. Também continuou a ter relações com o jardineiro — e foi bom para ela que o fizesse. Seus sonhos de que o dono da casa um dia declararia seu amor se evaporaram quando ela lhe contou que estava grávida. Ele ameaçou despedi-la se falasse que a criança era sua, e aconselhou-a a encontrar alguém para se casar com ela o mais rápido possível. Para sua sorte, embora o jardineiro soubesse que o filho que ela carregava podia não ser seu, concordou em casar-se com ela antes que a criança nascesse. Ambos continuaram trabalhando naquela fazenda e o jovem se tornou o jardineiro-chefe. Quando chegou aos trinta anos, a loura já tinha cinco filhos — um filho de pai incerto, três filhas e então seu favorito: um filho que, se fosse conhecida a verdade, também seria de pai incerto. Desta vez, entretanto, o marido nem ficou sabendo.

Embora ambos estivessem empregados, o início do casamento foi uma luta. O que ganhavam juntos era apenas o suficiente e a família parecia atormentada o tempo todo por doenças. A filha mais nova morreu de sarampo quando ainda era um bebê e a filha mais velha ficou parcialmente aleijada com poliomielite quando tinha três anos. Alguns anos depois, ela sofreu uma série de infecções urinárias. Os outros três, entretanto, escaparam incólumes dos riscos da infância. Mais tarde, como adultos, também sobreviveram à Segunda Guerra Mundial.

Nos anos do pós-guerra, o filho mais velho e seu "pai" passaram a fornecer verduras para os quitandeiros locais. Sem que soubessem, foram ajudados, por baixo do pano, pelo novo proprietário das terras, aquele da aventura no milharal. Apesar das doenças da infância, que a deixaram estéril, a filha mais velha se casou com um jovem com quem teve um longo e apaixonado relacionamento. Depois de fracassar em vários empregos, ele se tornou o carteiro do vilarejo. A outra filha se casou com um policial, enquanto o filho mais novo, sempre o mais capaz entre os filhos da loura, formou-se professor e conseguiu um bom emprego na escola de uma cidade próxima.

A moça morena foi demitida da fazenda sem explicações. Mas não teve dificuldade para encontrar um novo emprego, nem um marido. Imediatamente, ela conseguiu trabalho numa sapataria local. Em um ano, ela já tinha se estabelecido e iniciado uma família com o filho do dono da loja. Sua filha mais velha já tinha quase dez anos quando eles tiveram outro filho, um menino. Nesse intervalo, seu marido teve sucesso crescente nos negócios e quando o menino nasceu, o casal já era dono de uma cadeia de lojas e se tornara razoavelmente rico. Tinham morado em várias cidades, à medida que sua cadeia de lojas crescia se espalhava. Agora voltavam para sua cidade natal, para morar em uma casa esplêndida e espaçosa, que tinham mandado construir de acordo com suas preferências.

Até agora, ilustramos uma série de aspectos da maternidade, sendo cada história seguida por uma discussão sobre o modo como o comportamento dos personagens foi determinado pela seleção natural. Falamos de um modo geral sobre o sucesso na capacidade de reprodução, mas não analisamos como este sucesso é medido. Nos próximos capítulos este fenômeno será discutido e vai exigir uma imagem mais clara do êxito na reprodução do que aquela de que necessitamos até agora. E enquanto elaboramos o conceito neste capítulo, vamos aproveitar a oportunidade para discutir a questão da escolha do companheiro.

Na primeira e na segunda histórias deste capítulo, vamos acompanhar a vida de duas mulheres, do nascimento até a morte, enquanto tentamos decidir qual das duas será a mais favorecida pela seleção natural. Um dos aspectos mais importantes nesta discussão será o aparente paradoxo de que as pessoas às vezes podem aumentar seu sucesso reprodutivo tendo *poucos filhos*. A terceira história, cena 13, mostra os perigos de levar este paradoxo ao seu extremo lógico.

Ter filhos é uma competição entre pessoas e entre os genes pelos quais elas lutam. A seleção natural concede prêmios e as regras são inflexíveis. O ouro vai para aqueles com grande sucesso reprodutivo e o bronze, para aqueles com poucos descendentes. A maioria das pessoas não percebe que elas, e seus genes, estão competindo com seus contemporâneos na proeza de deixar descendentes. Talvez o orgulho quando uma criança faz algo excepcional, ou a vergonha e o embaraço quando ela se mostra totalmente incapaz, revelem a natureza competitiva da maternidade, assim como o orgulho demonstrado pelos avós ante o número de netos que conseguiram ter. Mas na maior parte do tempo as pessoas procuram ter filhos simplesmente porque seus genes as levam a fazê-lo, sem muita reflexão sobre o modo como este comportamento será julgado pela seleção natural. Mas ele será julgado.

A reprodução *é* um concurso entre as pessoas e a criação dos filhos é uma parte importante desta disputa. Com freqüência, entretanto, o sucesso ou o fracasso é determinado muito antes de as pessoas começarem a ter filhos. Ele é influenciado, primeiro, pelo que acontece com elas na infância e, em segundo lugar — e de modo muito mais forte —, pela escolha que fazem de um parceiro para a reprodução. De fato, quase todo o sucesso de uma pessoa como pai ou mãe, freqüentemente depende da pessoa que ela escolhe para se casar. E como foi mostrado na história acima, *nesta* fase da disputa, o elemento competitivo fica muito claro para todos os envolvidos. As pessoas não precisam apenas escolher um companheiro(a), mas precisam disputá-lo com seus rivais. E nossa história parece indicar que no amor, senão na guerra, vale tudo. Qual de nós nunca sofreu a agonia de desejar uma pessoa e vê-la conquistada por um rival? E quem nunca experimentou a alegria de ser preferido, no lugar de um rival, pelo objeto de nossas fantasias?

Mas como a escolha do parceiro influencia o nosso sucesso reprodutivo? Como escolhemos um parceiro que vai dar ao nosso potencial reprodutivo o impulso de que ele necessita? Por que achamos algumas pessoas mais atraentes do que outras? Por que as pessoas diferem nas suas preferências? E por que algumas pessoas são consideradas atraentes por quase todo mundo, enquanto outras são rejeitadas por quase todos?

Na nossa história, a loura considerou o jardineiro como um parceiro potencial desde o princípio, e ficou com ciúme porque ele parecia preferir sua amiga. A moça morena, por sua vez, não se interessou por ele. Existem duas explicações possíveis para esta diferença entre as duas moças, com relação a quem elas consideravam atraente. A primeira é que as moças tinham ambições e autoconfiança diferentes. A segunda explicação é a de que elas procuravam qualidades diferentes em um homem. A principal razão pela qual as pessoas diferem, quanto à atração, tem a ver com a compatibilidade.

A compatibilidade se manifesta em muitos níveis. Um casal tem que ser compatível no comportamento, na emoção e fisicamente. As fraquezas de um são compensadas pela força do outro. Isso também funciona no nível genético. E como vamos ver em detalhes, quando discutirmos o incesto, quase todo mundo carrega genes perigosos. Contudo, eles não causam problemas às pessoas ou aos seus filhos se não forem unidos a um gene semelhante de outra pessoa. Evitar a reprodução com alguém que possa carregar o mesmo gene perigoso é fator importante na escolha do parceiro, e as pessoas, freqüentemente, se sentem menos atraídas por aquelas que possuem seus genes problemáticos. A seleção natural parece ter desenvolvido complexos genéticos capazes de reconhecer e evitar ligações perigosas. O sistema não é infalível, é claro, mas é melhor do que o mero acaso.

Assim, talvez as duas mulheres tivessem sentimentos diferentes em relação ao jardineiro porque a loura o achava compatível com ela e a morena, não. Mas a explicação alternativa também é possível: a mulher morena confiava tanto em sua beleza que *sabia* que poderia encontrar coisa melhor do que o jardineiro. A loura também tinha esperanças de que pudesse conseguir um partido melhor, e quando o filho do fazendeiro apareceu, as duas moças o acharam atraente e ambas o queriam. Por quê?

Ao escolher um homem com quem partilhar sua vida, a mulher precisa que ele satisfaça duas condições principais. De um lado, ela precisa de um homem que possa ajudá-la a criar os filhos. E por outro lado, ela precisa de genes que, combinados com os seus, produzam crianças atraentes, férteis e bem-sucedidas. Quanto melhor for o ambiente e a ajuda que receber, mais plenamente uma criança vai desfrutar de todo o seu potencial genético.

A dificuldade das mulheres é que há maior possibilidade de escolha de homens capazes de fornecer bons genes do que de parceiros para a vida toda. Provavelmente elas podem persuadir muitos dos homens que escolhem a lhes dar seus genes, leva apenas alguns minutos. A loura, por exemplo, teve pouca dificuldade em coletar o esperma do jardineiro e foi só um pouquinho mais difícil conseguir o esperma do filho do fazendeiro. Já a escolha que a mulher faz de um parceiro permanente fica restrita aos homens que estão disponíveis ou dispostos a abandonar a parceira atual. Ou então, aos que têm muito tempo, energia e riqueza para sustentar mais de uma família — a maioria dos homens, na maioria das sociedades, não se encontra nesta situação. O jardineiro, por exemplo, quase não tinha o suficiente para sustentar uma mulher e seus filhos.

As pesquisas mostram que, ao procurar um parceiro permanente, as mulheres preferem os homens que possuem ou que têm potencial para conseguir riqueza, *status*, estabilidade e resistência. No passado, em todas as culturas, os filhos das mulheres que se uniam aos homens do topo da pirâmide social tinham maiores chances de sobrevivência, riqueza e subseqüente fecundidade. E o mesmo ainda acontece hoje, na maioria das sociedades industrializadas.

Como já mencionamos, as crianças terão mais probabilidade de se tornar adultos saudáveis e férteis se nascerem num ambiente favorável. O que significa bastante espaço e um suprimento adequado de alimentos nutritivos. Neste caso, elas correm menor risco de contrair doenças e têm maior resistência às doenças que contraem. Na sociedade moderna, espaço e boa nutrição dependem da riqueza. Mesmo hoje, as probabilidades de uma criança de família pobre morrer antes de ter filhos são o dobro das de uma criança de família rica. No passado histórico e evolutivo essas diferenças eram ainda maiores, embora naqueles tempos a riqueza fosse medida não em termos de dinheiro, mas de gado e colheitas — ou simplesmente em termos de acesso às melhores áreas para obter comida, água e abrigo. Na história que acabamos de contar, o jardineiro e sua família lutaram para manter seus filhos saudáveis e bem alimentados nos primeiros anos do casamento, enquanto a moça morena, com seu marido rico, dono de loja, não teve este problema.

As preferências das mulheres são claras, mas poucas vão encontrar no mesmo homem todas as características que procuram. Um pode ser rico, mas negligente com suas companheiras. Outro pode ter uma alta posição social, mas instável. E um terceiro homem pode ser pobre, mas carinhoso e seguro. Inevitavelmente, a mulher tem que optar pelo melhor compromisso. É claro que ela não precisa ficar com o seu primeiro parceiro. Novamente os estudos mostram que quando uma mulher abandona um homem por outro, ela invariavelmente arranja um partido melhor. E o tempo todo sua busca por um parceiro fica limitada ao tipo de homem que ela pode conquistar.

A moça morena não achava o jardineiro um partido adequado — ela podia conseguir coisa melhor. A loura, talvez reconhecendo seu potencial mais limitado para atrair os homens, o considerou aceitável, tanto para o sexo como para companheiro permanente, embora ainda tivesse esperanças de se sair melhor. Quando o rico filho do fazendeiro apareceu, a moça morena o desejou apenas como companheiro *a longo prazo*, alguém cuja riqueza e status proporcionassem todas as vantagens aos seus futuros filhos e descendentes. E enquanto não teve indícios claros de que ele não a abandonaria, ela não se arriscou a ter um filho com ele. Já a loura sabia, consciente ou inconscientemente, que o único meio de conseguir aquele marido rico seria tendo um filho dele. E ao mesmo tempo ela não podia se arriscar a perder o jardineiro, e assim deu a ambos a oportunidade de serem pais de seus filhos. E como vimos, foi bom que ela tivesse essa garantia. Quando não conseguiu conquistar o filho do fazendeiro, ela aceitou a oferta do jardineiro para sustentá-la. Provavelmente o jardineiro se ofereceu para casar com ela, mesmo sabendo que a criança poderia não ser sua, por achar que, se não o fizesse, poderia levar anos para encontrar outra companheira aceitável.

Por outro lado, embora também tivesse fracassado na tentativa de conquistar o prêmio maior, o filho do fazendeiro, a moça morena acabou conseguindo um bom parceiro alternativo. E pelo menos este tinha mais probabilidade de ser fiel do que um homem tão disputado quanto o filho do fazendeiro. Que outros benefícios ela obteve com sua escolha eventual nós veremos daqui a pouco.

Mas primeiro vamos considerar um dos principais fatores que determinaram o rumo da história — a diferença na beleza das duas mulheres. O que a moça morena tinha que os homens achavam tão atraente? Qual o critério que os homens usam para escolher companheiras e amantes, e como esses critérios diferem daqueles usados pelas mulheres?

Basicamente os homens escolhem mulheres por sua saúde, fertilidade e fidelidade — embora não façam isso conscientemente, é claro. E embora, quando vêem uma mulher pela primeira vez, eles não notem imediatamente o seu potencial para ter e criar filhos, as características dos corpos femininos que eles estão programados para achar atraentes são precisamente aquelas que *refletem* esse potencial. Ao contrário da mulher, o homem usa critérios semelhantes quando está selecionando uma esposa ou uma amante: em ambos os casos, sua principal preocupação é com a aparência e o comportamento. Um aspecto importante é a forma do corpo, particularmente a proporção da cintura para o quadril, como já mencionamos. Independente do tipo da mulher — e em algumas culturas os homens preferem mulheres magras, em outras, gordas —, os homens preferem aquelas cuja cintura corresponde a 70% da medida dos quadris, ou, em outras palavras, aquelas cuja cintura é bem mais estreita do que a circunferência dos quadris e das nádegas. Esta preferência é extraordinariamente constante através da história (a julgar pelas estátuas, pinturas e revistas masculinas) e de cultura para cultura (considerando as pinturas nas rochas e estatuetas de terracota). A explicação é que esta forma preferida reflete um bom equilíbrio hormonal, boa resistência a doenças e grande fertilidade.

Além da forma do corpo, os homens do mundo inteiro também se sentem fortemente atraídos por olhos claros, cabelo e pele saudáveis e simetria da face e do corpo. Novamente, detalhes que são bons indicadores de saúde e, portanto, de fertilidade. Os homens da maioria das culturas também se sentem atraídos pelo tamanho e a forma dos seios, embora as preferências variem, e, como já vimos aqui, não exista uma ligação direta entre a aparência dos seios de uma mulher e sua capacidade de produzir leite e alimentar uma criança. E, finalmente, os homens são atraídos por características de personalidade e comportamento que indiquem fidelidade em potencial — mas essas, entretanto, são coisas que a mulher pode fingir facilmente, pelo menos por períodos curtos.

Ao escolher um homem que a ajude a criar seus filhos, a mulher se preocupa, principalmente, com a segurança que ele possa oferecer e só em segundo lugar se impressiona com a aparência. Mas ao escolher um parceiro eventual, para sexo, a aparência é muito mais importante. Os detalhes que elas acham mais atraentes são olhos claros, pele e cabelo saudáveis, nádegas firmes, ombros largos, uma cintura que seja apenas um pouquinho menor do que os quadris, pernas bem-moldadas, inteligência e sagacidade. Ela também é atraída pela simetria das feições. Essas características são indicadores razoavelmente confiáveis de saúde genética, fertilidade e competitividade e, portanto, implicam uma constituição genética que seria desejável em seus filhos.

Uma das características mais interessantes, descobertas por pesquisa recente sobre escolha de parceiros e atração, em seres humanos e outros animais, é a importância das doenças, ou da resistência a elas, durante a primeira infância. As doenças influem não só no "brilho" dos olhos das pessoas, na beleza do cabelo e da pele, como também na simetria. E a simetria está emergindo agora dos estudos em todo o mundo como um dos elementos mais importantes para que uma pessoa seja considerada atraente.

É claro que algumas partes do corpo são geneticamente programadas para serem bilateralmente assimétricas — ou seja, que o lado direito seja diferente do lado esquerdo. Por exemplo, somente o lado esquerdo do tórax contém o coração. Partes dos lados esquerdo e direito do cérebro interagem com partes diferentes do corpo. Nos homens, os dois testículos têm tamanhos diferentes e pendem de diferentes alturas. E, é claro, as redes de nervos dos lados esquerdo e direito do corpo e do cérebro são suficientemente diferentes para fazer com que algumas pessoas sejam destras e outras canhotas. Todas essas assimetrias são genéticas e passam de pais para filhos de acordo com as regras da hereditariedade, que podem ser simples ou complexas. Outras partes do corpo são programadas para ser simétricas, mas podem se tornar assimétricas devido ao uso diferenciado, o que também é programado. As pessoas destras, por exemplo, tendem a ter bíceps maiores no braço direito do que no braço esquedo, e, dependendo de seus hábitos, ficam com a coxa direita maior do que a esquerda.

Muitas outras partes do corpo, programadas para ser simétricas, não são influenciadas pela maioria dos fatores ambientais. O comprimento dos dedos indicadores, direito e esquerdo, por exemplo, está sob o controle do mesmo gene e, portanto, deve ser idêntico. Assim, só terão comprimentos diferentes se o seu crescimento for perturbado de algum modo. O mesmo se aplica aos outros dedos das mãos e dos pés, o comprimento e a largura das orelhas, a largura dos punhos e tornozelos, o comprimento dos ossos dos braços e pernas, o tamanho dos seios e vários detalhes nos lados direito e esquerdo da face. Sendo assim, o que pode desestabilizar o grande projeto genético de produzir um corpo perfeitamente simétrico em todos esses detalhes? Duas coisas — acidente ou doença.

Em relação aos acidentes, o processo de cura pode criar uma assimetria. Por exemplo, se os ossos são quebrados na infância, o tratamento e a regeneração freqüentemente aumentam o seu tamanho. Freqüentemente, é necessário fazer um osso ficar tão forte quanto seria se nunca tivesse se quebrado. O resultado geralmente é uma assimetria entre o osso quebrado e seu *alter ego* intacto do outro lado do corpo. Músculos e ligamentos rompidos também podem cicatrizar com um tamanho maior. Problemas na coluna, em que os discos da espinha pressionam os nervos, podem fazer com que a perna e outros músculos do corpo se desenvolvam menos, ou mesmo encolham de tamanho somente num lado do corpo.

Ao longo da vida o corpo é exposto ao ataque de miríades de microorganismos, e, como estes raramente atacam ambos os lados do corpo da mesma forma, sua presença tende a provocar assimetria. Quanto menos doenças as pessoas enfrentam e quanto maior for sua resistência genética às doenças que enfrentam, mais simétricas elas vão permanecer. E quanto maior for sua capacidade de evitar e resistir aos acidentes e doenças, maior será a sua "boa forma" genética, comparada com seus contemporâneos menos simétricos.

O princípio básico da atração é, portanto, muito direto. As pessoas são geneticamente programadas para achar atraentes os detalhes indicadores de que o alvo de sua atenção é uma pessoa saudável e fértil, com "bons genes". Esses "bons genes" serão transmitidos para qualquer filho que o casal tiver. Estudos com outros animais, variando de pássaros a insetos, mostram que eles também são estimulados por detalhes semelhantes, e a simetria é um dos mais importantes.

A moça morena da nossa história era mais atraente, fisicamente e de um modo geral, para os homens do que sua amiga. Ela tinha todas as qualidades de boa aparência, físico e personalidade — uma boa relação cintura-quadril, olhos cristalinos, cabelo e pele saudáveis, rosto e corpo simétricos, honestidade e sagacidade —, tudo isto sinalizava aos homens que ela tinha boas chances de ser saudável, fértil e fiel. Indubitavelmente haveria homens que, por razões de compatibilidade, teriam preferido a sua amiga, mas a maioria não o faria. Isto significa que a moça de cabelo preto poderia escolher entre os homens que as conhecessem e não precisaria correr riscos para atrair a atenção deles, fazendo com que a desejassem como parceira. Embora a loura não fosse feia, ela tinha que correr riscos de estupro, doença e abandono para obter a mesma atenção. Em nossa história ela escapou do pior desses perigos, mas teve que aceitar o parceiro pobre como marido. Ao contrário, e com relativamente pouco esforço, a outra moça conseguiu atrair um homem competente, que se tornou rico e bem-sucedido, para ajudá-la a criar seus filhos.

Até agora, tudo em nossa história parece fazer sentido, ainda que o modo como as vidas das personagens se desenrolaram pareça revelar um paradoxo. Se a moça morena demonstrava mais saúde e fertilidade com sua aparência melhor, conseguindo assim obter um companheiro "mais adequado", por que ela parece ter perdido a disputa pelo sucesso reprodutivo? Afinal, quando estava com trinta anos, ela só tinha dois filhos, enquanto a loura já tivera cinco (mesmo que o sarampo lhe tenha roubado uma filha). Pode parecer, portanto, que a loura venceu a disputa — ou pelo menos o concurso disputado sob as regras da seleção natural. Será que os acontecimentos narrados contradizem todos os comentários que fizemos em nossa análise evolucionista? Ou será que existe uma sutileza na seleção natural que ainda não consideramos?

A vida seria muito mais fácil para o biólogo evolucionista, se o sucesso reprodutivo, através do qual a seleção natural age, pudesse ser medido apenas pelo *número de crianças* que os diferentes indivíduos geram. Mas a realidade é muito mais sutil, como o próximo capítulo vai mostrar. Vamos ver o que vai acontecer com nossas duas mulheres e suas dinastias.

CENA 12
Qualidade ou quantidade?

Em vez de ter mais filhos, a mulher morena e seu marido preferiram investir pesadamente na educação de seu filho e em seu treinamento como oficial. A Segunda Guerra Mundial começou e acabou e ele saiu do exército incólume. Tornara-se um homem belo e distinto, de 25 anos, pronto para assumir um papel de destaque na administração e na expansão do império de sapatarias de seu pai.

Nessa época, a filha, que morava perto, já lhes dera os dois primeiros netos. O filho, entretanto, não tinha pressa de se casar. Ele vivia em movimento, se hospedando em hotéis luxuosos enquanto viajava de cidade em cidade, controlando as finanças das lojas do pai. Ele apreciava a liberdade — e gostava de se encontrar com as inúmeras moças bonitas que disputavam seus favores pelo país afora.

Uma de suas favoritas era uma jovem de 20 anos que trabalhava na sapataria de sua cidade natal. Cada vez que aparecia, ele procurava conhecê-la melhor e eles conversavam cada vez mais. Logo tornou-se um hábito, em suas visitas, levá-la para almoçar em algum lugar. Isto desagradava bastante ao dono da loja, que secretamente a desejava, mas o usurpador era seu próprio filho. A garota tinha um namorado, um professor da escola local, mas estava resistindo aos seus pedidos de casamento, alegando que ainda não estava pronta para um compromisso. Com uma arrogância típica, o filho do dono da loja suspeitava ser o motivo da resistência da moça. Ela estaria cultivando alguma frágil esperança de que um dia a amizade entre os dois poderia ir mais longe.

Era pleno inverno e o dia nascera debaixo de uma tempestade de neve. Por volta de meio-dia, quando o céu clareou, um sol pálido brilhou sobre uma cidade completamente coberta de neve. Sem se deixar desanimar, o rapaz levou sua amiga da loja para almoçar, derrapando duas vezes nas ruas desertas. Depois, passou na casa dos pais para pegar alguns documentos. Ao saber que os pais dele estavam fora, a moça não esperou um segundo convite para sair do carro e olhar o interior da casa que, em suas fantasias, sonhava herdar. Nenhum dos dois estava adequadamente vestido para aquele frio e caminharam cuidadosamente pelo jardim coberto de neve, pisando sobre velhas pegadas.

Enquanto estavam parados diante da porta, o rapaz procurando as chaves, uma massa de neve, aquecida pelo sol, deslizou do teto e caiu em cima deles. Eles se assustaram e ficaram molhados, mas não se feriram. Já dentro de casa, o rapaz colocou mais lenha no fogo que se apagava na lareira e logo os dois estavam ajoelhados diante dela, tentando se secar.

Em parte devido ao desconforto e em parte devido a uma crescente excitação sexual, a moça não precisou de muito estímulo para aceitar a sugestão dele de que as roupas secariam mais depressa se as tirassem. Ele ia procurar alguma coisa para vestirem. Ela esperava que ele voltasse com pelo menos dois roupões, mas ele apareceu com duas grandes toalhas. Depois riu da timidez dele, que se escondeu atrás do sofá para tirar a roupa. Com os dedos ainda dormentes por causa do frio, ele teve dificuldade para abrir o cinto e os botões da calça. A moça ficou diante do fogo e se despiu com habilidade sob a toalha, sem revelar nada além dos seus ombros e suas pernas. Antes mesmo de ele tirar as calças, ela já estava nua sob a toalha.

A luta dele com os botões fez a moça se divertir com o evidente nervosismo do rapaz. Ofereceu-se para ajudar e caminhou em direção ao sofá. Embaraçado, ele se enrolou na toalha e lhe disse para ficar onde estava. Sem entender sua timidez, ela ignorou sua advertência e logo o par se envolveu numa bem-humorada perseguição pela sala. A toalha da moça caiu segundos antes de ela agarrá-lo. Então, rindo e sem fôlego, fingiu resistir e deixou que ela desabotoasse e tirasse o que restava de suas roupas. Minutos depois, agora sem fôlego com a paixão, eles estavam atrás do sofá, fazendo sexo.

Ele tinha acabado de ejacular, mas ainda estava com o pênis dentro dela quando a porta se abriu. A mulher morena tinha visto o carro do filho diante da casa e foi direto para a sala de visitas. Vendo roupas de mulher em frente à lareira e toalhas espalhadas pelo chão, ela percebeu instantaneamente seu significado. Mas, em vez de sair, ela deixou o *voyeur* que havia nela observar a sala. Já estava acostumada e se orgulhava das façanhas amorosas do filho. Quando o viu nu e ainda unido à moça atrás do sofá, ela deu uma risada constrangida, pediu desculpas e saiu da sala.

Um mês depois, quando seu filho viu de novo a funcionária da loja, ela lhe disse que acreditava estar grávida. Embora não tivesse mencionado seus temores para o namorado, o professor da escola, já lhe dissera que se casaria com ele, se ele ainda a quisesse. Mas não era tarde demais para mudar de idéia, ela disse, olhando nos olhos do filho do dono da loja e buscando um indício de que ele pudesse querê-la como esposa. Ele aguardou um momento, depois olhou para outro lado, perguntando como ela podia ter certeza de que ele era o pai, se estivesse realmente grávida. Tinha que ser ele, a moça respondeu. Já haviam se passado meses desde a última vez que permitira ao professor ter contato íntimo com ela. Deviam esperar e ver se ela realmente estava grávida, disse o rapaz, na defensiva. A jovem ficou desapontada e furiosa. Não podia esperar tanto tempo, disse-lhe. Sabia que se não tivesse cuidado acabaria grávida e sozinha.

Surpreso consigo mesmo, o rapaz pediu conselho a sua mãe. Embora gostasse da moça, ele disse, ainda não estava pronto para ficar amarrado. Estava tendo uma vida de solteiro boa demais para largar tudo e se casar. A mãe concordou com ele, e de modo tão inflexível que o deixou chocado. Ele não podia ter certeza de que o filho era dele, ela disse. Era um bom partido e não seria o primeiro homem, em sua posição, a ser enganado e levado a se casar com uma mulher esperta. E mesmo que gostasse daquela garota, podia conseguir coisa melhor. Assim, o rapaz seguiu o conselho da mãe, embora secretamente acreditasse que, se a garota estava mesmo grávida, o filho era seu. Em sua visita seguinte à loja, um mês depois, a moça lhe disse o que ele menos queria ouvir, insistindo de novo que ele era o pai. Tão gentilmente quanto possível, ele disse que não podia se casar e que ela deveria continuar com seus planos de se casar com o professor.

A moça ficou aborrecida com a decisão dele, mas não surpresa. Sabia que se a quisesse, ele não teria ficado fora da cidade por um mês. À medida que os dias passavam e sua gravidez se confirmou, ela começou a se resignar com a perspectiva de ser mulher de um professor. Então, temendo perder até mesmo esta opção, ela fez sexo com o noivo, na esperança de que ele viesse a acreditar que o bebê era seu. A criança nasceu com duas semanas de atraso, mas seu marido acreditou que ela nascera três semanas antes do prazo e nunca questionou sua paternidade. Nem lhe pareceu estranho que a mulher do patrão de sua esposa — que ainda trabalhava ocasionalmente na sapataria — tivesse tanto interesse na educação de seu filho. E quando o menino cresceu, ela o empregou como aprendiz.

De longe, e com discrição, a mulher morena tinha orgulho dos progressos do menino, assim como de suas netas legítimas. Seu filho conseguira convencê-la tão completamente quanto convencera a si mesmo, de que era o pai da criança. Mais tarde, ele se casou com uma moça de família rica e boa posição social. Ele e sua bela esposa tiveram duas crianças, ambas meninas, mas a mulher podia perceber, pela atitude do rapaz, que seu filho ilegítimo era o seu maior orgulho — especialmente quando seguiu seus passos, tornando-se um grande conquistador. Aos 35 anos, o rapaz já tinha seis filhos com três mulheres diferentes.

Agora, com quase 90 anos, e 35 anos depois de surpreender o filho com a funcionária da loja em sua sala de visitas, a mulher se sentou à mesa para o café da manhã e começou a ler o jornal local. Um obituário chamou sua atenção. Não pôde evitar uma onda de nostalgia: sua amiga de infância, com quem certa vez observara a ereção do cavalo e vira o primeiro avião, agora estava morta. Embora a tivesse odiado durante sua longa vida, não podia evitar a tristeza ao ler que ela tinha morrido. O obituário dava uma lista dos parentes da loura: dois filhos e duas filhas, cinco netas e um neto, e 12 bisnetos — seis deles pertencentes ao neto —, e dizia o quanto ela se orgulhara deles.

A mulher sorriu. Ela nunca perdoara a ex-amiga pelas mentiras que dissera ao filho do fazendeiro, naquela tarde quente, tanto tempo atrás. Os comentários que tinham chegado aos seus ouvidos, ao longo dos anos, não deixavam dúvidas de que o ódio era recíproco. A outra mulher sempre tivera ciúme e inveja dela, primeiro por sua aparência e depois por sua riqueza. E uma observação, em especial, aborrecera a mulher morena: a outra dissera que, apesar de sua riqueza, ela não conseguira gerar uma dinastia de netos e bisnetos como a que a loura tinha, afirmando que eles eram a verdadeira realização de sua vida.

A mulher sorriu de novo. Era verdade que ela tivera apenas dois filhos. Era verdade também que, para a sociedade, ela só tinha quatro netos e oito bisnetos. Mas ela sabia que isso não era verdade. O neto, que a loura orgulhosamente julgava ter lhe dado seis bisnetos, afinal não era dela. Ele fora concebido atrás do sofá, num dia de inverno de muita neve. O pai verdadeiro era o filho da mulher morena. E o pobre professor enganado era o filho da loura. De fato, a loura só tinha seis bisnetos enquanto a mulher morena tinha 14.

Ela riu e colocou o jornal sobre a mesa de modo tão decidido quanto suas mãos frágeis agora permitiam. "Acho que eu venci", murmurou para si mesma.

A seleção natural não tem pressa em conceder seus prêmios. As disputas reprodutivas não são vencidas ou perdidas quando uma pessoa acaba de ter seus filhos. Como a história mostra, o resultado final do desempenho reprodutivo só se revela quando os filhos já tiveram filhos e os filhos deles também já geraram filhos.

As duas mulheres, cuja sorte acompanhamos, nasceram com dias de diferença uma da outra, no mesmo vilarejo, filhas de pais que tinham posses modestas. Elas até começaram suas vidas adultas fazendo o mesmo trabalho, na mesma casa. A principal diferença entre elas era em sua estrutura genética e nos atributos que cada uma recebeu. E foram esses atributos que as levaram a agir de modo diferente, aos olhos da seleção natural. A mulher morena acabou vencendo a disputa, marcando 14 a 6 em termos de bisnetos, muito embora ela estivesse perdendo de 5 a 2 em termos de filhos e empatando de 5 a 5 na contagem dos netos. Mesmo sem o neto ilegítimo e fecundo, ela ainda teria ganho de 8 a 6, apesar de seu começo aparentemente fraco. Com ele, ela ganhou de goleada. Por que foi assim? Será que esta reviravolta, no sucesso reprodutivo das duas mulheres, no espaço de apenas três gerações, foi uma simples conseqüência da sorte, ou havia algum princípio importante atuando?

Em primeiro lugar, a história acima não pretende ser moralista. Engravidar antes de ter um parceiro permanente, fazer sexo com dois homens diferentes num período de quinze minutos e ter uma família grande pode funcionar nas circunstâncias certas e com os protagonistas certos, constituindo estratégias de reprodução bem-sucedidas. A mulher loura não perdeu apenas porque começou sua vida sexual mais cedo, nem pelos métodos desonestos que usava para tirar os homens de sua rival mais bonita. A seleção natural não faz julgamentos morais e em circunstâncias diferentes, com pessoas diferentes, tal estratégia desleal teria dado a vitória à loura. Mas neste caso, não deu. Então, quais os fatores que levaram a evolução a favorecer a mulher morena?

Na verdade, houve vários fatores, e nós já discutimos os dois primeiros. Em primeiro lugar, a maioria dos homens a achava mais atraente do que sua amiga. Em segundo lugar, ela conseguiu recrutar um homem bem-sucedido para ajudá-la a criar seus filhos. Em terceiro lugar, ela gerou uma família com um tamanho — duas crianças — que lhe permitiu investir mais na criação e educação, principalmente do filho. Quarto, suas crianças eram saudáveis, férteis e atraentes. Todos estes fatores estão ligados, como vamos ver agora.

Devido aos primeiros dois fatores, a mulher morena conseguiu criar seus filhos num ambiente saudável e espaçoso. Isto significa que eles tinham menos probabilidade de contrair doenças ou de sofrer muito com qualquer doença que tivessem. Por isso, não só sobreviveram, como devido a sua maior simetria, tornaram-se férteis e atraentes. Das cinco crianças da loura, uma morreu na infância e outra ficou estéril devido à sucessão de doenças urogenitais que teve quando era pequena. Em parte, essas desgraças foram conseqüência de suas condições de vida. Como já dissemos antes, mesmo nesta década final do século 20, as crianças dos grupos socioeconômicos mais baixos têm uma probabilidade duas vezes maior de morrer antes da idade adulta do que aquelas nos níveis mais elevados. E nos anos anteriores à Segunda Guerra Mundial, quando as duas mulheres da história estavam gerando e criando seus filhos, as diferenças eram ainda maiores.

Quanto ao terceiro fator, ao ter apenas duas crianças, a mulher morena pôde investir muito tempo, esforço e dinheiro em cada uma delas, de modo que tivessem todas as oportunidades de desfrutar de seu potencial. Ela conseguiu isto atrasando o nascimento da segunda criança, até que a renda familiar estivesse aumentando, e depois não teve mais filhos.

O comportamento da mulher morena ilustra uma estratégia que é o ponto principal deste capítulo: ter *poucos* filhos pode ser um passo positivo rumo ao sucesso reprodutivo, desde que haja um conseqüente aumento na qualidade deles como reprodutores potenciais. Em outras palavras, uma mulher não consegue o maior sucesso reprodutivo simplesmente por ter tantos filhos quantos puder e tão rapidamente quanto possível. Evitar a concepção também pode ser um elemento essencial na reprodução bem-sucedida, especialmente para uma mulher.

A maioria das pessoas acha que o planejamento familiar e a contracepção constituem invenções modernas. Na verdade, as famílias eram planejadas muito antes da existência de uma tecnologia anticonceptiva. O corpo da fêmea evitou a concepção durante dezenas de milhões de anos, antes mesmo que os humanos tivessem evoluído. E as mulheres herdaram essas características naturais de seus ancestrais mamíferos. Abstinência sexual, não ovular, não implantar óvulos fertilizados no útero, perda espontânea do feto durante os três primeiros meses da gravidez, aborto nos meses seguintes, ou mesmo abandono ou assassinato da criança. Tudo isso sempre foi e ainda é uma ferramenta poderosa no planejamento familiar. Todas estas reações, algumas examinadas com mais detalhes em outros capítulos, são meios "naturais" pelos quais a fêmea evita ter e criar filhos quando não for oportuno.

Existe um princípio geral que os corpos das mulheres tentam seguir, que já mencionamos antes e agora vamos detalhar melhor. O desafio que cada mulher enfrenta é, primeiro, identificar o tamanho ideal da família que ela quer ter dadas as suas condições e, em seguida, garantir que ela realmente vai *ter* este número ideal de filhos. Se ela tiver menos filhos, naturalmente terá menos descendentes. Da mesma forma, se ela tentar produzir uma família maior, pode criar um lar abarrotado de crianças onde seus esforços e seus recursos serão dispersos e ineficazes. A doença e a infertilidade que resultarão disto farão com que ela termine com poucos descendentes.

Durante a maior parte da história humana, de um milhão de anos atrás até cerca de 15 mil anos atrás, todas as pessoas viviam como caçadores-colhedores. As sociedades eram formadas por pequenos bandos dispersos de pessoas. Eles tinham uma dieta rica em proteínas e a maioria das mortes resultava de acidentes, ataques de predadores ou guerras entre os grupos e não de doenças. Os filhos desses caçadores-colhedores tinham uma excelente expectativa de sobrevivência. Usando apenas os métodos naturais enumerados acima, as mulheres só tinham três ou quatro filhos durante suas vidas. Dessas, duas ou três sobreviviam. Portanto, as famílias pequenas não são uma invenção recente.

As famílias grandes só apareceram há 15 mil anos, quando a agricultura provocou uma mudança no estilo de vida. Nas regiões agrícolas mais férteis, desenvolveram-se comunidades grandes e concentradas, que viviam de uma dieta rica em carboidratos. As doenças eram freqüentes e a mortalidade infantil era grande. A família média tinha sete ou oito filhos, mas o dobro deste número também era comum. A vantagem das famílias grandes numa sociedade agrícola é que as crianças, quando crescem, fornecem mais mãos de obra para o trabalho braçal que caracteriza este modo de vida. Famílias inteiras eram dizimadas nas épocas de epidemias, mas em média dois ou três membros sobreviviam.

Com o advento da "modernização", a taxa de mortalidade infantil começou a cair e o mesmo aconteceu, algumas décadas depois, com a taxa de nascimentos. Na Europa ocidental, o declínio da taxa de natalidade foi novamente resultado do planejamento familiar *natural*, já que ocorreu um século antes de os modernos anticoncepcionais ficarem disponíveis. Todas as tensões discutidas anteriormente entraram em ação para ajudar as mulheres a conseguir famílias de tamanho ideal. Na Grã-Bretanha, durante a década de 1890, por exemplo, a mulher da classe operária que se casava, ainda antes ou pouco depois de completar 20 anos, engravidava dez vezes. Em média, três crianças eram perdidas em abortos, e dos sete bebês que nasciam, dois morriam no porto ou na infância. E dos que sobreviviam à primeira infância, só três quartos chegavam a se tornar adultos. A redução do tamanho das famílias até os níveis encontrados nas sociedades industriais modernas não aconteceu devido ao progresso da tecnologia anticonceptiva, mas porque as mulheres, subconscientemente, planejavam famílias cada vez menores em resposta à melhoria das perspectivas de sobrevivência de seus filhos.

Em 1995, uma conferência internacional sobre o crescimento populacional, realizada no Cairo, reconheceu que o melhor meio de reduzir o tamanho das famílias, nos países do Terceiro Mundo, seria melhorar os padrões e a expectativa de vida. As mulheres então reagirão subconscientemente à melhoria nas expectativas, gerando famílias menores. E para isto elas poderão usar todos os métodos naturais de planejamento familiar enumerados acima, mais os métodos modernos, agora disponíveis. Contudo, é possível que os anticoncepcionais modernos produzam pouca diferença real no número *total* de crianças que as mulheres resolvem ter em suas vidas. Algumas das menores taxas de fertilidade — as da Espanha, Itália e Japão — ocorrem em países onde os anticoncepcionais são muito pouco usados. No Japão, os contraceptivos orais ainda não podem ser obtidos para objetivos anticoncepcionais — somente para tratamento de irregularidades menstruais. Na África, a taxa de natalidade depende mais dos diferentes padrões de vida nos vários países do que da disponibilidade de anticoncepcionais modernos.

Isto não quer dizer que os anticoncepcionais, particularmente os do tipo oral, não sejam uma arma valiosa para a mulher moderna organizar conscientemente a sua vida. Eles lhe proporcionam um controle maior sobre quando, e com quem, ela engravida, do que ela poderia conseguir usando os métodos naturais. Mas, para a maioria das mulheres, o número de filhos é determinado mais pelo ambiente onde vivem e pelas chances que seus filhos têm de sobreviver, tornando-se adultos com fertilidade intacta.

O quarto fator, que fez a moça morena ser mais bem-sucedida reprodutivamente do que sua amiga, foi o de que seus filhos eram mais saudáveis, mais férteis e mais atraentes. Esta foi a chave real do seu sucesso e ela é o resultado combinado de todos os fatores que acabamos de analisar. Sua filha, nascida no início do seu relacionamento com o dono da loja, provavelmente *não* colheu todos os benefícios do sucesso da mãe. Porém herdou muitos dos seus genes bons, atraindo um parceiro bem-sucedido com quem teve duas crianças. Ao contrário, ao retardar o nascimento da segunda criança até que sua riqueza fosse sólida, a mulher morena foi capaz de dar ao filho muitas vantagens. Criado numa casa grande e luxuosa, ele nunca foi privado de boa alimentação. E colheu os benefícios do status e da riqueza dos pais ficando menos exposto e mais resistente a doenças e acidentes. Sua resistência também derivou dos bons genes que herdou da mãe. Com esse histórico, ele se tornou fisicamente mais atraente, enquanto a riqueza e a posição social de sua família faziam com que também fosse atraente como parceiro permanente. Não importa se estavam procurando genes ou recursos, as mulheres deviam se sentir atraídas irresistivelmente por ele. Ele teve dois filhos num relacionamento permanente, e outro numa relação curta, na qual ele conseguiu enganar outro homem, o filho da loura. Em sua vida de rapaz, quando tinha "uma garota em cada cidade", ele deve ter gerado outras crianças de cuja existência sua mãe nem soube — e nem mesmo ele. Neste caso, a vitória da mulher morena sobre sua rival loura foi ainda mais esmagadora.

Como o filho que o rapaz gerou em suas primeiras conquistas, um menino, foi criado pelo professor, filho da mulher loura, nosso conquistador ficou livre para se concentrar na criação de seus filhos legítimos. Mas quando o menino ficou mais velho, e o verdadeiro pai pôde ajudá-lo sem levantar suspeitas, ele recebeu o apoio de ambos os pais e se tornou um rapaz bem-sucedido e atraente, terminando com seis filhos de três relacionamentos diferentes. Foram essas seis crianças que deram à mulher morena uma vitória tão decisiva sobre a rival de sua vida.

Podemos agora analisar o dilema que a loura enfrentou em seu planejamento familiar. Seu padrão de vida era tão baixo que se ela tivesse somente um ou dois filhos não teria nenhuma garantia de que eles escapariam dos acidentes ou das doenças. E isso, mesmo que ela investisse neles todo o tempo, esforço e dinheiro de que dispunha. Ela poderia ter terminado sem descendentes. Então ela precisou ter cinco crianças para ter uma certeza razoável de que duas ou três chegariam à idade adulta com sua fertilidade intacta. Se tivesse tido sorte, todas as cinco teriam conseguido, e neste caso ela colheria um maior sucesso reprodutivo. Mas apenas três crianças sobreviveram com a fertilidade intacta. Reprodutivamente, ela não foi um fracasso, só não era páreo para sua rival. A mulher morena pôde se permitir ter apenas dois filhos. Seu padrão de vida indicava que qualquer criança que tivesse iria certamente sobreviver. Um investimento pesado nas duas crianças foi, portanto, uma boa jogada, e o impulso que essa ajuda deu, particularmente no *status* e no poder de atração de seu filho, tinha muita probabilidade de produzir grandes resultados na reprodução. Como, de fato, aconteceu.

Assim, a mulher morena se beneficiou de seus bons genes, de sua boa estratégia ao cortejar os homens, do bom planejamento familiar, assim como lucrou com a produção de poucas crianças, mas que eram mais saudáveis, ricas, mais férteis e atraentes.

CENA 13
Um único erro

O velho segurou a bengala e lentamente ergueu seu corpo fraco. Oscilando ligeiramente, ele alcançou a segunda bengala e começou a caminhar pela sala, num passo arrastado, seus sapatos raspando no velho piso de linóleo marrom. Era uma tarde no final do verão. O cheiro da grama recém-cortada entrava pela janela aberta. Em cada intervalo no ruído do cortador, era possível ouvir um rádio falando algo ininteligível à distância.

Estava cansado. Dormia em sua cadeira, sonhando com os anos da infância, quando um raio de sol caiu sobre seus olhos e o acordou. O mesmo raio de luz agora iluminava uma coleção de fotos amareladas dispostas sobre a velha cômoda no canto mais escuro do quarto. Três fotografias eram maiores do que as outras. Suas molduras trabalhadas estavam cobertas pela poeira acumulada durante anos. Depois que a esposa morreu, ele continuou por algum tempo com o hábito semanal de espaná-las, até que tudo começou a parecer sem sentido.

A foto maior era de um adolescente, inclinado sobre um velho portão de madeira numa cena claramente posada. O capim crescia alto junto aos seus pés e o vento embaraçara seus cabelos, dando-lhe um aspecto jovem, com as faces rosadas, que o fazia parecer ter menos do que os seus 17 anos. Enquanto olhava para ela, o velho podia se lembrar dos menores detalhes da situação em que aquela fotografia fora feita. Ótimo fotógrafo amador, seu filho o persuadira a fotografá-lo num dia em que foram caminhar pelas colinas. Continuava sendo a lembrança favorita que o velho guardava do rapaz. E como hoje era aquele dia, ele se sentira atraído freqüentemente pela foto.

A fotografia do centro era de um cão pastor que tivera. O velho adorava cachorros e gostaria de ter saúde suficiente para criar um agora. A última foto mostrava dois meninos lado a lado — o velho e um amigo, quando tinham dez anos de idade. Na infância os dois tinham sido inseparáveis. A amizade continuou na adolescência e só começou a esfriar quando os dois encontraram suas esposas. Infelizmente, as duas mulheres não se suportavam e os dois passaram a se encontrar cada vez com menos freqüência, até que, finalmente, a amizade se reduziu a um aceno educado quando se encontravam na rua. Os dois prosseguiram em suas vidas separadas, trabalhando e criando suas famílias. O velho tivera apenas um filho, que nascera quando ele e a esposa tinham pouco mais de 30 anos. Seu amigo, sempre um pai devotado, tivera dois filhos e três filhas.

Então, há dois anos, a mulher do velho morrera subitamente. E entre as pessoas presentes ao funeral, ele encontrou seu velho amigo. Os dois se falaram apenas brevemente naquele dia, mas logo começaram a passar mais tempo juntos novamente. O outro homem, preocupado com seu velho amigo, o convidava para visitá-lo durante aquele período de solidão. O velho sabia que o amigo estava tentando ajudar, mas na verdade achava as visitas desagradáveis. O amigo tinha uma família tão grande que raramente ficava sozinho com a esposa. Todos os cinco filhos viviam na mesma cidade e cada um lhe dera pelo menos um neto. A casa estava sempre barulhenta. O contraste com sua situação era tão grande que o levou a inventar desculpas para recusar os convites. Achava bem irritante ouvir, por horas sem fim, as descrições detalhadas das últimas gracinhas e façanhas deste ou daquele neto. Acabou tomando a decisão de evitar o amigo. De fato, atualmente levava uma existência muito solitária. Mas hoje era quarta-feira e às quartas-feiras ele tinha sua visita.

Na cozinha, o velho preparou uma xícara de chá e sentou-se pesadamente na velha poltrona de couro, junto da lareira. Enquanto bebia, fechou os olhos e teria cochilado se seus pensamentos não fossem interrompidos por duas pancadas na janela. Os olhos se abriram imediatamente quando reconheceu o som. Levantou-se e saudou o visitante enquanto ele entrava. O garoto foi fazer uma xícara de café. Não era estranho na cozinha do velho e sabia exatamente onde encontrar tudo. Antes de se sentar na única cadeira que havia na sala, ele tirou uma pilha de jornais velhos do assento. O velho apreciava a companhia do garoto porque lhe lembrava seu próprio filho quando tinha a mesma idade. A conversa entre os dois era mais como um diálogo entre velhos amigos do que entre duas pessoas separadas por 60 anos de diferença. Depois de alguns momentos de conversa, o garoto tirou do bolso um baralho e os dois começaram a jogar.

Algum tempo depois, o menino percebeu que o velho parecia estranhamente distraído. Tem alguma coisa errada?, perguntou ele. Surpreso com a pergunta, o velho apenas continuou com o jogo. O garoto, entretanto, se recusou a aceitar uma evasiva e insistiu para que o homem contasse o que acontecera. De repente, o velho se levantou, foi até a sala de estar e voltou logo depois com a fotografia do filho. Hoje era o dia do aniversário do meu filho, ou teria sido, ele disse, simplesmente.

Sem saber como responder, o garoto perguntou o que acontecera com ele. O velho suspirou e contou a história. Ele relembrava com tanta freqüência os detalhes que os amigos de seu filho tinham contado, que era quase como se tivesse estado lá pessoalmente.

Era noite de Ano-Novo e seu filho saíra para comemorar com alguns amigos. Um deles pegara o carro do pai emprestado naquela noite. Os jovens estavam animados enquanto o carro percorria as estradas tortuosas da região de montanha em direção à cidade mais próxima. E a noite correspondeu a todas as expectativas do grupo. Eles dançaram, cantaram e paqueraram as moças da região. O Ano-Novo já começara havia três horas quando eles partiram de volta para casa.

O ar parecia estranhamente espesso e úmido e a atmosfera tinha uma quietude ameaçadora. Logo eles se encontraram no meio de uma neblina tão densa que o motorista não era mais capaz de ver o caminho e parou o carro. Uma espessa nuvem branca envolveu o veículo e no silêncio os rapazes começaram a ficar preocupados. Depois de alguns momentos de discussão, o filho do homem insistiu em pegar o volante. Inclinando o corpo para fora da janela, ele podia ver o suficiente para guiar com cautela, bem devagar. Isto funcionou por uns dois quilômetros, mas, sem que percebessem, o carro gradualmente entrou na contra-mão da estrada de mão dupla. Então aconteceu: concentrado no pequeno trecho do pavimento que era visível, o motorista não notou o galho de uma árvore pendendo bem na frente. Num instante o ramo puxou para trás a cabeça do rapaz, quebrando-lhe o pescoço. A vida de seu filho acabara naquele minuto.

Depois de descarregar o peso da história, o velho pegou o lenço e silenciosamente enxugou os olhos. Ele e a mulher nunca tinham se conformado com a morte do único filho. O garoto ficou sem palavras. Passou um longo tempo antes que o velho murmurasse alguma coisa, sentindo seu embaraço. Então ele começou a dar as cartas de novo.

Em todos os aspectos, o homem triste e solitário da nossa história foi um fracasso reprodutivo, enquanto seu amigo de infância foi um sucesso. Este gerou cinco filhos e muitos netos, enquanto ele produziu apenas um filho e nenhum neto. Os genes que moldaram a aparência deste homem, sua química e seu comportamento não seriam passados por ele para gerações futuras. Por outro lado, os genes do amigo ligados à aparência, química e comportamento enfeitariam muitos descendentes. No entanto, nosso personagem principal e sua esposa seguiram a política que se mostrou tão eficiente para a mulher morena das histórias anteriores. A diferença é que este casal levou ao extremo a estratégia de ter poucos filhos: eles só tiveram um.

É claro que poderia ter dado certo. Um único filho obviamente apresenta muitas vantagens. Ele ou ela recebe toda a atenção dos pais, a maior parte dos recursos da família e conta com o impulso ideal para desenvolver completamente o seu potencial genético. Por outro lado, ele ou ela perde tudo que pode ser ganho no convívio com irmãos. Na soma final, entretanto, as vantagens superam as desvantagens. Se um casal segue a estratégia do filho único, há alguma vantagem se a criança for um menino. Como vamos ver quando examinarmos a questão do favoritismo paterno, no próximo capítulo, há mais benefício reprodutivo, em muitas sociedades, no excesso de cuidado, atenção e riqueza gastos com um filho do que com uma filha. Assim, nosso casal agiu corretamente nesta parte da estratégia.

Com que freqüência a maior qualidade potencial de uma única criança, do ponto de vista da biologia evolutiva, compensa a falta de quantidade — do mesmo modo como *duas* crianças de "alta qualidade" compensaram no caso da mulher morena? É difícil julgar este aspecto sem bons dados sobre o processo reprodutivo. Mas uma coisa é certa. Quaisquer que sejam as vantagens de ter um filho único, também existem perigos, como o velho da nossa história descobriu.

Criar uma criança é difícil. Há muitas armadilhas, é preciso ser sempre vigilante e eficiente. E isto é ainda mais importante no caso do filho único. Cometa um único erro, ou receba um único golpe de má sorte e todo o esforço reprodutivo de uma vida inteira pode ser perdido. E no caso do homem da nossa história, é claro, o fracasso reprodutivo teve um forte elemento de azar. Ele estava seguindo uma estratégia válida — um filho de alta qualidade — e de nenhum modo foi um mau pai no sentido convencional. Ele não negligenciou, abusou ou matou o filho. De fato, gostava muito dele. Mas de qualquer modo a seleção natural o considerou um fracasso. Independentemente dos motivos que levaram o casal a atrasar a criação de sua família, ou ter apenas um filho, esta estratégia foi sempre perigosa e acabou se tornando um desastre.

Nas modernas sociedades industriais, é cada vez maior o número de pessoas que estão tendo um único filho. A maioria o faz voluntariamente, embora na China isto seja uma política do governo. Lá, o decreto que determina "uma família, um filho" conseguiu reduzir com sucesso o número de crianças, embora a média tenha ficado em 1,6 por mulher, e não 1,0. Mesmo assim, o padrão familiar mais comum na China é de apenas uma criança, enquanto no resto das nações industrializadas é de duas. Por exemplo, 43% das mulheres que nasceram na Grã-Bretanha em 1950 terminaram tendo dois filhos. Isso foi o triplo ou o quádruplo das que tiveram apenas um filho. Um dado interessante é que, a medida em que mais chineses tem apenas um filho, a proporção dos sexos das crianças está mudando de modo dramático. Agora existem 16 meninos para cada grupo de dez meninas, no lugar de onze para dez, proporção que prevalecia quando as famílias eram maiores.

O fato de que os chineses estão tendo apenas um filho significa que, universalmente, mais pessoas estão adotando esta opção, pois um quarto da população do mundo *é* chinesa. Mas não parece que a moda vai pegar em outros lugares. Na Grã-Bretanha, por exemplo, onde uma em cada cinco mulheres nascidas em 1920 teve apenas um filho, só uma em cada oito, na década de 1950, parou na primeira criança. Um decréscimo de um terço. Levando em conta a dificuldade que o governo chinês está enfrentando para fazer cumprir a lei do filho único, tais números sugerem que as pessoas, enquanto são férteis, hesitam em ter apenas uma criança. A conclusão disto tudo é que a maioria das pessoas está programada para se impressionar menos com as possíveis vantagens do filho único do que com seus riscos.

CAPÍTULO 6

Brigas em família

CENA 14
Rivalidade entre irmãos

A garota entrou no quarto da irmã mais velha usando apenas uma toalha, que mantinha apertada em torno do corpo.

— Posso pegar agora, por favor? Vamos, você prometeu — disse ela, enquanto segurava a porta aberta. A irmã continuou escrevendo por mais alguns segundos, como se não tivesse ouvido, e então respondeu sem olhar.

— Não estou muito certa agora, acho que mudei de idéia. E, a propósito, por que você não bate na porta da próxima vez? Você sabe que não tem o direito de entrar aqui assim. — Depois voltou a escrever. Havia um tom definitivo em sua voz.

A garota mais nova, com os olhos brilhantes de raiva, se aproximou, segurou a irmã pelo braço e fez com que ela se virasse.

— Ei! Pare com isso, está me machucando! — exclamou a irmã enquanto soltava o braço. — Eu posso mudar de idéia, não posso?

— Não, depois que você prometeu não pode — advertiu-lhe a irmã. — De qualquer modo, eu não tenho mais nada para usar e comprei algumas coisas que combinam com ele. Isso não é justo, você está com inveja porque eu fico melhor nele do que você!

— Eu, com inveja de você?! — riu a irmã mais velha, tentando parecer incrédula. — Você deve estar brincando.

Houve uma pausa de um segundo e a adolescente furiosa disse:

— Então é assim. Eu mesma vou pegar — e caminhou decidida para a guarda-roupa da irmã.

— Não se atreva a tocar em minhas roupas! — gritou a outra, pulando da escrivaninha. Ela correu para o armário, depois virou-se e saiu do quarto às pressas. Foi até o alto da escada e, inclinando-se sobre o corrimão, gritou para a mãe lá embaixo: — Mãe! Mãe! Ela está pegando minhas roupas! Mãe!

No andar de baixo a mãe suspirou, acabou de guardar a louça e foi até o pé da escada. Estivera ouvindo a discussão das filhas por uns bons cinco minutos. Era só uma questão de tempo até que uma delas viesse pedir sua intervenção. Subitamente o barulho aumentou, quando as duas moças desceram correndo a escada, uma tentando passar na frente da outra. Na briga, a toalha que envolvia a mais nova caiu, expondo seus seios de adolescentes e fazendo com que ela parasse para se recompor. Ela desceu devagar os últimos degraus, com o rosto levemente corado. A mãe as esperava.

— Pelo amor de Deus, o que foi agora? — perguntou ela.

— Mãe, é ela — reclamou a garota enrolada na toalha. — Ela só mudou de idéia porque sabe que ele vai estar lá. Não é justo!

— O quê? Não seja ridícula! Além do mais, quem é ele? — reagiu a irmã, fazendo uma careta.

— Você sabe quem é, você está doida por ele!

— Quer dizer, você está doida por ele, não eu — foi a resposta indignada.

A irmã mais nova apelou de novo para a mãe.

— Ela está com medo de que ele me veja com o vestido e me prefira no lugar dela. Não é minha culpa se ela não foi convidada. Além disso, ela falou na semana passada que eu poderia pegar emprestado.

— Besteira! — gritou a irmã mais velha enquanto subia as escadas. Um momento depois, ela atirou o vestido por cima do corrimão. — Aí está, pode ficar com ele, se quiser. Veja se eu me importo, sua vaca estúpida!

— Ei! Olhe a língua, mocinha — gritou a mãe, enquanto a adolescente desaparecia no quarto. Enquanto isso, a irmã mais nova pegava o vestido e subia as escadas triunfante, saltando dois degraus de cada vez.

Meia hora depois a porta bateu, indicando sua partida. A irmã mais velha, depois de terminar o trabalho de casa, passou o resto da noite tomando um banho quente, estudando o próprio corpo e se perguntando como a irmã mais nova a estava passando para trás. A mãe, meio aborrecida porque a filha mais nova saíra sem se despedir, passou o resto da noite pensando nas filhas. De fato, sem a presença do pai para distraí-la — ele estava trabalhando até tarde de novo —, era difícil deixar de pensar nelas.

Era sempre assim. Elas, às vezes, se davam bem, mas era mais comum não se entenderem. Havia sempre um motivo para discussão. Ultimamente, o principal motivo da rixa era o tamanho diferente dos quartos. O da mais velha era um pouquinho maior — o que era perfeitamente justo, ela afirmava, por ser a filha mais velha. A mais jovem queixava-se amargamente da injustiça. Não era sua culpa ser a irmã mais nova, ela dizia em todas as oportunidades. E usava o tamanho menor do quarto como pretexto para se lamentar das injustiças por ser a filha mais nova. Argumentava que precisava do espaço extra. Sua mobília era maior e ela recebia mais visitas do que a irmã. Não era justo.

A mãe já ouvira falar nos problemas de ciúme que podem surgir quando a diferença de idade entre os filhos é pequena. Mas isso não a impedira de ficar grávida de novo quando a primeira filha tinha apenas 18 meses de idade. Lembrava-se de como ficara empolgada ao ter uma segunda filha. Sempre quisera ter uma irmã e imaginava suas duas filhas se tornando amigas pela vida toda, uma ajudando a outra e compartilhando segredos. Mas não era assim. Não importava o modo justo com que ela e o pai tentavam tratar as duas. A mais nova continuava convencida de que, de algum modo, ela era preterida em relação à irmã mais velha. E por seu lado, o ressentimento que a outra sentia em relação à mais nova nunca diminuiu.

Desde o início, a mais velha considerara a irmã como uma ameaça. Era como se achasse que ter uma irmãzinha significava receber menos atenção dos pais. A mãe se lembrava com tristeza da reação que a filha tivera quando ela amamentava o novo bebê. Nos primeiros dias, ela parecera apenas satisfeita em ignorar todo o processo, mas depois começou a demonstrar ciúme. Quando a irmã estava mamando satisfeita, ela começava a pedir coisas, pequenas coisas. Pedia um copo d'água ou um brinquedo que não podia alcançar, ou queria que lhe colocasse as meias — qualquer coisa que pudesse inventar para interromper a amamentação, ainda que fosse por um minuto ou dois. E quando este recurso parou de funcionar, ela começou a se intrometer entre as duas, querendo subir no joelho da mãe.

Mas o pior incidente aconteceu quando a filha mais velha tinha dois anos e meio. Era um dia quente de verão e elas estavam passando a tarde no jardim. Ela tinha levado o rádio, um cobertor e alguns brinquedos para fora, planejando fazer um piquenique. A menorzinha estava dormindo no carrinho quando a mãe entrou na casa para lavar uma vasilha. De pé diante da pia, ela olhou pela janela e viu a filha mais velha pegar o rádio e caminhar desajeitadamente na direção do carrinho. Horrorizada, percebeu instantaneamente o que ia acontecer. Saiu correndo da cozinha e chegou no jardim a tempo de ver a filha mais velha atirando o pesado objeto no carrinho de bebê. Felizmente, depois de bater na borda, o rádio caiu sobre a barriga do bebê adormecido, sem causar nada mais grave do que acordá-lo. Durante anos depois do incidente, ela nunca mais deixou as duas meninas sozinhas.

Logo depois deste incidente, a filha mais velha entrou numa fase que a mãe batizou de "comportamento de bebê". Sempre que ela estava cuidando da filha mais nova, a outra caía no chão e ficava chorando, chutando e se debatendo até conseguir a atenção da mãe. Contra a vontade tivera que botar fraldas nela por algum tempo, pois a menina descobrira que se sujar, ou urinar no chão da casa, era um ótimo meio de atrair atenção. Depois, aos quatro anos de idade, ela passou a usar uma estratégia em suas tentativas de desviar a atenção dos pais da irmã mais nova. Uma de suas táticas era encorajar a irmãzinha a fazer alguma travessura e então correr para contar para a mãe. E quando ela chegava para ver o que estava acontecendo, a maior insistia em que não tinha nada a ver com aquilo.

As duas irmãs nunca brincaram juntas. Viviam discutindo sobre os brinquedos. A mais velha freqüentemente usava sua força e tamanho para tomar as coisas da irmãzinha. Ela também parecia sentir prazer em arruinar qualquer brincadeira que a outra tivesse inventado. À medida que a mais jovem crescia, ela também passou a se vingar interferindo nas brincadeiras da irmã e chateando quando a outra tinha amigas para brincar. Nas raras ocasiões em que as duas começavam a jogar um jogo de mesa, a mais jovem enfurecia a irmã ao se recusar a obedecer as regras, ou ameaçando derrubar o tabuleiro quando se cansava da brincadeira.

E mesmo agora, quando já eram adolescentes, tudo continuava na mesma, ainda que os motivos de discórdia fossem outros. Elas pareciam incapazes de ver as coisas sob o ponto de vista uma da outra e suas discussões dominavam a casa. Talvez isto fosse continuar assim para sempre, pensou a mãe desanimada, enquanto subia a escada para se deitar.

Este capítulo é uma coleção de cinco histórias, cada uma lidando com um aspecto diferente da vida em família, enquanto as crianças se desenvolvem, da infância até a adolescência.

Poucos vão discordar de que a vida em família é uma mistura de períodos bons e ruins. Os bons momentos acontecem quando os interesses de todos coincidem, trazendo considerável prazer e exigindo pouca interpretação de um biólogo evolucionista. É através desse acordo que todos os membros da família aumentam, potencialmente, suas possibilidades reprodutivas, *exatamente por serem parte da família*. Eles aprendem uns com os outros, se apóiam mutuamente e ao criarem uma frente unida contra o mundo exterior, podem lutar por recursos para a família como um todo, e com muito mais eficiência do que se agissem de maneira independente. Contudo, há muito mais que o biólogo evolucionista pode dizer para nos ajudar a compreender os aspectos menos harmoniosos da vida familiar. E é nesses aspectos que vamos nos concentrar agora.

Vamos ilustrar algumas das relações entre pais e filhos, lidando na cena 15 com favoritismo e violência paternos, e na cena 16 com a questão do incesto, um tabu tão freqüente. Terminaremos o capítulo com duas cenas, mostrando situações que produzem seus problemas específicos — "as famílias misturadas", nas quais surgem as figuras dos padrastos e madrastas e na questão das famílias formadas só pela mãe ou o pai — e no processo também consideraremos a questão do abuso sexual de crianças (cena 17). Mas vamos começar examinando a rivalidade entre irmãos.

Esta é uma das manifestações mais óbvias das "guerras de bebês". Poucas pessoas não viram ou experimentaram por si mesmas as variadas maneiras pelas quais irmãos e irmãs competem uns com os outros. Eles discutem, brigam, tomam os objetos um do outro, como vimos na história acima. Ocasionalmente, chegam ao ponto de um matar o outro. Em qualquer idade, eles conseguem encontrar um motivo de disputa e a rivalidade pode começar cedo. A maioria das crianças está razoavelmente protegida dos irmãos no ventre materno — mas isso não acontece com os gêmeos, que invadem o corpo da mãe tentando cada um, ficar com a parte do leão na nutrição disponível e até mesmo dão cotoveladas um no outro para conseguir a melhor posição dentro do útero.

Enquanto são bebês ou estão engatinhando, os irmãos competem pela afeição e atenção dos pais. Depois acrescentam a comida, os brinquedos, e até mesmo o melhor lugar para se sentar, na lista dos motivos de briga. Um pouco maiores, ou no início da adolescência, eles brigam por espaço e pelos presentes dos pais. Já no fim da adolescência passam a disputar os amigos do mesmo sexo ou do sexo oposto. Também brigam por coisas mais materiais, como o uso de carro da família. E finalmente, adultos, eles brigam pela herança. A rivalidade entre irmãos é uma força poderosa do nascimento até a morte.

E não há nada unicamente humano nela. Nem se trata de um fenômeno novo. Cada ninhada de todo animal que vive em família, seja mamífero, pássaro ou inseto, exibe casos de rivalidade entre irmãos. Além disso, ela se mostra em todos os aspectos da vida em família. Logo depois do nascimento, podemos ver os filhotes de mamíferos competindo pelo acesso às tetas da mãe. Os pássaros, no ninho, quando gritam de bico aberto, tentando convencer os pais a dar a eles a maior parte da comida, também estão exibindo esse tipo de comportamento. Nos animais mais velhos isso também pode ser notado nas brincadeiras violentas dos filhotes de leão e nas brigas entre pássaros que vivem em grandes famílias, quando disputam a posse do território paterno.

Para os românticos, a rivalidade entre irmãos não deveria acontecer: a família é uma unidade e, se todos cooperam, esta unidade pode ter uma vida muito melhor do que se houver lutas internas. E, até certo ponto, as famílias agem cooperativamente com este objetivo — este é um dos benefícios de se formar um grupo familiar. Mas, do ponto de vista do biólogo evolucionista, a rivalidade entre irmãos é inevitável. Então, por que a seleção natural programou os humanos, e todas as outras espécies que vivem em famílias, para competirem deste modo? A explicação básica é muito simples. Cada irmão ou irmã está tentando maximizar sua capacidade reprodutiva, e está preparado para fazer tudo o que puder para ter sucesso, mesmo que isso signifique comprometer o sucesso de seus irmãos e irmãs.

A força que reprime essas disputas entre irmãos deriva dos pais, como vimos em nossa história. E os pais agem deste modo, porque seus interesses são diferentes dos interesses dos filhos. A evolução programou os pais para atuarem como juízes nas lutas entre os filhos, de acordo com as regras que promovem sua capacidade reprodutiva total e não em benefício de qualquer filho individualmente. A seleção natural vai favorecer os pais que observam, supervisionam, intervêm e controlam, quando necessário, de modo a maximizar o número de netos que vão obter. De um modo geral, isso significa, simplesmente, que os pais lucram mais quando garantem que nenhum de seus filhos será muito prejudicado pela rivalidade com os irmãos.

Inevitavelmente, porém, a situação não é tão simples, como descobriremos na próxima história, que trata do favoritismo paterno. Mas, por enquanto, vamos presumir que a melhor estratégia, para ambos os pais, é mediar com justiça, de modo que cada filho receba uma parte igual dos recursos que a família tem para oferecer.

Por seu lado, cada criança está fazendo o máximo para receber *a parte do leão*. Isto significa que ela não deve aborrecer seus pais *demasiadamente* por prejudicar excessivamente a estratégia deles. Isso seria contraproducente, já que eles poderiam ficar com raiva dela. Até certo ponto, a criança também tem que ser cuidadosa para não se indispor demasiadamente com os irmãos. Irmãos e irmãs podem ser úteis — no mínimo para emprestar roupas! De um modo mais geral, uma dupla de irmãos pode se sair melhor nas disputas dentro do seu grupo social se ambos cooperam entre si, em vez de agir sozinhos. Eles também conseguem exercer uma pressão maior sobre os pais quando agem de comum acordo. O relacionamento entre irmãos, portanto, é uma corda bamba entre a cooperação e o conflito, e as crianças mais bem-sucedidas são aquelas que caminham por esta corda com maior cuidado.

A rivalidade tem seus custos. Ela consome tempo e energia e traz o risco de afastar o resto da família. A não ser que exista algo valioso em jogo, pode não valer o esforço. Por exemplo, a quantidade de comida, espaço, dinheiro e atenção que existe para ser disputada é uma questão fundamental. Podemos esperar que a rivalidade entre irmãos seja maior nas famílias dos grupos socioeconômicos mais pobres. Com um bolo pequeno para ser dividido, há uma grande pressão de todos para conseguir uma fatia maior. A rivalidade deve atingir seu nível mais baixo nas famílias dos grupos socioeconômicos mais elevados, mas ainda assim será uma característica da vida familiar. Quanto maior for a cota de recursos que uma criança consegue conquistar, ela sempre se beneficiará tendo mais — a feroz rivalidade entre irmãos na disputa pela herança de grandes fortunas familiares é matéria-prima tanto da ficção quanto da vida real.

Três outros fatores também vão influenciar o nível de rivalidade entre irmãos: a diferença de idade, se eles são do mesmo sexo ou de sexos diferentes, e como eles estão ligados geneticamente. Os dois primeiros fatores são simples. Quanto menor for a diferença de idade, mais as necessidades dos dois vão se sobrepor. Maior será a pressão para competir e mais equilibradas serão as chances de cada um. De modo semelhante, crianças do mesmo sexo têm mais a ganhar com a competição — novamente porque suas necessidades são mais parecidas do que se fossem irmão e irmã. O terceiro fator não é tão simples e tem conseqüências mais profundas. O nível de rivalidade entre irmãos depende da ligação genética entre eles. Ela é maior entre filhos naturais e adotivos, um pouco menor entre meio-irmãos e diminui no caso de irmãos, sendo menos intensa nos gêmeos idênticos. A explicação para isso virá depois, no final do capítulo.

Nenhuma família conseguirá escapar deste problema, a menos que tenha um filho único. As crianças sempre encontram situações onde têm algo a lucrar defendendo seus próprios interesses em detrimento de seus irmãos e irmãs. E dentro de cada família, o nível de rivalidade vai depender de uma relação complexa entre custos e benefícios do conflito e da cooperação. Isto, por sua vez, será influenciado pelo *status* da família, o número, idade, sexo e relação genética entre as crianças. Mesmo que não exista nada mais para disputar, haverá sempre um limite na atenção total que os pais podem oferecer. E de tempos em tempos cada irmão ou irmã achará necessário competir por uma parte maior deste fator tão importante.

Além disso, a natureza e a extensão da rivalidade vão depender precisamente de como os pais organizam a relação entre os filhos. Nesta análise presumimos que pai e mãe serão árbitros justos e honestos. Porém, com mais freqüência, é do interesse dos pais favorecer uma das crianças. Além disso, os interesses de mãe e pai nem sempre coincidem quando escolhem o filho que deve ser favorecido e o que deve ser relegado.

CENA 15
Favoritismo paterno

A jovem procurou cuidadosamente no meio das fotografias. Sabia o que estava procurando. Estava ali em algum lugar.

Ela estava sozinha em casa naquela tarde de sábado e não tinha nada para fazer. O resto da família, o irmão mais velho, o irmãozinho, a mãe e o pai tinham saído. Eles estavam saindo bastante ultimamente, desde que o irmão mais velho tinha chegado de férias da universidade. Era como se cada dia tivesse que ser especial, só porque ele estava em casa de novo. A vida normal fora suspensa — não havia mais discussões, nem domingos tediosos ou refeições ligeiras. Tudo tinha que ser especial.

Nos dias anteriores a sua chegada, os pais não falaram de outra coisa. Sua mãe preparou com cuidado o quarto do rapaz e encheu o *freezer* de massas para bolos, pastéis e pães caseiros — "só para o caso de ele querer alguma coisa doce". Tinha telefonado para os parentes, contando que ele estaria em casa e que eles poderiam "aparecer para vê-lo na semana seguinte".

A mocinha parou de procurar foto e se levantou. Deixando o depósito, no sótão, ela atravessou o corredor e abriu a porta do quarto do irmão mais velho. A cama fora arrumada e o piso encerado. Pensou imediatamente em seu próprio quarto, com a cama desarrumada e coisas espalhadas por toda parte. O quarto do irmão era o maior da casa. Ela ainda dividia o seu com o irmão menor. Ele, que ainda era muito novo, não se importava, mas ela ficava realmente ressentida. Depois que o irmão mais velho fora para a universidade, pediu aos pais que a deixassem ficar com o quarto dele. Afinal, ficaria desocupado a maior parte do tempo. Mas não, era o quarto dele e era assim que ficaria. Além disso, sempre haveria as férias e quem sabe — e se ele voltasse para casa e resolvesse ficar? Era tão injusto, ela pensou. Estava com 15 anos e precisava ter sua privacidade. Nenhuma de suas amigas tinha que dividir o quarto com os irmãos ou irmãs menores.

Seus olhos se voltaram para o computador no canto. Este era um motivo real de discussão. Ele fora comprado para toda a família, mas em algumas semanas acabara no quarto do irmão. Daí em diante ele teve acesso quase exclusivo ao computador — tudo que ela podia fazer era usá-lo nos raros momentos em que ele saía. Para justificar, seu pai alegou que o irmão faria melhor uso da máquina, porque necessitava dela para seus trabalhos de colégio. Como se ela também não tivesse trabalhos escolares para fazer. Mas os seus estudos não eram importantes, é claro, porque não se esperava que ela fosse para a universidade.

No momento ela estava poupando cada centavo que ganhava com seu trabalho de meio expediente, numa loja do mercado, para comprar seu próprio computador. Obviamente não seria um equipamento tão potente quanto o do irmão, mas era o que ela poderia conseguir. Nunca ocorrera aos pais que o irmão devia trabalhar. De qualquer modo, a maior parte do tempo livre que lhe sobrava dos estudos era dedicado às atividades esportivas. O pai tinha um orgulho especial das conquistas atléticas do filho. Quase todo sábado, quando o filho ainda estava no ginásio, o pai passava levando-o de uma quadra de esportes para outra. O assunto no jantar era a performance do irmão naquele dia. Raramente o que acontecia com ela era assunto de conversa. Tinha certeza de que os pais não estavam sendo deliberadamente distraídos quando se comportavam assim — e perguntava a si mesma: se isto a incomodava tanto, por que não falava com eles a respeito? De algum modo ela sabia que, se o fizesse, provavelmente não iria mudar nada na maneira como a tratavam.

Subitamente seus pensamentos foram interrompidos pelo ruído de uma chave abrindo a porta da frente. A família estava de volta. Foi até a janela aberta e olhou. O som de vozes chegou aos seus ouvidos, em especial a voz do pai, perguntando ao irmão:

— Então? Quem é a felizarda?

Não ouviu a resposta porque o irmão já estava dentro de casa. Saindo da janela, a jovem suspirou e começou a descer as escadas para exibir uma presença simbólica. Então seu irmão tinha planos para esta noite. Pensou em quem seria a "garota de sorte". O irmão tinha várias namoradas que encontrava durante as férias. Quem seria a escolhida esta noite? Quanto tempo ela levaria se aprontando? E quanto tempo esperaria, no dia seguinte, pelo prometido telefonema que nunca viria? Sim, seu irmão tinha muitas namoradas. Tinha pena de todas elas.

O jantar foi atrasado naquela noite para que o irmão tivesse tempo de tomar um banho e se aprontar para o encontro. Um jantar tardio não era conveniente nem para os planos dela, nem para seu estômago. Encostou-se no armário da cozinha, comendo um biscoito enquanto a mãe, atarefada, verificava se todos os detalhes da refeição estavam perfeitos. Geralmente eles comiam na cozinha, mas desde que o irmão voltara para casa a família passou a comer na sala de jantar todas as noites.

Quando o jantar começou ela já estava atrasada para seu compromisso e teve que sair no meio da refeição. Ela se levantou da mesa e a mãe interrompeu a conversa para perguntar aonde ela ia. Já tinha esquecido o que conversaram de manhã. Antes de fechar a porta da frente, ouviu o irmão dizer alguma coisa e os pais começaram a rir. Será que ela tinha lembrado de levar a chave?, perguntou a mãe, ainda rindo. Ela parou, quase respondeu, mas como a pergunta não foi repetida, a jovem apenas fechou a porta e saiu.

Dez dias depois ela ficou sozinha em casa novamente. O resto da família saíra algumas horas antes para levar o irmão de volta para a universidade. Uma viagem que levaria o dia inteiro. Na noite anterior ela sugerira que gostaria de ir com eles. Era domingo e ela já tinha adiantado os deveres do colégio. Mas no último momento não houve espaço para ela no carro. Mas não ficou desapontada. Depois que eles saíram, foi para o sótão. As fotografias que estivera olhando quinze dias atrás ainda estavam espalhadas pelo chão. Ajoelhou-se e as apanhou. Tinha que estar aqui em algum lugar. Então achou, a foto que seu pai tinha tirado do irmão mais velho, em seu primeiro dia na escola. Realmente, ela resumia tudo — sabia que não havia uma foto semelhante nem dela, nem de seu irmão menor. Por algum motivo, eles nunca tinham sido tão importantes.

O comportamento dos pais faz com que o final desta segunda história, envolvendo rivalidade entre irmãos, seja bem diferente da primeira, em que a mãe mediava tão razoavelmente quanto podia a briga entre as duas irmãs. Nesta última história, os pais fazem tudo o que podem para ajudar o filho mais velho, enquanto ignoram as necessidades e queixas da filha.

Assim, o que os pais devem fazer de modo a maximizar sua produção de descendentes? Será que eles devem julgar as disputas entre irmãos com a maior justiça possível? Devem mostrar favoritismo? Ou devem deixar as crianças livres para estabelecerem suas próprias hierarquias? Infelizmente, pelo menos da perspectiva da evolução, não existe uma resposta simples. Tudo depende das circunstâncias que cercam a família, do potencial relativo das diferentes crianças, seu número, idade, sexo e ligação entre elas.

Em nossa discussão anterior sobre a rivalidade entre irmãos, nós identificamos dois princípios centrais. Primeiro, cada criança vai tentar maximizar sua capacidade reprodutiva mesmo à custa dos irmãos. Para fazer isso ela precisa andar na corda bamba entre o egoísmo e a cooperação com o maior sucesso possível. Em segundo lugar, os pais devem controlar essa rivalidade entre as crianças de modo a maximizar seus descendentes.

Algumas vezes os pais farão isso sendo justos, e tentando dar às crianças chances iguais, sempre que possível. Em outras ocasiões eles vão agir de modo mais incisivo, apoiando os fracos e contendo os fortes. A vantagem de igualar o potencial das crianças é que, até certo ponto, cada uma delas representa um bilhete igual na loteria da vida, cujo prêmio são os netos. Existem elementos casuais, como acidente e doença, que podem atingir qualquer criança, a qualquer momento, e nesta questão de vida ou morte, o que determina qual a criança que vai sobreviver até ficar adulta é a sorte. Quando um filho morre, os pais que controlaram a rivalidade entre irmãos para que os sobreviventes tivessem oportunidades tão boas na vida quanto o filho que perderam ainda serão os mais bem-sucedidos, reprodutivamente. Quando os pais apóiam um filho em especial, se ele morrer ficarão com sobreviventes malpreparados para a vida, as vítimas abandonadas da rivalidade entre irmãos, e terão menos sucesso em sua produção total de netos.

Suponhamos que uma família tenha duas crianças, que recebem apoio igual dos pais. Se cada uma tiver dois filhos, isto dará um total de quatro netos para cada um dos pais. Agora suponhamos que os pais mostrem um ligeiro favoritismo, e a criança beneficiada tenha quatro filhos, enquanto a que foi negligenciada não gere nenhum neto para eles. Na conta final, este casal não ganhou nem perdeu nada com seu favoritismo, já que, de qualquer forma, eles terminaram com quatro netos. Mas seu favoritismo os torna vulneráveis à ameaça imprevisível de uma morte por acidente ou doença. Se eles perderem o filho favorito, terminarão sem netos e sua linhagem será extinta. Já se não tivessem demonstrado favoritismo, teriam terminado com dois netos, não importando qual das crianças eles perdessem.

A conclusão é que se o favoritismo não pode aumentar o número de netos, é melhor não exercê-lo. Mas a situação muda se o favoritismo *puder* aumentar o número de netos. Então pode valer a pena correr os riscos de um acidente ou uma doença. Se, no exemplo acima, a criança favorecida tivesse dado aos pais quatro ou mais netos, contra um da desfavorecida, os pais teriam terminado com cinco ou mais netos, em lugar dos quatro que seu tratamento justo produziu.

Deste modo, a seleção natural tem beneficiado os pais que estão alertas para a possibilidade de que um de seus filhos possa ter um potencial maior do que os irmãos. Nestas condições muitos se sentem irresistivelmente tentados a encorajar e ajudar aquele filho especial, em detrimento dos outros. É claro que os pais raramente pensam no fato de que seu apoio pode gerar mais descendentes. Mas é isso que seus corpos estão tentando conseguir. Os cérebros dos pais vão registrar que se eles fizerem isso ou aquilo, um de seus filhos será excepcionalmente bem-sucedido, de algum modo. E as pessoas bem-sucedidas, quaisquer que sejam suas habilidades, em média se reproduzem com mais sucesso do que as pessoas que não se destacam, particularmente se suas habilidades produziram *status* e riqueza.

Podemos ver os princípios do favoritismo agindo em muitos outros animais, com casos mais extremos se manifestando em algumas aves de rapina.

Nessas espécies de pássaro, a mãe realmente injeta mais hormônios na gema do primeiro ovo que põe, de modo que este filhote pedirá comida mais agressivamente do que os irmãos. Muitos falcões e águias põem dois ovos, mas desde o princípio um filhote é mais favorecido do que o outro. As aves preferem alimentar o filhote mais promissor e logo o outro morre com a negligência. Em alguns períodos, as aves não conseguem encontrar comida suficiente para alimentar dois filhotes e aumentam seu sucesso reprodutivo favorecendo o filhote mais forte em vez de tratar os dois igualmente. Só nos anos de fartura, quando é fácil obter alimento, elas tentam criar os dois. E somente se um acidente, uma doença ou um predador, tirar deles o passarinho favorito é que eles darão toda a atenção ao filhote menor. Nestas espécies de pássaro, geralmente o filhote do primeiro ovo a chocar é o favorecido — e a seleção natural provocou um comportamento semelhante entre os humanos.

A diferença no potencial genético de seus filhos não é a única razão que leva os pais a mostrarem favoritismo. A ordem de nascimento também pode ser um fator. Através da história, numa ampla variedade de culturas, a parte do leão dos recursos e terras paternas era herdada pela criança mais velha. Nas sociedades ocidentais, a criança favorecida era geralmente o filho mais velho. Já em algumas sociedades agrícolas, a privilegiada era a filha mais velha. Em outras, era simplesmente a criança mais velha, independentemente do sexo. Tendências semelhantes ainda podem ser vistas hoje em dia. Num dos extremos temos a herança nas monarquias, no outro, situações como as que mostramos na última história.

O favoritismo baseado na ordem do nascimento não surpreende um biólogo evolucionista. O sucesso reprodutivo de um indivíduo é medido não pelo *número* de filhos ou netos, mas pela *freqüência de reprodução*. Uma pessoa pode, por exemplo, ter o dobro da taxa reprodutiva de outra, seja por ter o dobro de netos no mesmo período de tempo, ou tendo o mesmo número de netos na metade do tempo. Embora até agora, em nossa discussão, tenha sido adequado falar apenas em *sucesso* reprodutivo, é crucial ter em mente que quando falamos em sucesso na reprodução queremos realmente dizer *freqüência* de reprodução. E um modo pelo qual os pais podem tentar aumentar sua freqüência de reprodução é dando todas as vantagens para a criança mais velha, na esperança de que ela, ou ele, gere descendentes com sucesso. Isto porque, se a criança mais velha for a mais bem-sucedida na reprodução, eles ganharão netos mais cedo e a freqüência de reprodução será maior do que se qualquer outra de suas crianças fosse a mais bem-sucedida.

Enquanto a seleção natural predispõe os pais a favorecerem a criança mais velha, tudo o mais sendo igual, ela simultaneamente predispõe as crianças à rivalidade de um modo que tem conseqüências fascinantes. Uma pesquisa biográfica minuciosa e questionários que avaliaram um período de vinte anos permitiram que os historiadores científicos descobrissem que a ordem no nascimento tem uma grande influência na personalidade de um pessoa. Ao solicitar o apoio paterno, os primogênitos tipicamente imitam o comportamento e as atitudes paternas. Os que nascem depois precisam se diferenciar de seus irmãos mais velhos. Isso os leva, naturalmente, para uma postura de oposição, adotando posições que, em certo sentido, são revolucionárias. Resumindo, primogênitos são conservadores enquanto os caçulas são rebeldes.

Existe agora uma considerável evidência documental de que idéias revolucionárias, como as que provocaram acontecimentos que vão de revoluções políticas, como a Revolução Francesa, a revoluções ideológicas, como o Protestantismo, atraíram as pessoas de maneira diferente, de acordo com sua ordem de nascimento dentro da família. De modo geral, as pessoas que apoiaram essas revoluções eram os filhos mais novos, enquanto aqueles que se opunham a elas eram os primogênitos, independentemente de suas idades. Por exemplo, antes de a publicação de *A origem das espécies,* de Charles Darwin, em 1859, dar algum status às idéias evolucionistas, havia dez vezes mais probabilidade de elas serem defendidas pelos caçulas do que pelos primogênitos de idade e educação semelhantes. Décadas ou mais depois, quando essas revoluções já tinham se firmado, os papéis se inverteram. Então, os dogmas da nova verdade já consagrada eram mais facilmente adotados pelos primogênitos e combatidos pelos que nasciam depois.

Quando uma síntese desta pesquisa foi publicada pela primeira vez, em 1996, ela recebeu alguma atenção dos meios de comunicação. Ao discutir essas descobertas, muitos comentaristas foram tentados a afirmar que o estudo era um exemplo de determinismo ambiental e não genético — um triunfo da "educação" sobre a "natureza". Mas não é assim. O que a seleção natural fez foi criar uma *resposta condicional.* Basicamente, todos são programados geneticamente do mesmo modo, primeiro para determinar sua posição na hierarquia familiar, e então reagir de acordo. E a reação adequada é: se for o primogênito, adote os valores dos pais; se for o caçula, questione esses valores; e se estiver no meio, fique num meio-termo. A reação dos caçulas não é capaz de reduzir o favoritismo paterno em relação aos primogênitos, porque tal favoritismo beneficia os interesses dos pais, como já mostramos. O que a reação dos mais novos pode fazer, contudo, é definir uma posição a partir da qual eles podem desenvolver e aperfeiçoar um conjunto consistente de padrões de comportamento. Essencialmente eles buscam oportunidades e recursos desprezados por seus pais e pelos irmãos mais velhos, procurando se destacar de maneiras novas e inesperadas.

O potencial genético e a ordem do nascimento não são os únicos fatores que influenciam o favoritismo paterno. O sexo é outro. Com freqüência os pais se beneficiam ao conceder riqueza e *status* aos seus filhos, no lugar de suas filhas. Como foi notado anteriormente, os homens de maior riqueza e status conseguem parceiras mais cedo, começam a ter filhos mais cedo, têm menos probabilidade de ser traídos e maiores oportunidades de seduzir as mulheres de outros homens. Portanto, estes homens têm potencial para ser mais bem-sucedidos, reprodutivamente, do que seus contemporâneos de condição social inferior. E isso é tão verdadeiro para as modernas sociedades industriais quanto para as pré-industriais.

Há uma conseqüência fascinante da preferência das mulheres — e sua maior fidelidade — por homens com riqueza e *status*: ou seja, estas mulheres podem realmente influenciar a proporção de filhos e filhas para tirar vantagem dessa preferência, partindo do fato de que homens com alta posição social conseguem um sucesso maior na reprodução do que os outros. E não apenas em seus relacionamentos permanentes, mas porque contam com as mesmas oportunidades, acima da média, que seus pais tinham, de tomar as mulheres dos outros homens, ou fazê-las trair seus parceiros. Como conseqüência disso, uma mulher casada com um homem de alto *status* conseguirá maior sucesso reprodutivo se gerar filhos no lugar de filhas. Um filho realmente bem-sucedido pode aumentar muito mais o sucesso reprodutivo de uma mulher do que a mais bem-sucedida das filhas. O maior número de filhos que um homem já afirmou ter produzido foi de 888, como mencionado anteriormente, enquanto o recorde, para as mulheres, é de 69 (engravidando 27 vezes).

Portanto, podemos esperar que os casais de alto nível social tenham mais filhos homens do que os casais de baixo *status*, e é precisamente isto que as pesquisas mundiais mostram. Vejamos, por exemplo, os dados relativos a homens e mulheres incluídos em publicações como o *Who's Who*. Geralmente a proporção é mais estatística do que óbvia — cerca de 115 meninos para cada 100 meninas —, mas algumas vezes pode ser impressionante. Os presidentes dos Estados Unidos, por exemplo, tiveram no total 90 filhos e 61 filhas, o equivalente a 148 filhos para cada 100 filhas.

Então, por que todas as mulheres não produzem um excesso de filhos? Realmente, até certo ponto elas o fazem. Em média, nascem 106 meninos para cada 100 meninas. Mas como os meninos têm uma probabilidade maior de morrer na infância, na época em que começam a se reproduzir a proporção é igual. Mesmo assim, as mulheres com menos tendência a ter meninas são as que se casam com homens de *status* elevado. E as mulheres sem parceiros, assim como as mulheres casadas com homens pobres, têm maior tendência a produzir meninas.

Mostrar favoritismo em relação ao filho mais velho, portanto, freqüentemente aumentará o número de descendentes de modo mais efetivo do que favorecendo uma filha. Isto não significa que não ocorram situações genéticas, sociais ou ecológicas em que os pais se beneficiam ao mostrar maior favoritismo pelas filhas.

Um dos estudos mais recentes sobre o tema aborda os ciganos da Hungria. Entre eles, a pobreza e as doenças e a infertilidade dela resultantes fazem com que seu sucesso reprodutivo seja menor do que o dos húngaros sedentários e mais abastados. Os filhos dos ciganos têm grande dificuldade de conseguir mulheres entre a população húngara, mas as filhas não enfrentam tanta rejeição. Em média, um cigano tem mais chances de obter netos através das filhas do que dos filhos, e as mulheres ciganas têm maior tendência a gerar meninas do que meninos. Uma filha de ciganos tem probabilidade de dar mais netos aos seus pais se for educada, atraente e saudável, pois terá a possibilidade de se casar com um húngaro das classes sociais mais elevadas. Assim, entre a população cigana, maior favoritismo é demonstrado em relação às filhas do que aos filhos. As meninas mamam no peito por mais tempo, e mais recursos da família são investidos em sua educação.

Até agora, abordamos o favoritismo como se a mãe e o pai sempre estivessem de acordo sobre a criança que é a mais promissora, como acontecia em nossa história. Mas nem sempre é o que ocorre e, como de hábito, o fator crítico é a certeza da paternidade. Enquanto a mãe pode ter certeza de que todos os seus filhos são veículos para seus genes, seu parceiro não pode, e esta diferença, em parte, explica uma das características do favoritismo em casais: os pais têm mais tendência a demonstrar favoritismo do que as mães. O modo como um pai trata seus filhos pode ser fortemente influenciado pela certeza que ele tem de que esta ou aquela criança seja realmente *sua* descendente genética. Mesmo que sua avaliação consciente seja a de que todas as crianças que teve com sua parceira contam com as mesmas probabilidades de serem suas, seu corpo pode avaliar diferentemente as características de cada criança. A empatia aparentemente ilógica que ele pode sentir por uma criança, mais do que por outra, pode ser o resultado da avaliação que seu corpo fez quanto à certeza da paternidade.

Mãe e pai podem entrar em conflito se eles discordam em seu favoritismo. Isto também pode alimentar conflitos entre pais e filhos, e entre as próprias crianças. Na maior parte do tempo, a superfície tranqüila da vida familiar esconde a intrincada trama de conflitos subjacentes. Ocasionalmente, como vimos, a rivalidade entre irmãos formada pelo favoritismo paterno e a incerteza quanto à paternidade, provoca ondas, mas geralmente a turbulência passa e a vida familiar volta ao normal, para benefício de todos os seus membros. De tempos em tempos, contudo, qualquer um desses conflitos pode explodir num confronto tão violento que a família nunca mais será a mesma.

Negligência, agressão e violência são o outro lado do favoritismo. Os pais podem manifestar suas preferências de dois modos: ou agindo positivamente em relação à criança favorecida ou agindo negativamente em relação à desfavorecida. Agressão e assassinato são os extremos óbvios da negatividade. De modo geral, os pais têm maior tendência a mostrar a face positiva do favoritismo quando as circunstâncias em que a família vive são boas, enquanto o lado negativo aparece em épocas ruins. Algumas vezes, quando o comportamento da criança desfavorecida ameaça o sucesso reprodutivo da escolhida, a violência ou o assassinato parecem ser a única solução. E um comportamento tão extremo tem mais probabilidade de aparecer quando a família tem poucos recursos. Em outras palavras, a violência contra crianças é mais comum nos grupos socioeconômicos inferiores.

Num certo sentido, a violência é uma extensão infeliz do planejamento familiar que discutimos anteriormente e que é tão importante para o sucesso reprodutivo de ambos os pais. O prêmio do sucesso máximo vai para os casais que conseguem realizar suas tentativas de reprodução em número e época certos. Algumas vezes, entretanto, muito depois de as crianças nascerem, as condições de vida se deterioram e o tamanho da família, que antes parecia adequado, pode parecer grande demais. Os pais, às vezes, reagem a uma deterioração das condições reduzindo sua família a um tamanho que seus corpos julgam ser o que podem sustentar. Embora uma reação tão violenta, que aparece em muitas outras espécies de mamíferos, tenha mais relação com o planejamento familiar, a escolha do filhote que deve ser sacrificado é uma manifestação extrema de favoritismo paterno.

Além disso, qualquer que seja o critério que a mãe use para uma discriminação tão violenta contra uma de suas crianças, ele pode ser diferente dos critérios do pai. Ele ainda tem que lidar com a pressão extra da certeza na paternidade e pode reagir violentamente contra uma criança na qual esta confiança seja baixa, principalmente se ela está maltratando um filho do qual ele tem certeza de ser o pai e, portanto, favorece.

CENA 16
Incesto

Sem perceber o temporal que se aproximava, o homem relembrava a discussão que tivera com sua mulher. As acusações de infidelidade eram cada vez mais freqüentes.

A tempestade estava mais próxima, os relâmpagos agora iluminando o teto. Em seu sonho, as trovoadas cada vez mais fortes transformavam-se no barulho dos pratos quebrados que ela atirara sobre ele e cujos cacos ainda estavam espalhados pelo chão da cozinha. Antes de despertar, os estrondos logo acima viraram o bater da porta, quando ela saiu com as chaves do carro na mão. Com o coração batendo forte ele acordou para ver a porta do quarto se abrir lentamente.

— Estou com medo, mamãe — disse a menina de oito anos. — Queremos ficar na cama com você até que pare.

As trovoadas a aterrorizavam. Atrás dela, o garoto de cinco anos e a menina de dois, agarrada ao seu ursinho, esperavam também por uma resposta.

— A mamãe não está aqui, querida — respondeu o homem. — Ela teve que sair para visitar uma amiga, mas vai voltar logo. Podem ficar na cama comigo até que ela volte.

Na manhã depois do temporal ele encontrou uma mensagem no seu aparelho de fax. A mulher dizia que ia para o exterior com seu novo namorado. Um mês depois, ele recebeu um cartão-postal dela. Dizia sentir muito, mas não podia evitar. Seu novo parceiro era mais importante do que tudo para ela — será que poderia transmitir seu amor para as crianças e dar a elas uma boa vida?

Até aquele momento o homem fora incapaz de acreditar que a mulher poderia abandoná-lo com as crianças. E por algum tempo depois de receber aquele cartão, ele ainda imaginou que o instinto maternal fosse vencer. Um dia ela ainda apareceria, desesperada para ver as crianças de novo. Mas aquela mensagem o forçou a examinar sua vida e tentar planejar como iria criar sua família sozinho. Talvez não fosse impossível. Como escritor, ele poderia trabalhar em casa e era suficientemente bem-sucedido para garantir os recursos.

Ele não tinha família. Era filho único e seus pais tinham morrido há dez anos, deixando-lhe uma herança razoável. Sua parceira fora adotada. Ao descobrir isso quando era adolescente, ela foi ficando cada vez mais insatisfeita com seus pais adotivos e saiu de casa na primeira oportunidade para nunca mais voltar. Não havia vizinhos próximos. Ele e a mulher tinham ficado empolgados quando encontraram o chalé em ruínas, no meio do bosque. O acesso à estrada mais próxima era por uma estradinha de terra, com espaço apenas suficiente para a passagem do seu jipe Land Rover. A casa custou-lhe a metade do que herdara dos pais, para comprá-la e reformá-la, mas quando a obra terminou ele não conseguia acreditar na sorte que tivera. Agora, geralmente no inverno, quando levava os dois filhos mais velhos para a escola, dirigindo durante trinta minutos, pensava se estava agindo certo ao continuar morando num local tão isolado. Mas no verão não tinha dúvidas. Fazia uma pausa no trabalho para tomar sol, inteiramente nu, no seu jardim selvagem, enquanto as crianças, também nuas, brincavam por horas sem fim.

Seu único grande problema era na hora de botar os filhos para dormir. Nos dias seguintes à partida da mãe, as crianças estavam tão abaladas que o pai não teve coragem de impedi-las de dormir na sua cama. Achava que isso os fazia se sentir mais próximos da mãe do que dele. Mas uma noite ele se soltou dos braços e pernas das crianças e foi tentar dormir na cama da filha mais velha, no quarto ao lado. As crianças vieram atrás e disseram que não conseguiriam dormir se ele não voltasse para a cama.

Dois meses depois de perder sua companheira, ele conseguiu finalmente convencer as crianças a dormir de novo em seus quartos. Mas a filha mais velha o acordou chorando e pedindo para se deitar na cama dele. Em menos de uma hora sua cama estava novamente cheia de crianças. Depois, acabou desistindo de fazê-los dormir em seus próprios quartos. De qualquer modo, estava começando a gostar de tê-los em sua cama. Sentia-se como uma galinha, juntando os pintinhos ao seu redor para passar a noite. E até achava isso necessário. Morando onde moravam, às vezes pensavam ouvir ruídos lá fora, no meio da noite. Mas às vezes tinha saudade do tempo em que podia se esticar na cama vazia. Nunca usara pijamas para dormir e numa noite, a filha mais nova, agora com três anos, inocentemente arranhou a genitália do pai com suas unhas afiadas. Ele jurou que recuperaria a liberdade de sua cama, e no final, conseguiu chegar a um acordo com os filhos. As duas crianças mais velhas aceitaram sua oferta de uma cama beliche, desde que fosse colocada ao lado da cama do pai. Assim, ele espremeu as camas de todos em seu quarto e disse aos três que eles deveriam tentar pelo menos começar a noite dormindo cada um em seu lugar.

Mas não se passavam muitas noites sem que um deles subisse em sua cama em algum momento. A visita mais freqüente era a filha mais velha, agora com nove anos, que começara a ter pesadelos. E às vezes ele se via no ponto de partida, com todos os três agarrados a ele. Mas pelo menos agora havia noites em que ele podia esticar o corpo na cama vazia, exatamente como gostava. E para ser honesto consigo mesmo, o mais importante de tudo era recuperar sua liberdade, poder tocar em sua genitália e ter pensamentos eróticos — sonhar em partilhar sua cama não com crianças, mas com uma ou várias mulheres.

Nos três anos seguintes, a lembrança que as crianças tinham da mãe e sua crença de que um dia ela voltaria foram gradualmente se apagando. Eles formaram uma família unida e auto-suficiente. A filha mais velha foi se tornando uma espécie de mãe para seu irmão e sua irmãzinha. Ajudava o pai a cozinhar e a fazer compras, tomando a iniciativa de adquirir roupas para a família. O homem se divertia vendo como ela estava ficando parecida com a mãe, começando a mandar nele e a mostrar irritação com seu desleixo e sua letargia ocasional.

Aquele verão foi o mais quente em muitos anos. Seus corpos adquiriram um maravilhoso bronzeado e durante semanas o homem teve sua cama só para si, já que todos optaram pelo relativo frescor de suas próprias camas. Uma por uma, as crianças também seguiram seu exemplo e pararam de usar pijamas na hora de dormir.

Foi naquele verão que ele notou os primeiros sinais dos seios e do pêlo púbico em sua filha de 12 anos. E uma manhã, ela acordou com manchas de sangue em seus lençóis. Ele ficou impressionado não só por ela saber imediatamente o que estava acontecendo, mas também com a determinação com que a jovem tomou a iniciativa de comprar e usar absorventes. Ficou mais impressionado ainda com a reação tranqüila que ela teve ao descobrir que ele tinha ejaculado nos lençóis, uma noite. "Isso aí é sêmen pai?", foi o seu comentário sonolento. Ele tentara limpar antes que ela percebesse. Mas o incidente forneceu um argumento decisivo. Era realmente hora de ela parar de usar a sua cama, principalmente agora, que passara a dormir nua. Ela se queixou de que ele ainda deixava o menino e a irmãzinha dormirem com ele sempre que queriam. E disse aborrecida que ele não a queria mais em sua cama para não sangrar em seus lençóis.

Por alguns dias ele insistiu e ela obedeceu. Mas uma semana depois, uma sucessão de pesadelos fez com que ela voltasse para a sua cama, no meio da madrugada. A jovem então suplicou que o pai a deixasse dormir em sua cama, para não ter os pesadelos. Ele acabou se rendendo. Por que não deveriam dormir todos juntos, se era isso o que queriam? Mas primeiro comprou uma cama bem grande. E então disse aos três filhos que jamais deveriam contar para os estranhos que às vezes dormiam na cama do pai — especialmente sem roupas. Se o fizessem, ele disse, as pessoas iriam impedi-los. E poderiam até mesmo proibi-los de viver com o pai. A essa altura ele se tornara um escritor de sucesso e, ocasionalmente, seus livros o tornavam alvo do interesse da imprensa. A perspectiva de ter que explicar publicamente um comportamento que surgira naturalmente de sua situação familiar o apavorava.

Daí em diante, a filha mais velha continuou a dormir com ele, enquanto os outros passavam a noite em suas camas, só ocasionalmente se juntando ao pai e à irmã mais velha.

Nos quatro anos seguintes, os dois filhos mais novos ficaram cada vez mais independentes. O filho se interessou pela vida selvagem e passou a fazer longas caminhadas pela floresta, tomando notas detalhadas de tudo o que via. A filha mais nova passava longas horas lendo em seu quarto. À medida que a filha mais velha se transformava numa linda moça, o pai enfrentava mil tormentos. Muitas de suas angústias, ele sabia, teriam surgido mesmo em circunstâncias normais. Temia que o isolamento em que viviam estivesse prejudicando o desenvolvimento social das crianças. Estimulava-os para que fizessem amizades na escola e fossem visitar os amigos com mais freqüência. Mas não os convidassem para vir à sua casa. Sem muito entusiasmo, sugeriu que a filha mais velha arranjasse um namorado, mas ficava com ciúmes quando ela mencionava um ou outro rapaz. Sentia-se preocupado e ao mesmo tempo aliviado, porque, até onde sabia, ela nunca tivera qualquer envolvimento com um deles, parecendo contente com sua vida no lar.

Mas a maior parte de suas angústias era de natureza sexual. Ficava alarmado com o modo confiante com que a filha mais velha, agora uma réplica da mãe, vinha dormir nua em sua cama. Dizia para ele que nunca se sentia mais segura do que quando estava aninhada ao seu lado na cama. Cada vez mais, uma parte dele queria lhe dizer que deveriam realmente parar de dormir juntos, mas a outra parte ficaria arrasada se ela o fizesse. Ela tinha uma inocência infantil que não correspondia ao seu corpo adulto. E não adiantava o esforço para tentar disciplinar os próprios pensamentos. A filha se tornara o objeto principal de suas fantasias sexuais. A idéia de que ela não dormisse com ele — ou um dia dormisse com outro homem — era insuportável. Mas como poderia contar a ela que, enquanto ela estava lá, sentindo-se segura e protegida em seus braços, ele sonhava em fazer com ela tudo o que fizera com a mãe dela, naquela mesma casa, dez anos antes?

Muitos anos depois, ele se admirou por ter conseguido se conter por tanto tempo. Sua filha tinha 15 anos quando sua resistência começou a ceder. Ela observou que ele estava aumentando a freqüência de seus "sonhos molhados". Não podia desapontá-la com a verdade. Não ia contar para ela que esperava até que dormisse, e então chegava ao clímax esfregando seu pênis ereto, levemente, contra a parte mais próxima do corpo dela.

Depois que começou a usar o corpo dela deste modo, a atividade rapidamente aumentou. Com uma ousadia crescente, ele deixava que sua mão repousasse sobre o peito ou o pêlo púbico da jovem. Ou então comprimia o pênis ereto entre as nádegas dela, ou, havendo chance, entre suas coxas. A princípio ele fazia esse tipo de coisa rapidamente e enquanto ela dormia, mas logo obteve maior excitação fingindo estar dormindo e, "acidentalmente", fazendo coisas enquanto ela estava acordada. Nem uma vez a filha manifestou qualquer resposta sexual, mas também não se queixou. Exceto uma vez, com um "tenha cuidado, pai", quando, com o pênis enfiado entre as coxas dela, por trás, ele ejaculou sobre seus pêlos púbicos.

Seu maior tormento era psicológico. Um pensamento o preocupava tanto que ele se tornou incapaz de escrever. Ele ficava relembrando a noite em que aquela filha fora concebida, forçando a memória em busca de cada nuance da conversa.

Ele estava em uma festa e, quando foi ao banheiro, ouviu uma mulher soluçando em um dos quartos. Depois que a acalmou, ela contou que acabara de ser estuprada — ela não queria ir até o fim, mas o homem era forte demais para ela. Ele ficou com a mulher, arranjou-lhe uma bebida e tentou acalmá-la, ajudando-a a decidir o que fazer. Não fazia sentido procurar a polícia, ela disse. Não poderia encará-los e, de qualquer modo, achava que tinha conseguido se separar um pouco antes de ele ejacular. Portanto, achava que não havia esperma do estuprador dentro dela. Enquanto os dois continuavam a beber na escura solidão do quarto, suas tentativas de acalmá-la se transformaram em carícias e a gratidão dela virou uma resposta. Antes que soubessem o que estava acontecendo, eles estavam fazendo sexo. Ela foi para casa com ele naquela noite e se mudou para a casa dele um mês depois. Oito meses depois disso a filha nasceu. Se ela não fora concebida na noite em que se encontraram, não poderia ter sido muito depois. Mas poderia ter sido antes.

A idéia de que não era ele, mas o estuprador, ou talvez algum amante anterior o pai de sua "filha", sempre estivera no fundo de sua mente. Mas agora estava tão atraído sexualmente por ela que o pensamento virara uma obsessão. A cada noite em que ela se deitava ao seu lado, seu corpo inteiro ansiando por inseminá-la, a possibilidade de que não fosse sua filha o consumia. Queria contar para ela, mas tinha medo de que, se ela soubesse que ele talvez não fosse seu pai, poderia deixar sua cama em vez de ocupá-la como amante.

Aconteceu quando ela tinha 16 anos. Ele fora sempre liberal em relação ao álcool e, embora sua filha mais nova, agora com dez anos, odiasse bebida, seu filho começara a tomar gosto pela coisa. A filha mais velha apreciava vinho, mas raramente se embebedava. A esta altura, o filho já dormia em seu próprio quarto. A mais nova ainda insistia em ter sua cama no quarto do pai, mas raramente se deitava junto com ele, principalmente porque a filha mais velha não deixava.

Uma noite ele abriu uma garrafa extra de vinho no jantar e teve que colocar a filha mais velha na cama. Tentando não acordar a irmã dela, ele se despiu e então lutou para tirar as roupas dela, uma por uma. Nunca soube como conteve o desejo de possuí-la ao vê-la nua, estendida na cama. Mas enquanto ela dormia embriagada, ele fez uma coisa que não tinha feito antes. Enquanto ejaculava encostado nela por trás, ele colocou os dedos em sua vagina. Minutos depois, também caiu no sono.

Acordaram às três da madrugada com o barulho de um temporal se aproximando. À medida que os relâmpagos ficavam mais freqüentes e os trovões se intensificavam, podia notar a filha cada vez mais tensa em seus braços — ela nunca perdera o medo de trovoadas. Um estrondo mais forte fez com que ela se virasse, encarando-o e pedindo que a segurasse. Na trovoada seguinte ela já o agarrava com força. Através da janela aberta eles podiam ouvir a chuva torrencial batendo nas árvores e sentiam o cheiro de terra molhada. Com a natureza seguindo seu curso lá fora, pareceu-lhe que ela nem notava enquanto seu pênis se movia lentamente para dentro dela. E enquanto durou a tempestade eles ficaram imóveis, com braços, pernas e genitálias unidos. Ele não impulsionou e ela não se moveu, apenas estremecendo o corpo a cada trovoada. Não queria ejacular, mas apenas saborear, por tanto tempo quanto fosse possível, a união física e emocional que tanto desejara. E durante os trinta minutos em que estiveram unidos ele acariciou-lhe o cabelo e beijou suavemente sua face, agindo mais como o pai confortador que costumava ser do que como o amante em que se transformara. Duas vezes ela sussurrou palavras que ele não pôde ouvir com o ruído da tempestade. Uma vez, alguns minutos depois que a penetrara, e outra, quando, incapaz de se conter, ele estremeceu e ejaculou dentro dela. Mas seus sons não eram os de uma mulher no auge da excitação sexual, eram murmúrios de afeição e contentamento.

Aquela noite foi o início de um relacionamento sexual tão intenso e ativo quanto qualquer um que possa existir entre uma mulher jovem e um homem vinte e cinco anos mais velho. No calor do momento, ele se convenceu de que a jovem não era sua filha, era apenas uma mulher jovem e atraente, igual a qualquer outra. E nem assim ele contou para ela. E ela parecia muito contente com a situação e obviamente apreciando que ele lhe ensinasse tudo sobre sexo. Ele temia que suas dúvidas quanto à paternidade a afastassem.

Em todas as ocasiões, exceto na primeira, eles adotaram medidas contraceptivas, mas tudo se revelou inútil. Ele percebeu os sinais primeiro, e seis semanas depois de ela perder a virgindade, um teste caseiro confirmou que estava grávida. A partir do momento em que ele viu aquela fina linha azul no papel de teste, tudo mudou. Sabia que havia algum tipo de risco genético em bebês concebidos incestuosamente. Ela parecia não perceber isso — ou, se sabia, nunca mencionou. Só uma vez ele sugeriu que fizesse um aborto, mas ela teve uma reação tão áspera que ele nunca mais tocou no assunto. Ela queria este bebê, disse, e ia ser uma mãe para esta criança como sua mãe nunca fora. Contaram para o irmão, a irmãzinha e quem mais perguntasse, que o pai da criança era um aluno da escola que ela se recusava a identificar. O homem leu tudo o que podia sobre os possíveis riscos genéticos do incesto, e ficou um pouco mais tranqüilo ao descobrir que os perigos eram apenas mais prováveis, não inevitáveis.

À medida que os meses passavam e sua filha engordava, sua ansiedade aumentava, não apenas com os temores quanto à saúde da criança, mas também sobre a conveniência de partilhar com a mãe suas preocupações. Por um lado, temia que ela ficasse sabendo dos riscos para o bebê, e por outro lado ficava com medo do impacto, se dissesse a ela que poderia não ser seu pai — a última coisa que desejava era que ela tivesse uma crise emocional durante a gravidez. E, acima de tudo, temia que alguém descobrisse o relacionamento entre os dois e ele terminasse na cadeia. Pensou se o juiz aceitaria, como defesa, o argumento de que não era o pai genético da moça.

Ela já estava no sétimo mês da gravidez quando ele encontrou o que procurava na biblioteca, lendo o material sobre testes de paternidade. Pensava que era impossível, já que ele não poderia obter tecido da mãe das crianças. Mas, evidentemente, com material das três crianças e dele mesmo, havia uma boa possibilidade de determinar a paternidade. De um modo ou de outro conseguiu um fio de cabelo de cada um dos filhos e mandou, junto com um fio do seu cabelo, para um laboratório distante. Seis semanas depois, sem qualquer resposta, ele telefonou para o laboratório, apenas para ouvi-los negar que tivessem recebido qualquer amostra. Coletou outro conjunto e esperou tão ansiosamente pela resposta quanto agora esperava que sua filha desse à luz. No final ela chegou na frente, tornando-se mãe de um menino, perfeitamente saudável duas semanas antes do tempo.

Subitamente os resultados do teste de paternidade pareciam ter perdido a importância enquanto, absorvido nos detalhes da paternidade, ele fazia os preparativos para a volta da filha do hospital. Ele encontrou o resultado dos testes no tapete, junto à porta, quando chegaram em casa com o recém-nascido. Guardou o envelope no bolso e levou várias horas até conseguir a privacidade e a motivação para abri-lo.

Finalmente o abriu, trancado no banheiro. Examinou a massa de desculpas explicando que, na ausência de tecido da mãe, todas as probabilidades eram menores do que o normal. A princípio teve dificuldades de encontrar o que estava procurando. E a tristeza que sentiu, quando achou a resposta, fez com que desejasse ter permanecido na ignorância. Seu filho quase certamente era seu, mas a caçula, a cativante menina de 11 anos que ele adorava, não era. Evidentemente, as acusações de infidelidade que fizera contra a mulher, na noite em que ela partiu, eram justificadas.

Rasgou o papel e atirou os pedaços no vaso sanitário, acionando a descarga. Enquanto ouvia o bebê chorando no quarto, seus pensamentos e emoções se agitavam. Depois de quase 17 anos de dúvidas e suspeitas, ele finalmente sabia a verdade sobre a paternidade da jovem que era agora sua amante.

Poucas palavras na linguagem das relações humanas despertam emoções tão fortes quanto "incesto". Todas as culturas até agora estudadas proíbem relações sexuais entre certas categorias de pessoas. Mas, na realidade, o incesto não tem uma definição biológica precisa. Ele é definido não pela biologia, mas pela lei, como a relação sexual entre pessoas com um parentesco muito próximo para poderem se casar legalmente. E como as leis do casamento variam de uma sociedade para outra, atos que são considerados incestuosos em uma sociedade podem não ser em outra. A lei inglesa, por exemplo, define incesto como uma relação sexual entre um homem e uma mulher que o homem sabe ser sua filha, irmã, meia-irmã, neta ou mãe. Primos em primeiro grau podem, portanto, ter relações sexuais e se casar sem serem acusados de incesto, exatamente como acontece no Japão. Nos Estados Unidos, as definições de incesto variam de um estado para outro, mas na maioria deles o casamento entre primos de primeiro grau é considerado incestuoso (exceto em Rhode Island, onde os judeus podem se casar com primos ou primas de primeiro grau). Assim como hoje na Inglaterra e nos Estados Unidos há diferenças sobre o que é definido como incesto, o mesmo aconteceu nas sociedades pré-industriais. As principais diferenças eram relacionadas aos primos: na Idade Média, por exemplo, até mesmo primos em sexto grau eram impedidos de se casar. Entretanto, a maioria das sociedades proíbe uniões de pai com filha, irmão com irmã e mãe com filho.

Embora todas as culturas conheçam algum tipo de tabu do incesto, de tempos em tempos ocorrem exceções dentro de subgrupos das sociedades. No Egito, por exemplo, casamentos entre irmãos foram permitidos durante milhares de anos nas dinastias reinantes. Cleópatra foi a mais famosa governante da dinastia dos Ptolomeus a casar-se com um irmão — ela era ao mesmo tempo irmã e sobrinha de seu marido. Um tipo semelhante de incesto ocorria nas famílias que governavam o antigo Havaí e entre os incas do Peru. A seita Hindu-Sakta, na Índia, e os mórmons de Utah (até 1892) também praticavam o incesto de irmão com irmã.

Contudo, o incesto jamais se tornou uma estratégia da maioria, exceto, por exemplo, no antigo Egito e na Pérsia, onde acabou sendo adotado pelos "plebeus". Estima-se que na cidade greco-egípcia de Arsinoë, há 1.800 anos, dois terços dos casamentos eram incestuosos, principalmente de irmão com irmã. Mas parece ser uma característica da espécie humana — e da maioria das outras, como veremos — que a relação sexual entre parentes próximos seja normalmente evitada.

É muito difícil apresentar números quanto à freqüência de relações sexuais entre parentes próximos nas sociedades industriais modernas. De um lado, muitos casos não são notificados — as estimativas sugerem que 75% dos incestos de pai com filha e muito mais de irmão com irmã não são revelados. Por outro lado, muitos dos casos relatados podem ser falsos. Se o incesto é mais ou menos freqüente do que os números sugerem, nós provavelmente nunca saberemos. Outro problema do biólogo é que os sociólogos nem sempre fazem uma distinção clara entre relação sexual incestuosa, com a probabilidade de geração de uma criança, e outras formas de interação sexual incestuosa. Com muita freqüência o ato sexual é misturado com outras formas de abuso sexual grave, como a história seguinte vai mostrar. Num cálculo aproximado, as melhores estimativas nos Estados Unidos sugerem que uma mulher em cada 50 entre as que têm um irmão mais velho será inseminada por ele, uma em 150 pelo pai, e — apesar da história de Édipo — nenhuma pelo filho. (Mas, afinal, Jocasta não era a mãe genética de Édipo, de qualquer modo.)

A maioria dos casos conhecidos de relação sexual entre pai e filha é provavelmente coercivo, ou seja, o pai *força* a relação sexual com jovens ingênuas ou indefesas. Isto parece ser menos verdadeiro no caso do incesto de irmão com irmã. O incesto que não é forçado, como o que é mostrado em nossa história, é relatado muito raramente. Com que freqüência o incesto ocorre entre os humanos e, o que é mais importante do ponto de vista do biólogo evolucionista, com que freqüência ele resulta numa gravidez e no nascimento de uma criança, não se sabe. De novo, as melhores estimativas são de que um em cada cinco casos de incesto de pai com filha termina em gravidez, e talvez a metade dos casos de irmão com irmã.

No final deste trecho discutiremos por que algumas pessoas cometem atos incestuosos e outras não. Biologicamente, o ponto de partida adequado para esta discussão é, talvez, perguntar não por que o incesto ocorre, mas por que o incesto, particularmente o que é instigado pelos homens, não é *ainda mais* freqüente. Existem duas razões para se pensar deste modo: a primeira é sutil e a segunda pode ser descrita como sinistra.

A primeira razão é matemática e diz respeito ao número de genes que passamos para a geração seguinte cada vez que geramos uma criança. Normalmente, cada um de nossos filhos carrega somente 50% de nossos genes, os outros 50% vêm do parceiro(a). Obviamente, se pudéssemos acasalar com nós mesmos, nossos filhos só teriam os nossos genes, o que nos permitiria transmitir o dobro de genes para a geração seguinte cada vez que produzíssemos um descendente. Mas a união com um parente próximo é quase tão boa do ponto de vista genético. Se o casal da nossa história fosse realmente pai e filha, então seu filho carregaria 75% dos genes do pai e 75% dos genes da filha, porque pai e filha compartilham este número de genes. Isto seria uma grande melhoria em relação aos 50% habituais.

A segunda razão é que os machos são impelidos por sua programação genética para estar sempre alertas quanto ao aparecimento de fêmeas extras com quem possam gerar filhos. Uma jovem, seja filha ou irmã mais nova, é uma fêmea potencialmente fértil, sempre presente, ingênua e vulnerável. Ela deveria ser um alvo fácil para a atenção sexual de um homem.

Assim sendo, por que, apesar dessas duas razões para que o incesto seja relativamente comum, com maior freqüência pais e filhas, irmãos e irmãs e, particularmente, mães e filhos, *não* tentam se reproduzir um com o outro? A resposta é que tanto os machos quanto as fêmeas, da espécie humana e de outras espécies, possuem uma aversão geneticamente programada contra o incesto. Isto se manifesta não somente na ausência de interesse sexual entre parentes próximos, mas também numa aversão à idéia geral, e ela se aplica de modo quase tão veemente contra o incesto não coercivo como contra o coercivo.

O abuso sexual contra crianças por membros de sua família será mostrado na próxima história. Aqui, vamos nos concentrar no aspecto do incesto que é mais raramente discutido, e sobre o qual se sabe menos — aquele que ocorre entre indivíduos que consentem mutuamente e se tratam com carinho. Comparado com os homens violentos, o personagem principal da história acima é relativamente benigno. Ele não usou a força ou a coerção e muito pouco subterfúgio. Nem pode haver qualquer dúvida quanto à forte afeição que ele sentia pela jovem, e ela por ele. E, no entanto, é inevitável que mesmo ele, apesar das circunstâncias atenuantes geradas por sua luta como um pai solitário, apesar de adorar todas as suas crianças, e apesar do fato de que sua atração pela filha era recíproca, será desprezado por suas ações e despertará repugnância na maioria dos leitores deste livro. Isto é um sinal da força de nossa aversão inata por tal comportamento, dos sentimentos negativos programados em nossa psique pelos nossos genes.

Mas por que somos programados para sentir tal aversão pelo incesto? A explicação simples é de que se trata de um caminho pobre para o sucesso reprodutivo. É desvantajoso e, como sempre, o peso da desvantagem cai sobre a mulher. O principal motivo pelo qual o incesto reduz a capacidade reprodutiva é que ele dá aos casais uma probabilidade maior de produzir uma criança com uma doença geneticamente transmissível. Estas crianças morrem jovens, são estéreis ou incapazes de atrair uma parceira. Para perceber por que isto ocorre, teremos que entender primeiro a existência dos *genes caroneiros*.

Em cada aspecto de seu desenvolvimento, as pessoas recebem dois conjuntos de instruções genéticas: por exemplo, as instruções do pai e da mãe sobre até que altura devem crescer ou que cor de olhos devem ter. Algumas vezes, como no caso da altura, os dois conjuntos de genes se ajustam. Em outros casos, como na cor dos olhos, um conjunto predomina. Por exemplo, as instruções para olhos castanhos dominam as de olhos azuis (que são, portanto, chamadas de *recessivas*), sem levar em conta se é o pai ou a mãe que as transmite. Assim, quando os genes de olhos castanhos encontram os genes de olhos azuis, a presença do gene de olhos azuis fica invariavelmente oculta. Se uma sucessão de descendentes, carregando o gene oculto para olhos azuis, encontra uma sucessão de parceiras de olhos castanhos, a presença do gene de olhos azuis naquela linhagem pode passar despercebida durante gerações. Mas, de qualquer forma, o gene continua existindo e é passado adiante. Na verdade, o gene *pega carona* sem ser visto, sem se manifestar, até encontrar outro gene de olho azul para produzir uma criança que agora *só tem* instruções para olhos azuis.

Mas esta carona de genes recessivos através das gerações pode ter implicações sinistras. Com freqüência os genes sofrem mutações e se tornam diferentes dos genes de ambos os pais. Suponhamos, por exemplo, que um gene de cor dos olhos, azul ou castanho, sofra uma mutação e vire um gene para olhos vermelhos. Se for um gene dominante, a mutação será óbvia na geração seguinte. Mas se for recessivo, ele pode pegar carona através de muitas gerações até encontrar outra cópia de si mesmo, produzindo uma infeliz criança de olhos vermelhos.

Olhos vermelhos podem não ser esteticamente agradáveis, mas não são perigosos. Infelizmente, muitos genes caroneiros *são* perigosos e podem matar ou aleijar uma criança que herde duas cópias deles. A maioria de nós, provavelmente, carrega um ou mais desses genes. Mas enquanto tivermos a sorte de não ter filhos com alguém que também carregue um desses genes, a característica letal do nosso carona não vai se revelar. E mesmo se gerarmos crianças com alguém que possui o mesmo gene carona, ainda existe uma possibilidade em quatro de que o filho resultante seja afetado. Isto porque o gene tem que estar no óvulo e no esperma para a criança sofrer suas conseqüências. Se estiver em apenas um dos dois, ela carregará o gene para a próxima geração, sem ser afetada por ele.

O incesto não aumenta as chances de dois gametas errados se fundirem, mas ele aumenta muito a probabilidade de que o parceiro tenha o mesmo gene letal. E o aumento da probabilidade vai depender do grau de incidência daquele gene na população em geral.

Suponhamos que na história anterior o homem tivesse um gene capaz de provocar deformação em seu bebê, e que este gene estivesse presente em 1% da população geral. Se ele tivesse praticado suas atividades sexuais com mulheres de uma ampla faixa da população, suas chances de encontrar uma parceira com o mesmo gene carona seriam de uma em 100.

E mesmo se isso acontecesse, como vimos, haveria apenas uma chance em quatro de que qualquer criança gerada recebesse duas cópias do gene perigoso. Assim, em tais circunstâncias, as chances de um bebê nascer deformado devido aos genes caronas seriam de uma em 400. Contudo, em nossa história, o homem não teve sua relação sexual com as mulheres da população em geral — ele fez sexo com a garota que tinha criado como filha. Se ela *fosse realmente* sua filha genética, teria 50% de chances de conter o gene da deformação. Acrescente a isso a probabilidade de uma em quatro de que a criança herdasse o gene de pai e mãe e podemos ver que as chances de nascer deformada seriam de uma em oito — um risco 50 vezes maior.

É claro que se o pai não carregasse nenhum gene carona perigoso, então, geneticamente falando, uma união incestuosa com sua filha teria sido tão segura quanto qualquer outra. Por outro lado, se ele tivesse mais de um gene perigoso, as probabilidades de algo desastroso seriam ainda maiores do que acabamos de calcular. Vários estudos sobre doenças genéticas em crianças produzidas por incestos de pai com filha e irmão com irmã sugerem que metade das crianças pode ser afetada por doenças hereditárias. Estudos com os filhos de primos de primeiro grau feitos no Japão, Brasil, França, Índia e Grã-Bretanha sugerem um aumento de 4% na mortalidade infantil que, entre tios e sobrinhas chega a 10%. Um pouquinho de matemática mostra que esses números indicam que as pessoas carregam, em média, entre um a quatro genes caronas perigosos. Os riscos reais do incesto variam, portanto, de pessoa para pessoa, mas para os objetivos deste debate vamos presumir um risco de um em oito para incesto de pai com filha (para cada gene perigoso que eles carreguem). Mães e filhos correriam o mesmo risco de pais e filhas caso se reproduzissem incestuosamente. O risco para irmãos e irmãs, entretanto, é de uma chance em 16.

Quando o homem e a jovem da nossa história iniciaram a atividade sexual que produziu seu filho, ele não conseguia saber se estava correndo um risco genético maior ou não. Se ela *fosse* sua filha, o risco seria maior, mas ele não sabia se era ou não. Quando o bebê pareceu normal e saudável ele ficou tranqüilo — e com alguns motivos. Provavelmente a maioria dos genes caronas perigosos teria se revelado quando o bebê nasce. O feto poderia estar deformado, levando ao aborto ou a criança nascendo morta. Ou então a deformação seria evidente quando o bebê nasce. Contudo, se o papel que o homem jogou no vaso sanitário lhe dissera que sua amante era realmente sua filha genética, eles ainda poderiam ter problemas. Algumas doenças genéticas só se manifestam quando a criança está com alguns anos de idade. Um exemplo é a VLINCL (variante tardia da lipofuscose ceróide neuronal), que é mais comum na Finlândia do que em qualquer outro lugar. As crianças afetadas parecem meramente desajeitadas nos primeiros anos de vida, mas, com o tempo, elas sofrem derrames, ficam cegas e paralíticas. E geralmente morrem ao chegar à idade adulta.

Deve ser enfatizado que o incesto não *causa* esses problemas genéticos — ele simplesmente aumenta as chances de que eles possam ocorrer. *Qualquer casal* que tenha a infelicidade de carregar os mesmos genes caronas perigosos, tenha ou não um relacionamento incestuoso, pode enfrentar os mesmos problemas. Em algumas regiões da Finlândia, onde a população é pequena, a mobilidade limitada e a escolha de parceiros restrita, doenças genéticas como a VLINCL ocorrem com muita freqüência. Estudos de árvores genealógicas na Finlândia rastrearam o gene da VLINCL através de treze gerações, até o início do século 17. Ele claramente pegou carona durante 400 anos em portadores inconscientes, antes de aparecer em um menino. E as melhores estimativas são de que a pessoa na qual ocorreu a mutação do gene viveu há 600 anos. Em comparação, a pessoa na qual ocorreu a mutação responsável pela fibrose cística viveu há 50 mil anos, antes da última idade do gelo. Agora, uma em cada vinte e cinco pessoas na Inglaterra e na França carrega esse gene carona, e uma em cada duas mil e quinhentas nasce com este problema.

Até agora nossa discussão sobre o incesto revelou dois fatores opostos. De um lado, como mostramos anteriormente, a reprodução com um parente próximo pode ter benefícios genéticos devido ao número de "bons" genes compartilhados pelo casal, que serão passados para a criança. Mas, por outro lado, existe o risco de liberar genes caronas perigosos. Embora a relação entre esses fatores seja uma grande desvantagem no caso de casais de pai e filha, mãe e filho e irmão e irmã, ela não é igual para todos os níveis de parentesco e seria possível calcular matematicamente o nível que oferece a melhor relação entre custo e benefícios. Não existe uma resposta única, porque, como vimos, tudo depende de quantos genes caronas perigosos uma pessoa carrega. Se ele ou ela não carrega nenhum, uma relação entre pai e filha ou irmão e irmã daria o maior lucro. Mas com a presença de um desses genes, a melhor possibilidade seria ao nível de primos de primeiro grau, e, à medida que aumenta o número de genes perigosos, o melhor nível de parentesco recua.

Se os humanos e as outras espécies estão se comportando do modo mais beneficiado pela seleção natural, deveríamos esperar que eles evitassem a união com parentes próximos, mas demonstrassem alguma preferência pelos mais distantes, se houvesse algum disponível. E é isso o que encontramos. Em primeiro lugar, o incesto é tão incomum em outros animais quanto nos humanos. Os estudos mostraram números que variam de 1% dos acasalamentos de um pássaro selvagem, o grande chapim, a cerca de 10% em um mamífero selvagem, o cavalo que vive num ambiente restrito em Camargue, no sul da França. Em segundo lugar, estudos com animais tão diferentes como ratos, cavalos e macacos mostram que, quando têm livre escolha, eles preferem os parentes distantes. Não existem estudos controlados de tal preferência em seres humanos. Na França, o grau médio de parentesco genético entre os casais que se unem é de primo em sexto grau. Na Grã-Bretanha é ligeiramente menor. Charles Darwin, sem saber dos cálculos que os biólogos evolucionistas fariam em seu nome um século depois, seguiu seus instintos, casou com sua prima em primeiro grau, Emma, e teve muitos filhos.

Essas descobertas nos levam a perguntar como a seleção natural conseguiu criar tais preferências e aversões. Ela o fez através de três mecanismos principais. Um é o da dispersão dos membros da família antes que eles comecem a se reproduzir; o outro é uma aversão ao acasalamento com indivíduos que se conhece desde a infância; e o terceiro é a capacidade de julgar semelhanças e diferenças que possam indicar parentesco.

Em primeiro lugar, as famílias se dispersam porque a seleção natural programou as crianças para, quando chegarem na adolescência, se tornarem inquietas e desejarem viajar e explorar. Esses impulsos eventualmente levam o adolescente para longe da casa de sua família. Este fenômeno não é exclusivos dos humanos; ele é encontrado em todos os vertebrados. Em muitas espécies essa inquietação é moldada de forma diferente, de maneira que *um* dos sexos (geralmente os machos nos mamíferos e as fêmeas nas aves) se torna muito mais afetado do que o outro pelo impulso de viajar. Em algumas espécies, como certos primatas — o gibão e o guariba, por exemplo —, ambos os sexos sentem um impulso igual para a exploração durante a adolescência. Os humanos ficam em algum ponto entre os dois. Os homens ou têm mais motivação para explorar ou, na maioria das sociedades, talvez apenas mais liberdade. Mas tal inclinação não falta às mulheres, que nas sociedades industriais têm muito mais liberdade para seguir suas inclinações. Qualquer que seja o sistema demonstrado por alguma espécie em particular, as famílias se dispersam antes que os jovens comecem a se reproduzir. As explorações adolescentes são discutidas no capítulo que se segue, a cena 20. Elas têm várias funções, e uma delas é a de reduzir as probabilidades de incesto ao separar os membros da família na época em que estão procurando um(a) companheiro(a).

Além disso, a seleção natural moldou a escolha de parceiros de modo que ambos os sexos, mas principalmente as mulheres, sintam aversão por relações sexuais com indivíduos de sua família. A regra básica é simples: não faça sexo com ninguém que esteve muito próximo de você durante a infância, porque ele ou ela pode ser um parente próximo. Os animais, por isso, sentem mais atração por estranhos do que por indivíduos familiares. Esta preferência tem sido demonstrada em mamíferos tão diferentes quanto cavalos, esquilos e macacos vermelhos. Os humanos parecem ser programados, subconscientemente, para seguir a mesma regra. Um estudo sobre os kibutzim de Israel, na década de 1960, por exemplo, onde as crianças são criadas em comunidade, mostrou que as pessoas nunca se casavam com alguém com quem tinham passado a infância. Mesmo quando seus cérebros sabiam que a maioria dos colegas não era parente, seus corpos viam risco em se reproduzir com esses indivíduos.

Em terceiro lugar, mas com um sucesso mais limitado, a seleção natural tem tentado aperfeiçoar esta aversão à união com amigos de infância com uma aversão extra ao casamento com indivíduos tão parecidos que possam ser parentes. Experiências com abelhas, vespas, rãs, sapos, répteis e mamíferos como os cães das pradarias, demonstraram alguma capacidade de distinguir entre parentes e não parentes mesmo quando os animais são criados separadamente. Contudo, como observamos no caso de pais capazes de julgar sua paternidade, nenhum desses atos de discriminação é absoluto. Erros são cometidos e o comportamento em relação a parentes e não parentes varia apenas em grau, não em gênero. Basicamente o padrão parece ser: quanto maior a semelhança entre dois indivíduos na aparência, cheiro e comportamento, maior a probabilidade de que sejam parentes próximos. Assim, os animais devem acasalar, preferencialmente, com indivíduos que diferem mais do que o esperado para primos de primeiro grau. Não sabemos se tais padrões fazem parte do processo pelo qual os humanos escolhem seus parceiros, mas a biologia evolutiva prediz que isso deve acontecer.

O modo como esses três mecanismos se combinam para influenciar o nível de incesto foi bem demonstrado no estudo feito com os cavalos selvagens de Camargue. Entre os cavalos, o garanhão mais bem-sucedido tem um harém de fêmeas, a maioria das quais tem parentesco próximo uma com a outra — como mães, filhas, irmãs, tias e sobrinhas. Mas, de tempos em tempos, esses grupos de fêmeas permitem a entrada de uma égua estranha. O garanhão, que guarda o harém e acasala com as éguas adultas sempre que elas entram no cio, às vezes é primo de uma ou mais delas, mas raramente é o pai, irmão ou filho de suas companheiras. Freqüentemente ele não tem nenhuma relação de parentesco com elas.

As éguas no harém criam seus filhos e filhas até a adolescência, quando então os machos se tornam inquietos e deixam o grupo para vaguear por Camargue, procurando uma chance de criar seus próprios haréns. O que as éguas adolescentes fazem depende das circunstâncias. Se seu pai não está mais no comando do harém, elas podem ficar com a mãe e se reproduzir com o novo garanhão. Mas se o pai *ainda* comanda, elas abandonam a mãe e vão se juntar a um novo harém. E quando o fazem, elas se mudam, de preferência, para um grupo guardado por um macho que não seja parente próximo e que tenha uma ou duas fêmeas que elas já conheciam e com as quais tinham parentesco. Esses cavalos vivem em unidades familiares muito unidas e no ambiente relativamente restrito de Camargue. Se a seleção natural não tivesse produzido a aversão ao incesto, talvez a maioria dos acasalamentos fosse incestuoso. Mas na verdade, apenas 10% caem nesta categoria.

Não há nada exclusivamente humano na aversão ao incesto. Mas se os humanos, como esses outros animais, desenvolveram vários mecanismos para evitá-lo, por que o incesto ainda ocorre? Por que algumas pessoas, como o casal na história anterior, não sentem aversão e prosseguem com atos sexuais que outros não poderiam nem mesmo admitir? Existem dois motivos principais. Em primeiro lugar, há uma diferença nos custos para machos e fêmeas. Em segundo lugar, há diferenças entre as pessoas quanto à certeza que elas têm de serem realmente parentes.

De modo geral, os homens estão muito mais preparados para se arriscar ao incesto do que as mulheres. Os pais têm mais probabilidade de se arriscar do que suas filhas, e os irmãos mais do que as irmãs (na história anterior houve um indício desta diferença). A razão é que, embora homens e mulheres tenham benefícios semelhantes nestas experiências se tudo correr bem, e uma chance semelhante de as coisas *não* correrem bem, eles não sofrem ônus iguais se o incesto produzir uma criança com doença genética. Com freqüência, as mães é que suportam a carga da criação dos filhos. No mínimo, elas precisam passar pelos riscos da gravidez e do trabalho de parto. Também é maior a probabilidade de que seja o homem que abandone sua parceira para criar o filho sozinha, do que o contrário. Apesar do que nossa história mostrou, é a mulher que tem mais chances de terminar sozinha. Isso pode ter seus custos, como veremos depois, e será muito mais problemático se a criança tiver uma séria doença genética.

Uma criança com tal doença tem muito mais chances de reduzir a capacidade reprodutiva da mãe do que a do pai. E como resultado disso, filhas e irmãs evoluíram para ser muito mais resistentes ao incesto do que os pais e os irmãos. E as mais resistentes de todas são as mães. Pois não apenas elas correm os mesmos riscos já descritos para irmãs e filhas, como encaram um fator adicional — a *certeza* de que são geneticamente ligadas ao seu alvo incestuoso.

O risco de doença genética se mãe e filho se reproduzirem é o mais alto de todos — um em oito — em relação a qualquer gene carona perigoso que a mãe possa carregar. Pais e filhas, irmãos e irmãs, por outro lado, não podem ter tanta certeza de seu parentesco. E isto faz a diferença. Como o homem em nossa história percebeu, embora imprecisamente, se a garota não era realmente sua filha, não havia risco genético em seu relacionamento. Se ela *fosse* sua filha, o risco era de um em oito. Um princípio semelhante se aplica a irmãos e irmãs. Embora eles possam ter certeza razoável de que compartilham a mesma mãe, exceto no caso de adoção, eles não podem ter certeza de partilhar o mesmo pai. Embora irmãos verdadeiros tenham uma chance em 16 de produzir uma criança com doença genética, meio-irmãos (mesma mãe, pais diferentes) têm uma probabilidade menor, em média. Se a mãe deles carrega um gene carona perigoso, o risco ainda é de uma chance em 16, como acontece com os irmãos verdadeiros, mas se for o pai de um deles que tiver o gene perigoso, então o relacionamento entre os dois não acarreta risco maior do que se eles fossem simplesmente membros de uma população maior. A seleção natural fez o melhor que pôde para programar seus corpos, de modo a julgarem o nível de parentesco. Mas erros poderão ocorrer.

Esta é a ironia final do incesto. Se, apesar de as pessoas serem *realmente* programadas para evitar relacionamentos incestuosos, o corpo de uma pessoa a impulsiona a fazê-lo, é porque julga que o objetivo da conquista não é realmente um parente próximo. Se estiver correto, é claro, o ato sexual não será incestuoso, mas os corpos não são infalíveis quanto a tais julgamentos sutis. Paradoxalmente, portanto, o "incesto" tem mais chances de ocorrer quando, geneticamente, o ato tem menos probabilidade de ser incestuoso. Em nossa história, o fato de que o pai se sentia sexualmente atraído pela filha, e ela por ele, poderia ser uma indicação de que, pelo menos subconscientemente, ambos suspeitavam de que não eram realmente pai e filha.

As diferenças na confiança quanto ao parentesco, e as diferenças entre homens e mulheres em seus níveis de aversão provavelmente explicam por que algumas pessoas são atraídas para o incesto, enquanto a maioria não é. Além disso, a circunstância e a oportunidade também desempenham seu papel. A situação familiar um tanto extrema relatada em nossa história, combinada com as atitudes liberais, boêmias, de pai e filha, contribuíram. Mas a atração que sentiam um pelo outro foi crucial.

O risco de liberar um gene carona é apenas um risco, não uma certeza. Alguns animais foram forçados, pela evolução ou pela intervenção humana, a situações em que as vantagens do cruzamento em família superaram os custos. E o que nos interessa aqui não é a natureza dessas situações, mas o fato de que, quando o incesto se torna universal em uma espécie, os problemas genéticos que ele provoca quase desaparecem. Ou, falando de outro modo, os problemas genéticos que tornam o incesto desvantajoso, algo que a maioria dos animais evita, *só existem porque a maioria dos animais evita o incesto*. É precisamente porque as cópias desses genes raramente se encontram que eles conseguem pegar carona através de gerações, sempre presentes, mas ocultos. Quando duas cópias *se encontram*, o indivíduo que as herda morre, nunca se reproduz, e ambas as cópias do gene desaparecem. Nos poucos casos em que o incesto se tornou uma prática geral dentro de uma espécie, tais genes se encontraram com tanta freqüência que rapidamente desapareceram daquela população.

Um dos exemplos mais interessantes é o de um ácaro que infesta os ratos. Nesta espécie, a mãe produz filhotes vivos, exatamente como os humanos. Mas a proporção dos sexos é fortemente favorável às fêmeas — somente um filho para vinte filhas. E não apenas o incesto é a norma dentro desta espécie, mas ele acontece antes do nascimento. Enquanto ainda está dentro do corpo da mãe, o filhote vai inseminando suas irmãs. Assim, quando elas nascem já estão grávidas de um relacionamento incestuoso! O filho morre ainda dentro do ventre da mãe.

Uma situação menos comum, mas de qualquer modo uma ilustração de como o incesto pode ser bem-sucedido, é o caso do *hamster* dourado. Toda a população mundial de hamster dourados existente em laboratórios, lojas de animais e residências, descende de uma única ninhada capturada na Síria, em 1930. Somente três membros desse grupo foram mantidos no cativeiro e seus filhotes levados para os Estados Unidos em 1938. Os acasalamentos que aconteceram, depois da união incestuosa desta população original, eliminaram todos os genes caronas perigosos que existiam na população de hamsters selvagens, permitindo que os descendentes de uma única mãe (e do pai ausente) povoassem o mundo. Novos genes caronas surgiram desde então, através de mutações, mas mesmo assim, a população de *hamsters* que vive hoje é um testemunho do fato de que alguns animais podem prosperar com o incesto.

Os seres humanos pertencem à espécie mais numerosa que cultiva aversão ao incesto. Por isso, o comportamento do homem e da jovem da nossa história é raro e a maioria dos leitores vai achá-lo repugnante. Mas e se o relacionamento deles, no fim das contas, não tiver sido incestuoso?

O homem da nossa história acabou descobrindo se seus atos sexuais com a jovem eram incestuosos. O julgamento escrito pelo laboratório com relação a sua paternidade lhe permitiu calcular, matematicamente, os riscos gerados por sua ligação sexual. Mas em todos os outros aspectos, será que importa o que estava escrito no papel? Qualquer que fosse o diagnóstico, eles continuavam sendo as mesmas pessoas, com a mesma história, as mesmas circunstâncias e os mesmos sentimentos. Seus corpos, senão seus cérebros, tinham decidido que, dada sua situação, um relacionamento potencialmente incestuoso poderia ser a trajetória para o sucesso reprodutivo. E pelo que podiam concluir com base no vigor e na saúde do bebê que tiveram, não houve repercussões genéticas desfavoráveis de seu comportamento. Mas o que aconteceria se eles tivessem outros filhos seria outra questão.

No debate que se seguiu à cena 15, ficou implícito que, onde existem dúvidas quanto à paternidade, os homens têm maior tendência a demonstrar favoritismo por suas supostas filhas, e não por seus supostos filhos. E agora podemos ver por quê. Se um menino não é filho de um homem, então ele tem pouco a ganhar com o sucesso reprodutivo do rapaz, exceto por suas contribuições para os recursos da família. Contudo, se uma garota é filha de um homem, ela é o seu caminho para o sucesso reprodutivo, independente de quem seja o pai de seus filhos. E se ela *não* for sua filha, será uma parceira em potencial.

Acabamos de ver este princípio em ação sob um aspecto e agora vamos ver o outro. A próxima história trata do abuso sexual contra garotas, pelos membros de sua "família".

CENA 17
Abuso contra crianças

— Não saia esta noite, mamãe — suplicava a mocinha. — Eu odeio quando você tem que sair.

A mulher suspirou. Sua filha estava com 13 anos e à beira de se tornar adulta.

— Eu tenho que ir — disse ela. — É uma noite importante para seu pai e eu tenho que estar lá com ele. De qualquer modo, seu irmão tomará conta de você, não precisa se preocupar.

— Ele não é meu irmão e eu queria que ele não estivesse aqui. Eu o odeio.

— Não comece com isso de novo — retrucou a mulher. — Ele é bom, e é muito bom para você. E eu não tenho tempo de ouvir outra de suas histórias.

Com alguma dificuldade a mulher se levantou e preparou-se para sair do quarto da filha. Grávida de novo, pela segunda vez em três anos, ela não estava disposta a aturar o mau humor da filha mais velha.

Parando na porta, ela lembrou à filha, pela terceira vez, que a irmãzinha estava dormindo, que o irmão mais novo estava esperando que ela contasse uma história para ele dormir, e que só voltaria depois de meia-noite.

— Não fique em seu quarto a noite toda — acrescentou ela, como se tivesse acabado de pensar naquilo. — Fale com seu irmão. Ele vai gostar disso.

Enquanto descia a escada com dificuldade, a mulher desejava que a filha estivesse aceitando melhor a situação. A antipatia da adolescente pelo seu novo marido e pelo filho dele era a única dificuldade que enfrentava naquele momento. Mal podia acreditar que sua vida tinha melhorado tanto nos últimos cinco anos, desde aquele dia em que acordara para descobrir que seu parceiro se fora, deixando-a com duas crianças para criar. Na ocasião a filha tinha oito anos e o irmãozinho nem completara um ano. Durante seis meses a mulher lutou para manter a casa, antes de encontrar um novo parceiro. Ele era viúvo e tinha um filho de 20 anos. Tinha uma boa situação financeira e excelentes perspectivas na carreira. Dois meses depois de se conhecerem, ela ficou grávida, e agora engravidara de novo.

No começo, seu novo companheiro fora incapaz de ajudá-la e às suas crianças, e nos três anos seguintes ela se perguntou se tinha tomado a decisão certa ao ir morar com ele. O pior período fora do fim da primeira gravidez até que a criança, uma menina, estivesse com nove meses de idade. Durante esse tempo o filho mais novo do seu relacionamento anterior estava atravessando aquela fase terrível dos dois primeiros anos e passava a maior parte do tempo chorando e fazendo pirraça. Isso criara bastante tensão entre ela e o novo marido, agravada pelo choro excessivo do novo bebê. O homem estava trabalhando duro na ocasião e às vezes sucumbia à pressão. Mesmo na sua presença, ele batia no filho dela, às vezes com violência, quando se tornava impossível aturá-lo. E ela tinha certeza de que quando não estava por perto ele espancava a criança ainda mais duramente, porque vivia encontrando inexplicáveis manchas no corpo do menino.

Agora, entretanto, começava a sentir um otimismo em relação ao futuro que ultrapassava tudo o que já tinha experimentado desde que se conheceram. Dentro de algumas semanas seu enteado estaria partindo para a universidade, seus dois primeiros filhos estavam se saindo bem na escola, a filha de três anos era uma gracinha — e ela estava grávida de novo. Não fosse pelo ódio irracional que a filha mais velha tinha pelo padrasto e pelo seu filho, seu mundo estaria maravilhoso.

Mas naquele momento, entretanto, a preocupação principal da mulher era desfrutar aquela noite. Era uma noite especial, que estavam aguardando ansiosamente. Nem reparou que a filha não saiu do quarto para vê-los partir. Ela e o companheiro, luxuosamente vestidos, subiram na limusine com chofer, que fora mandada para apanhá-los em casa. Era uma amostra da vida que a mulher esperava ter num futuro próximo.

A jovem ficou em seu quarto por tanto tempo quanto pode, fazendo o dever de casa, mas finalmente cedeu aos apelos do irmãozinho para que lesse uma história para ele. Apesar de suas tentativas de ler alguma coisa diferente, ele insistiu para que lesse João e Maria pela quinta noite seguida. Enquanto apagava a luz e dizia boa-noite, dando uma olhada na irmãzinha, ela podia ouvir o "irmão" andando no andar de baixo, em meio ao som de alguma transmissão esportiva na televisão.

Certa de que isso o ocuparia por algum tempo, ela foi para o banheiro tomar um chuveiro. Pelo menos a porta do banheiro ela podia trancar. Passara o ano inteiro pedindo que colocassem um trinco na porta do seu quarto, desde que aquilo começara a acontecer, mas nem sua mãe, nem o padrasto concordaram. Era muito perigoso, eles diziam. O que aconteceria se ela sofresse um acidente e eles não pudessem entrar? Com medo de contar o verdadeiro motivo pelo qual ela desejava uma tranca, a garota ficou relutante até mesmo para tentar convencê-los a mudar de idéia.

Depois de tomar banho ela se enrolou num roupão e correu para o seu quarto. Colocou uma cadeira prendendo a porta, embora soubesse, pelas experiências anteriores, que isso não o deteria se estivesse determinado. Ele nem sempre insistia em entrar quando sua mãe e o padrasto saíam, mas já acontecera dez vezes desde que começara, um ano atrás. Tentou terminar o trabalho de casa, mas a tensão a impediu de se concentrar. Ficou mais de uma hora deitada na cama, ouvindo música pelos fones de ouvido, os olhos atentos na porta. Apesar do medo, sua atenção começou a diminuir e por duas vezes ela teve que lutar contra o sono. Para sua decepção, percebeu que seria impossível agüentar até que a mãe voltasse: tinha que ir ao banheiro. Agüentou o quanto pôde, mas sentiu um desconforto crescente até que foi obrigada a se arriscar. Retirou a cadeira escorada na porta, abriu-a lentamente e ficou ouvindo. O som da televisão ainda subia pelas escadas. Apertando o roupão em torno do corpo, ela correu para o banheiro, se aliviou o mais rápido possível e então correu de volta. Mas não fora suficientemente rápida. Assim que entrou no quarto, a porta se fechou silenciosamente por trás dela. Antes mesmo de virar-se, o rapaz já colocara a mão sobre sua boca, impedindo-a de gritar.

— Não vamos fazer nenhuma tolice, vamos? — disse ele. — Nós sabemos o que aconteceria com a garotinha que grita ou conta histórias, não sabemos?

Ela fez que sim com a cabeça, o medo paralisando todos os seus músculos. A primeira vez que a estuprou ele mostrara uma faca de aparência terrível. Desde então não trouxera mais a arma, mas prometera a ela que, se contasse a alguém, ele a encontraria e usaria aquela faca. Em sua segunda visita, na única vez em que tentara resistir, ele lhe acertara um soco tão forte no estômago que ela ficara sem ar por vários minutos. Desde então, simplesmente fazia tudo o que ele pedia. Nas primeiras vezes ele apenas a humilhara, mas não fizera sexo com ela. Nas cinco últimas vezes ele a penetrara. Esta noite, ainda de pé atrás dela, ele arrancou-lhe o roupão e fez com que ela ficasse na frente do espelho. Acariciando seu corpo, já na puberdade, ele observou que ela estava se tornando "uma mulherzinha".

Pelo menos naquela noite foi rápido. Ele a obrigou a despi-lo, depois pegou a cadeira que ela usara, inutilmente, para escorar a porta. Fez ela se curvar com as palmas das mãos apoiadas na cadeira enquanto a penetrava por trás, de frente para o espelho. Ele sempre a penetrava por trás, para poder observar sua performance no espelho. Quando terminou disse "obrigado" e falou que um dia ela ainda aprenderia a gostar daquilo. Deixou-a sozinha para se limpar e se arrastar de volta para a cama.

Aconteceu mais duas vezes antes que ele fosse para a universidade. No dia em que ele partiu, ela sentiu como se uma imensa nuvem negra tivesse saído de sua vida. Se ao menos pudesse nunca mais vê-lo de novo. Sua mãe notou a mudança em seu estado de espírito, mas não imaginou que fosse devido à partida do enteado. De qualquer modo, ela estava muito preocupada com os últimos meses da gravidez para se incomodar com o que julgava serem apenas mudanças no humor de uma filha adolescente. As últimas duas semanas foram marcadas por complicações devido ao aumento de pressão. A mulher foi levada para o hospital para ficar em observação, e cinco dias depois o parto foi induzido para evitar uma deterioração maior de suas condições.

A jovem ficou empolgada quando viu seu novo meio-irmão. A mãe e o bebê ainda ficariam no hospital por alguns dias, mas logo estariam em casa. E apesar do iminente retorno de seu irmão postiço da universidade, ela gostava da idéia de ter novamente um bebê para cuidar. Estava alegre quando o padrasto, o irmão mais novo e a meia-irmã voltaram de sua visita ao hospital. Ela e o padrasto botaram as crianças na cama, e então, pela primeira vez sentindo-se amável com o homem, ela se sentou com ele na sala, em vez de ir para o quarto. Querendo comemorar, o padrasto ofereceu-lhe vodca e suco de laranja. Ela aceitou, contente por ser tratada como adulta, e bebeu rapidamente. Aceitou um segundo copo, sem perceber a quantidade de bebida que o homem estava dando para ela. Ficou tonta e tudo o que falava ou ouvia parecia engraçado. Tinha acabado o quarto copo de vodca quando a sala pareceu girar à sua volta. Minutos depois, percebeu que ia enjoar. Levantou-se depressa demais, as pernas se dobraram, ela desabou no chão e então vomitou.

Quando acordou, na manhã seguinte, sofrendo com sua primeira ressaca, ela se viu na cama com o padrasto. Ambos estavam nus e aquela sensação agora familiar, de algo pegajoso entre suas pernas, revelou pelo menos parte da história. O padrasto já estava acordado, olhando para ela.

— O que sua mãe diria se descobrisse o que você andou fazendo? — disse ele, com um sorriso que não disfarçava o tom ameaçador em sua voz.

E quando ela perguntou o que "estivera fazendo", o homem lhe contou uma história que ela achou difícil de acreditar — sobre como, depois de ficar bêbada, ela lhe pedira que tirasse suas roupas e lhe desse banho, antes de seduzi-lo e levá-lo a fazer sexo com ela. E tudo isso, ele lembrou, no dia em que sua mãe lhe dera um novo irmãozinho. Mas não precisava se preocupar. Ele nunca contaria para ela, prometeu. Seria segredo de ambos — desde que ela fosse uma boa menina. E quando ela perguntou o que ele queria dizer com "boa menina" ele mostrou. Inseminando-a pelo que ele sabia — mas ela não — ser a quarta vez naquela noite.

Ela nunca tomara um banho de chuveiro tão longo quanto o daquela manhã, tentando livrar seu corpo daquela sujeita, tentando tirar a culpa crescente em sua mente, e temendo a ira da mãe. Mas qualquer limpeza durava pouco tempo, porque o padrasto entrou em seu quarto na noite seguinte, e na outra. Ficou tão desesperada com esse novo sofrimento que se sentiu quase aliviada quando o filho dele voltou da universidade para passar as férias em casa. Achava que nenhum dos dois a atacaria com o outro em casa.

Dois dias depois, a mãe trouxe o bebê para casa. Apesar da fadiga e do corpo dolorido após o parto, ela estava empolgada por voltar para casa. Quase tão empolgada quanto pela notícia da promoção do parceiro. Além disso, havia a perspectiva de passar um mês viajando com ele, numa viagem de negócios para um país exótico. Poderiam levar as duas crianças menores, com todas as despesas pagas. Entusiasmada com as perspectivas de vida, ela quase não ouviu os soluços da filha, quando passou pelo quarto dela em sua primeira noite em casa.

Encontrou a jovem encolhida na cama, totalmente perturbada. Não prevendo nada mais sério do que uma briga com um namorado, ela perguntou o que estava acontecendo. A adolescente a abraçou, soluçando em seu ombro e não falou por algum tempo. A mãe acariciou o cabelo da filha e procurou tranqüilizá-la, enquanto perguntava o que a estava incomodando. E no final ela não pôde mais manter o segredo.

— Por favor, não deixe mais eles fazerem isso comigo — suplicou ela. — Por favor, por favor, não é minha culpa, eu juro que não é. Por favor, acredite em mim. Faça eles pararem, eu não agüento mais!

A mãe tentou acalmá-la e descobrir o que estava acontecendo. Em meio aos soluços, ela ouviu o nome do enteado e ficou desanimada. Desde que o rapaz fora para a universidade tinha sido poupada dessas lamúrias, mas parece que agora ia ter que ouvir de novo os temores paranóicos da filha. Não estava com disposição para isso.

— Não comece com isso de novo — disse a mãe, o tom consolador de sua voz cedendo à irritação. — Ele só está aqui em casa há um dia e você está começando tudo de novo.

— Mas ele fez aquilo comigo outra vez na noite passada, tem feito isso durante anos. Mas ontem à noite ele me amarrou na cama. Olhe para meus pulsos e meus tornozelos. Foi horrível! Por favor, faça ele parar. Eu o odeio, eu realmente o odeio!

— Fale baixo — advertiu a mãe enquanto examinava a garota. Talvez houvesse marcas em seus pulsos e tornozelos, mas não podia ter certeza. O que via podia ter sido causado por qualquer coisa. Embora estivesse aborrecida de ver a filha tão perturbada, a garota estava fazendo tanto barulho que a mulher temia que seu parceiro ouvisse. E a última coisa que queria era que suas crianças o aborrecessem de novo.

— Mas por que ele iria amarrá-la? — perguntou ela, verdadeiramente confusa. — Foi uma brincadeira ou você está inventando essas histórias de novo para arranjar encrenca para ele?

A filha não podia acreditar que a mãe não soubesse do que ela estava falando.

— Não foi uma brincadeira. Eu não estou inventando! Ele arrancou minhas roupas, me amarrou e fez sexo comigo! Ele está fazendo isso comigo há anos! Ele disse que me mataria se eu contasse para você!

— Não seja tola! O que você quer dizer com isso, que ele está fazendo sexo com você? Há anos? É claro que não, e você não deve dizer essas coisas.

— Mas ele faz, ele faz! Estou falando a verdade! Precisa acreditar em mim, mamãe. Por favor, acredite. Por favor, eu não estou mentindo.

Subitamente uma voz masculina grave abafou o choro de sua filha.

— Não seja rídicula! — trovejou o parceiro da mulher, sua voz distorcida pela raiva e pelo medo. Estivera escutando atrás da porta. — Como você se atreve a inventar essas histórias a respeito do meu filho?

Chocadas pela intromissão, mãe e filha olharam para o homem, uma temendo pelo seu futuro, a outra por sua vida. A adolescente se agarrou à mãe, buscando proteção, aninhada sob o braço dela.

— Não deixe ele me machucar — gemeu ela.

A mãe a segurou, mas durante todo o tempo em que falava ela olhava para o marido enfurecido, tentando tranqüilizá-lo com o olhar, enquanto tranqüilizava a filha com sua voz.

— Não seja tola, querida. Ele não vai te machucar. Ele está do seu lado. Nós estamos todos do seu lado. Ninguém vai machucar você, mas precisa parar de inventar essas histórias. Isso não está certo. Vai criar problemas.

— Mas não são histórias, honestamente não são... e... de qualquer modo — hesitou, percebendo a gravidade do que ia dizer... —, ele não está do meu lado. Ele também faz isso comigo. Ambos fizeram ontem à noite.

O padrasto deu um riso forçado.

— O quê? — exclamou ele, fingindo um divertido espanto. — O quê? Ambos fizemos? Como? — E então, recorrendo ao sarcasmo: — Não me diga, nós fizemos em turnos.

— Você fez, você sabe que fez — disse a garota, soluçando e olhando para ele furiosa agora. Então se virou para a mãe. — Honestamente, mãe, eles fizeram em turnos. Ele entrou no quarto enquanto estava acontecendo. Eu pensei que ele ia me ajudar, porque ele agarrou o filho e o puxou para fora. Mas ele não ajudou. Ele nem ao menos me desamarrou. Ele só olhou para mim. Então tirou aquilo para fora da calça e fez o mesmo comigo. E fez com tanta força que me machucou.

A garota olhou de novo para o padrasto. Ainda soluçava, mas estava também furiosa.

— E quando ele terminou, ele disse para o filho que poderia dar outra. Eu não podia acreditar. Eu estava amarrada na cama, o filho estava fazendo sexo comigo, e ele só olhava.

Ela parou e enxugou as lágrimas do rosto, tentando respirar entre os soluços. De repente, ela estava com medo de novo. O padrasto sacudiu a cabeça.

— Ela está louca — disse ele para a mulher. — Ela está doente da cabeça. E ela é perigosa. Uma história dessas poderia me arruinar. Poderia arruinar nós dois.

A mãe retirou o braço dos ombros da filha. Olhou rapidamente para o parceiro e depois para os olhos da filha, como se tentasse ler sua mente. Então, sem dizer uma palavra, deu um tapa violento no rosto da jovem.

Esta cena é o pesadelo de todos os pais só perdendo em horror ante a perspectiva de ter um filho seqüestrado, estuprado e assassinado. O medo de que um de seus filhos possa ser vítima de abuso físico ou sexual está sempre presente na mente dos pais em nossas sociedades industriais modernas. E há um bom motivo para isso, já que é uma ocorrência relativamente comum. Nos Estados Unidos e na Europa, uma em cada quatro meninas de 14 anos, uma em três com a idade de 18, e um em cada seis meninos de 16 anos já sofreram abuso de algum tipo, agressivo ou sexual. Assim, o que *é* o abuso contra crianças, quem o pratica, e como este fenômeno se encaixa no contexto da biologia evolutiva?

Neste ponto, não é difícil prever como o comportamento dos dois homens da nossa história será interpretado pelo biólogo evolucionista. O padrasto foi violento com o bebê, seu enteado, quando os tempos eram difíceis, e demonstrava favoritismo em relação ao seu próprio filho quando as circunstâncias melhoraram um pouco. Então, quando melhorou ainda mais, ele explorou a dependência que sua nova parceira tinha dele, abusando sexualmente da filha dela. Do mesmo modo, seu filho tirou vantagem da situação e da situação do pai ao também abusar sexualmente da jovem. Ao buscar seus próprios interesses deste modo, o homem e seu filho podem muito bem ter melhorado sua perspectiva reprodutiva — e neste caso, existe toda a probabilidade de que, ao lidar com o abuso, estamos abordando um fenômeno que foi moldado pela seleção natural e programado no comportamento humano.

De tempos em tempos, o biólogo evolucionista se torna impopular ao concluir que um comportamento considerado pela maioria desagradável, imoral, anti-social ou perigoso, tem uma base biológica. Geralmente, como estamos fazendo, ele argumenta que o comportamento abordado é favorecido pela evolução, porque aqueles que o adotam estão ganhando uma vantagem reprodutiva com seus atos. E neste ponto nós começamos a pisar em terreno perigoso. Ao mapear a evolução de tal comportamento, e concluir que ele é programado na mente de uma pessoa por seus genes, o biólogo evolucionista pode dar a impressão de que concorda ou mesmo encoraja esse tipo de comportamento. Não é verdade. O único interesse do biólogo evolucionista é tentar entender o comportamento, e então repassar esse conhecimento para a sociedade, para que ela possa usá-lo da melhor maneira possível. Não há vantagem em forçar uma interpretação politicamente ou socialmente aceitável sobre o fenômeno, se ela não for verdadeira. Abuso contra crianças é um problema das modernas sociedades industriais e uma das maiores preocupações dos pais que vivem nessas sociedades. O biólogo evolucionista tem um papel único a desempenhar, ajudando a compreender o fenômeno. Sem a compreensão, não há possibilidade de resolver o problema.

Abuso contra crianças tem dois elementos principais — violência e sexo —, um dos quais, ou ambos, pode estar presente em qualquer ocasião. Para muitos sociólogos que trabalham em nossa sociedade, qualquer interação violenta, ou quase qualquer interação sexual, *violenta ou não*, com uma criança, é abusiva. Para o biólogo evolucionista, o termo *"abuso"* só é realmente adequado se a vítima sofrer uma redução de suas perspectivas reprodutivas, a longo prazo, como resultado daquele ato. Vamos voltar à definição de abuso mais tarde, mas esta servirá como ponto de partida.

Se estivermos usando a definição sociológica, podemos dizer que já encontramos abuso de dois tipos neste livro. O primeiro é a negligência, ou, pior ainda, a violência exercida contra crianças no contexto da rivalidade entre irmãos ou do favoritismo paterno.

O segundo foi o incesto não violento entre pai e filha. Ambos aconteceram dentro de famílias biológicas, mas nós concluímos que os dois tipos de abuso têm maior probabilidade de ocorrer quando a confiança de um homem em sua paternidade é pequena. Assim, o abuso deve ser mais provável quando um homem tem *certeza* de que não é o pai da garota, ou um adolescente de que não é sua irmã, e daí em diante, como no caso dos enteados. Esta é a situação mostrada na história acima, e é também a conclusão esmagadora obtida tanto por sociólogos como por biólogos evolucionistas.

Esta cena e sua interpretação referem-se ao abuso, não especificamente a padrastos e famílias mistas (uma discussão sobre os prós e contras das famílias não-nucleares será abordada na próxima história). Para evitar confusão, devemos enfatizar que, em média, as famílias mistas são reprodutivamente vantajosas para todos ou para a maioria de seus integrantes. E é por isso que foram predispostas pela seleção natural a funcionar do jeito que funcionam. De modo geral, as crianças das famílias mistas *não sofrem abuso* por parte dos padrastos e madrastas, ou de pais adotivos. Mesmo assim, as experiências da garota na história anterior ilustram um fato infeliz. As crianças têm *mais probabilidade* de sofrerem abuso por parte de padrastos e enteados do que de qualquer membro da família biológica.

O abuso sexual e a violência serão considerados separadamente, e nós vamos começar com a violência. Estudos feitos no Canadá e na Grã-Bretanha mostram que quando um homem vive em uma família mista, ele tem sete vezes mais probabilidade de abusar de seus enteados do que de seus filhos genéticos, e *cem vezes mais probabilidade* de matá-los. Esse aumento no risco de violência e assassinato, por parte dos padrastos, é maior para os bebês até a idade de dois anos. Quantas vezes o assassinato de uma criança aparece na imprensa e uma investigação minuciosa é realizada até que se descobre, finalmente, que o assassino era o padrasto da criança ou, pelo menos, um homem que teve algum tipo de contato sexual com a mãe?

Quando pais biológicos e padrastos matam seus filhos, seus motivos e métodos são diferentes. Pais biológicos costumam matar suas crianças como parte do "planejamento familiar", quando as circunstâncias ficam tão ruins que os pais não podem mais criar adequadamente o número de filhos que tiveram quando a situação era melhor. Já os padrastos matam seus enteados para não terem que criar os filhos de outra pessoa. Estas diferenças de motivos se refletem nos métodos usados por pais genéticos e padrastos. A maioria das crianças mortas por seus pais genéticos é assassinada por métodos menos violentos, como asfixia, enquanto quatro em cada cinco vítimas dos padrastos são espancadas até a morte.

O assassinato de um enteado é o máximo a que pode chegar o desfavorecimento do padrasto. É a eliminação absoluta de uma criança a quem, consciente ou inconscientemente, o assassino via como uma ameaça a sua capacidade reprodutiva, porque aquela criança consumia recursos da família. Negligência e violência são modos menos extremos de tentar obter o mesmo resultado. A negligência é uma tentativa de minimizar os recursos gastos com uma criança. A violência é uma tentativa de fazer com que ele, ou ela, abandone a família. Como o abuso violento é uma reação àquilo que o criminoso vê como um dreno inevitável nos recursos da família, ele é — como tantos outros aspectos da vida familiar — fortemente influenciado pela quantidade de recursos. Assim, não nos surpreende que a pobreza e a deterioração das condições sejam os dois elementos que, com maior freqüência, acionam a violência contra crianças.

Os maus-tratos infligidos aos enteados pelos padrastos não são uma praga moderna, fruto da industrialização. Ele tem uma base biológica, moldada pela seleção natural e é encontrado tanto em culturas humanas não industrializadas, quanto em outros animais. Estudos do povo Ache, que vive nas florestas do Paraguai, por exemplo, mostraram que 9% das crianças criadas pela mãe e um padrasto são mortas antes de chegar aos 15 anos, comparado com menos de 1% das que são criadas pelos dois pais genéticos. Entre os animais, o caso mais conhecido de violência contra enteados é o que acontece com os leões. Os grupos de leões geralmente são formados por dois ou três machos e oito fêmeas e seus filhotes. Vagueando pela savana há grupos de dois ou três machos solteiros procurando uma família na qual possam tomar o lugar do macho dominante. Quando conseguem, seu primeiro ato é matar os filhotes, seus enteados. As leoas entram no cio com a perda dos filhotes, dando aos novos líderes uma oportunidade de gerar seus próprios descendentes. Alguns macacos que vivem em haréns se comportam do mesmo modo. Se o líder do harém é expulso, o novo macho dominante mata os filhotes do líder deposto. Mesmo os macacos que vivem em grupos maiores, com muitos machos e fêmeas, mostram comportamento semelhante. Com muita freqüência um macho agride filhotes que não podem ser seus, porque ele nunca fez sexo com a mãe deles, ou porque não fez sexo com ela na ocasião adequada.

Na história anterior e até agora, nesta interpretação, temos nos concentrado no abuso violento contra crianças praticado por homens — padrastos e enteados. Mas as *madrastas* também têm maior probabilidade de abusar ou matar seus enteados do que os seus filhos biológicos. Contudo, nenhum estudo ainda foi capaz de estimar o índice real de abuso ou violência porque madrastas são mais raras do que padrastos. Isso acontece porque as crianças, principalmente as muito novas, geralmente ficam com a mãe quando a família se divide e se reconstitui.

A idéia de que as crianças correm o risco de sofrer violência por parte de padrastos e madrastas está enraizada em muitas culturas. Como em *Branca de Neve*, a imagem da "madrasta malvada" aparece em muitos contos de fadas — histórias que têm como público-alvo justamente as crianças! O abuso por parte das mulheres, como por parte dos homens, tem uma base biológica, e não fica restrito às populações do mundo moderno, industrializado — como mostram as pesquisas feitas em tribos nômades —, nem aos seres humanos. E aqui nós encontramos a possibilidade de uma fêmea, humana ou não, criar uma criança que não seja sua descendente genética. Por motivos óbvios, as fêmeas dos mamíferos não sofrem da incerteza quanto ao parentesco que assombra os machos. As madrastas, entretanto, sabendo que a criança não é delas, enfrentam o mesmo problema dos padrastos. Em que ponto o custo de criar o filho de outra pessoa ultrapassa os benefícios que a vida em uma família mista pode oferecer? Porque é neste ponto que a negligência, o abuso e mesmo o assassinato podem se tornar uma estratégia.

Um dos melhores estudos sobre o comportamento de madrastas em outras espécies foi feito com avestruzes, que botam enormes ovos em grande número. Não satisfeita em chocar apenas os seus próprios ovos, a avestruz acasalada, chamada de "fêmea principal", permite que outras fêmeas, que vagueiam sem um macho fixo, botem seus ovos em seu ninho. Alguns dos ovos depositados no ninho de uma fêmea principal contêm filhotes enteados, gerados por seu parceiro. Outros, contudo, vão gerar filhos adotivos, que não foram produzidos nem por ela, nem por seu parceiro. Mesmo assim, a avestruz junta os ovos em uma pilha e choca todos eles.

Mas não existe altruísmo desinteressado neste ato, pois a avestruz madrasta demonstra favoritismo e comete assassinato. O objetivo de sua estratégia é aumentar as chances de sobrevivência de seus filhotes, usando os filhos adotivos como iscas ou escudos. A avestruz madrasta pode distinguir seus próprios ovos dos ovos das outras fêmeas e coloca os ovos delas na beirada da pilha. Esses ovos da beirada são os que têm mais possibilidade de morrer, por causa da incubação insuficiente ou de serem comidos por chacais ou hienas. E enquanto quase todos os ovos da própria madrasta sobrevivem e chocam, só metade dos ovos das outras sobrevive. Quando os filhotes das outras nascem, eles têm a outra função, na busca da madrasta pelo sucesso na reprodução. Como os filhotes das avestruzes podem se alimentar sozinhos desde que nascem, tudo que suas mães precisam fazer é levá-los até o alimento e avisá-los da aproximação dos predadores. A presença em sua ninhada de filhotes de outras fêmeas significa que, quando um predador ataca, sua presa pode não ser um de seus filhotes, mas o filhote de outra. Tendo uma prole misturada, e usando e abusando dos filhotes das outras fêmeas, a avestruz consegue criar mais descendentes até a maturidade.

A criação de filhotes por madrastas e mães adotivas é mais comum entre as avestruzes, porque isso tem pouco custo e grandes benefícios. Os padrastos e madrastas humanos têm uma relação mais equilibrada de custos/benefícios e, assim, as famílias mistas são menos comuns do que entre avestruzes. Mas, novamente, as pessoas às vezes se encontram em situações em que os benefícios da criação dos filhos de outros só superam os custos se elas desfavorecem uma ou mais dessas crianças.

Até agora só discutimos o lado agressivo do abuso — negligência, violência e assassinato. Nossa conclusão é de que este tipo de abuso tem raízes biológicas e foi moldado pela seleção natural para aumentar o sucesso reprodutivo do agressor, mesmo com desvantagem para suas vítimas. E embora possamos entender melhor por que estas pessoas se comportam desse jeito, está claro que, mesmo biologicamente, este tipo de comportamento é de fato abusivo. Em outras palavras, tanto do ponto de vista biológico, como do sociológico e psicológico, a vítima sofre com o resultado das ações do agressor. O abuso sexual, contudo, levanta questões muito mais complexas.

A biologia evolucionista vai argumentar que o abuso sexual contra crianças também tem raízes biológicas. Em parte, essas raízes são as mesmas da violência. O impulso que os adultos às vezes experimentam, de manter relações sexuais com crianças, foi desenvolvido pela seleção natural para ampliar o sucesso reprodutivo *dos adultos*, mesmo que para desvantagem de suas vítimas. Mas formas de abuso sexual menos graves do que o coito têm suas raízes biológicas num comportamento bem diferente, exercido por alguns primatas e em certas sociedades humanas para a educação sexual dos jovens, não para abuso. De qualquer forma, tal comportamento é desvantajoso para as crianças *nas sociedades industriais modernas* e, portanto, atualmente, ele é abusivo, tanto do ponto de vista biológico quanto sociológico e psicológico.

De acordo com um estudo clássico publicado no periódico *Abuso contra crianças e negligência*, em 1984, o abuso sexual contra crianças pode ser dividido em três níveis, de acordo com a gravidade. O *menos grave* é o que varia de "beijos forçados, toque sexual intencional de nádegas, coxas, pernas e outras partes do corpo, incluindo contatos com seios ou genitais por cima das roupas, a tentativas de realizar os mesmos atos sem o uso da força". O abuso sexual grave é o que varia da penetração forçada dos dedos na vagina a tentativas não forçadas de contatos com os seios nus ou relação sexual simulada". Já o abuso sexual *muito grave* é definido como o que varia "da penetração forçada da vagina pelo pênis a tentativas não forçadas de *fellatio*, *cunnilingus*, *analingus* e relação anal". Contatos desejados pela "vítima" não são considerados abusivos mesmo que aquele que os realiza seja um parente, desde que tenha cinco anos a mais ou a menos do que a "vítima". Isto significa que todos os contatos entre pai e filha, desejados ou não pela filha, são qualificados como abuso.

Nós já encontramos, no contexto do incesto, a previsão biológica de que uma relação entre pai e filha será mais provável se um deles — ou ambos — tiver pouca confiança em seu parentesco genético. E exatamente como um suposto pai biológico pode, às vezes, ver na filha um objeto para atenção sexual futura, se sua confiança na paternidade for baixa, isso tem mais probabilidade de ocorrer com um padrasto. Os homens que se encontram no papel de padrastos não são contidos pelos freios biológicos que se desenvolveram para evitar o incesto entre pais biológicos e suas filhas.

Mas existe pouca evidência direta de que pais biológicos tenham mais probabilidade de abusar de suas filhas se sua confiança na paternidade for baixa. Entretanto, as chances de um pai abusar sexualmente da filha aumentam se o casamento for instável — e a instabilidade é freqüentemente uma indicação de que o homem tem pouca certeza da paternidade. De modo geral, os números sugerem que uma jovem tem a probabilidade sete vezes maior de sofrer abuso por parte do padrasto que ajuda a criá-la durante a maior parte da sua infância, do que por seu pai biológico. Já as meninas que em algum momento de sua infância têm contato com homens que se unem temporariamente às suas mães — "os padrastos de curto prazo" — têm mais chances de sofrer abuso neste nível. Mas a freqüência com que isso ocorre ainda não foi calculada. Os números serão ainda mais altos se houver enteados mais velhos em cena, embora, novamente, não tenhamos dados sobre a freqüência com que isto acontece.

Na história que contamos, a jovem foi inseminada tanto pelo enteado mais velho quanto pelo padrasto. E não há estatísticas sobre a freqüência com que este abuso duplo ocorre. Só sabemos que *realmente acontece*. Se, como os números sugerem, uma em cada 12 meninas que vivem com padrastos são inseminadas por eles, e uma em cada seis que vivem com enteados mais velhos são inseminadas por eles, podemos calcular que uma em cada 70 meninas que vivem em famílias misturadas terá o destino da jovem da nossa história.

O abuso da violência e o abuso sexual contra os membros mais jovens da família mostram padrões similares nas famílias nucleares e mistas, e por razões semelhantes. Padrastos e madrastas têm mais probabilidade de negligenciar, abusar ou matar seus enteados porque eles têm mais a ganhar do que os pais biológicos se as crianças partirem prematuramente. É mais provável que um padrasto tenha relações com sua enteada porque, devido às desvantagens biológicas do incesto, ele tem mais a ganhar do que o pai biológico, se a garota engravidar. Uma descoberta surpreendente de um estudo feito com mil mulheres no Canadá pode ser importante aqui. Em média, uma menina criada em um lar com um padrasto tem seu primeiro período menstrual seis meses antes das garotas que crescem com seus pais biológicos. Evidentemente, o corpo da jovem responde ante a presença do padrasto acelerando seu amadurecimento sexual. Talvez isto seja uma adaptação destinada a antecipar sua partida daquela casa. Pode ser também um meio de tirar vantagem da existência de um homem, que não é seu parente, dentro de casa.

Mas se os padrastos e os pais com baixa confiança na paternidade foram programados para encarar suas "filhas" como alvos para a reprodução, por que eles freqüentemente as inseminam *antes* de elas alcançarem a puberdade? Certamente tal comportamento não pode ser reprodutivo. Entretanto, ele pode não ser tão destituído de potencial reprodutivo quanto parece. Há registros de meninas grávidas a partir de cinco anos de idade, e elas podem ovular muito antes que o primeiro sangramento menstrual dê sinais visíveis de que elas estão férteis. A natureza reprodutiva deste comportamento é mais claramente ilustrada, talvez, pelo fato de que o abuso envolvendo coito se torna cada vez mais provável à medida que a menina se aproxima da puberdade, durante uma fase em que ela ainda é ingênua e vulnerável e, no entanto, tem cada vez maior probabilidade de conceber.

A relação sexual entre jovens fêmeas e adultos machos com pouca probabilidade de serem seus pais já foi socialmente aceitável em algumas sociedades pré-industriais. A maioria das pesquisas importantes foi realizada na primeira metade do século 20, e muitas dessas sociedades, depois de incorporadas ao mundo industrializado, passaram a se comportar de modo diferente. Os Lepcha, da Índia, por exemplo, acreditavam que as meninas não se desenvolveriam adequadamente sem os benefícios da relação sexual durante a infância. Quanto tinham 11 ou 12 anos de idade, a maioria das meninas tinha relações sexuais completas com homens mais velhos ou com seus pares. Os homens, às vezes, copulavam com meninas de até oito anos de idade, sem sofrer qualquer penalidade social. E entre alguns animais, o contato sexual de adultos com jovens é comum. Entre os chimpanzés pigmeus, por exemplo, os machos adultos inseminam as fêmeas desde que são bebês. Mas o exemplo mais estudado deste comportamento em mamíferos é o do arminho.

As fêmeas dos arminhos sofrem um retardo na implantação dos óvulos. Elas acasalam e seus óvulos são fertilizados, mas elas não permitem que o óvulo fertilizado se implante no útero durante um ano. Enquanto carrega os óvulos fertilizados no seu primeiro encontro sexual, a fêmea adulta se muda para o território de um macho diferente, preparando-se para a reprodução. O novo macho tolera a sua presença e permite que ela dê à luz os filhotes do outro em seu território. Logo depois do nascimento, o novo macho visita a toca numa investida sexual. Ele encontra a fêmea cercada por seus filhotes ainda cegos, sem pêlos e indefesos. Freqüentemente eles estão ligados aos mamilos da mãe e incapazes até mesmo de rastejar. A mãe então é inseminada pelo macho, que fertiliza os óvulos que darão origem à ninhada que ela vai ter no ano seguinte e que vai nascer no território de outro macho. Não contente em apenas inseminar a mãe, o macho também insemina as filhas ainda bebês. Pode parecer grotesco, mas é um comportamento normal para o arminho macho penetrar e inseminar ferozmente bebês cegos e pelados, que quase não chegam ao tamanho de sua cabeça. Além disso, ao sentirem a presença de um macho na toca, os bebês lutam para se arrastar em sua direção, atraindo sua atenção sexual com pequenos guinchos. Pouco depois de saírem do ventre da mãe, essas fêmeas já ovulam e seus óvulos são fertilizados pelo esperma do macho. E novamente os óvulos serão armazenados durante um ano. Então, cada uma das fêmeas, já adultas, vai permitir que os óvulos se implantem em seu útero, tendo uma ninhada que foi produzida pelo companheiro pedófilo de sua mãe.

O exemplo do arminho é mais esclarecedor sobre a situação humana do que possa parecer, porque ele nos dá uma indicação biológica do que é e do que não é comportamento abusivo. Podemos ver claramente a vantagem para o arminho macho, mas também podemos ver que, pelo menos do ponto de vista biológico, tal comportamento não é abusivo, já que ele também é vantajoso para as fêmeas bebês. Afinal, foi este modo que a seleção natural programou para elas conceberem a primeira ninhada. Elas não apenas cooperam com o macho, como também *engravidam* prontamente dele. Isto é um contraste total com a situação humana, na qual, embora as jovens ocasionalmente engravidem de uma relação forçada pelos machos mais velhos, é muito mais freqüente seus corpos evitarem a concepção.

Uma das principais características do comportamento sexual das jovens, que será discutida posteriormente, é que as meninas raramente engravidam depois de uma relação sexual, mesmo nos primeiros anos após a puberdade. Seus corpos evitam fazê-lo simplesmente não ovulando. Assim, devemos concluir que, com grande freqüência, seria desvantajoso para a menina engravidar, e que elas de fato foram programadas pela seleção natural para não fazê-lo. E embora os machos humanos adultos sejam semelhantes aos arminhos ao tentarem, às vezes, explorar meninas como possíveis alvos reprodutivos, seria muito difícil encontrar paralelos entre meninas e jovens arminhos fêmeas. Meninas, incapazes de resistir fisicamente aos homens mais velhos, o fazem fisiologicamente, raramente engravidando. Esta é a mais clara afirmação biológica que seus corpos podem fazer de que é desvantajoso para uma jovem cooperar com os objetivos reprodutivos de um homem mais velho. Biologicamente, assim como sociologicamente, o comportamento dos homens é abusivo, ao contrário do que acontece com os arminhos.

Nossa ênfase, até agora, tem sido sobre o nível mais grave de abuso sexual, particularmente aquele que envolve a relação sexual e o risco de gravidez, como na nossa história. Quando focalizamos formas menos graves — beijos íntimos, toques e carícias em crianças pelos adultos —, a discussão se torna mais complexa.

Quando um biólogo estuda primatas não humanos, freqüentemente observa contato sexual íntimo, sem coito, entre os jovens, e entre jovens e adultos. É impossível distinguir esses contatos dos contatos que um sociólogo descreveria como abusivos. A diferença é que, para um jovem primata, tal comportamento é claramente parte de sua educação sexual e reprodutivamente benéfico. Sem esta atividade sexual na juventude, os primatas têm sua vida sexual adulta prejudicada. A exploração sexual entre os jovens primatas é recíproca, com todos se beneficiando das experiências. E o contato íntimo com os adultos da espécie é igualmente benéfico e freqüentemente envolve os pais. Os jovens ganham com a experiência e os pais se beneficiam do aumento da competência sexual de seus filhotes para a produção de netos.

A educação é também o objetivo biológico do contato sexual íntimo entre pais e filhos nas culturas humanas mais permissivas, como abordaremos na cena 19. *Biologicamente*, portanto, esta também seria a função dos contatos sexuais, sem coito, entre pais e filhos e entre crianças nas culturas industriais modernas.

Se a interpretação biológica do contato íntimo como educativo é correta, devemos esperar que estas interações tenham as mesmas características daquelas que são observadas em outros primatas e/ou nas sociedades pré-industriais. Primeiramente, devemos esperar que pais e filhos sintam impulsos programados para interagirem sexualmente, mas evitando o incesto. Em segundo lugar, embora os pais biológicos nunca tenham tão grande motivação quanto os padrastos para interagir sexualmente com suas crianças, nós podemos esperar que eles tenham uma motivação maior para interagir nos níveis definidos como menos graves. Em terceiro lugar, devemos esperar que tais relacionamentos cheguem ao auge nos anos anteriores à puberdade, antes que a criança precise usar seu conhecimento sobre o sexo para fins reprodutivos. Em quarto lugar, devemos esperar que tanto os meninos quanto as meninas sejam educados deste modo, e as mulheres sejam as educadoras tanto quanto os homens. E, finalmente, devemos esperar que as crianças que experimentam tais contatos íntimos sejam mais bem-sucedidas, reprodutivamente, na vida adulta.

Infelizmente não existem evidências suficientes para avaliar estas previsões biológicas. Seriam necessárias mais pesquisas detalhadas antes de formar qualquer imagem confiável. Nos parágrafos seguintes, portanto, nós simplesmente apresentamos algumas das informações gerais relevantes.

Um estudo abrangendo quase mil mulheres em San Francisco revelou que uma em cada 40 daquelas que foram criadas em um lar com seu pai biológico, contra uma em cada seis das que foram criadas em uma família mista, sofreram abuso sexual de algum tipo por parte do "pai". E três quartos das que foram vítimas de abuso por parte de seus pais biológicos sofreram os abusos menos graves, enquanto isto só ocorreu com a metade das que foram molestadas por seus padrastos.

Noventa por cento dos molestadores são homens, e metade das mulheres que abusam de crianças o fazem ou em colaboração com um homem, ou como integrantes de um grupo poliincestuoso. Mas quando se envolve, a mulher desempenha um papel tão ativo no abuso quanto o homem. Mulheres abusam de meninos e meninas mais ou menos na mesma proporção, enquanto os homens têm mais probabilidade de abusar de meninas. Geralmente as mulheres que abusam, como os homens, são membros da família e o restante inclui gente que toma conta de crianças, como babás. Outra característica das mulheres molestadoras é a pouca idade de suas vítimas. As mulheres têm mais tendência a abusar de crianças mais novas (com idade média em torno de seis anos) do que os homens (idade média em torno de nove anos). Mas ambos têm mais tendência a abusar das crianças antes que elas cheguem à puberdade.

Num quadro geral, meninos têm a metade da probabilidade das meninas de serem vítimas de abuso. Contudo, relativamente poucos meninos — talvez menos de um em cem — sofrem relação abusiva (anal) até os 14 anos, mesmo quando vivem em famílias mistas. Isso representa um décimo do risco de relação (vaginal ou anal) experimentada pelas meninas. Abuso sexual menos grave, contudo, é um pouco menos provável no caso dos meninos do que das meninas, e o abuso violento tem probabilidades iguais.

Crianças vítimas de abuso por parte de adultos durante a infância têm grande probabilidade de sofrer uma série de conseqüências psicológicas negativas, que variam de queda na auto-estima a depressão. A questão importante para o biólogo evolucionista, é claro, é se estas reações psicológicas influem no sucesso reprodutivo. Existe uma indicação, a partir de estudos feitos nos Estados Unidos, de que as crianças que experimentam contato genital com seus colegas ou adultos durante a infância acabam tendo mais parceiros durante a vida do que as que não experimentaram. Meninas que sofreram abuso antes da puberdade têm o dobro da probabilidade de engravidar antes dos 18 anos. Isso não acontece porque elas tiveram a primeira relação mais jovens, ou porque fazem sexo com mais freqüência ou são menos experientes no uso de anticoncepcionais, mas sim porque elas têm duas ou três vezes mais chances de *tentar* conceber enquanto ainda são jovens. Elas apresentam maior probabilidade de vir a ter um parceiro mais velho do que as meninas que não sofreram abuso. E talvez por ser mais velho, o parceiro terá mais razões para estimulá-las a engravidar. Além disso, depois que engravidam, elas têm *três vezes menos* probabilidade de abortar deliberadamente do que as meninas que não sofreram abuso. Para um biólogo — embora não para o sociólogo ou o psicólogo —, estas são repercussões positivas na reprodução que podem, talvez, indicar um nível maior de sucesso reprodutivo.

A evidência disponível não nos permite afirmar com convicção que o abuso sexual atual tenha suas raízes no processo de educação sexual encontrado em algumas sociedades humanas não-industriais e em todos os primatas. Entretanto, também não podemos refutar esta hipótese, e, pesando os prós e contras, as evidências são biologicamente mais positivas do que negativas. Mas o fato de que algumas crianças possam ter vantagens reprodutivas de suas experiências "educativas" não faz com que este comportamento deixe de ser abusivo no contexto da sociedade industrial moderna, mesmo num nível biológico.

Há uma conseqüência muito importante do abuso sexual que ainda não mencionamos e que muda todo o quadro. Crianças que sofrem abuso sexual apresentam um risco muito maior de contrair doenças que podem ameaçar sua fertilidade a longo prazo, ou mesmo sua vida.

Quando um casal interage sexualmente, mesmo se seu contato não inclui o coito, o parceiro mais jovem corre um risco maior de contrair uma nova doença do que o mais velho. E quando o parceiro mais jovem é uma criança, o risco é unilateral. Dois estudos sobre crianças vítimas de abuso sexual na América do Norte descobriram que, por volta dos 14 anos, uma em cada dez já tinha contraído pelo menos uma doença sexualmente transmissível, como gonorréia, e algumas tinham mais de uma doença. Esta é uma taxa muito maior do que a encontrada nos jovens que não sofreram abuso. A conclusão é clara. Nas sociedades industriais modernas, qualquer que seja o elemento educacional contido neste comportamento, o contato sexual entre adultos e crianças é, em geral, desvantajoso para as crianças, devido ao alto risco de doenças. Portanto, tal contato, nas sociedades industriais modernas, é abusivo — sob o aspecto biológico, assim como o sociológico, psicológico e legal. Vamos falar mais sobre esta questão quando discutirmos a educação sexual mais convencional das crianças, como ela é entendida em nossa sociedade.

Há outro detalhe do abuso por padrastos ou mesmo por pais mostrado em nossa história, mas que ainda não mencionamos: o de que um jovem não pode confiar em obter apoio de seus pais biológicos. Numa família mista, por exemplo, o pai biológico enfrenta um enorme conflito de interesses. De um lado, se ele ou ela protege a criança e consegue criá-la até se tornar independente, está aumentando suas chances de gerar descendentes. Por outro lado, o novo parceiro também pode oferecer a possibilidade de um aumento na capacidade reprodutiva, através de novos filhos, mas se as crianças anteriores forem negligenciadas. Freqüentemente o pai, ou a mãe, enfrenta um compromisso delicado entre essas pressões conflitantes, se ele, ou ela, deseja proteger suas chances de sucesso reprodutivo futuro. Como resultado, os pais podem vacilar entre proteger ou abandonar o filho atormentado. Na história que contamos, a mãe claramente tinha grandes expectativas no seu novo relacionamento e, forçada a escolher, estava mais inclinada a favorecer seu parceiro do que sua desgraçada filha. Infelizmente, esta parece ser uma reação comum e, freqüentemente, faz com que a criança vítima de abuso abandone o lar prematuramente. Vamos abordar o tema na discussão depois da cena 20.

Como as famílias mistas predispõem ao abuso, muito da nossa discussão aqui abordou estas famílias. Mas elas não são a única alternativa à família nuclear padrão. Outra alternativa é o assunto da nossa próxima história.

CENA 18

A mãe solitária

A mulher recolocou suavemente o fone no gancho pela terceira vez em um minuto. Esfregou a unha do dedo indicador por um segundo ou dois e então apanhou o fone de novo. Sim, ia telefonar para ela.

Do outro lado da cidade, o telefone tocou quatro ou cinco vezes na sala de um modesto apartamento térreo. Quem atendeu foi uma mulher jovem e magra, com o cabelo longo preso num rabo de cavalo. Uma menina de dezoito meses estava sentada no colo dela, sugando ruidosamente o alimento de uma caneca. Antes de se curvar para pegar o telefone, enterrado sob uma pilha de velhas revistas de televisão, a jovem levantou a criança para junto do peito.

— Alô — disse ela, numa voz levemente agitada.

— Alô, querida, sou eu, a mamãe. Eu estava pensando em como ela está. Você conseguiu levá-la ao médico?

— Oi, sim, eu a levei antes do trabalho. Me atrasei só meia hora, ninguém pareceu se importar muito.

— Antes do trabalho? — A mãe pareceu intrigada. — Quer dizer que você foi trabalhar? Mas certamente não a mandou para a escola? Ela não estava em condições de ir à escola. Se tivesse me telefonado, eu teria aparecido e ficado com ela durante o dia. — Era difícil disfarçar sua frustração crescente.

— Calma, mamãe — interrompeu a jovem, parecendo cansada. — Eu a deixei com uma amiga durante o dia. Ela estava ótima, honestamente.

— Oh — exclamou a mãe, desanimada. — Você sabe que eu não teria me importado de ir até aí.

Naquele momento a criança começou a se debater, tentando alcançar um brinquedo que tinha visto. Caminhando de lado em direção ao objeto, a mulher esticou tanto o fio do telefone que o aparelho caiu de cima da mesinha. Ela praguejou baixinho.

— Mãe, eu sinto muito, mas vou ter que desligar. Ligarei pra você amanhã, eu prometo. Não se preocupe conosco, estamos ótimas, sinceramente. Tchau! Sem esperar por uma resposta, ela recuperou a base do telefone e pôs o fone no gancho.

A conversa tinha deixado as duas mulheres agitadas — a mais nova por ter mentido novamente para a mãe, e a mais velha porque, novamente, sua filha tinha recusado seus oferecimentos de ajuda.

A jovem colocou o bebê no chão e sentou-se ao lado, observando a criança engatinhar em direção ao brinquedo desejado e procurando se acalmar. Nesses dias, as menores coisas pareciam deixá-la ansiosa. Olhou para a bagunça à sua volta e decidiu fazer uma limpeza mais tarde, quando as crianças estivessem dormindo. Então se lembrou da pilha de roupas para passar. Também tinha que lavar o cabelo esta noite. Tinha visto seu reflexo em uma vitrine, durante o horário de almoço. Ficou impressionada de ver como parecia abatida, e com o estado de seu cabelo e das roupas. Tinha resolvido fazer um esforço para melhorar sua aparência.

Suada e descabelada, a filha de cinco anos sentou-se no sofá e tossiu. Ao mesmo tempo a mãe ouviu o barulho de alguma coisa quebrando na cozinha, depois outra, e mais outra.

— Só um segundo, querida, mamãe volta em um minuto — tranqüilizou a jovem, enquanto atravessava a sala rapidamente na direção do barulho, o coração batendo rápido, a cabeça zumbindo com uma dúzia de cenários terríveis.

Observou a cena. A porta da geladeira estava aberta. Vários alimentos tinham caído no chão junto com dois pratos quebrados. A criança tinha subido em uma cadeira e continuava a explorar o interior da geladeira. A mãe correu, conseguindo pegá-la antes que outro prato se espatifasse no chão. A criança gritou, protestando por ver sua brincadeira interrompida. Lutando contra o desejo de gritar com ela, a jovem carregou-a para a sala, e a colocou no sofá, ao lado da irmã maior. Culpou a si mesma, é claro — sempre se culpava quando alguma coisa ruim acontecia com suas filhas. Era em ocasiões como esta, mas só em ocasiões como esta, que ela desejava ter um homem em casa de novo, ao menos para contar com um par extra de mãos e olhos.

A criança imediatamente começou a engatinhar no sofá, inclinando-se pesadamente sobre a irmã, que gemeu em resposta. A mulher sentiu um pânico crescente. Olhou para a filha doente, agora caída sobre uma almofada. Talvez sua mãe estivesse certa. Deveria ter levado a menina ao médico. E se fosse uma doença grave? Se a filha ainda estivesse com febre de manhã, iria levá-la ao médico. Não ia ficar popular no trabalho, se faltasse na parte da manhã.

Passaram-se mais quatro horas antes que ela pudesse finalmente se sentar e ler um jornal. Fizera o chá das crianças, dera banho nelas e lera uma história para elas. Depois tomou banho, botou as roupas na máquina de lavar, passou roupa e aprontou as coisas para o dia seguinte — e tudo depois de um dia inteiro de trabalho. Estava exausta. Certamente exausta demais para ler. Botou o jornal de lado. Estava aborrecida. Aborrecida consigo mesma mais uma vez, por não ter tido tempo para lavar o cabelo.

Talvez devesse reconsiderar sua decisão e tentar achar um novo companheiro. Mas como iria encontrar alguém? Além disso, não tinha tempo para namorar. Já se passara um ano desde que o pai das duas meninas a abandonara, para seu alívio. Ele tinha sido um peso como pai, e ela jurara nunca mais se colocar na mesma posição de novo. Seus sentimentos não tinham mudado, mas dias como este abalavam sua autoconfiança. Sempre lhe restava a mãe, que podia ajudar se precisasse, mas raramente aceitava seus oferecimentos. Nos primeiros dias, a mãe reclamara tanto de sua decisão de ficar sozinha que sempre se sentia derrotada quando lhe pedia ajuda.

Estava começando a cochilar quando a porta da sala se abriu e a filha mais velha apareceu, assustada e pálida.

— Mãe, eu acho que vou... — disse a menina.

E antes que a mãe pudesse reagir, a filha começou a vomitar.

Mulheres podem se ver criando uma família sozinhas, ainda que por pouco tempo, por vários motivos. Estupro, uma aventura de uma noite, o fim de um relacionamento curto ou longo, a morte do marido, tudo isto pode deixar sozinha uma mulher grávida ou com filhos pequenos. A importância relativa da morte e da separação, para gerar famílias de mães ou pais solitários, tem variado através da história. Sem dúvida, houve épocas em que a morte era a causa mais comum, como é, por exemplo, na Índia até os dias de hoje. Atualmente, contudo, tanto nas culturas industriais como pré-industriais, a separação dos pais é a causa mais freqüente da criação solitária dos filhos. E é provável que esta tenha sido a regra durante a maior parte da evolução humana. Na história que acabamos de contar, foi a mãe que ficou com as crianças, e como esta é a regra na maioria das famílias depois da separação, vamos nos concentrar neste cenário, fazendo depois um comentário breve sobre as famílias de pais solitários.

Somente dez países industrializados possuem estatísticas recentes sobre o número de crianças que crescem sem um pai em casa. No fim da lista está a Itália, com apenas uma em cada 23 crianças vivendo em lares sem o pai. No topo estão os Estados Unidos, com uma em cada cinco. Das crianças nascidas desde 1980, nos Estados Unidos, a metade das crianças brancas e oito em cada dez negras vão passar uma parte da infância vivendo sozinhas com a mãe.

É importante lembrar que a maternidade solitária, como a experimentamos hoje, é um fenômeno relativamente recente. Mesmo agora, na maior parte do sul da Ásia, mães solitárias são simplesmente incorporadas ao resto da família e não ficam realmente sozinhas, como acontece no mundo industrializado. Mesmo nos países desenvolvidos, a categoria de mães solitárias é um fenômeno relativamente recente, que começou a crescer a partir da década de 1960, como reflexo das mudanças na vida econômica. Na época em que a maioria das famílias vivia e trabalhava no campo, formando comunidades muito unidas, a separação era difícil, tanto econômica quanto socialmente. As famílias grandes, englobando várias gerações, eram relativamente comuns. Com o aumento da industrialização, a urbanização e a mobilidade, a migração crescente para as cidades e o surgimento do emprego assalariado para as mulheres enfraqueceram as barreiras econômicas e sociais que impediam a separação e a vida independente. Hoje em dia, tanto os homens quanto as mulheres podem abandonar suas casas e famílias enquanto mantêm seus empregos e suas rendas. Na primeira metade da década de 1990, tanto na Grã-Bretanha quanto nos Estados Unidos, as mães solitárias e seus filhos representavam uma em cada cinco famílias com crianças dependentes — um pouco menos na Grã-Bretanha, um pouco mais nos Estados Unidos. Em ambos os países os números quase triplicaram desde a década de 1970. O aumento foi particularmente marcante a partir de 1987, aumentando de 14 para 23% nos Estados Unidos em sete anos.

Estudos feitos com culturas tão diferentes e tão distanciadas quanto os Ache, das florestas do Paraguai, na década de 1980, e os moradores de Ostfriesland, na Alemanha, no século 18, mostram que a perda do pai tem uma influência significativa na capacidade de sobrevivência das crianças. A contribuição do pai se torna cada vez mais importante depois que a criança passa dos dois anos, embora, em todas as idades, a perda do pai seja menos prejudicial do que a perda da mãe. Já entre os Kipsigi, do Quênia, nas décadas de 1970 e 1980, a presença ou ausência paterna não tinha nenhuma influência na sobrevivência das crianças. Mas mesmo para este povo ter um parceiro ainda influía na capacidade reprodutiva da mãe a longo prazo, já que ela teria mais netos, através de cada filho ou filha, se o pai estivesse presente.

As vantagens para a mulher de ter um homem que ajude a criar os filhos, variam do mais direto — ter um par extra de olhos e mãos para ajudar — a ter alguém para fornecer, ou ajudar a fornecer o dinheiro, a comida e o espaço que as crianças necessitam para um desenvolvimento sadio. Com um homem ajudando, os filhos de uma mulher têm mais probabilidade de escapar dos acidentes e das doenças e de se tornarem adultos saudáveis e férteis. Como resultado disso, uma mulher pode freqüentemente conseguir criar mais filhos e, assim, vir a ter mais netos. Mas ainda que seja claro que um parceiro pode representar uma diferença significativa no sucesso reprodutivo de uma mulher, nós não podemos perder de vista o verdadeiro nível de contribuição que um homem pode dar ao cuidado das crianças. Como pais, os homens não estão no topo da classificação, comparados com outros primatas. Eles podem parecer muito atenciosos com as crianças, comparado com o chimpanzé ou o orangotango, mas perdem longe em comparação com outros tipos de macacos.

Na ampla perspectiva dos primatas, os humanos são classificados como "associados", no lugar de "protetores intensivos". As taxas de interação com as crianças são geralmente baixas. Em 20% das oitenta culturas humanas incluídas em uma pesquisa mundial sobre relacionamentos paternos, os pais ficavam raramente, ou nunca, perto de seus filhos, e em apenas 4% dessas sociedades existia um relacionamento próximo de pai com filho. Mesmo nessas últimas sociedades, como o povo !Kung San das savanas do sudoeste da África, os pais passam apenas 14% de seu tempo interagindo com suas crianças. Isso é quase o mesmo que as três horas por dia que os pais mais atuantes das sociedades industriais passam com seus filhos. Contudo, há alguns pais modernos que só passam 45 minutos *por semana* com os filhos.

Os pais humanos raramente assumem a principal responsabilidade pela criação dos filhos, e é muito raro os pais cuidarem realmente das crianças. Os pais dos !Kung San só contribuem com 6% da atenção para com as crianças, mesmo que em metade do seu tempo eles não tenham nada mais a fazer pela família. No lugar disso, tanto nas sociedades industriais quanto nas não-industriais, a principal forma de interação homem-criança é nas brincadeiras. Somente ao fornecerem comida é que os machos humanos se assemelham aos pais mais ativos entre os primatas. Mas, mesmo assim, a comida é tipicamente entregue à mãe, que então alimenta a sua prole.

Numa perspectiva biológica mais ampla, os humanos fogem à regra, mas não são os únicos a mostrar cuidado paterno e materno com os filhos — ou seja, as crianças são criadas pelo casal. A maioria dos animais não cria seus filhos. Eles são deixados para se virarem sozinhos a partir do momento em que nascem. Num considerável número de espécies, principalmente nos animais com espinha dorsal, observa-se o cuidado com os filhotes, mas *a regra são os pais ou as mães solitárias*. Entre os peixes, rãs e sapos, é o pai que fica sozinho, cuidando dos filhos, enquanto a mãe vai embora. Com pássaros e mamíferos acontece o contrário. Somente em umas poucas espécies, além da humana, é que encontramos pais e mães dando cuidados duplos à prole: acontece com mais freqüência entre os pássaros, mas também pode ser observado em alguns peixes e mamíferos.

Este padrão de cuidados paternos no reino animal levou a um erro de interpretação comum: o de que pais e mães cuidando dos filhos seja o sistema *mais avançado*, e que a evolução estaria tentando fazer com que todos os animais adotem esta prática, tendo fracassado com a maioria. Mas, na verdade, esta prática não representa o auge de algum êxito evolutivo do qual a maioria dos animais foi privada em conseqüência de alguma incapacidade física ou mental. Pelo contrário, existem poucas situações nas quais a criação dos filhos por ambos os pais realmente aumenta o sucesso na reprodução. E os humanos são uma delas. Mas para a maioria dos animais, seria contraproducente se ambos os pais ficassem para ajudar. Dois exemplos ilustram isso, os patos e os ursos negros.

A maioria das espécies de pato é exceção entre as aves, já que o macho não ajuda a criar os filhotes. O pato fica com a fêmea, até que o último dos ovos seja fertilizado, e então desaparece, deixando-a sozinha para criar os patinhos. Isto pode parecer cruel, mas as fêmeas ficam em melhor situação sem o macho por perto. Em primeiro lugar, os patinhos podem se alimentar sozinhos desde que nascem, só precisando afundar suas cabeças na água ou mergulhar — em vez de precisar de uma tigela de sopa. Tudo o que a mãe tem que fazer, para cuidar deles, é manter o grupo unido, não deixar que eles se percam e ensiná-los a evitar o ataque dos predadores. Não apenas ela não precisa de ajuda, como o companheiro só criaria problemas. Como a maioria dos patos machos tem cores brilhantes nas penas, o pai poderia atrair predadores para perto da família. Por isso, é melhor para todos que ele vá embora.

O mesmo vale para os ursos negros. As fêmeas concebem no outono, os dois filhotes nascem e mamam enquanto ela hiberna no inverno. Então ela sai da toca emagrecida na primavera, precisando se alimentar até o verão para recuperar as forças. A sobrevivência da mãe e dos ursinhos durante o inverno depende da quantidade de grãos que ela consegue comer durante o outono. Da alimentação dependem as reservas de gordura que ela conseguirá acumular. Se o pai tivesse ficado no território dela durante a gravidez, sobraria menos comida para a fêmea e haveria menos chances de os dois filhotes sobreviverem. Assim, sua capacidade reprodutiva é aumentada pela criação solitária dos filhos.

Às vezes o mesmo acontece com as mulheres, como veremos depois, mas geralmente isto não ocorre. Infelizmente, nossa discussão é prejudicada pelo fato de que a maioria dos estudos sociológicos sobre criação solitária dos filhos não mede o sucesso reprodutivo. Eles se concentram em questões sociais, como alta porcentagem de abandono dos estudos secundários, gravidez de adolescentes e potencial de emprego. Só os exemplos já dados — os Ache, Kipsigi e os alemães do século 18 — mostram que, mesmo quando a mãe é incorporada a uma família maior, há uma desvantagem *reprodutiva* da ausência do pai e da maternidade solitária. Todos os outros estudos mostram simplesmente que as crianças nas famílias de mães ou pais solitários sofrem desvantagens sociais. Assim, nossos únicos indicadores são indiretos. Por exemplo, as taxas de mortalidade podem ser mais altas para as mães solitárias do que para as mães em casais, e os filhos das mães solitárias têm mais probabilidade de sofrer problemas de saúde do que aqueles que vivem em famílias nucleares. Ambos os fatores podem diminuir o sucesso reprodutivo da mãe a longo prazo, e assim confirmam as conclusões obtidas pelos estudos mais diretos.

Embora exista grande evidência da desvantagem da maternidade solitária para a mulher, não fica claro o que causa esta desvantagem. A maioria dos estudos capazes de determinar a importância relativa dos vários fatores sugere que, com freqüência, o problema é financeiro. A natureza dos cuidados que a criança recebe é apenas um fator secundário, e em muitos casos nem é relevante.

Uma família de mãe solitária é mais sensível à deterioração das condições do que a família mista ou nuclear. Se a situação fica difícil em conseqüência de baixos rendimentos e saúde ruim, os filhos da mãe solitária ficam particularmente vulneráveis a acidentes, doenças e abuso. E nas famílias de mães ou pais solitários tais circunstâncias são mais prováveis. Em todos os países industrializados com informações disponíveis sobre a década de 1990, os filhos de mães solitárias correm maior risco de mergulhar na pobreza. Na Austrália, no Canadá e nos Estados Unidos, mais de 50% das crianças de mães solitárias estão vivendo abaixo da linha de pobreza. Na Austrália, na Noruega e nos Estados Unidos, essas crianças representam mais da metade da população de crianças pobres. Em outros países, programas sociais do governo aliviam os efeitos. Por exemplo, Dinamarca, Finlândia e Suécia também possuem uma alta porcentagem de crianças em famílias de mãe solitária, mas menos de 10% vivem abaixo da linha de pobreza.

E para muitas mães solitárias, os problemas econômicos da criação solitária dos filhos influem mais no seu sucesso reprodutivo do que na qualidade do cuidado materno. Além das conseqüências para a sobrevivência, saúde e fertilidade dela própria e das crianças, existem conseqüências sociais. Por exemplo, os filhos de mães solitárias tendem a exibir um comportamento mais característico de grupos socioeconômicos inferiores. O que significa que as famílias de mães solitárias, *em média*, produzem crianças com mau desempenho escolar e altas taxas de delinqüência. Há também uma relação com o declínio na saúde mental da mãe e das crianças. E como as filhas dessas mães têm maior probabilidade de engravidar na adolescência, elas freqüentemente criam uma nova geração de mães solitárias. (Vamos debater a questão das adolescentes grávidas após a cena 19.)

A associação entre a mãe solitária e a pobreza não é apenas uma conseqüência da redução de renda, representada pela ausência de um companheiro: a pobreza está associada à formação dessas famílias, em primeiro lugar. Estudos sobre o divórcio nos Estados Unidos mostram que o desemprego e os salários baixos são fatores significativos no surgimento de hostilidade entre maridos e esposas. Uma análise dos divórcios durante as três recessões, entre 1970 e 1982, calculou que a recessão foi responsável pela metade do aumento das famílias de mães divorciadas e separadas, entre 1968 e 1988. Nos Estados Unidos, mesmo nas famílias que não viviam abaixo da linha de pobreza antes da separação dos pais, o declínio na renda familiar, após a separação, foi de 50%. Mas, embora as mães solitárias apareçam mais em situações de pobreza, elas não ficam confinadas aos grupos socioeconômicos inferiores. Por exemplo, durante a segunda semana de dezembro de 1992, todos os seis netos da rainha da Inglaterra viviam em famílias de mães solitárias.

A diferença nos rendimentos entre pais e mães solitárias e as famílias nucleares é responsável por, pelo menos, a metade, ou talvez até 80%, da baixa performance social e psicológica dessas famílias. Alguns estudos mostram que o desempenho é freqüentemente mais sensível à diminuição de renda depois da separação do que à renda absoluta. Isso explica por que os filhos de viúvas, que sofrem menor redução de renda, se saem tão bem quanto seus colegas de famílias nucleares. Em comparação, as crianças que vivem com uma mãe ou pai solitário em conseqüência da separação do casal sofrem, em geral, problemas sociais e psicológicos. As diferenças entre as crianças dessas famílias e as das famílias intactas parecem existir antes mesmo da separação dos pais e não pioram necessariamente depois. O fator mais influente parece ser a qualidade do relacionamento familiar, da qual a separação do casal é apenas um episódio. É claro que a criação solitária de filhos resulta em problemas específicos. Parte da baixa performance social — a estimativa é de 20% — é devida à qualidade da criação que as crianças recebem. Mas isso não é uma questão apenas de diferenças na capacidade da mãe — uma mulher que cria seus filhos sozinha não é uma mãe menos competente do que aquela que vive com um marido. O problema tem a ver mais com a situação em que ela se encontra. É uma conseqüência inevitável de contar apenas com um par de mãos e olhos, como vimos na cena anterior.

Além dos problemas de acidentes — como no caso do acidente com a geladeira em nossa história —, da saúde frágil e das conseqüências da renda familiar baixa, não há indicação de que as crianças possam sofrer alguma outra conseqüência por terem apenas a mãe por perto. Particularmente, contrariando o desejo dos tradicionalistas, a ausência de um modelo masculino parece ter pouca influência no desempenho da criança em sua vida adulta. Nas sociedades modernas, as crianças não se saem melhor, seja sociológica ou psicologicamente, se forem criadas por ambos os pais do que se forem criadas por uma mãe viúva (em oposição à mãe separada) ou pela mãe e a avó. Outros estudos mostram que o tempo que a criança vive sem um pai também não faz diferença. Biologicamente, é isso que deveríamos esperar. Na maioria das espécies de primatas, os jovens são criados por um grupo de fêmeas, todas cooperando na criação recíproca das crianças. Freqüentemente essas fêmeas são parentes — irmãs, tias, avós, sobrinhas. E o mesmo acontece em muitas sociedades humanas. Tanto nas sociedades humanas quanto entre os primatas, os machos entram e saem desses grupos, oferecendo um cuidado "paterno" ocasional, mas freqüentemente se limitando a cuidar de suas tarefas de coleta de alimento e inseminação de fêmeas. Não há motivo, portanto, para que as crianças das sociedades industriais tivessem subitamente adquirido a necessidade de um modelo paterno em casa. Existe uma grande quantidade de homens, na sociedade em que vivem, com os quais as crianças podem aprender tudo que é necessário.

À primeira vista pode parecer que uma mulher que tem filhos, mas fica sem um homem, encontra-se numa situação sem saída. Ela teria que decidir qual é a melhor entre duas opções indesejáveis — expor as crianças aos perigos de uma família mista ou de uma família de mãe solitária. E qual a alternativa que vai aumentar — ou prejudicar menos — seu sucesso reprodutivo vai depender das circunstâncias e do tipo de padrastos disponíveis.

Como na cena 17 estávamos mais preocupados com a questão do abuso, obtivemos uma imagem decididamente negativa das famílias mistas. Mas, como observamos, há uma probabilidade de que um pai e uma mãe solitários se beneficiem consideravelmente da união de suas famílias. Ambos podem ganhar com o aumento do total de recursos obtidos com sua união. E não apenas recursos óbvios, como renda e espaço, mas também os menos óbvios, como o aumento da energia paterna, do tempo e da vigilância. Além disso, ambos os pais terão oportunidade de aumentar seu índice reprodutivo tendo mais filhos com o novo companheiro. Nós também vimos que os homens podem obter vantagens reprodutivas com o acesso sexual, para eles mesmos ou para seus filhos, às filhas que a nova parceira já tinha. Finalmente, o parceiro que vai lucrar mais com a união das famílias será aquele que conseguir que seus filhos obtenham a fatia maior dos recursos familiares. E para conseguir isto, ele ou ela pode precisar apenas mostrar favoritismo por seus próprios filhos, mas, sob condições mais extremas, ele ou ela pode começar a abusar de seus enteados.

Não existem dados confiáveis que nos ajudem a decidir qual a melhor estratégia para uma mulher que se encontre na posição de mãe solitária. Mas podemos supor que, quanto maiores as suas dificuldades para se manter e manter as crianças, maior é a probabilidade de que ela tente melhorar seu sucesso reprodutivo aceitando os desafios de uma família mista. Nos Estados Unidos, metade das mulheres brancas e um terço das negras se casam novamente. Outras coabitam por períodos variados de tempo. A mulher com a filha que sofria abuso, na cena 17, seguiu este caminho e, apesar dos custos inegáveis para sua filha, parecia que iria se beneficiar reprodutivamente. Contudo, em determinadas circunstâncias, a mulher pode se sair melhor sozinha, do ponto de vista reprodutivo, do que se arriscar a uma vida em família com um parceiro que é mais um peso do que uma ajuda. Dados referentes a nutrição na província norte de Zâmbia, por exemplo, mostram que as crianças de menos de cinco anos de idade, em lares dirigidos por mulheres, têm menos probabilidade de ficar desnutridas do que as crianças de lares um pouco melhores, onde vivem com ambos os pais. Isso acontece porque, embora os recursos sejam reduzidos, uma parte maior é destinada às crianças se o pai não está presente. Portanto, com legislações cada vez mais favoráveis para apoiar as crianças nas sociedades industriais, e mais mulheres se tornando independentes, podemos esperar um número crescente de mães optando por viverem sozinhas com seus filhos. E se beneficiando do resultado.

Como foi mencionado anteriormente, entre os humanos, ao contrário dos peixes e das rãs, 90% das pessoas que criam os filhos sozinhas são mulheres: os homens têm maior tendência a abandonar os filhos, e eles também têm mais probabilidade de morrer enquanto os filhos são jovens. Os homens também são imunes aos riscos de ficar com uma criança depois de um estupro ou uma aventura noturna. Mas quando os homens se encontram no papel de pais solitários, como na cena 16, as considerações que discutimos aqui, no contexto da mãe solitária, também se aplicam a eles.

Em média, as crianças parecem se sair melhor com um pai solitário do que com uma mãe solitária. Isto não quer dizer que os homens cuidam melhor das crianças, mas sim que eles ganham mais e podem pagar creches durante o dia. As pesquisas mostram que as crianças são mais saudáveis quando ficam com o pai, e não com a mãe, mas se saem igualmente bem em termos de desenvolvimento social. No lado negativo, as filhas têm mais probabilidade de engravidar na adolescência e os pais solitários parecem ter uma taxa de mortalidade maior. Se não levarmos em conta a renda mais alta, os homens parecem menos competentes do que as mulheres para cuidar das crianças. Estudos feitos em Gana nas décadas de 1980 e 1990 mostram que os recursos controlados pelas mulheres têm mais probabilidade de serem destinados às crianças do que os recursos controlados pelos homens. De modo semelhante, no Brasil a renda que fica nas mãos das mulheres melhora a saúde da criança 20 vezes mais do que o dinheiro controlado pelos pais — aumentando as perspectivas de sobrevivência da criança. Provavelmente, a reduzida competência do homem como pai solitário é devido, uma vez mais, ao espectro da incerteza quanto à paternidade. Podemos esperar que isso, combinado com o impulso para encontrar novas mulheres para inseminar, leve os homens a pôr em risco maior a segurança e a saúde de suas crianças.

CAPÍTULO 7

O caminho para os netos

CENA 19

Preparando o terreno

A mãe acordou de seu cochilo. Protegendo os olhos do sol, ela se virou para olhar o jardim. Sua filha de sete anos estava agachada num canto, na sombra de uma árvore, prestando atenção em alguma coisa no chão.

— O que foi? — perguntou a mãe, por cima do barulho do rádio que estava ao seu lado na grama.

— É um mangangá — respondeu a menina. — Acho que ele está morrendo. — Ela cutucou o inseto com a varinha que estava segurando e aproveitando que a mãe estava acordada, correu para a espreguiçadeira. A menina estava chateada, irritada porque a mãe continuou cochilando no sol, e sentindo calor. — Tenho que ficar vestida, mãe? Estou com coceira.

A mãe ficou com pena. Normalmente, nenhuma das duas usaria qualquer roupa no jardim particular da casa num dia como este, mas o filho de oito anos trouxera um amigo para brincar naquela tarde. Ela achava o garoto esquisito, na melhor das hipóteses, e alguma coisa lhe dizia que seria uma má idéia deixar que ele a visse nua com a filha.

— Eu sinto muito, querida — respondeu se sentando. — Você não pode tirar as roupas enquanto o amigo do seu irmão estiver aqui... mas onde estão eles?

Aborrecida, a menina disse que os dois tinham subido, para brincar com os trenzinhos do irmão. A mulher deu uma olhada na janela do andar de cima e então diminuiu o volume do rádio por um momento para verificar se havia sons de bagunça. Mas tudo estava calmo. Então aumentou de novo o rádio, ficou de bruços e levou as mãos às costas para desamarrar a parte de cima do biquíni. Antes de fechar os olhos, ela pediu à menina que fosse lá em cima ver o que os garotos estavam fazendo. Ainda tinha mais dez minutos de descanso antes de fazer o chá e queria pegar os últimos raios de sol daquele dia. Se soubesse, ela provavelmente teria se divertido mais ouvindo a conversa que se desenrolava no quarto do segundo andar.

O visitante, com nove anos mas ingênuo para sua idade, estava incrédulo.
— Quer dizer que você e sua irmã tiram a roupa e tomam banho juntos? Quer dizer que ela vê o seu...negócio...e você vê o dela?

O jovem anfitrião continuava brincando com seu trenzinho, fazendo ruídos de máquina a vapor enquanto empurrava a composição por uma subida. O trem era elétrico, mas estava enguiçado e ele até agora não conseguira convencer o pai a consertá-lo.

— Você não fica com vergonha? — insistiu o visitante. — Ele não fica duro e se levanta? O meu ficaria se uma menina olhasse para ele. Não faz você se sentir engraçado?

— Ela é só minha irmã e tem apenas sete anos — disse ele enquanto o trem chegava no alto da colina. Deixou que o brinquedo descesse sozinho pelo outro lado. — De qualquer modo, às vezes ele endurece, especialmente se ela o toca. Meu pai diz que é assim mesmo, o dele também fica duro às vezes. Parece que tem que ficar, de vez em quando.

Houve uma pausa enquanto ambos imaginavam o que dizer. Então o menino mais novo continuou.

— Minha irmã diz que o do meu pai é que é engraçado. Ela gosta de pegá-lo e fazê-lo balançar de um lado para outro.

Aparentemente achando aquilo ainda mais difícil de acreditar, o menino mais velho quis saber os detalhes.

— Quer dizer que você vê o negócio do seu pai? E sua irmã também viu, e pegou nele? Como é? É parecido com o nosso?

— Não — respondeu o amigo, intrigado com o interesse do outro. — É bem grande, com um calombo arroxeado na ponta e coisas como veias azuladas. Tem um monte de cabelos e as bolas também são grandes. É realmente horrível. — Ele parou por um momento e olhou para o amigo, pela segunda vez durante a conversa. — Por quê? Você nunca viu o do seu pai?

O menino mais velho sacudiu a cabeça, assustado com a idéia. Seus pais tinham lhe contado que somente meninos perversos e adultos indecentes deixavam outras pessoas verem suas "partes íntimas". Ele nunca tinha visto seus pais nus e estava muito curioso.

— E seu pai deixa sua irmã tocá-lo? Ele não se importa?

— Eu não sei — disse o outro, um pouco embaraçado. Então ele riu. — Às vezes ela o machuca. Ela bate naquilo ou puxa e ele grita com ela. E diz que ela tem que ser cuidadosa com as partes dos homens. — O garoto hesitou por um momento, sem saber se devia continuar. — De qualquer modo, eu também já toquei, e toquei no de minha mãe. — Ele botou a mão sobre a boca, como para evitar que o que ia dizer fosse ouvido. — Sabe o que eu faço às vezes?

Ele riu, pensando no que ia dizer.

— Às vezes mamãe deixa eu alisar o pêlo embaixo da barriga dela. É tão macio. Eu gosto mais logo depois que ela toma banho. O cheiro é muito bom. Parando para recuperar o trem, ele não percebeu a expressão no rosto do amigo.

— Quer dizer que sua mãe tem cabelos na parte de baixo da barriga?

A idéia o assombrava. Tinha certeza de que sua mãe não teria cabelos embaixo da barriga.

— Você não sabe nada, hein? — suspirou o garoto de oito anos.

Seus pais passavam boa parte do tempo nus dentro de casa. Ele se acostumou a ver os seus corpos desde o dia em que nasceu. Não podia acreditar que alguém um ano mais velho do que ele não soubesse essas coisas.

— É bem aqui, um monte. Realmente preto e grosso — disse ele, apontando para o próprio corpo.

— E a sua irmã também tem cabelos aí? — perguntou o amigo, quase temendo ouvir a resposta.

O garoto mais jovem não podia acreditar na ingenuidade do amigo. Nesse momento sua irmã entrou no quarto.

— Ele pensa que você tem cabelo embaixo da sua barriga, como a mamãe, — Ele riu, apontando para o amigo.

— Eu vou ter um dia — disse ela indignada —, foi o que mamãe disse.

Sentia-se embaraçada e aborrecida, mas também um pouquinho excitada pelo fato de que os meninos estivessem conversando a seu respeito. Tinha uma queda pelo garoto, dois anos mais velho do que ela.

Pegou o travesseiro na cama do irmão e o atirou nele.

— O que você andou falando de mim? — perguntou agressivamente.

— Nada — disse ele, rindo e fugindo dos golpes do travesseiro, enquanto a irmã o perseguia pelo quarto. O menino mais velho olhava com inveja. Era filho único e teria dado qualquer coisa para ter uma irmã ou irmão com quem brincar.

A menina encurralou o irmão num canto e tentou sufocá-lo com o travesseiro, se exibindo para o garoto mais velho. Ainda rindo, o irmão tentou lhe fazer cócegas e os dois caíram no chão. Apesar dos vinte meses de diferença entre ambos, ela não era muito menor do que ele, e nas brincadeiras violentas eles empatavam. Eles passavam um bom tempo rolando pelo chão, em lutas simuladas, às vezes nus depois do banho.

O garoto de nove anos observou enquanto irmão e irmã lutavam no chão, pernas embaralhadas, olhando o vestido curto e folgado dela quase se soltando do corpo. Desajeitado, ele entrou na briga. Era o seu primeiro contato físico com uma menina e ficou excitado. Estava decidido a aproveitar o máximo, mas não tinha idéia do que poderia e não poderia fazer. Pareceu-lhe razoável presumir que se a menina não se importava de ficar despida com o irmão, não se importaria de ficar com ele. Anunciando que ia arrancar as calcinhas dela, ele pediu a ajuda do irmão. Também excitado, e querendo impressionar o garoto mais velho, ele se sentou sobre o peito da irmã, enquanto o outro tentava segurar as pernas dela, que se debatiam, por tempo suficiente para puxar as calças. Gritando e lutando, ela acertou o pé no rosto dele, mas ele não se importou. Triunfalmente conseguiu imobilizar-lhe as pernas, e sentiu a excitação crescendo. Estava a apenas alguns instantes de ver um orgão sexual feminino pela primeira vez na vida.

Ele viu, mas muito rapidamente. Quando conseguiu puxar as calças dela até o joelho e viu o que momentos antes parecera tão importante, sentiu uma onda de remorso. E o mesmo aconteceu com o irmão dela. Levantando-se, ele disse ao outro garoto que parasse e soltasse sua irmã. O garoto mais velho obedeceu, com os olhos fixos no púbis da menina durante os segundos que ela levou para se vestir, mais confuso do que excitado com o que via.

A garota xingou os dois com uma linguagem que surpreendeu o menino de nove anos. O irmão estava acostumado e podia ser igualmente grosseiro. Ela ficou sentada por um momento, furiosa, enquanto os meninos se sentiam pouco à vontade. Então ela pegou o travesseiro de novo e o atirou sem força no garoto mais velho, ameaçando contar para a mãe o que os dois tinham feito. Ele não precisava ter feito aquilo, ela lhe disse aborrecida. Ela teria mostrado se ele tivesse pedido — desde que ele tivesse mostrado o seu também. Mas agora nunca mais ia deixá-lo ver de novo, depois do que ele fizera.

Pegando a deixa, e ansioso para se desculpar, o irmão sugeriu que ambos tirassem as calças do colega. Na verdade, mais excitada do que aborrecida com o que acontecera, a garota queria lutar mais e antes que o visitante soubesse o que estava acontecendo, era sua vez de ser imobilizado. Mas antes que o irmão e a irmã conseguissem arrancar suas calças, a brincadeira foi interrompida. Intrigada com a demora da filha, a mãe entrara para investigar. O que era todo aquele barulho?, ela gritou do pé da escada e sem esperar resposta, pediu que descessem para tomar chá.

Aquela não foi a última vez que o garoto visitou a casa dos irmãos. A menina logo se cansou de suas tentativas de levantar a saia dela ou tirar suas calças. Era tudo o que ele parecia querer quando ela estava por perto. A princípio ela se divertira em provocá-lo, quase deixando-o vê-la nua, e mudando de idéia no último instante. Uma vez, sem aviso, durante uma dessas sessões, ele abaixou as calças para revelar uma pequena coisinha rosa e rígida — como uma cenourinha, ela pensou, sem se impressionar. Ela tinha que mostrar a sua agora, o garoto exigiu. Mas ela nunca o fez. O breve vislumbre que ele forçara, com a ajuda do irmão, seria a única imagem da genitália feminina que ele levaria com ele até se tornar adulto.

O irmão também se cansou da companhia do amigo, querendo alguém que compartilhasse seu interesse em trens e futebol, e não alguém que só se preocupava em ver meninas nuas — algo que era uma experiência diária para ele. E continuou sendo uma experiência diária, até ele estar com 12 anos e sua irmã com onze. Então, gradualmente, eles se tornaram mais recatados em relação aos seus corpos e às mudanças que neles ocorriam. Continuavam muito ligados, mas banhos em comum e lutas quando estavam nus se tornaram coisa do passado. Além disso, viram um ao outro nus, com tanta freqüência que podiam acompanhar o que estava acontecendo com seus corpos à medida que se aproximavam da puberdade. Seus pais por sua vez, estavam desapontados com os efeitos da idade em seus próprios corpos, e perderam a vontade de aparecerem nus diante dos filhos.

Ao mesmo tempo, os pais se sentiam satisfeitos pelo modo como tinham cuidado da educação sexual precoce de suas crianças. Até onde podiam julgar, ambos tinham uma compreensão saudável e respeito pelos seus corpos. Esperavam tê-los preparado bem para os entusiasmos e os desapontamentos dos próximos anos. Enquanto isso, fariam o melhor que podiam para guiá-los através da puberdade, embora, como a maioria dos pais, eles só fossem tomar conhecimento de uma pequena parte das experiências de seus filhos.

No espaço de um mês, que começou logo depois que a filha completou 11 anos, duas coisas aconteceram. Ela teve a sua primeira menstruação, o que provocou uma longa conversa entre ela e a mãe. E o filho teve sua primeira ejaculação, o que não provocou conversa nenhuma, porque ninguém ficou sabendo. Ele estava nu diante de um espelho grande e inocentemente brincava com o próprio corpo, como fizera tantas vezes, quando o formigamento em sua virilha disparou a coisa. O primeiro esguicho atingiu o espelho e o resto caiu no chão. Meia hora depois de seu pânico inicial, e uma tentativa desesperada de limpar a sujeira, ele descobriu que poderia fazer a mesma coisa de novo, só que desta vez pegou tudo em uma toalha de papel. Tendo descoberto a masturbação, houve semanas em que ele ejaculou todo dia, algumas vezes até duas vezes por dia. Em uma ocasião quis ver quantas vezes podia repeti-lo sucessivamente, mas levou duas horas para conseguir ejacular três vezes e perdeu o interesse pelo desafio.

No ano seguinte, ele passou muitas horas solitárias no quarto, tentando pensar em imagens cada vez mais eróticas e simular posições e sensações sexuais, imaginando o uso de travesseiros e tubos de toalhas de papel. Então, as conversas com os amigos deixaram-no preocupado, achando que talvez pudesse acabar se machucando, ficando com verrugas ou cego. Então ele tentou parar de fazer aquilo. Mas o esforço durou pouco. Se fizesse abstinência, acordava molhado. Ele decidiu que era melhor se arriscar a ficar cego ou ter verrugas, do que sua mãe descobrir o que ele estava fazendo.

Ela realmente ficou orgulhosa quando viu as primeiras marcas reveladoras nos lençóis do menino. Seu garotinho estava se tornando um homem e tudo acontecia como deveria ser. Já suspeitava de que ele começara a se masturbar pelo modo como ele desaparecia dentro do quarto e trancava a porta durante uma hora. Mas não podia acreditar que ele conseguisse ejacular até ver a evidência. Eles falavam abertamente sobre masturbação com as crianças sempre que surgia uma oportunidade, geralmente provocada por cenas na televisão. Mesmo assim, ela ainda pediu ao marido que falasse com o filho, só para garantir que ele não recebera informações erradas dos amigos.

Apesar de seu hábito de franqueza mútua, ambos estavam bastante constrangidos quando o pai finalmente encontrou a oportunidade que esperava. A conversa foi desarticulada, indireta e rápida. Mesmo assim, o garoto entendeu a mensagem. Seus pais sabiam o que ele andava fazendo, eles não se importavam e era seguro. A única coisa em em que ele não pôde acreditar foi na afirmação do pai de que ele ainda fazia aquilo. Tentou algumas vezes imaginar o pai se masturbando mas não conseguiu, e acabou apagando o pensamento de sua mente. Também não tinha certeza se acreditava na afirmação dele de que a masturbação era inofensiva. Seu pai achava que tudo que tinha relação com sexo era OK, e por isso não devia ser uma fonte muito confiável nesse assunto.

Se devia muito ou pouco à conversa com o pai, ele nunca chegou a uma conclusão. Mas daí em diante passou a ter uma vida sexual muito ativa consigo mesmo. Ele queria cada vez mais uma amostra da coisa real, mas por muito tempo não teve sucesso nas tentativas de conquistar alguma garota da escola. Mais do que qualquer coisa, queria ser tranqüilizado. Pelo que via toda semana no chuveiro da escola, ele não era o mais bem-dotado. Queria saber o que as garotas achavam dele, queria a confirmação de que elas ficariam impressionadas com seu pênis e com o que poderia fazer do jeito que era.

Sem conseguir se aproximar das garotas que conhecia, ele voltou sua atenção para a irmã. Não que se sentisse atraído por ela — pelo contrário, a idéia de tocá-la naquele ponto o fazia se sentir estranho. Mas ela era mulher e devia ser capaz de lhe dar a opinião de que necessitava. Durante alguns meses ele tentou criar uma situação em que ela pudesse vê-lo nu com uma ereção. Quando os pais saíam, ele deixava a porta do quarto destrancada, ou mesmo parcialmente aberta, enquanto andava lá dentro sem nada sobre o corpo, levando uma eternidade para mudar de roupa ou se preparar para o banho. Então, um dia, logo depois de completar 14 anos, sua irmã entrou no quarto no momento em que ele conseguira uma ereção completa. Sem dar mais do que uma olhada breve em sua virilidade, ela lhe pediu que soltasse o zíper nas costas do seu vestido, e depois saiu. Desapontado com o fato de que ela não se impressionara nem um pouco com o que estava se tornando o aspecto mais importante de sua vida, ele se consolou com um pensamento: ela provavelmente era muito jovem para avaliar qualquer coisa. Afinal, ela só tinha 13 anos.

O que ele não sabia é que sua irmã já o vira com uma ereção, exatamente como ele planejara, através da porta aberta do quarto. Mas ela presumia que o corpo era para ele uma coisa normal da vida, como era para ela, e nunca lhe ocorreu fazer qualquer comentário. Afinal, ela conhecia o aspecto da genitália masculina há muito tempo. Na última vez que vira o pai nu, quando tinha 11 anos, o corpo do irmão já estava começando a se transformar em algo semelhante. Não tinha visto o pai com uma ereção desde os nove anos, e a última vez que o tocara fora dois anos antes disso, mas as memórias subliminares da visão e da sensação ainda estavam lá. O corpo masculino não representava ameaça ou mistério para ela.

A única reação à virilidade que ela registrara recentemente, depois de um vislumbre do irmão através da porta do quarto, fora um leve pânico. Como ela seria capaz de acomodar algo tão grande? Porém, uma conversa com uma de suas amigas na escola, aquela que afirmava não ser virgem, a tranqüilizou.

Enquanto os pais observavam seus filhos se tornarem adultos, eles notavam com satisfação crescente a facilidade que eles pareciam ter para fazer amigos. Ambos pareciam muito populares, no mínimo porque se sentiam à vontade com o sexo oposto, parecendo tratar colegas como versões um pouquinho mais excitantes de cada um deles. Teriam adorado saber como estava se desenvolvendo a educação sexual que tinham dado às crianças, mas suas indagações sutis nunca revelaram as coisas que mais queriam saber.

De fato, os dois estavam aprendendo rápido. Alguns meses depois de seu décimo quarto aniversário, uma das amigas de sua irmã deixou que o rapazinho pusesse a mão dentro de sua blusa e ele deslizou os dedos sobre os mamilos. Algumas semanas depois, a irmã deixou um de seus amigos fazer o mesmo com ela. Logo depois vieram as tentativas desajeitadas dele de colocar um dedo dentro da vagina de uma garota, e a experiência equivalente da irmã. De pé nos degraus da porta dos fundos, depois de saírem uma noite, ela abriu as pernas o suficiente para que um ávido companheiro explorasse dentro de sua calcinha. Ela guiou sua mão até o lugar certo, deixou que ele apreciasse o sucesso por alguns segundos, e o empurrou com uma advertência.

Nada disso jamais foi revelado aos pais, que simplesmente continuaram alertas, com os dedos cruzados. Ambos sabiam que os filhos ficavam de vez em quando sozinhos com amigos do sexo oposto, e com certa freqüência eles ouviam alguma coisa sobre como tinha sido o encontro. O pai começou a se perguntar se seu filho ainda era virgem e esperava que não. Mas ele nunca duvidou de que sua filha ainda era virgem.

Num verão longo e quente, quando o irmão tinha 16 anos e a irmã 15, ambos deram um grande passo em sua educação sexual. O rapaz foi convidado a visitar uma amiga de sua irmã, aquela — e ele nunca se esquecera de sua irmã contando — que perdera a virgindade aos 13 anos. Chegando no início da tarde, ele a encontrou sozinha, tomando banho de sol no jardim. Depois de algum tempo eles foram para o quarto dela ouvir música. Enquanto o som alto atravessava a janela aberta, ele ficou num estado de grande excitação. E quando ela o convidou a tirar o seu biquíni, enquanto ele ainda estava completamente vestido, o rapaz ejaculou com a visão dos pelos púbicos dela. A garota observou com divertida fascinação, enquanto ele se limpava, bastante embaraçado. Então o convidou a acariciar seu corpo nu. Nos quinze minutos que ele levou para recuperar a sua potência, ela lentamente o instruiu sobre os detalhes mais íntimos do corpo feminino, coisas que ele nunca teria descoberto simplesmente vendo sua irmã ou sua mãe. Então, finalmente, ele perdeu sua virgindade. Aquela foi a primeira de várias visitas que ele fez ao quarto dela naquele verão. O envolvimento dos dois finalmente terminou quando a garota começou a namorar o baterista do conjunto de rock do colégio, que tinha um carro.

Foi também um carro que levou sua irmã ao primeiro grande passo em sua busca de experiência sexual. Atraída pela perspectiva de um passeio de carro pelo campo, ela aceitou o convite de um rapaz, o mesmo que anos antes arrancara sua calcinha no quarto do seu irmão. Ele não era uma companhia mais excitante agora do que quando tinha nove anos, mas adquirira *status* no seu círculo de amigos porque seus pais tinham lhe dado um carro quando completara 17 anos. Ele a levou para um lugar que conhecia, à beira de um rio, que só podia ser alcançado através de um terreno acidentado. Enquanto abriam caminho por entre as vacas, ele pediu-lhe um beijo.

O dia estava quente e ela estava gostando do passeio pelo campo. Achou que ele merecia um beijo por tê-la trazido até aquele lugar, mas não merecia enfiar a mão em suas roupas, como ele tentou fazer segundos depois que seus lábios se uniram. Nem pensou que o beijo produziria a ereção que pôde sentir através do calção dele, enquanto pressionava o corpo contra o dela. Ele resmungou quando ela o empurrou, mas não tentou impedi-la de sair andando pelo campo.

Conseguiu alcançá-la um pouco antes de ela chegar na margem do rio e pediu outro beijo. Um era o bastante por enquanto, ela disse, mas se ele fosse bonzinho, poderia ganhar outro quando voltassem para o carro. Com isso, ela correu os últimos metros até o rio e olhou a água. Um movimento chamou sua atenção.

— Olhe — disse ela —, há uma truta ou algum outro peixe ali.

— Não, olhe você — ela o ouviu falando atrás dela. — Olhe para mim.

A estranheza em sua voz, como se as palavras estivessem saindo com dificuldade de sua garganta, fez com que ela se virasse imediatamente. Antes que pudesse se conter, estava rindo. Ele estava nu, só com os sapatos e as meias, alguns metros colina acima. E sua ereção era bem mais impressionante do que a coisinha que tinha lhe mostrado naquele dia, no quarto do irmão, mas significava tão pouco para ela agora quanto antes.

— Não seja tolo — disse ela, ficando de costas para ele de novo. — Vista-se, você está ridículo. Alguém pode aparecer e vê-lo assim. Venha olhar os peixes.

GUERRAS DE BEBÊS 239

Um segundo depois estava caída com o rosto no chão, sem fôlego por causa de um golpe nas costas. Imobilizando-a com seu peso e os joelhos em suas costas, o rapaz levantou-lhe a saia e começou a tirar sua calcinha antes que ela soubesse o que estava acontecendo. Mas enquanto ele lutava para arrancar-lhe as roupas, ela começou a se soltar. Subitamente, era como se tivesse sete anos de novo, envolvida numa luta com seu irmão. Todos os velhos truques voltaram à sua mente e logo pôde sentir seu agressor perder o controle. Em desespero, percebendo que não conseguiria segurá-la, ele desistiu de tirar a calcinha e concentrou seu esforço na tentativa de mantê-la no chão. Jogando todo o seu peso em cima dela de novo, tentou forçar passagem por entre as coxas da jovem. Mas a calcinha ainda estava presa nos joelhos dela e ele não conseguia forçá-la a abrir mais as pernas. Percebeu que estava perdendo a oportunidade. E no final, a afobação o derrotou quando ele ejaculou sobre as nádegas da garota.

Xingando-o furiosamente, ela se soltou, se limpou com um punhado de grama que depois jogou em cima dele e se vestiu rapidamente. Surda aos seus pedidos de desculpas e às súplicas para que ficasse, ela subiu furiosa pela colina, espantando as vacas ao seu redor. Quando estivesse vestido, poderia levá-la de volta para casa, ela gritou por sobre o ombro. E se a tocasse de novo, ela o castraria!

A jovem nunca contou aos seus pais ou ao irmão sobre a tentativa do rapaz de estuprá-la.

Várias vezes, ao longo deste livro, afirmamos que a capacidade reprodutiva de uma pessoa não termina com o nascimento de seus filhos: o que importa, para a seleção natural, é o índice de reprodução de seus descendentes. Raramente as pessoas podem influir na concepção e criação de seus bisnetos, e além desta geração as chances de fazer alguma coisa são infinitesimais. Elas podem, entretanto, exercer uma influência considerável na produção de seus netos. E como vimos no capítulo anterior, ter netos é, de certo modo, ainda mais importante do que ter filhos. É apenas ligeiramente exagerado dizer que, no que se refere à seleção natural, as pessoas criam seus filhos como um meio de obter netos.

Cada uma das três histórias deste capítulo ilustra um aspecto do caminho em direção aos netos, visto de uma perspectiva evolutiva. E todas envolvem os mesmos personagens, em estágios diferentes ao longo deste caminho. Elas mostram como os pais podem influenciar seus filhos para que também se tornem pais bem-sucedidos. Seguimos a interação entre pais e filhos, enquanto estes passam pelo processo de desenvolvimento, da infância até a adolescência e a idade adulta.

Quanto mais netos de boa qualidade uma pessoa ganha, mais ela será favorecida pela seleção natural. Existem sutilezas nos meios de maximizar o número de netos que uma pessoa pode ter. Já abordamos isso no contexto do favoritismo paterno, planejamento familiar e tamanho das famílias. Mas, de modo geral, depois que os pais conseguem ter o número ideal de filhos de acordo com as condições em que vivem, o desafio é criar essas crianças para que sejam tão saudáveis, férteis e atraentes quanto possível. Deste modo, os pais irão ganhar o número ideal de netos.

Geralmente os pais têm poucas dúvidas quanto ao que fazer para maximizar o potencial de sucesso de seus filhos e suas decisões conscientes vão coincidir bastante com as decisões subconscientes, moldadas pela seleção natural. Os pais, geralmente, se esforçam para criar as melhores condições de vida e as melhores oportunidades para seus filhos. Mas há um aspecto da criação de filhos que não está bem definido e que foi ilustrado pela história anterior. Qual é o melhor meio de educar as crianças sexualmente? Será que os pais devem ser tão liberais quanto possível, como os da história tentavam ser, mas não conseguiram realmente? Ou será que é melhor proteger as crianças de sua sexualidade e da sexualidade de outras pessoas, por tanto tempo quanto possível, como faziam os pais do amigo do garoto na nossa história? Ou será que é preferível um meio-termo?

No contexto antropológico, encontramos todas as opções. Como veremos depois, em algumas culturas, a exploração sexual livre e o contato entre crianças e entre as crianças e os adultos são coisas normais e encorajadas. Já em outras culturas, a lei proíbe todos os atos sexuais envolvendo crianças. E, é claro, existem muitas sociedades que adotam o meio-termo, em vários níveis, aceitando alguns comportamentos e outros não. Embora as nações industrializadas do Ocidente tivessem no passado uma posição de meio-termo ligeiramente conservadora, elas estão rapidamente avançando no sentido de proibir qualquer forma de contato sexual com crianças, até mesmo por parte de outras crianças. Por quê? Por que há tanta diferença entre as culturas? O que é melhor para pais e filhos? E por que a seleção natural deixou esta questão em aberto, em vez de programar a "melhor resposta" no nosso comportamento, como fez com muitos outros aspectos da paternidade?

A resposta a todas essas perguntas é que, embora não pareça óbvio, a seleção natural *realmente* programou a melhor resposta no nosso comportamento. Só que ela não é tão óbvia quanto as respostas para muitas outras questões que já analisamos. E isso acontece porque, como já descobrimos, quando discutimos a ordem dos nascimentos, a melhor resposta é condicional:

em uma situação faça isto, em outra situação faça aquilo. As variações que vemos entre as culturas, e entre as pessoas dentro de cada cultura, surgem porque pessoas diferentes se encontram em circunstâncias diferentes.

O problema enfrentado pela seleção natural é de que existem custos e benefícios associados ao comportamento sexual das crianças — custos e benefícios para elas e para seus pais. De um lado, as crianças levam vantagem tendo experiências sexuais precoces por motivos que debateremos daqui a pouco. Por outro lado, quanto mais cedo elas começarem sua experiência sexual, maior probabilidade elas terão de encontrar e sucumbir a doenças sexualmente transmissíveis, como vimos quando abordamos o abuso contra crianças. Como em outras respostas condicionais, portanto, a seleção natural programou nas pessoas regras de comportamento, que começam com uma avaliação da situação, julgando, subconscientemente, os custos e os benefícios. O problema é que as crianças, principalmente as mais jovens, têm pouca experiência do mundo em que se encontram e, portanto, tem poucas condições de julgar os prós e contras de seu comportamento. Assim, a solução que a evolução parece ter encontrado foi programar as crianças para buscarem o máximo de experiência sexual que puderem, enquanto programou os pais para encorajar ou conter os impulsos dos filhos, de acordo com a sua (dos pais) percepção das circunstâncias. Assim, quando os pais acham que os benefícios de uma exploração sexual precoce são grandes e os riscos pequenos, eles podem adotar uma atitude permissiva em relação à educação sexual de seus filhos. Por outro lado, se eles acham que os riscos são altos e os benefícios reduzidos, eles se tornam mais repressivos.

O fato de que as crianças são programadas para buscar experiências sexuais desde a tenra idade é claramente ilustrado por seu comportamento sob regimes permissivos ou repressivos, sejam impostos pelos pais ou pela sociedade. Em nossa história, as crianças com pais liberais aproveitaram todas as vantagens da permissividade predominante para explorar seus corpos e os dos pais desde muito jovens. Já o garoto com os pais repressivos desobedecia a vontade deles sempre que tinha uma oportunidade e seguia seu impulso natural para ver e aprender. O tipo de comportamento mostrado em nossa história aparece em contextos sociais muito mais amplos.

No início do século 20, nas sociedades que permitiam que as crianças não apenas brincassem livremente com o sexo, mas também observassem o comportamento sexual dos adultos, participando das discussões sobre questões sexuais, elas tiravam vantagem da situação e aprendiam desde muito cedo. De acordo com uma pesquisa publicada em 1952, as crianças dos

Alorese, habitantes da Oceania, por exemplo, eram bem-informadas sobre todos os detalhes do ato sexual com cinco anos de idade. A vida sexual começava cedo para os nativos Trobriand, da mesma região do Pacífico, as meninas entre seis e oito anos e os meninos aos dez ou 12 anos. As crianças de ambos os sexos recebiam instruções explícitas dos companheiros mais velhos, que eles imitavam nas atividades sexuais. A atividade incluía masturbação, estimulação oral da genitália do mesmo sexo e do sexo oposto, e cópula heterossexual. A qualquer hora um casal podia se retirar para um local conveniente e se envolver em atos sexuais prolongados, com plena aprovação dos pais.

Nas sociedades repressivas do início do século 20, apesar da ameaça de punições, as crianças aproveitavam todas as oportunidades que tinham para se envolver em atividades sexuais secretas. As crianças das ilhas Truk, no norte do Pacífico, costumavam brincar imitando relações sexuais desde muito jovens, embora seus pais batessem neles sempre que os surpreendiam. Entre os índios Apinaye, da América do Norte, meninos e meninas se masturbavam freqüentemente, embora esse comportamento fosse punido sempre que era descoberto. Além disso, ele ocorria apesar de haver uma cerimônia, realizada quando estavam meio crescidos, em que a genitália das crianças era examinada e elas eram açoitadas se fosse encontrada qualquer evidência de masturbação. Hoje, na América do Norte — que, como todas as sociedades industriais modernas, é repressiva —, o incesto de irmão com irmã parece ser mais comum nos lares com pais puritanos e repressivos. A conclusão é que, impedidos de explorar a sexualidade em outro lugar, irmãos e irmãs se voltam uns para os outros.

Assim, para onde quer que olhemos, vemos a evidência de um impulso programado nas crianças para explorarem sua sexualidade desde cedo. A freqüência do sucesso delas depende das restrições impostas pelos pais, depois de avaliarem os custos e benefícios potenciais para seus filhos de uma experiência sexual precoce.

A maioria dos custos dessa exploração sexual no início da vida (que examinaremos logo) é obvia. O que pode ser menos óbvio são os benefícios. Certamente, com algo tão importante quanto a reprodução, a seleção natural deveria ter moldado todos os aspectos do processo reprodutivo, até os mínimos detalhes, não deixando nada para o acaso? Bem, ela não o fez — e por um bom motivo. É claro que certas reações básicas estão programadas em nós — a química do interesse, da atração e da excitação, por exemplo, junto com a física da lubrificação, a mecânica da ereção do pênis e do clitóris —, mas não as sutilezas do namoro, da estimulação, do ato sexual e dos relacionamentos. A seleção natural deixou essas coisas para serem aprendidas pelas pessoas. Exatamente como fez com os outros primatas, porque, através da evolução de todas essas espécies, o aprendizado permitiu que os impulsos programados fossem temperados pelas exigências específicas das condições locais.

Os primatas machos, por exemplo, precisam aprender a copular. A ereção vem espontânea, assim como o reflexo para impulsionar o pênis dentro da fêmeas, mas onde colocar o pênis é algo que tem que ser aprendido. Mesmo um animal tão inteligente quanto um chimpanzé adulto é totalmente inepto se for privado das experiências sexuais durante a infância e a adolescência, período em que ocorre a maior parte do aprendizado sexual. Num estudo sobre o desenvolvimento sexual de um casal de chimpanzés mantido em cativeiro, as observações começaram quando eles tinham o equivalente a sete anos de idade, em termos humanos. A essa altura o jovem macho já tinha ereções diante da fêmea, e ela segurava-lhe o pênis e brincava com ele, freqüentemente, durante vários minutos. No chão, ele às vezes se deitava em cima dela e esfregava o pênis em seu corpo. Quando ficaram um pouco mais velhos, as penetrações começaram, com a ajuda um do outro. Eles também começaram a experimentar a posição de cópula dos adultos, que, nos chimpanzés, geralmente é uma penetração por trás. E somente pouco antes da puberdade a penetração e os impulsos chegaram ao nível de eficiência dos adultos.

Um chimpanzé adulto macho que for privado dessas experiências fica excitado e tem uma ereção quando em companhia de uma fêmea, mas não tem idéia do que mais deve fazer. Ele tem até mesmo dificuldade em saber de que extremidade da fêmea deve aproximar o pênis e raramente consegue copular em seus primeiros encontros.

Na história que contamos, o rapaz de 18 anos foi igualmente inepto no campo. Com uma educação sexual mais liberal durante a infância e uma experiência mais direta com as garotas, com a psicologia feminina e o corpo feminino, aquela tarde na margem do rio poderia ter sido bem diferente. Se tivesse passado pelas mesmas experiências que o irmão dela, ele teria sido capaz de cortejar e seduzir a garota para que ela se tornasse uma parceira sexual voluntária, em vez de achar que sua única opção era forçá-la. Ele certamente saberia que lhe mostrar sua ereção não era o melhor meio de impressioná-la, e, quando chegou a hora, poderia ter conseguido inseminá-la, em vez de ejacular sobre suas nádegas.

As jovens fêmeas, é claro, precisam aprender muito menos sobre noções básicas da relação sexual do que os jovens machos. Mas, de qualquer modo, as garotas se beneficiam com o aprendizado das sutilezas da aparência e da sedução. Elas também precisam aprender a testar os homens para avaliar *status*, força, experiência e potencial de fidelidade. Em outras palavras, elas precisam aprender a coletar todas as informações necessárias para selecionar o melhor parceiro possível, alguém que as ajude a criar seus filhos e possa também ser o pai biológico desses filhos. Além disso, elas precisam aprender a fazer isso sem se arriscarem a uma inseminação forçada, por parte de um homem que não escolheriam para pai genético de seu próximo filho.

Desde muito cedo as meninas são levadas por sua programação genética a testar os possíveis parceiros. Quando a garota da nossa história tinha apenas sete anos de idade, ela já sabia provocar e seduzir. Ela também estava aprendendo a perceber quando era seguro ser provocante e quando não era. Em sua brincadeira com o irmão e o amigo, ela descobriu que era incapaz de evitar que eles a dominassem fisicamente, mas aprendeu as técnicas e as manobras necessárias para evitar uma derrota fácil numa luta. Enterradas em sua memória, estas experiências vieram à tona quando precisou delas, e ajudaram-na a evitar uma inseminação indesejada nove anos depois, na margem daquele rio.

O motivo pelo qual a seleção natural programou as crianças de ambos os sexos para buscarem experiências sexuais é o de permitir que elas possam testar instintivamente as toscas estratégias genéticas com que nasceram e aperfeiçoá-las. E eles fazem isso de muitos modos, começando com um fascínio pelos corpos um do outro. Ambos os sexos estão preocupados em testar sua capacidade de persuadir e resistir. Os garotos tendem a confiar demais na força e na ameaça, as meninas, na agilidade e na sedução. Ambos os sexos também precisam aprender a julgar e comparar os parceiros potenciais, como cortejá-los e seduzi-los depois de escolhidos, e como evitar a atenção sexual indesejada. Eventualmente, ambos também precisam aprender a estratégia e as sutilezas dos relacionamentos de longo e curto prazo, incluindo a infidelidade e a prevenção da infidelidade.

Quanto mais cedo meninos e meninas começarem a aprender todas essas coisas, menos probabilidade eles terão de cometer erros e perder oportunidades quando chegarem à puberdade e à idade adulta. Para as meninas, em particular, aprender quando ainda estão jovens demais para conceber é uma vantagem óbvia. Não deve ser surpresa, portanto, descobrir que a evolução programou até mesmo as crianças mais novas para explorar sua própria sexualidade e a dos outros. Tal exploração é um passo vital na busca de cada indivíduo pelo sucesso reprodutivo. E para a maioria, os alvos mais acessíveis — e os mais seguros, como veremos depois — para a investigação durante a infância são os pais e os irmãos.

Em muitas culturas pré-industriais, em que as pessoas andam nuas, as crianças não precisam aprender nada sobre a aparência dos corpos, nem mesmo o modo como eles mudam com a idade, já que é óbvio para todos desde que nascem. No sul do Pacífico, por exemplo, todos os membros das famílias dos Pukapukan costumavam dormir em um quarto coletivo, debaixo de uma única rede contra mosquitos. Muitos dormiam com seus pais, ou mesmo com outras famílias, e viam os adultos tendo relações. Enquanto buscam imitar seus pais, sua exploração se concentra no modo como os corpos respondem ao toque e à estimulação e no modo como parceiros em potencial e competidores reagem à corte e à sedução. Existem oportunidades freqüentes para os jovens observarem as atividades sexuais dos adultos e este assunto é debatido com freqüência.

Nas sociedades pré-industriais permissivas, as crianças gradualmente aumentavam sua atividade sexual à medida que se aproximavam da puberdade e durante a adolescência. Em algumas sociedades, o cumprimento das leis locais contra o incesto era a única restrição à atividade sexual dos adolescentes. Seus jogos eróticos incluíam primeiramente a auto e a mútua masturbação, com membros do mesmo sexo e do sexo oposto, mas à medida que ficavam mais velhos, passavam a incluir tentativas de cópula heterossexual. Ao chegar à puberdade, a atividade sexual nessas sociedades já tinha características adultas e prosseguia assim ao longo da vida ativa dessas pessoas.

Algumas dessas sociedades reconheciam conscientemente a natureza educativa dessa permissividade. Entre os Chewa do leste da África, por exemplo, as pessoas acreditavam que se as crianças não começassem cedo sua atividade sexual, nunca teriam filhos. As crianças mais velhas construíam pequenas cabanas a alguma distância do vilarejo, onde, com a aprovação dos pais, brincavam de marido e mulher. As duplas assim formadas permaneciam durante a adolescência, com trocas periódicas de parceiros, até que o casamento ocorria. O único controle da promiscuidade era imposto pelas próprias crianças. Hoje, entretanto, a maioria das sociedades industriais desencoraja a exploração sexual íntima pelas crianças. Mesmo assim, o ambiente repressivo do garoto na história, que nunca tinha visto seus pais nus, é, provavelmente, um caso extremo, como o é também o ambiente sexual liberal do irmão e da irmã. A maioria das famílias modernas provavelmente fica num meio-termo.

Parece tentador comparar as sociedades nuas com as modernas e concluir que a cultura industrializada se afastou, de algum modo, do estado natural do homem, como se a evolução tivesse produzido uma sociedade nua, permissiva, que a cultura depois condenou e reprimiu. Tal conclusão pinta o ambiente sexualmente opressivo da família moderna média como um artefato social, uma vitória da cultura sobre a evolução. Mas o comportamento humano não pode ser dividido tão facilmente em cultural e natural: há outra interpretação mais plausível. Talvez a verdade seja que, em algumas sociedades, os pais aumentam seu sucesso reprodutivo dando liberdade sexual às crianças, mas em outras eles o fazem reprimindo a sexualidade dos filhos. A seleção natural permite os dois extremos da reação paterna, assim como as reações intermediárias, mas, quando cada sociedade adota o seu comportamento evoluído, se ilude ao acreditar que a cultura pensou naquilo primeiro.

Para defender a tese de que estas diferenças culturais são, na verdade, diferenças ditadas pela evolução, temos que encontrar uma razão que explique por que, em algumas culturas, o sucesso na reprodução é aumentado pela permissividade sexual, enquanto em outras o mesmo seja conseguido com a repressão sexual. Já respondemos a esta questão em princípio — a melhor atitude depende do equilíbrio de custos e benefícios em cada situação. Mas por que os custos e benefícios diferem entre as sociedades?

Como já vimos, na ausência de custos, as crianças e seus pais levam vantagem ao adquirir experiência sexual o mais cedo possível. Mas o quadro muda quando há preços a serem pagos e o principal custo biológico a ser pago pela experiência sexual precoce é o risco de doenças, como já vimos no contexto do abuso contra crianças. Assim, será que existem evidências de que uma sociedade se torna permissiva ou restritiva em função do risco de suas crianças contraírem doenças infecciosas? Antes de responder a esta pergunta, precisamos verificar por que as sociedades diferem em sua vulnerabilidade às doenças.

Como viviam em comunidades pequenas, isoladas, com *relativamente* pouca mobilidade entre elas e tinham uma dieta saudável, rica em proteínas, nossos ancestrais caçadores e colhedores corriam um risco relativamente baixo de morte ou infertilidade devido a doenças infecciosas, sexuais ou outras, de modo geral. Estas comunidades, naquela época e agora, eram relativamente livres de doenças por dois motivos: Em primeiro lugar, qualquer doença persistente do passado se tornava benigna, porque matava todos os indivíduos vulneráveis, deixando apenas os que eram imunes para gerar descendentes. Em segundo lugar, era raro encontrar doenças novas e virulentas, porque havia poucas pessoas nas quais essas doenças poderiam surgir com freqüência, via mutações, e pouca mobilidade para as doenças chegarem por meio da migração.

As doenças não são uma praga, a menos que as pessoas vivam em grandes comunidades fixas, com uma mobilidade considerável entre as populações. É então que as mutações freqüentemente geram novas doenças. Por exemplo, de acordo com a Organização Mundial da Saúde, 30 doenças infecciosas novas e perigosas surgiram no mundo somente durante os últimos 20 anos. E as pessoas estão sempre encontrando doenças novas devido à própria mobilidade e à dos outros. Nossos ancestrais agricultores, com sua dieta pouco saudável, rica em carboidratos, e sem os benefícios da medicina moderna, sofriam muito com as doenças infecciosas. No mundo moderno, as pessoas vivem em meio a populações ainda maiores e têm uma mobilidade maior, pelo mundo inteiro, e como resultado disso, correm um risco ainda maior de *encontrar* novas doenças infecciosas do que nossos ancestrais — embora, graças à medicina moderna, as pessoas raramente morram dessas doenças. Mas, apesar disso, a alta taxa de infertilidade é um dos preços que pagamos pelo nosso estilo de vida moderno, e quanto mais cedo nossas crianças começarem suas aventuras sexuais, maior é o risco que correm de sofrer de infertilidade ou mesmo de morrer.

Assim, as sociedades diferem em sua vulnerabilidade às doenças. Mas será que o risco de doenças apresenta algum indício de estar ligado à adoção da permissividade ou da repressão sexual? A evidência que temos das culturas pré-industriais, estudada pelos antropólogos na primeira metade deste século, parece clara. Uma pesquisa publicada em 1952 mostra que das 17 sociedades humanas pequenas e relativamente isoladas que pontilhavam o Oceano Pacífico e que, no passado, eram relativamente livres de doenças, 12 (71%) eram totalmente permissivas e somente uma, os Trukeses, era repressiva. Em comparação, das sociedades que vivem em uma faixa que se estende do Noroeste da África até o Oceano Índico — uma área com alto risco de doenças — nenhuma é permissiva, e 70% são altamente repressivas. Entre esses dois extremos, em termos de risco de doenças e permissividade, estão pequenas comunidades na América do Sul, América do Norte, Eurásia e sul da África, onde a porcentagem de permissividade total é, respectivamente, de 20, 17, 29 e 45%.

As modernas sociedades industriais, as maiores e de maior mobilidade em que os homens já viveram, continuam com essa tendência. Quando estas sociedades são permissivas, as crianças são expostas a um alto risco de doenças. Como já vimos, uma em cada dez crianças que têm contato sexual com adultos contrai uma doença sexualmente transmissível. Os meninos de rua do Brasil nos dão um exemplo nítido dos perigos de dar liberdade às crianças em um ambiente industrial moderno. Essas crianças são particularmente vulneráveis à exploração pelos adultos. A iniciação sexual acontece aos 11 anos para os meninos e aos 12 para as meninas. E um em cada três acaba contraindo uma doença sexualmente transmissível. Diante de tais riscos, não surpreende que as sociedades modernas sejam, ou estejam se tornando rapidamente, as mais puritanas e repressivas de todas.

A iniciação sexual precoce também gera custos adicionais na sociedade moderna. Um desses custos para a criança é o da gravidez no início da adolescência. Na Grã-Bretanha, em 1994, por exemplo, embora menos de 1% das meninas tenha engravidado antes dos 14 anos (e 61% dessas abortaram legalmente), 4% engravidaram antes dos 16 (e 40% abortam.) No mundo industrializado, os Estados Unidos têm a taxa mais alta de partos na adolescência, enquanto o Japão tem a mais baixa, seguido de perto pela Suíça e pela Holanda. Embora uma gravidez no início da adolescência tenha um alto custo atualmente moderno, no passado ela era *às vezes* vantajosa para a jovem e seus pais. Mesmo assim, sempre haverá custos associados a uma gravidez precoce, tanto para a garota quanto para seu bebê. Mesmo nos dias de hoje, essas mães enfrentam grandes riscos de complicações durante o parto, e seus filhos apresentam um risco bem maior de nascerem prematuros, com baixo peso, de morrerem no primeiro ano de vida e terem problemas de desenvolvimento. E as mães adolescentes podem também terminar com poucos filhos, quando sua família fica completa. Mas, ocasionalmente, estas desvantagens potenciais podem ser compensadas por fatores como o encurtamento do intervalo entre as gerações ou a gravidez com um homem particularmente desejável (o que discutiremos em outros capítulos).

Para levar em conta todos esses custos e benefícios, a seleção natural ajustou a fertilidade nos diferentes estágios da vida da mulher, da maneira que já discutimos. Nos primeiros anos após à puberdade, alguns ciclos são férteis, mas a maioria não é. Mesmo nas sociedades mais permissivas, as meninas raramente engravidam nos anos posteriores à puberdade, mesmo quando fazem sexo com freqüência. Assim, uma jovem pode, às vezes, tirar vantagem de suas primeiras oportunidades de reprodução, enquanto, na maior parte do tempo, permanece protegida da gravidez que seu corpo não julga adequada. Essencialmente, se ela engravidar, é porque seu corpo considerou esta gravidez vantajosa.

No mundo moderno, contudo, existem outros fatores, como educação, possibilidades sociais e riqueza, que influem na perspectiva de reprodução futura de uma jovem, e que podem ser prejudicados se ela se tornar mãe muito cedo. A proteção e o oportunismo que a seleção natural deu a estas meninas no ambiente ancestral, tornaram-se imperfeitos no ambiente atual. De modo que, com freqüência, a gravidez de uma adolescente reduz, em vez de aumentar, o seu sucesso reprodutivo a longo prazo. Os pais fazem o melhor que podem para conter e proteger suas filhas adolescentes. Eles estão lutando contra um corpo feminino jovem que a seleção natural predispôs a permitir ou mesmo buscar a gravidez.

Outro perigo novo para as crianças modernas surge da ligação entre o contato sexual com adultos e o risco de assassinato. Com que freqüência, na civilização ocidental, os assassinatos de crianças são ligados ao contato sexual? E com que freqüência o crime é cometido? Por que, depois de praticar um determinado ato sexual, o criminoso quer evitar o castigo matando a única testemunha do que fez? Estes crimes seriam muito menos prováveis em uma sociedade permissiva, porque não existiriam punições legais para adultos que tivessem contato sexual com crianças. Mas os contatos sexuais seriam muito mais comuns.

Estas considerações são irrelevantes para os pais da moderna sociedade ocidental. Doenças (particularmente o espectro do HIV), assassinatos (geralmente ligados à pedofilia) e gravidez de adolescentes, todos *parecem* aumentar porque recebem cada vez mais atenção da mídia. Se estão *realmente* proliferando é um assunto para um debate interessante, mas não é vital para esta discussão. A seleção natural programou os pais para reagirem a qualquer aumento *aparente* dos riscos, contendo com mais vigor o impulso de seus filhos para a investigação sexual. Na década de 1990, isto parece estar acontecendo nas sociedades ocidentais.

Num nível social, uma repressão rigorosa obriga a caracterizar como abusivo qualquer comportamento considerado perigoso. Como notamos no debate que se seguiu à cena 17, a definição de abuso contra crianças se tornou tão ampla em alguns países que agora inclui formas de comportamento dos pais que antes nunca seriam qualificadas como tal. Mesmo comportamentos que, no passado, foram considerados benéficos — como um longo período de amamentação, acesso à cama dos pais e nudez — se equilibram agora, precariamente, na fronteira entre abuso/educação. A família da nossa história teria sido alvo de uma investigação se sua forma de criação dos filhos tivesse caído no conhecimento de uma assistente social zelosa. Estas famílias vão existir sempre, porque os pais foram programados para pesar os custos e benefícios do seu comportamento sexual e do de seus filhos, reprimindo ou liberando de acordo com as circunstâncias. Independentemente das estruturas legais, indivíduos diferentes, dentro da sociedade, vão perceber de forma diferente os riscos e benefícios da exploração do sexo por seus filhos.

CENA 20
Rebelião, exploração e fuga (vôo)

— Acabei de encontrar uma guimba de cigarro no jardim — disse o pai intrigado. — Você não acha que ele começou a fumar, além de tudo o mais, não?

A mãe temia este momento, mas não imaginara que tudo começaria com um cigarro no jardim. Sabia que o filho tinha começado a fumar. Apesar de a janela estar sempre aberta no quarto dele, ela tinha sentido o cheiro em várias ocasiões, mas não se atrevera a contar ao marido. Ia haver outra briga, mais um motivo para pai e filho discutirem. Já havia uma tensão no ar. Lá em cima, a batida da mais recente preferência musical do filho fazia a casa inteira tremer. Ela decidiu não contar ao parceiro o que já sabia, pelo menos por enquanto.

— Pode ter vindo de qualquer lugar — mentiu ela. — Ele sabe o que você....nós... achamos a respeito disso. Eu não acho possível que ele fume, pelo menos enquanto estiver em casa. Talvez tenha vindo com o vento, ou o limpador de janelas deixou cair.

A preocupação continuou visível no rosto do homem.

— Não é o primeiro que encontro — disse ele. — E está bem debaixo da janela dele.

Ele parou e olhou na direção do som.

— De qualquer modo, eu vou tirar de lá. Talvez tenha sido o limpador de janelas.

A mãe suspirou aliviada enquanto o marido voltava para o jardim. Se ao menos ele soubesse. Não apenas o seu filho de 16 anos tinha começado a fumar, mas a filha também.

O marido nunca fumou. Quando ainda era um menino do campo, de sete anos de idade, ele um dia se recusara a fumar com alguns garotos mais velhos, que tinham se tornado seus amigos. Tão furiosos eles ficaram com a sua rebeldia, que o perseguiram pelo campo até conseguirem agarrá-lo, jogá-lo no chão e enfiar meio maço de cigarros em sua boca. Desde então ele sentia nojo só de pensar em um cigarro entre seus lábios. Ela tinha fumado em certa época e ainda o fazia, quando bebia e em ocasiões sociais, especialmente se o marido não estava por perto. Mesmo assim ela se considerava uma não-fumante. Não gostava da idéia de que seus filhos estivessem fumando, mas as relações familiares já estavam tão tensas que preferia fingir que não via para evitar algum outro confronto. Ela sabia que seu parceiro não encararia do mesmo modo.

Fez um café, foi para a sala, pegou uma revista e deixou-se cair em uma cadeira. Pelo menos durante essas longas noites de verão um dos dois geralmente ficava fora de casa — o marido mexendo no jardim ou o filho na rua com amigos. E quanto menos tempo os dois passassem juntos, mais pacífica seria sua vida.

Havia três áreas principais de conflito. Uma era o tempo que o filho passava ouvindo aquele tipo de música, que nenhum dos pais conseguia suportar. Outra era o pouco tempo que ele dedicava aos trabalhos escolares. E a terceira eram os amigos que ele escolhia e os longos períodos que passava com eles. Os pais suspeitavam de que aquela gangue era bem capaz de experimentar drogas. Eles certamente bebiam. Um dos amigos era mais velho do que os outros e tinha o seu próprio apartamento. Freqüentemente seu filho passava os fins de semana lá. Não tendo notícias dele por 48 horas ou mais, imaginavam o rapaz estendido no chão, bêbado ou num torpor induzido pelas drogas.

O confronto mais recente foi sobre a proposta da turma de viajar pela Europa durante as férias de verão, pegando carona e trabalhando onde pudessem. O filho queria que os pais financiassem a viagem. É claro que lhes pagaria depois... Eles tinham se recusado e ele passara a viver emburrado, não querendo falar ou cooperar com eles. Agora tinham que pedir três ou quatro vezes para ele diminuir o volume da música, enquanto antes, duas vezes eram o bastante. Na noite anterior tinha informado a eles que ia viajar de qualquer maneira. Um dos seus amigos mais ricos se oferecera para lhe emprestar o dinheiro. Tinha certeza de que conseguiria trabalhos esporádicos pelo caminho e logo poderia pagar ao amigo.

Todo dia seu filho e seu marido tinham três ou quatro pequenos desentendimentos, e dificilmente uma semana se passava sem uma grande discussão. Tinha que admitir que, embora tentasse ficar neutra, estava tão preocupada com o comportamento do filho que freqüentemente entrava na discussão, num esforço para persuadi-lo a mudar seu comportamento e seus planos.

Também se preocupava com os efeitos das brigas familiares sobre sua filha. A garota adorava o irmão e desejava poder ir com ele em suas viagens. Aos 15 anos ela já parecia adulta, especialmente quando se pintava. Havia um atrito crescente entre mãe e filha em relação à maquiagem e às roupas provocantes que estavam aparecendo no guarda-roupa da garota. E a mulher sabia que a filha consumia bebida alcoólica quando saía com as amigas. Também estava sendo assediada por rapazes mais velhos, e a mãe se preocupava seriamente com as influências que a filha poderia estar sofrendo. Esta tarde a garota saíra de carro com um rapaz três anos mais velho do que ela. Ela não sabia se a culpa de a filha começar a fumar era do filho ou de um dos namorados da menina, mas já podia ver os problemas que iam surgir. O marido era muito possessivo em relação à filha. Se descobrisse que ela andava bebendo, fumando, e provavelmente sendo assediada pelos rapazes, ele certamente a proibiria de sair de casa. Antes eles se orgulhavam de ser liberais, mas no último ano tinham descoberto que seus princípios permissivos estavam desaparecendo.

Virou as páginas da revista sem olhar realmente para elas. Seu coração ficou apertado quando ouviu a porta dos fundos se abrir e o marido entrar na casa. Ele foi direto até o pé da escada e gritou:

— Quer abaixar esta maldita música! Um dos vizinhos acabou de se queixar.

A mudança foi sutil, mas ela tinha certeza de que, segundos depois de o filho ouvir o pedido para abaixar o som, ele na verdade o aumentara. Ela suspirou. Se ao menos a filha voltasse do passeio, poderia servir o jantar.

Podemos pensar que não deveria haver necessidade da rebelião dos adolescentes. No interesse de produzir netos, os objetivos de pais e filhos deveriam coincidir. Interessa a ambos que o jovem se comporte de um modo que lhe permita desfrutar o melhor da vida e viver no melhor ambiente possível antes de começar a ter filhos. Certamente a seleção natural deveria ter moldado a adolescência, fase de transição entre a dependência dos pais e a independência, como um tempo de cooperação pacífica, de ensinamento e aprendizagem. Então por que a adolescência é uma época tão tempestuosa na vida de tantas famílias?

Em parte, a adolescência parece tão difícil porque ela se segue a um período de dez ou quinze anos no qual as crianças faziam mais ou menos o que os pais desejavam, apesar da rivalidade com os irmãos e do favoritismo paterno. Obedecer era do interesse da criança, porque os pais sabiam qual era a melhor maneira de sobreviver e ter sucesso no lugar onde viviam. As crianças não têm escolha quanto ao lugar onde nascem e são criadas. Assim, enquanto estão crescendo, elas procuram aproveitar do melhor modo o ambiente que seus pais forneceram para elas. E, de modo geral, a melhor maneira de fazer isso é adotando os códigos de comportamento dos pais. É com os pais, e com o mundo em volta delas, que as crianças aprendem. E os códigos sociais e de comportamento que elas aprendem são geralmente adequados para o ambiente no qual nasceram, porque foram os códigos que seus pais aprenderam e *eles* tiveram sucesso na reprodução. Inevitavelmente, portanto, as crianças têm sido programadas para copiar o comportamento dos pais e adotar os valores e as atitudes paternas durante os primeiros anos de suas vidas.

Por isso, depois de ver o seu exemplo seguido e seus pontos de vista adotados por tanto tempo, os pais, como os da nossa história, podem achar a adolescência dos filhos um grande choque. Subitamente, ele ou ela começa a questionar seus valores e a experimentar atividades que eles desaprovam ou mesmo detestam. Gradualmente eles ficam com a impressão de que o jovem sente um desprezo crescente por eles, sua casa e tudo o que eles representam. Associado a esta insatisfação, como foi mostrado na história, pode haver um crescente descontentamento com o lugar onde vivem, uma inquietação e um impulso de viajar para novos lugares.

Inevitavelmente, o questionamento que o jovem faz sobre tudo que seus pais mais apreciam gera discussões, conflitos e preocupações. Os pais estão convencidos de que os filhos, por se desviarem do comportamento e da ética que funcionou tão bem com eles, vão fracassar na vida. Embora poucos pais cheguem a racionalizar seus sentimentos deste modo, um biólogo evolucionista vai argumentar que os pais, subconscientemente, encaram a rebelião dos adolescentes como uma ameaça a seu sucesso reprodutivo a longo prazo. A menos que os filhos obedeçam sem questionar os seus desejos, eles não terão tantos netos quanto poderiam. Então por que os jovens não seguem o exemplo dos pais?

O princípio é simples. As pessoas são diferentes e o ambiente muda. Só porque um lugar em particular e um código de comportamento foram bons para os pais, não significa que sejam bons para os filhos, que nasceram 20 ou 30 anos depois. Muito possivelmente uma pessoa com as características dos filhos, não dos pais, poderá encontrar um lugar melhor para viver e um modo melhor de se comportar. Mas como um jovem descobre quais as oportunidades que estão abertas para ele e que não estavam abertas para os pais? Só existe um modo — explorando e experimentando, tanto no aspecto geográfico quanto comportamental. O jovem já sabe como se comportar igual aos pais. E tendo vivido e, possivelmente, viajado com eles durante anos, já conhece os lugares que eles conhecem. Tudo que resta, portanto, antes que ele ache o seu lugar ideal para viver e sua melhor maneira de se comportar, é visitar os lugares que seus pais nunca viram e se comportar de um modo como eles nunca se comportariam.

Para a maioria dos pais isso é rebelião. Eles decidiram, durante sua própria adolescência, onde deveriam viver e como deveriam se comportar. E como suas decisões deram certo para eles, os pais tendem a presumir que também vão funcionar para seus filhos. De fato poderiam, mas também poderiam não dar certo. E os filhos que não exploram todas as alternativas possíveis antes de sua hora de ter filhos, correm o risco de perder oportunidades de maximizar sua própria capacidade reprodutiva. Depois de experimentar, eles podem até concluir que o que foi melhor para seus pais continua sendo o melhor para eles. E assim, depois da fase de rebelião e exploração, poderão voltar a adotar os códigos de comportamento dos pais. Mas também podem não fazê-lo.

Sendo de gerações diferentes, e tendo experimentado ambientes diferentes, pais e filhos discordam sobre a maneira de realizar seu objetivo de longo prazo de maximizar o número de filhos e netos. Num ambiente estável, que muda lentamente, existe de fato uma boa probabilidade de que, após a fase rebelde, um filho volte para morar perto dos pais, e adote seus valores tradicionais. Mas num ambiente que muda rapidamente, como o que um adolescente de hoje encontra, isto é bem menos provável. Mas as probabilidades não são iguais para todas as crianças de uma família. Boa parte vai depender da rivalidade com os irmãos, do favoritismo paterno e da ordem dos nascimentos, como vimos. De um modo geral, são os filhos caçulas os que têm mais probabilidade de se rebelar e rejeitar permanentemente os valores paternos.

Por que a seleção natural fez os impulsos para a rebeldia e a exploração aparecerem durante a adolescência e não antes ou depois na vida da pessoa? Existem dois fatores principais. Primeiro, é importante que, na ocasião em que a pessoa se estabelece para ter filhos, já tenha explorado suficientemente o ambiente para encontrar um bom lugar — o melhor disponível — para viver. Além disso, antes de iniciar a difícil tarefa de ter filhos e criá-los, ele (ou ela) precisa já ter encontrado, aprendido, praticado e aperfeiçoado um código consistente de ética e comportamento, que lhe permita ter êxito no lar e no ambiente que escolheu. Em segundo lugar, já que deixar a casa paterna e se tornar independente constitui um salto no desconhecido, esta pode ser uma fase perigosa na vida de uma pessoa. Portanto, não pode ser experimentada com segurança enquanto o jovem não tiver força física e experiência para cuidar de si mesmo. Rebelião e exploração, portanto, são coisas muito perigosas para uma criança, mas muito importantes para que se espere até a idade adulta. Uma vantagem adicional da exploração durante a adolescência é que ela oferece uma oportunidade de se encontrar uma série de parceiros potenciais. Além disso, como tudo acontece longe da casa dos pais, o incesto pode ser evitado, como discutimos anteriormente.

Embora a rebelião e a exploração cheguem ao auge durante a adolescência, suas origens aparecem muito cedo na vida da criança. Algo tão importante quanto o processo de independência não pode acontecer eficientemente da noite para o dia — é preciso prática. Podemos marcar seu início no segundo ano de vida da criança — os "terríveis dois anos". É nessa época que a criança começa a testar sua capacidade de contrariar os pais, aprendendo os princípios da ameaça, do desafio e da barganha. O processo continua durante a infância, é claro, como parte dos altos e baixos da rivalidade com os irmãos e do favoritismo paterno, enquanto cada criança tenta defender seus próprios interesses. Mas para os pais, os "terríveis dois anos" podem parecer muito piores do que os conflitos que eles possam ter com crianças e adolescentes, porque as pressões sutis e o suborno que podem ser usados com crianças mais velhas através da proposta verbal, não funcionam tão bem com uma criança de dois anos. Da mesma forma, uma criança de dois anos não consegue transmitir as sutilezas de suas necessidades, e assim é forçada a chorar, gritar, chutar e correr. Acrescente a isso sua total falta de conveniência social ou sentido de perigo pessoal, que fazem com que um rebelde de dois anos de idade possa tornar a vida tão difícil para os pais quanto o pior dos adolescentes — mas felizmente essa rebelião não dura tanto tempo.

Todo o processo de rebelião e exploração do adolescente, a adoção de padrões de comportamento e a busca do melhor lugar para viver parecem coisas muito cerebrais. Mas o impulso para viajar e coletar a informação necessária está programado nos genes e é controlado pelos hormônios. Toda uma série de experiências prova que isto é verdade.

Os seres humanos não são os únicos animais que passam por uma fase exploratória durante a adolescência. Todos os vertebrados o fazem. Se um gorila aparecer num vilarejo da África equatorial, a quilômetros do hábitat de gorilas mais próximo, com certeza é um adolescente. Se um urso aparecer num jardim na América do Norte, será um adolescente. Esses animais jovens não estão perdidos, eles estão explorando. Um transmissor de rádio preso a um deles desde o nascimento vai mostrar que, quando o animal entra na adolescência, ele começa a vaguear. Ele deixa o lugar onde nasceu e viaja, às vezes para lugares distantes. Um urso preto macho, com marcador de rádio, certa vez explorou uma área de duzentos quilômetros, na América do Norte. E esses passeios não acontecem ao acaso: eles seguem um padrão eficiente de busca. Freqüentemente o filho pródigo volta brevemente ao seu lar, antes de se estabelecer, finalmente, no local onde nasceu ou em outra parte, no melhor lugar que encontrou em suas viagens. Estudos desse tipo já foram repetidos com peixes, rãs, répteis, pássaros e muitos mamíferos.

O estudo mais profundo do impulso adolescente foi feito com ratos e camundongos. Mesmo quando os roedores adolescentes estão engaiolados, seu forte impulso para explorar pode ser visto no aumento enorme do tempo que ele passam correndo em uma roda. Essa atividade tem início na puberdade, quando os testículos começam a produzir esperma ou os ovários produzem os primeiros óvulos. Ela chega ao auge logo depois da puberdade e então começa a diminuir na idade em que o rato ou camundongo começaria a ter filhos. Quando ele tem filhotes, esta atividade exploratória volta ao nível normal, relativamente baixo, típico dos adultos.

O impulso de explorar é parte de um cronograma de vida rigorosamente programado no corpo do camundongo por seus genes, como foi demonstrado por experiências de reprodução. A reprodução seletiva pode produzir alguns tipos de camundongos que são exploradores crônicos, e outros que não demonstram interesse na exploração. Outros estudos demonstraram que os "genes da exploração" exercem seu efeito através dos hormônios sexuais. Castre um macho ou remova os ovários de uma fêmea e o impulso de exploração desaparece. Muitos donos de animais de estimação fizeram essa experiência. Um cachorro ou um gato castrado param de percorrer longas distâncias e se acomoda numa vida satisfeita em casa, exatamente como um roedor castrado. E o impulso exploratório pode ser restaurado com uma injeção dos hormônios apropriados. Todas essas experiências mostram que o comportamento adolescente é programado nos mamíferos, incluindo os seres humanos, pelos genes e orquestrado através dos hormônios sexuais.

Em muitas sociedades humanas, os machos adolescentes passam por uma fase culturalmente aceita de exploração e descoberta. O caso mais conhecido é a caminhada que fazia parte da cultura dos aborígenes da Austrália. Na puberdade, os rapazes aborígines deixavam o território dos pais — abandonando, portanto, a influência paterna — e partiam em jornadas de exploração e descoberta que duravam vários anos. Primeiramente eles não iam muito longe — caminhavam um pouco e voltavam. Mas à medida que ficavam mais familiarizados com a área ao seu redor e mais capazes de garantir a própria subsistência, eles viajavam cada vez para mais longe e passavam mais tempo fora de casa. Eventualmente partiam em jornadas de centenas de quilômetros. E como os ursos negros e gorilas mencionados anteriormente, eles não se perdiam. A qualquer hora podiam encontrar o caminho de volta, ou para o território paterno ou para os melhores locais que tinham descoberto em suas viagens, para criarem lá um novo lar.

Nas modernas sociedades industriais, o impulso da caminhada se transforma num desassossego agudo, refletido numa insatisfação com a casa paterna, um impulso para ver novos lugares, encontrar caras novas e ter novas experiências. Nós não sabemos se os eunucos das culturas passadas, como os cachorros e gatos castrados, perdiam o impulso da exploração e da rebeldia, mas podemos suspeitar que sim. O que sabemos é que uma pessoa que toma esteróides se torna mais inquieta, mais brigona e mais sexualmente motivada, exatamente como os ratos e camundongos que recebem injeções dessas substâncias. A inquietação e a rebelião dos adolescentes humanos, não importa o quão cerebral possam parecer, fazem parte do plano de vida, geneticamente programadas e controladas por hormônios, como a puberdade, a menopausa e a senilidade.

Graças à precisão com que a seleção natural moldou seu programa genético e hormonal, a maioria dos adolescentes irá ajustar o período de suas rebeliões e explorações de acordo com sua conveniência, emergindo ilesos para a vida adulta. Alguns, talvez devido a um programa genético falho, podem ficar com os pais por tempo demais, perdendo muitas oportunidades. Alguns mais infelizes podem abandonar a proteção paterna cedo demais, vivendo pelas ruas das cidades industriais mundo, onde terão vidas miseráveis e geralmente curtas. Às vezes, esta partida prematura de casa pode ser devida a um programa genético defeituoso, que dispara a rebelião e a inquietude no jovem antes que sua experiência e desenvolvimento físico sejam adequados. Porém, com mais frequência, essas crianças estão fugindo do abuso ou desfavoritismo por parte de pais e padrastos, uma situação provocada pelos motivos que já abordamos. Eles decidiram, com sabedoria ou não, que as perspectivas incertas em uma cidade distante podem ser melhores do que o futuro que terão se ficarem em casa.

É claro que, mesmo que a inquietude e a rebelião dos adolescentes sejam provocadas por um programa genético e hormonal e controladas pelo corpo, o cérebro tem uma função importante no processo. Impulsionado pelo desejo do corpo de testar e avaliar o ambiente, o cérebro faz o trabalho vital de coletar, registrar e lembrar de todas as informações reunidas. Além disso, é responsabilidade do cérebro monitorar e se lembrar das conseqüências de se comportar de um jeito em um lugar e daquele jeito naquele outro.

O cérebro também é, ou era no passado, responsável pela coleta de informações necessárias à navegação: ou seja, saber não apenas onde o corpo está naquele momento e qual o melhor lugar para ir em seguida, mas também que caminho tomar para chegar lá. E finalmente é o corpo que diz. "Eu já tive o suficiente. É hora de começar a pensar em me estabelecer. Então, qual foi o melhor lugar que encontrei, como chego lá e como faço para restabelecer contato com os meus pais?" E tudo o que o cérebro tem que fazer é processar a informação que coletou e gravou e apresentar as respostas.

Os pais não precisam de muitos argumentos para se convencerem de que o comportamento de seus filhos é impulsionado pelo corpo e não pela mente. Frequentemente a rebelião da adolescência vai lhes parecer irracional, rebeldia pelo prazer da rebeldia. E no entanto, como vimos, trata-se de uma parte importante da busca de seus filhos pelo sucesso reprodutivo. Os adolescentes às vezes contraem doenças, se tornam vítimas das drogas ou morrem durante o processo de tentativa e erro das explorações. Mas a maioria vai escapar mais bem equipada para a vida em seu próprio mundo do que se tivesse simplesmente ouvido os conselhos dos pais. Na média, esse comportamento aumenta a produção de descendentes para o jovem e seus pais. Desconcertante, irritante e tumultuado como pode parecer, o comportamento do jovem durante a adolescência é uma parte vital do caminho dos pais para serem avós bem-sucedidos.

CENA 21
A seleção de parceiros

Batendo a porta do carro, a garota caminhou pela entrada de casa sem prestar atenção na expressão embaraçada do motorista. Com sêmen ressecado em suas nádegas e estrume de vaca nos sapatos, ela estava mal-humorada. Queria tomar uma ducha, e queria agora. Quando abriu a porta da frente, foi saudada pelo barulho familiar da música do irmão e das vozes altas dos pais. Ao ouvir a porta se fechar, a mãe interrompeu a acalorada discussão para dizer que o jantar logo estaria pronto. A garota hesitou ao pé da escada e gritou de volta, dizendo que queria tomar uma ducha e não estava com fome.

A mãe olhou em sua direção quando a ouviu subindo as escadas. Alguma coisa na voz da filha a fez suspeitar de que nem tudo estava bem com ela. Imaginou que o tal passeio de carro pelo campo não fora um sucesso. Sua filha tinha apenas 15 anos, mas passou pela sua cabeça que talvez fosse hora de falar com ela sobre os anticoncepcionais.

A moça estava começando a ter sentimentos ambivalentes em relação ao sexo. De um lado, tinha medo de ficar grávida. Por outro lado, se aborrecia um pouco por estar ficando para trás e ainda ser virgem. Sentia-se como se em breve fosse permanecer a única, embora soubesse, realmente, que ainda fazia parte da maioria. Seu irmão já tinha experimentado o sexo. Sabia disso porque ele mesmo e sua melhor amiga tinham lhe contado logo depois que acontecera. E algumas de suas outras amigas também estavam começando a ter suas primeiras experiências de relação sexual. Freqüentemente uma ou outra se tornava o alvo de perguntas, feitas em meio a risinhos, por uma platéia apinhada dentro dos banheiros femininos. Poucas, realmente, recomendavam a experiência, mas, apesar do desconforto e da decpção de que falavam, suas histórias não contribuíam para desencorajar as colegas da vontade de experimentar por si mesmas. Quanto à sua melhor amiga, esta parecia ter embarcado em uma cruzada. Depois do primeiro relacionamento com seu irmão e de namorar o baterista, ela seguira em frente, e no espaço de um ano tinha dobrado o número de experiências. Então encontrou um homem de 28 anos que tinha um apartamento, e começou com ele um relacionamento de um ano baseado no interesse comum que tinham por bebida, dança e sexo.

Aos 16 anos, a garota tinha tido pouco sucesso com os rapazes. Desde o incidente no campo com o velho amigo de seu irmão, vários rapazes simpáticos, mas chatos, a tinham convidado para sair. Mas ela raramente saía com um deles mais do que uma ou duas vezes. Na maioria das vezes acabavam sentados em bancos de parques, ou ficavam nas esquinas, enquanto o rapaz encontrava motivos para apalpá-la. Às vezes ela tinha vontade de cooperar, mas com freqüência os repelia. Não podia se imaginar fazendo sexo com qualquer um deles, no mínimo porque estava se apaixonando pelo recém-nomeado professor de biologia. Logo ele assumiu o papel principal em suas fantasias. Cada vez que o via e cada vez que ficava perto dele, seu corpo inteiro vibrava. Nunca sentira nada parecido com seus desajeitados colegas. Começou a arranjar desculpas para ir até a sala onde ele estava dando aula e lhe fazer perguntas durante as lições. E mais do que tudo, estudava com afinco para ser ótima aluna em biologia, esperando forçá-lo a reparar nela. Nas aulas práticas, ela chamava sua atenção para este ou aquele espécime, de modo que ele se inclinasse sobre ela para ver, dando-lhe oportunidade de roçar o corpo nele. Suas amigas repararam e começaram a troçar dela, mas isso a agradava em vez de aborrecê-la. Estava feliz pelo fato de que, pelo menos na cabeça de suas amigas, os dois estivessem ligados. E logo se convenceu de que ele estava começando a corresponder e a sair de seu caminho para esbarrar nela.

Então, numa tarde, no começo de seu último ano na escola, ela conseguiu a evidência de que precisava. Passando por ela de carro quando voltava para casa, ele parou e ofereceu-lhe uma carona. Mas enquanto percorria os cem metros, desde o lugar onde ele a deixara, sua excitação inicial se transformou em decepção. Ela fora incapaz de dizer qualquer coisa inteligente, refletiu. O fantasma daquela tarde ainda não tinha desaparecido uma semana depois, quando ele lhe ofereceu nova carona — e desta vez ela conseguiu coordenar algumas frases inteligentes. E depois andou o resto do percurso para casa flutuando nas nuvens. As caronas se tornaram cada vez mais freqüentes até que, numa tarde chuvosa, ele a levou até a porta de casa. Saindo do carro sob a vista da mãe, que olhava do andar de cima, ela saiu de uma tempestade para entrar em outra.

Há mais de um mês a mãe vinha pressionando a filha. Ela queria que a jovem saísse com um rapaz cujos pais, ricos e influentes, tinham lhe confidenciado uma vez que o filho a achava maravilhosa. E a mãe estava tão encantada com a idéia de ver sua filha saindo com o herdeiro de um dos casais de maior *status* da cidade, que agarrava todas as oportunidades para elogiá-lo e criticar qualquer outro homem por quem ela pudesse demonstrar interesse. A visão dela saltando do carro enferrujado de um jovem professor que lutava para ganhar a vida, era algo que não podia passar sem um comentário.

Apesar de protestar, dizendo que o professor não fizera mais do que lhe dar uma carona em uma tarde de chuva, e esquecendo estrategicamente as nove ocasiões anteriores com tempo bom, a garota teve que suportar um longo sermão sobre os perigos de se aceitar caronas de homens. Até mesmo o cérebro dos professores ficava nas virilhas, garantiu a mãe. Então começou a perguntar à filha se o homem a tinha tocado, falado em sexo ou a assediado de algum modo. Se ela ficasse grávida tão jovem, sua vida inteira poderia ser arruinada, lembrou a mãe, e a garota não ia esperar que cuidasse do bebê para ela. Mas o mais cruel dos comentários, e que era também seu próprio medo, foi quando a mãe lhe disse para não se iludir achando que o professor estava interessado nela. Como todos os homens, ele só estava atrás de uma coisa, e depois de conseguir levá-la para a cama ele sumiria num instante, para ir conquistar a próxima virgem sonhadora, e nem se lembraria dela.

Mas uma coisa boa emergiu do episódio. A mãe sugeriu, quase insistiu, que era hora de a filha ir ao centro de planejamento familiar mais próximo e conseguir uma receita de pílulas anticoncepcionais, "só por segurança". Foi um alívio, porque significava que ela não precisaria mais esconder o estoque que já tinha adquirido. Ela decidira, há meses, que quando surgisse a oportunidade iria até o fim — mesmo que só para deixar de se considerar virgem. E não importava o que sua mãe falasse, a garota não podia pensar em pessoa melhor para tirar sua virgindade do que o professor. Dez anos mais velho do que ela, ele devia saber tudo o que era preciso saber sobre sexo. Imaginava passar longas horas nua nos braços dele, sonhando com os beijos, carícias e elogios com que a cobriria, enquanto lhe mostrava cada centímetro do potencial de seu corpo. Tinha até mesmo decidido quando deveria acontecer. No início do Ano-Novo, ela e o resto da classe mais adiantada de biologia sairiam para um trabalho de campo que duraria uma semana. Enquanto esperava pacientemente, mas com excitação crescente, que sua fantasia se materializasse, ela se contentava com o contato ocasional na sala de aula. Além da empolgação de uma carona uma vez por semana, embora nunca mais até a porta de casa.

Também suportou duas idas ao cinema local com garotos de sua idade. Um apertou seus seios com tanta força que eles ficaram doloridos durante horas. O outro — o favorito de sua mãe — passou a primeira metade do filme tentando forçá-la a enfiar a mão em sua braguilha aberta. Hesitantemente ela concordou, mas lembrou-se do aviso do pai, de que as partes masculinas deviam ser tocadas com cuidado. Então ela puxou com tanta força o prepúcio no pênis do garoto que seu grito sufocado fez várias pessoas se virarem na fileira da frente. Ele desapareceu no banheiro para verificar os danos e quando voltou estava mais interessado na pipoca do que em sexo.

Na manhã seguinte, sua mãe estava ansiosa para saber como fora sua noite. Quando a garota lhe contou que ele queria que o tocasse, a mãe, para sua surpresa, disse que os rapazes eram assim mesmo e que ela logo aprenderia a lidar com eles. Provavelmente ele se comportaria melhor da próxima vez. Mas não houve próxima vez. Para seu alívio, e desapontamento da mãe, o rapaz nunca mais a convidou para sair.

Na segunda noite da pequisa de campo, a garota entrou no quarto do professor de biologia com um pretexto tolo, o coração disparado e calcinhas molhadas, e o encontrou saindo do chuveiro, apenas com uma toalha enrolada na cintura. Depois de uma conversa mínima sobre o pretexto de sua visita, ele lhe ofereceu seu chuveiro, para que ela pudesse tomar uma ducha sem entrar na fila do chuveiro coletivo. Ela aceitou e se despiu por trás da porta, meio aberta do banheiro. Atraído irresistivelmente pela visão do corpo dela, o professor perguntou se não queria companhia no banho. Ela aceitou de novo e arrancou a toalha de cintura dele com um rápido puxão. Escorregadia com o sabão, ela enlaçou os braços no pescoço dele, encaixou as pernas em volta de sua cintura e ofereceu-lhe sua vagina. Mas ele mal conseguia se equilibrar e no espaço apertado do boxe do chuveiro eles não conseguiram consumar o ato. Talvez tivessem ido para a cama, mas uma batida urgente na porta os fez correr, freneticamente atrás de alguma coisa para vestir.

E ele passou as duas horas seguintes no hospital com sua melhor amiga, que tinha bebido até entrar em coma alcoólico.

Na terceira noite do curso ela conseguiu chegar na cama do professor. Três vezes achou que sua fantasia estava a ponto de ser realizada, mas embora ele a acariciasse e beijasse, seu coração não parecia estar ali. Em cada vez, quando ela mal começava a ter as sensações com que tanto sonhara, ele a penetrava apressadamente, impulsionando com tanta força que mal podia esperar que ele se aliviasse e parasse. Depois, o professor simplesmente dormia. Após a terceira relação, ele sugeriu que ela voltasse para seu quarto, a fim de evitar que suas colegas começassem a suspeitar de alguma coisa, e para que ambos conseguissem dormir um pouco. E na quarta noite, quando chegou à porta do quarto dele achando que desta vez tudo corresponderia às suas expectativas, ouviu os sons abafados, mas inconfundíveis, de uma relação sexual. E igualmente inconfundível foi a voz da amiga — evidentemente recuperada de seu estado de coma.

No fim da semana ela voltou para casa desapontada e sentindo-se punida. Não apenas ficara insatisfeita com o ato sexual em si, mas estava aborrecida porque sua mãe demonstrara ter razão — embora nunca tenha contado para ela. Depois daquele trabalho de campo, ela evitou qualquer contato extracurricular com o professor de biologia, e por algum tempo não quis nada com os homens.

Oito meses depois ela partiu para a universidade, a 300 quilômetros de distância. Apesar dos avisos da mãe sobre os homens e de sua própria experiência com o professor, ela se sentia tão aliviada por estar longe de casa que se apaixonou pelo primeiro rapaz que lhe disse que tinham sido feitos um para o outro. Ela o conheceu numa festa de boas-vindas para os novos estudantes. Depois deixou que ele a levasse de carro por um caminho escuro do campo, onde, depois de mais alguns drinques e promessas, ela deixou que ele satisfizesse suas necessidades urgentes. Lembrava-se pouco do percurso de volta, e não o viu de novo por um bom tempo.

Nos meses seguintes, mais dois homens simpáticos fizeram ela voltar a gostar de sexo. Mas ambos deixaram sua cama e desapareceram ao raiar do dia. Procurando desesperadamente alguém que quisesse um relacionamento com ela, afinal conseguiu o primeiro namorado de verdade, depois de um ano na universidade. Ele era menos atraente do que os anteriores e certamente mais pobre, mas pelo menos era bom e atencioso. Durante as férias de verão, ela o levou para conhecer seus pais. Ambos ficaram desapontados com sua escolha, e fizeram pouco esforço para esconder a decepção. E nem precisou perguntar onde os dois poderiam dormir — sabia muito bem qual seria a resposta. Como era esperado, sua mãe alojou o rapaz no quarto de hóspedes, do outro lado da casa. Isto, é claro, não os impediu de dormir juntos. Ele passava silenciosamente pelo quarto dos pais dela de madrugada e entrava no seu. Depois saía antes do dia amanhecer. Embora isso fosse melhor do que nada, ela nunca se sentiu à vontade fazendo sexo na casa dos pais. O que a aborrecia, particularmente, é que embora seu irmão também não tivesse permissão de dormir com a namorada no mesmo quarto quando a trazia para passar uns dias com os pais, os dois recebiam quartos vizinhos. Este episódio confirmou algo que ela já sabia há anos. Diferente de seu irmão, ela nunca tivera a aprovação da mãe para coisa alguma.

A garota e seu namorado continuaram juntos durante algum tempo, dividindo um apartamento por alguns meses. Mas à medida que o tempo passava, e suas amigas lhe diziam que não podiam entender o que ela via nele, começou a ficar entediada e desapontada com aquele relacionamento. E logo depois de começarem a viver juntos, ela o traiu. Daí em diante, ela encontrava cada vez mais desculpas para não acompanhá-lo em suas visitas à casa dos pais, ou em suas saídas noturnas com os amigos. Em mais três ocasiões, enquanto seu parceiro estava ausente, ela aceitou convites de homens mais excitantes, apenas para acordar sozinha e se sentindo culpada na manhã seguinte.

Então, por acaso, algumas semanas antes do fim de seu segundo ano, ela encontrou de novo o homem confiante, com o carro esporte, com quem tivera uma aventura de uma noite só, em sua primeira semana na faculdade. Ele também estava vivendo com alguém, mas por pura nostalgia e uma sensação de travessura, eles reencenaram o primeiro encontro. Desta vez, porém, ele pediu para vê-la de novo. Ela rapidamente começou a gostar de estar com alguém que tinha dinheiro e um carro, assim como da liberdade de poder, num impulso de momento, levá-la para passar algumas horas em um hotel caro, no campo. Mas no final começou a se sentir culpada com o fato de que ambos estavam enganando seus parceiros. Também se sentia vulnerável, temendo que ainda pudesse ser apenas "a outra" na vida dele. Finalmente o pressionou a escolher entre ela ou sua parceira. Ele não poderia continuar com as duas. A jogada funcionou. Depois das provas de fim de ano, ambos se separam de seus parceiros.

O melhor momento de seu novo relacionamento ocorreu na primeira vez em que visitou os pais. A aprovação deles foi inequívoca. Era uma experiência completamente nova para ela sentir-se no centro das atenções dos pais, enquantos ambos faziam todos os esforços para impressionar seu novo namorado e recebê-lo bem. Chegou até mesmo a suspeitar de que a mãe estivesse dando em cima dele. E o pai ficou particularmente impressionado quando o rapaz resolveu um antigo problema do carro da família. Nenhum dos dois fez qualquer objeção quando eles disseram que iam viajar no verão, nem quando informaram que iam viver juntos durante seu último ano na universidade.

Durante o ano a garota se divertiu com a preocupação da mãe com a saúde de seu namorado, seus preparativos para as provas e suas perspectivas. Às vezes achava que os pais estavam mais interessados no progresso dele do que no seu. E se ela apenas sugeria que estavam sentindo algo menos do que uma extasiada felicidade, sua mãe dobrava a freqüência dos telefonemas. Em duas ocasiões, ela e o namorado combinaram visitas aos pais nos fins de semana em que seu irmão e a namorada também eram convidados. Era outra experiência nova para ela, os seis juntos como uma grande família, discutindo seus planos para o futuro.

Depois da formatura, a garota e o namorado arranjaram bons empregos em locais suficientemente próximos para continuarem a viver juntos. E quatro anos depois de sair da universidade, ela teve o primeiro filho. Quando, algumas horas depois do nascimento do menino, ela viu a expressão do rosto da mãe ao segurar o primeiro neto no colo, percebeu que, finalmente, tinha feito alguma coisa absolutamente certa.

As cenas 19 e 20 ilustraram uma área de conflito entre pais e filhos no caminho para os netos. A última cena mostrou a terceira: a escolha de um parceiro. Por que a seleção natural predispôs os pais a se interessarem tanto pela escolha dos namorados(as) de filhos e filhas?

A resposta, como já foi mencionado anteriormente, é que o número e a qualidade dos netos de uma pessoa são diretamente influenciados pela qualidade do parceiro, ou parceiros que seus filhos(as) conseguem. Freqüentemente, como na história que acabamos de contar, o interesse dos pais e sua preocupação podem levá-los a tentar influir no processo de escolha, encorajando e até mesmo, ocasionalmente, forçando o filho a escolher uma determinada pessoa. A manifestação mais extrema desta influência paterna é o fenômeno dos casamentos arranjados. Mesmo nas sociedades mais liberais este tipo de pressão ainda ocorre.

Poderíamos pensar que a escolha de parceiros seria uma área relativamente livre de conflitos entre pais e filhos. Afinal, é do interesse de todos que o filho ou filha maximize seu potencial reprodutivo. Apesar disso, esta área pode ser uma grande fonte de discórdia — um dos últimos campos de batalha das guerras de bebês entre os adultos. A garota da nosa história provavelmente não concordaria, mas de fato ela sofreu pouca influência paterna enquanto experimentava os homens disponíveis. Escolher um parceiro é como fazer compras, escolhendo os melhores genes e recursos, e tentando conseguir o melhor entre a melhor e mais adequada pessoa disponível e a melhor pessoa que pode ser atraída para um relacionamento estável. As "experiências" da garota da nossa história ilustram claramente este processo. Mas por que pais e filhos discordam com tanta frequência sobre quem é um companheiro adequado e quem não é? Existem dois motivos principais. Em primeiro lugar, cada geração tem uma experiência diferente do processo de escolha de parceiros. E em segundo lugar, pais e filhos têm prioridades diferentes.

Vamos considerar o primeiro aspecto. Algumas coisas nunca mudam de uma geração para outra e, já tendo experimentado ou testemunhado muitos dos erros estratégicos que podem ser cometidos na busca de um parceiro, os pais têm muita probabilidade de estar mais bem-informados. Em nossa história, por exemplo, a mãe foi muito mais capaz do que sua filha ingênua de julgar as intenções do professor. Mas algumas coisas mudam ao longo das gerações. Como discutimos em relação à rebelião dos adolescentes, o comportamento capaz de conseguir o melhor parceiro em uma geração pode não ser adequado na geração seguinte. São os filhos, não os pais, que estão em contato com as exigências de sua geração, e eles aprendem, por experiência direta, qual das pessoas disponíveis é a mais adequada para eles. Mas, quem quer que tenha razão num determinado momento —, pais ou filhos — sempre haverá atritos.

Em segundo lugar, devemos considerar o papel muito mais importante e complexo das prioridades diferentes nas duas gerações. O desejo dos pais é de que cada filho ou filha se torne tão independente quanto possível. Quanto menos eles tiverem que sustentar cada um dos filhos, mais liberdade terão para distribuir o apoio familiar de acordo com seus próprios interesses. Para maximizar a quantidade e a qualidade dos netos, e até mesmo dos bisnetos, os pais precisam que os filhos evitem escolher um parceiro que se torne um peso para eles. Uma filha que fica grávida e não recebe ajuda do pai da criança, ou um filho que aceita sustentar uma criança que pode não ser sua — e que, portanto, não é um neto deles —, pode pôr em risco os planos dos pais de distribuir o seu apoio de acordo com seus próprios interesses. Por outro lado, como já notamos quando discutimos a questão da rivalidade entre irmãos, cada filho ou filha estará buscando aumentar seu sucesso na produção de descendentes, mesmo que seja às custas dos pais e dos irmãos. E um dos meios de fazer isso é explorando a inclinação pré-programada dos pais para ajudá-los quando se metem em dificuldades. Por exemplo, se a garota da nossa história tivesse ficado grávida do professor, sua mãe provavelmente não a deixaria desamparada, apesar de ter afirmado o contrário. Somente quando os recursos da família não podem ser esticados ainda mais é que uma garota pode se ver desampara depois de pedir a ajuda dos pais.

O resultado desta diferença de prioridades entre pais e filhos é que as crianças tendem a correr mais riscos do que seus pais julgam aceitáveis. Filhos e filhas podem usar as relações sexuais para testar parceiros potenciais de um modo mais amplo do que seus pais considerariam ideal. Enquanto filho e filha experimentam com vários parceiros, eles agem na certeza, embora subconsciente, de que mesmo que acabem tendo um filho que não podem sustentar, acabarão conseguindo ajuda dos pais relutantes. Este sentimento de segurança permite que uma filha se arrisque a dar mais importância aos genes de um homem, e menor à sua riqueza e capacidade de apoio do que seus pais gostariam. Do mesmo modo, um filho pode dar mais importância às qualidades genéticas de uma mulher — sua beleza física — do que à sua probabilidade de dar uma boa mãe, contrariando o desejo dos pais. Ele também pode dar mais importância ao número de mulheres que pode inseminar do que à sua própria capacidade de criar qualquer filho que gere.

Estão aí os motivos para que os pais enfrentem filhos e filhas quanto à busca e escolha de parceiro. Alguns dos conflitos são maiores com filhos do que com filhas e vice-versa. Por exemplo, os pais tem menos probabilidade de serem chamados para sustentar a criança de um filho conquistador do que de uma filha. Como conseqüência, as atividades sexuais do filho, enquanto experimenta diferentes parceiras, podem produzir netos que darão menos trabalho — se chegarem a dar algum — do que os gerados por uma filha na mesma condição. Portanto, os pais tendem a ser mais indulgentes com as atividades sexuais dos filhos do que das filhas. Além disso, pais e mães vão se interessar mais pela escolha de parceiros da filha do que do filho, já que eles podem ter certeza de que as crianças da filha são realmente seus netos, mas não podem ter a mesma certeza no caso do filho. Por isso eles vão se interessar mais pela capacidade que a companheira escolhida pelo filho tem de ser fiel a ele. Se ela demonstrar qualquer sinal de promiscuidade, eles podem acabar sendo enganados e cuidando dos netos de outra pessoa. A preocupação com a fidelidade do companheiro da filha será diferente, porque qualquer filho que ela tenha será neto deles, seja o marido dela o pai ou não. Sua preocupação se centrará mais na capacidade e disposição dele de cuidar de sua filha e de suas crianças. Se ele demonstra sinais de comportamento promíscuo, no futuro poderá abandoná-la com os netos, trocando-a por outra mulher. Eles podem acabar sendo *obrigados* a lhe dar ajuda, em vez de fazê-lo apenas quando for adequado aos seus planos.

Mas a busca do filho e da filha por um parceiro pode causar outros conflitos, além daqueles que ocorrem entre eles e seus pais. Embora isso não tenha acontecido na história anterior, pai e mãe podem discordar freqüentemente entre si quando avaliam a escolha dos filhos. Por quê? Que fatores influenciam diferentemente as perspectivas reprodutivas do pai e da mãe a longo prazo, se ambos vão partilhar do sucesso pela obtenção de netos? Além do fator, já mencionado com freqüência, de que os homens têm menos certeza de sua paternidade e deveriam se interessar menos pela busca de parceiras de seus filhos, existem outras considerações.

A mãe, por exemplo, vai receber toda a carga dos cuidados com os descendentes, como veremos no próximo capítulo, e, por isso, mais interessado do que o pai em que seu filho escolha uma parceira qeu seja uma mãe boa e auto-suficiente. Assim, qualquer ajuda que ela der na criação dos netos será um prêmio, não uma necessidade. Em parte, é por este motivo que a mãe irá se preocupar em saber se ela e a garota combinam quanto 'a maneira de cuidar de crianças.

O interesse do pai, contudo, pode ser ligeiramente diferente. Não são desconhecidos — e têm sido matéria de muitos jornais sensacionalistas — casos em que uma garota é inicialmente atraída por um jovem, para descobrir depois que prefere o pai dele. Assim, para o pai, as jovens que seu filho traz para casa são parceiras potenciais, e para muitos homens, com idade suficiente para terem um filho crescido, esta é uma das poucas situações em que eles podem se aproximar de mulheres jovens. Um pai, portanto, tem um interesse nas mulheres que seu filho traz para casa que não é partilhado pela mãe. De fato, quanto mais a escolha do filho agradar ao pai, menos ela vai agradar à mãe e mais será vista como uma ameaça. Ocasionalmente, a mãe pode demonstrar um interesse sexual na escolha da filha — mas, provavelmente, com muito menos freqüência do que o pai se sente atraído pelas conquistas do seu filho.

A principal preocupação do pai com as escolhas da filha — e que deve ser a mesma do passado — se concentra na possibilidade de o casal trabalhar em conjunto, se ajudando mutuamente para aumentar os recursos de toda a família. Na história, a escolha final da garota agradou ao pai quando o rapaz consertou o carro dele! Interesses comuns ou complementares serão importantes para sua capacidade reprodutiva mútua, embora sejam menos importantes para a mãe.

Num mundo ideal, haveria um conflito mínimo entre pais e filhos, e entre pai e mãe se a escolha de parceiros dos filhos satisfizer às prioridades de todos. Mas poucos parceiros serão capazes de satisfazer a *todas* as exigências. Apesar das muitas prioridades partilhadas pelos pais enquanto caminham para se tornarem avós, há diferenças suficientes entre eles para que a escolha de parceiros que os filhos, seja capaz de agradar ao pai e desapontar a mãe, e vice-versa.

CAPÍTULO 8

A vida com os netos

CENA 22
Ajuda prolongada

A mulher parou na porta do quarto e olhou para a arrumação que tinha feito, com o dedo no interruptor da luz. Agora com quase 60 anos, ela nunca se dedicara muito à casa, mas fizera um verdadeiro esforço naquele fim de semana. Dois de seus netos estavam vindo visitá-la — e pela primeira vez ela ia tê-los só para si, por dois dias inteiros. Olhar para as duas camas — lado a lado, porque eles gostavam de dormir um ao lado do outro — fez com que uma breve emoção trouxesse uma lágrima aos seus olhos. Ela e o marido tinham comprado as roupas de cama naquela semana — fronhas para as travesseiros, colchas com desenhos de trens para o neto e ursinhos e coelhinhos para a neta. Podia imaginar seus rostos sorridentes enquanto diziam boa-noite, aninhados em suas novas camas. Apagou a luz e fechou a porta. Amanhã à noite, ela mal podia esperar.

A mais de 300 quilômetros dali, a filha da mulher estava perseguindo as duas crianças com uma toalha, tentando secar o cabelo delas, sem conseguir. Ficavam sempre excitadas depois do banho, mas esta noite estavam impossíveis ante a perspectiva de passar alguns dias com os avós. Seus pais eram muito bons para elas, e as crianças adoravam a atenção e os agrados que recebiam. Até agora a mãe tinha hesitado em deixá-los com seus pais. Não conseguia encarar a idéia de não tê-los junto dela, de não saber o que estavam fazendo, de não saber se estavam em segurança. Mas agora ainda que um tanto relutantemente, concordara em passar um fim de semana fora com o marido. Iam ficar num hotel luxuoso à beira-mar e ela estava pensando na perspectiva de uma sauna e de um cardápio cinco estrelas.

Enquanto olhava as crianças rolando no chão, fazendo cócegas um no outro, ainda nus do banho, ela se lembrou de si mesma e de seu irmão quando tinham a mesma idade. Sua filha tinha cinco anos e o filho seis, já perto dos sete. E os dois gostavam daquela luta simulada, exatamente como ela e o irmão costumavam fazer.

— Vamos vocês dois — disse ela, começando a perder a paciência. — Eu quero os dois na cama. Temos que sair cedo amanhã se quiserem ver a vovó e não podem se deitar com o cabelo molhado.

Apesar da ameaça, ainda levou mais uma meia hora antes que eles se acomodassem o suficiente para dizer boa-noite. Então voltou sua atenção para os embrulhos de roupas e brinquedos que achava que eles precisavam levar, para passar dois dias fora de casa.

Ainda estava escuro e chovendo quando eles partiram na manhã seguinte, e aquela última hora antes da partida tinha sido agitada. As crianças estavam excitadas e ela e o marido, cansados e irritados. Apesar de todos os preparativos da noite anterior, iam sair atrasados. Telefonou para a mãe antes de entrar no carro, avisando que iam chegar um pouco atrasados. O marido se queixou de que ela estava atrasando ainda mais. Cada um culpava o outro por não ter ajudado o suficiente, e na hora em que deram a marcha à ré para sair da garagem, não estavam se falando. Geralmente seu humor se recuperava logo, mas nesta manhã as condições do tempo, combinadas com um murmúrio de desaprovação dela quando ele entrou numa curva mais rápido do que o normal, causaram uma irritação extra. Ambos gritaram com as crianças no banco de trás, mas elas estavam empolgadas demais para reparar na irritação dos pais.

Quase quatro horas depois, quando entraram na estrada que os levaria pelos últimos 15 minutos da viagem, ainda estava chovendo. As crianças dormiam, as cabeças inclinadas e repousando desajeitamente nos seus cintos de segurança, mas a atmosfera amistosa, ainda que não muito tranquila, tinha retornado. Qualquer tensão visível se devia ao fato de que estavam atrasados quase uma hora. Na última meia hora tinham hesitado entre correr mais ou parar para telefonar, avisando que iam se atrasar ainda mais do que tinham previsto. No final decidiram não parar. Agora, com a longa reta diante deles, o marido pisou no acelerador.

Alguns minutos depois um sol fraco de inverno surgiu por entre as nuvens, refletindo-se na estrada molhada. O homem puxou a proteção contra reflexos. Ao fazê-lo, avistou pelo espelho retrovisor um arco-íris brilhando contra a muralha de nuvens negras lá atrás.

— Olhem! — disse ele, e ela se virou, desejando que as crianças estivessem acordadas para apreciar o espetáculo.

Quando ela olhou de novo para a frente, um clarão mais adiante chamou-lhe a atenção. O sol estava se refletindo no teto de um carro que acabara de aparecer bem longe, à sua esquerda — era como uma jóia colocada sobre a face escura da colina, ela pensou. Observou enquanto o reflexo aparecia e desaparecia, com as árvores distantes e as lombadas na estrada ocultando-o brevemente de sua vista. A estrada pela qual seguia aquele carro distante serpenteava para atravessar a rodovia por onde viajavam num cruzamento que ficava 800 metros adiante. Chegariam no cruzamento primeiro, ela calculou — mas no instante seguinte não teve tanta certeza. O outro carro estava andando mais rápido do que pensara. Pelo canto dos olhos viu o marido dar outra olhada no arco-íris pelo espelho retrovisor. Pensou em chamar sua atenção para o outro carro, mas hesitou. Ele sempre respondia mal-humorado quando ela mostrava para alguma coisa que já vira. E no último instante, quando ela percebeu que o outro carro estava realmente acelerando, tentou avisar, mas as palavras não saíram.

Na fração de segundo que levou para o carro passar na frente deles, ela registrou a visão de dois rapazes rindo dentro do veículo, um deles golpeando o ar com a mão fechada. O marido freou instintivamente, mas bateu na traseira do outro carro com velocidade suficiente para lançá-los fora da estrada. Quando bateram no poste, a frente do automóvel foi esmagada no lado do motorista. Um segundo antes de sua cabeça bater no painel, ela ainda o viu, preso na massa de ferragens e vidros partidos.

A cinco minutos dali, sua mãe estava ficando aborrecida.

— Já estão atrasados uma hora — disse ela pela terceira vez. — Eles nunca chegam na hora. Espero que não pensem que podem entrar e sair direto. Eu preciso perguntar algumas coisas sobre as crianças. Ela se levantou da cadeira e foi até a janela.

Mais uma hora se passou e sua irritação aos poucos foi se transformando em medo. Alguma coisa acontecera, tinha certeza. A filha teria lhe telefonado a essa altura, se estivessem apenas atrasados ou se o carro tivesse quebrado. O marido tentou tranqüilizá-la, dizendo que talvez o carro tivesse enguiçado num local longe de um telefone. Mas não adiantou. Não podia ficar sentada esperando por mais tempo. Para quem deveria ligar? A polícia ou os hospitais? Os hospitais. Começaria com o mais próximo. Se errasse, tentaria o outro mais distante. E então a polícia. Mas não foi necessário. O terceiro hospital para o qual ela telefonou tinha recebido vítimas não identificadas de um acidente com a descrição que dera. Para sua angústia, eles não dariam mais informações. Mas pediram que ela fosse o mais rápido possível.

Seu pesadelo se tornou realidade quando viu a filha e os netos no hospital. Para seu alívio, as crianças tinham apenas arranhões. Mas sua filha estava em estado muito mais grave, e ainda não recobrara a consciência. Não deixaram que visse o marido dela. Ele tivera morte instantânea.

Três dias depois do acidente, ela pôde levar as crianças para casa com ela, mas sua filha continuava em coma. Lutava no que parecia uma batalha perdida.

Naquela noite ela olhou para seus netos aninhados na cama, debaixo das colchas novas, os rostos ainda marcados pelas lágrimas e pensou na noite anterior ao acidente. Se ao menos pudesse fazer o tempo voltar. Estava tão feliz, tão animada com a perspectiva de ter os netos com ela por um par de dias. Agora parecia que ia cuidar deles por um longo tempo.

As circunstâncias trágicas mostradas na história acima geram uma situação bastante incomum no mundo industrial moderno — as crianças serem criadas pelos avós. Para nossos ancestrais — e em muitas culturas tribais, ainda hoje —, uma situação assim era a regra, não a exceção. Não que as crianças fossem criadas pelos avós, *no lugar* dos pais, mas elas eram criadas pelos avós *juntamente* com os pais. Através da maior parte da evolução, o ambiente normal para a criança tem sido o da família grande. As pessoas foram programadas pela seleção natural para cuidar dos netos de um modo tão rigoroso quanto foram programadas para cuidar de seus filhos.

A influência que um indivíduo tem sobre seu sucesso reprodutivo não termina com a geração e criação dos filhos: um tema recorrente neste livro é de que o sucesso é medido também pelo número de netos, bisnetos e descendentes futuros que ele ou ela tem. E é por isso que o sucesso reprodutivo pode ser aumentado tendo-se poucos filhos, mas fazendo um grande investimento em cada um e produzindo, assim, um número maior de netos. É claro que a questão da "qualidade ou quantidade" pode ser estendida além da primeira geração: os filhos de uma pessoa podem também ter poucas crianças, para poderem a se concentrar na qualidade. Mas em algum ponto, ao longo da linha de seus descendentes, alguém precisa colher os benefícios desta ênfase em qualidade e receber uma compreensão em termos de quantidade. Vimos isto na cena 12, quando uma mulher recebeu seu pagamento através de um neto, que foi tão bem-sucedido que ela finalmente superou a sua rival de infância, apesar de ter tido poucos filhos.

Cada uma das três histórias deste capítulo ilustra um aspecto do comportamento humano que evoluiu para melhorar a perspectiva reprodutiva através do êxito da criação dos netos. As cenas 23 e 24 se concentram em aspectos mais específicos e se aplicam somente a algumas famílias. Mas nesta primeira parte vamos nos concentrar em algumas das generalidades do cuidado com os netos.

Começamos analisando os fatores que foram importantes durante a evolução da criação dos netos. Com freqüência, as famílias grandes eram patriarcais, girando em torno da família do pai. Por exemplo, entre os nativos das montanhas da Nova Guiné, um rapaz sairia durante a adolescência, encontraria uma parceira em alguma tribo vizinha ou mesmo distante e então traria a companheira para viver em sua família. Nas famílias matriarcais — como por exemplo, entre os vários pastores e agricultores africanos —, embora ainda fosse o rapaz adolescente que saía viajando, o casal recém-formado se estabeleceria na família da mãe. Em algumas condições extremas, como as vividas pelos Yumbri, das florestas tropicais da Tailândia, os homens e as mulheres passavam a maior parte do ano separados e os jovens eram criados principalmente pela família da mulher.

Assim como os pais podem influir na sobrevivência, na saúde e no sucesso de seus filhos com a qualidade da assistência que dão a eles, também os avós que vivem com eles podem influir no êxito de seus netos, através dos cuidados que têm para com eles. Os mesmos fatores de favoritismo e rivalidade se aplicam aqui, como acontece com os cuidados paternos, e os netos mais bem-sucedidos são aqueles que aproveitam essa ajuda e investimento do melhor modo possível. Mas há dois fatores que são mais relevantes no cuidado dos avós do que no dos pais.

Em primeiro lugar, os avós podem às vezes melhorar seu quinhão de descendentes ajudando a criar, ou criando sozinhos, por alguns anos um neto que nasceu quando os pais ainda eram muito jovens para cuidar adequadamente da criança. Deste modo eles podem reduzir o intervalo entre as gerações, aumentando sua taxa reprodutiva. Em segundo lugar, os avós enfrentam o desafio de dividir seu investimento entre duas gerações. Estrategicamente, existe o risco de investir demais em um neto favorito, com o ônus de que seus filhos possam reduzir o número total de netos. Mesmo isto pode ser vantajoso se o sucesso maior do neto favorecido compensar o número reduzido de netos. Mas esta estratégia tem que ser muito bem equilibrada.

A contribuição dos avós para o sucesso de seus netos pode ser direta, no sentido de um par extra de mãos e olhos que ajudam a alimentar, carregar e evitar acidentes. Mas também pode ser indireta, no sentido de fornecer ou defender o espaço e os recursos, e passar experiências. Contudo, como vimos em relação à escolha de parceiros, a experiência é uma espada de dois gumes. Num ambiente que muda lentamente, a experiência dos avós sobre as décadas passadas pode ser valiosa, mas num mundo que muda rapidamente pode ser um estorvo. Os pais estão sempre no meio, peneirando o fluxo sempre constante de ajuda e conselhos dos avós, para colher o que é importante para a geração de seus filhos. Os avós e pais mais bem-sucedidos são aqueles que conseguem negociar este conflito com sucesso, complementando-se como unidade reprodutora. E isso novamente enfatiza a importância para os avós em potencial de tentarem influir na escolha de parceiros fixos seu filho ou filha, como abordamos na cena 21.

A unidade formada pelos avós e pelos pais — em outras palavras, a grande família — evoluiu em ambientes ancestrais que mudavam relativamente pouco. Além disso, as crianças viviam com um dos seus grupos de avós, maternos ou paternos, na região onde tinham nascido, um ambiente com o qual tinham a familiaridade de uma vida inteira. Informações, habilidades e técnicas aprendidas por uma geração de caçadores-colhedores e, em menor grau, por agricultores, era útil durante gerações. E foi principalmente para colher os benefícios dos cuidados dos avós na melhoria do sucesso reprodutivo que as culturas humanas primitivas, tanto nas sociedades de caçadores-colhedores quanto nas de agricultores, viviam em grandes famílias. A maioria dos animais de vida longa, como os leões, cavalos, ovelhas e primatas, demonstra cuidados com os netos, embora os machos desempenhem um papel pequeno. Os grupos sociais consistem, geralmente, das fêmeas com parentesco — mães, filhas, netas, irmãs e tias. Qualquer macho que se associe ao grupo, gerando filhotes e, talvez, oferecendo proteção, em geral não tem parentesco com as fêmeas, como foi mencionado em relação ao incesto. O resultado disso é que os machos raramente encontram seus netos e, mesmo quando o fazem, como no caso de alguns primatas que vivem em grupos grandes, eles demonstram pouco interesse por eles, em comparação com as fêmeas.

A explicação é novamente a probabilidade de ser pai, ou, neste caso, de ser avô: uma fêmea pode ter certeza absoluta de que a criança de uma filha é sua neta, mas tem menos certeza em relação à criança de um filho. Entre os humanos, muito depende da confiança da mulher quanto à fidelidade da companheira de seu filho. E esta é uma das razões pelas quais ela demonstra tanto interesse na escolha que o filho faz ao buscar uma esposa. Já um homem não pode ter certeza absoluta de que os filhos de sua filha são seus netos, muito menos no caso dos filhos de seu filho!

A certeza absoluta que a fêmea pode ter de que é a avó da prole de sua filha é, provavelmente, o motivo principal que faz os grupos sociais, em espécies não-humanas, se formarem em torno das fêmeas com relações de parentesco. Deveríamos esperar que o mesmo ocorresssem com os humanos, os casais recém-formados vivendo com os pais da mulher, no lugar dos pais do homem. Mas, como vimos, com mais freqüência eles tendem a viver sob a influência dos pais do homem. De qualquer modo, parece existir um padrão neste comportamento surpreendente. Os casais parecem mais dispostos a viver dentro de grupos de homens ligados por laços de parentesco nos casos em que a defesa do grupo tem importância fundamental. Os moradores das montanhas da Nova Guiné, na primeira metade do século 20, por exemplo, e mesmo os Ianomamis que viviam nas florestas da América do Sul na década de 1980, fornecem exemplos significativos. Nessas tribos, a sobrevivência das grandes famílias depende fundamentalmente da capacidade dos homens de defendê-las contra os guerreiros saqueadores das áreas vizinhas, que fazem incursões para matar e estuprar. Nessas circunstâncias, a estabilidade que os laços de família dão às unidades defensoras supera todas as outras considerações.

Mas qualquer que seja a estrutura da grande família, contudo, é uma verdade quase universal, entre os humanos e os outros animais, que as fêmeas demonstram maior interesse em ajudar os netos. Porque a certeza que elas têm de serem avós lhes dá uma garantia maior de que suas atividades irão contribuir para seu próprio sucesso reprodutivo. E é provavelmente por este motivo que as mulheres deram um passo adiante dos homens em seus preparativos para serem avós. Não somente o comportamento delas muda quando as mães viram avós, como a química de seus corpos também muda, impedindo que elas sejam mães novamente. Elas passam pela menopausa.

A menopausa, ou o fim dos períodos — é um estágio fisiológico da vida da mulher em que a química de seu corpo se transforma. Os ciclos complexos, que eram tão importantes quando ela seguia sua vida reprodutiva, são substituídos por uma química corporal mais adequada para evitar a gravidez e se tornar uma avó mais competente. A idade na qual a menopausa ocorre — entre os 45 e os 55 anos — foi escolhida pela evolução como a melhor ocasião para uma mulher maximizar o número de seus descendentes. Nesta idade ela já terá tido o número ideal de filhos, com o mais velho deles já no início de sua vida fértil. É uma época em que seu melhor esforço reprodutivo será o de concentrar tempo e energia para acabar de criar um filho mais jovem que possa ter tido, enquanto ajuda os filhos mais velhos com seus netos. Se ela continuasse capaz de engravidar, poderia terminar com poucos netos, no mínimo, por todas as razões que já discutimos.

Há dois motivos principais para os machos não terem menopausa — pelo menos, não em qualquer sentido fisiológico: em primeiro lugar, a pouca certeza que eles têm de que qualquer criança seja realmente seu neto e, em segundo lugar, pelo fato de que, independentemente da idade de um homem, mais filhos não representarão nenhum custo grande para ele. Os homens não sofrem as tensões e o estresse da gravidez e do cuidado com os filhos. Eles podem continuar a ter filhos enquanto existirem mulheres jovens interessadas em seus genes, sua riqueza ou seu *status*. Se tudo o que eles precisam fazer é inseminar uma mulher jovem e capaz, particularmente se puderem trair um homem jovem e capaz neste processo, eles poderão aumentar a sua produção total de descendentes até o momento de sua morte.

Em muitas outras espécies, dos primatas aos cavalos e bois, as fêmeas perdem a fertilidade mais cedo do que os machos. E na maioria dessas espécies, há contato e influência não apenas entre as mães e os filhos, mas também entre as avós e seus netos.

Entre os nossos ancestrais caçadores-colhedores, as mulheres que já tinham passado da menopausa davam uma contribuição inestimável a suas filhas e, portanto, ao seu próprio sucesso reprodutivo. Assim, a aproximação da menopausa não era o espectro que é para a mulher moderna. Na confusão criada pelos meios de comunicação e outras pressões, as mulheres freqüentemente sofrem tensões psicológicas à medida que se aproximam e experimentam a menopausa. Muitas são levadas a pensar que se trata do fim da fase mais importante e desejável de suas vidas, e não o começo de outra fase igualmente importante. Em grande parte, esta atitude em relação à menopausa foi exacerbada pelo declínio recente das famílias numerosas. No espaço de algumas gerações, no mundo moderno, o avanço tecnológico e a facilidade nas viagens produziram um contato crescente entre pessoas de diferentes partes do mundo. Isto gerou rápidas mudanças sociais e ambientais. Com isto, a contribuição da experiência dos avós para o sucesso dos netos foi desvalorizada de todos os modos que discutimos no final do último capítulo. Esta desvalorização criou um enorme conflito entre as gerações, quando os pais rejeitam cada vez mais aquilo que vêem como conselhos ultrapassados — e o melhor meio de evitar tais conflitos é viver em locais separados. Como conseqüência, as avós têm cada vez menos oportunidades de agir do modo como foram programadas pela seleção natural.

É claro que poucas mulheres gostariam de se ver na situação da mulher da nossa história. Nenhuma facilidade de acesso aos netos compensa a perda de uma filha. Mesmo assim, tendo sido forçada pelas circunstâncias a criar seus netos, esta mulher provavelmente achará sua vida pós-menopausa mais gratificante que a da maioria de suas contemporâneas. Mas para a maioria das avós, sua contribuição se limita a servir de babás de vez em quando. Outras contribuições que possam fazer, como presentes e ajuda financeira, embora valiosas, satisfazem menos os seus impulsos programados.

Existe então uma ironia na sociedade moderna. De um lado, ela forneceu a todos um potencial para viver mais e assim exercer influência sobre seus filhos e netos durante mais tempo do que poderiam no passado. Por outro lado, como a sociedade mudou tão rapidamente, o valor da contribuição dos avós foi muito reduzido. Neste sentido, portanto, a menopausa pode estar mal adaptada ao ambiente moderno. Talvez a mulher moderna, que espera até depois dos 30 anos para acumular riqueza, status e experiência antes de começar uma família, conseguiria maior sucesso reprodutivo se a menopausa ocoresse bem mais tarde em sua vida. Se for assim, as gerações futuras poderão evoluir para uma menopausa mais tardia.

CENA 23
Além da reprodução?

— Mas que clichê! — pensou o homem, enquanto se olhava no espelho. — Debaixo do relógio da estação, às quatro horas, com uma flor vermelha em minha lapela. Mas que clichê!

Mesmo assim ele estava satisfeito com a sugestão que fizera e, o que era mais importante, ela parecera gostar. Poderia ser um bom sinal.

Talvez eles se dessem bem. Nunca se imaginara fazendo o papel do sujeito sozinho, que procura namorada nos anúncios da coluna de corações solitários. Mas aqui estava, prestes a se encontrar com uma mulher que nunca vira, e com quem falara apenas uma vez pelo telefone. Mas, apesar de tudo, estava excitado. Sabia que as chances de alguma coisa resultar deste encontro eram mínimas, mas pelo menos agora havia uma chance onde antes não havia nenhuma.

A campainha da porta anunciou que o táxi tinha chegado. Dando uma última olhada no espelho, ele endireitou o colorinho e curvou a cabeça para trás, para olhar as narinas. Deu um último sorriso para seu reflexo, para se certificar de que não havia restos de comida entre os dentes, e correu para a porta.

Do outro lado da cidade, esperando em um ponto de ônibus, a mulher se sentia decididamente visível e vulnerável. Tinha levado a maior parte da manhã passando a roupa, tomando banho e se vestindo. Brincara com a idéia de tomar um táxi, mas isso seria acreditar demais que esta tarde seria realmente algo especial. Era, é claro, mas ela sabia que, tendo decaído até a coluna dos corações solitários, provavelmente teria que passar por isto muitas vezes, até encontrar um companheiro adequado — e certamente não poderia gastar dinheiro com táxi todas as vezes. Foi um alívio quando o ônibus apareceu na esquina, com sua promessa do calor e do anonimato de um banco.

Dentro do táxi, preso num engarrafamento, o homem sentiu o princípio de uma ereção e disse ao próprio corpo para não ser ridículo. Esse encontro não teria nada a ver com sexo, dizia seu cérebro, mas o corpo não ouvia. Desde que marcara o encontro, há três dias, ele já se masturbara duas vezes enquanto suas fantasias o levavam para a frente e para trás no tempo, alimentando-se de preciosas lembranças e da esperançosa antecipação.

Tinha preparado tudo até nos mínimos detalhes, cuidando que o ponto de encontro fosse perto de uma parada de ônibus e de um ponto de táxi, para que ela não tivesse que andar muito.

Saltando cuidadosamente do ônibus, a mulher caminhou em direção ao relógio. Avistou o homem imediatamente. Ele parecia simpático, mas estava um tanto encurvado. Ela parou por alguns momentos e observou como ele olhava cheio de expectativa para cada mulher que passava. Um súbito ímpeto de correr para ele diminuiu gradualmente e, quase como se tivessem vontade própria, seus pés começaram a andar lentamente em sua direção. Quando seus olhos a focalizaram, ela ergueu um pouco a mão para confirmar que era de fato a pessoa que ele estava esperando.

Minutos depois estavam sentados numa mesa pedindo bebidas, imediatamente à vontade na companhia um do outro, enquanto faziam brincadeiras sobre o modo como tinham se encontrado. Estavam num grande salão, com mesas em torno da pista de dança onde meia dúzia de casais idosos dançava um foxtrote. Suas respectivas idades não eram surpresa para eles. Ambos tinham colocado nos anúncios que estavam na faixa dos 60 anos e procuravam companhia da mesma idade.

Forneceram um ao outro os resumos de suas vidas, ou pelo menos uma versão bem editada que acharam adequada para a ocasião. Ele tinha cursado a universidade e dirigira seu próprio negócio, pequeno, mas razoavelmente bem-sucedido. A esposa morrera há um ano, pouco depois de saber que a filha mais nova lhe dera o sexto neto. Ela nunca vira o membro mais novo de sua família porque a filha — na verdade as duas filhas — vivia do outro lado do mundo. Contudo, o filho mais velho assumira os negócios da família e morava perto. Tinham se acostumado a ver regularmente o filho e os três netos que lhes dera. Mas depois que sua esposa morrera, a família só aparecia rapidamente. Nunca mais vieram para ficar algum tempo.

A mulher e seu marido tinham sido professores. Eles viveram juntos durante 30 anos, até o dia em que ele provocou um escândalo, fugindo para viver com uma de suas alunas, 40 anos mais nova. A mulher não conteve um sorriso perverso ao contar ao homem que seu ex-marido tinha morrido de ataque do coração menos de um ano depois de deixá-la, mas não antes de engravidar sua jovem amante.

Um casal gracioso, mais jovem do que os outros, passou pela pista de dança, fazendo a mulher interromper a história de sua vida para observá-lo. O casal a fazia se lembrar do próprio filho e da esposa, ela disse ao novo companheiro. Era filho único, mas lhe dera quatro lindos netos. Costumavam passar alguns dias com ela, mas desde que ficara sozinha percebeu que davam muito trabalho, mesmo que apenas por um fim de semana. Também davam despesa, e embora pudesse se manter perfeitamente bem com a pensão que recebia, não podia mimar os netos como gostaria.

As primeiras notas de uma nova melodia os levou a dizer, quase simultaneamente: "Vamos dançar." Ambos tinham mencionado nos anúncios que a dança era sua paixão, assim como pediam uma pessoa que gostasse de crianças.

À medida que o fim da tarde foi virando noite, a ligeira inabilidade de sua primeira dança se transformou em suave elegância enquanto eles deslizavam pela pista de um modo que parecia desmentir a idade que tinham. A princípio abraçaram um ao outro com certa formalidade, mas com a confiança crescente relaxaram o suficiente para que seus corpos se tocassem. Ela era a primeira mulher que ele tinha nos braços nos últimos três anos, desde que sua mulher ficara acamada. E para seu constrangimento começou a ter outra ereção. Tinha gostado imediatamente desta mulher e a última coisa que queria era que ela pensasse que a estava procurando apenas atrás de sexo. Mas ela não deu sinal de ter notado sua excitação. Tivera uma preocupação momentânea com suas intenções, mas ficou mais lisonjeada do que ofendida — e nem um pouco aborrecida com o fato de que ele ainda pudesse reagir.

Quando a dança terminou eles pegaram um táxi. Ele a deixou em casa e combinaram de se encontrar de novo no final da semana. Logo seus encontros para dançar tinham se tornado compromissos regulares, duas vezes por semana. E seis meses depois eles estavam na cama, quase nus e descobrindo que o sexo não era tão fácil quanto se lembravam, nem tão difícil quanto temiam.

Um ano depois ela tinha vendido sua casinha e os dois estavam vivendo juntos na casa dele, que era muito maior. A princípio, os filhos dele tinham suspeitado de suas intenções e se preocupado com aquela união depois de um romance tão curto. Mas em pouco tempo os netos dos dois já ficavam com eles, apreciando as atenções que tinham perdido durante os dois anos anteriores. E gradualmente, cada um dos novos avós foi se tornando objeto de suas afeições. Para o casal de idosos, foi a viagem de suas vidas quando ambos voaram para o outro lado do mundo para visitar as duas filhas do homem e seus netos.

Mas a harmonia da nova família mista foi destruída quando, depois de viverem juntos por dez anos, o homem morreu subitamente de um ataque cardíaco. O filho dele reclamou do tamanho da herança que a madrasta recebeu, embora as filhas não tenham feito objeção. E dois anos depois ele reclamou novamente, quando ela morreu e boa parte dos bens deixados pelo pai passou para as netas dela.

O casal desta história não é de modo algum uma raridade. As pessoas são programadas para manter seu interesse em relacionamentos — e em sexo — até muito depois da idade em que a capacidade de ter filhos geralmente termina. Mas por que isso acontece e como pode ter sido moldado pela seleção natural?

A maioria das pessoas dirá, é claro, que o motivo que leva os idosos a reter ou buscar uma companhia não tem nada a ver com a evolução e a seleção natural. O que move as pessoas, como o casal da nossa história, é a necessidade de companhia, não de sucesso na reprodução, elas diriam. Mas embora esta seja uma boa descrição das motivações das pessoas, não é uma explicação para seu comportamento. Não é mais elucidativo do que dizer que as pessoas comem porque estão com fome — a afirmação é verdadeira, claro, mas não é uma explicação. As pessoas comem porque precisam de energia, proteínas e vitaminas para maximizar sua capacidade reprodutiva, e é por isso que seus corpos foram programados pela seleção natural para gerarem a fome, que os leva a procurar comida. De modo semelhante, em termos de melhoria da capacidade reprodutiva, é benéfico para pessoas idosas viverem com alguém do sexo oposto, e é por isso que seus corpos geram a necessidade de companheirismo, que os leva a buscar uma parceira. O trabalho do biólogo evolucionista é identificar os benefícios desses relacionamentos pós-reprodução, incluindo o envolvimento de sexo.

Porém, há um problema aparente. A expectativa *média* de vida dos nossos ancestrais, durante longos períodos da nossa evolução, não passava de 40 ou 50 anos. Mesmo agora, a mais baixa expectativa de vida no mundo, em Serra Leoa, é de apenas 40 anos, e em pelo menos outros 18 países da África ainda é de 50 anos ou menos. Uma das vantagens da vida em uma sociedade industrial moderna é que cada vez mais pessoas podem esperar viver até os 60, 70, 80 ou mais, muito além do que seria possível no passado. A expectativa média global de vida, no nascimento, em 1995, era de mais de 65 anos, um aumento de três anos desde 1985. Nos países desenvolvidos ela chegava aos 75 anos, enquanto a mais alta do mundo ocorre no Japão, onde as pessoas podem esperar viver, em média, 79,7 anos.

Pode-se argumentar, diante disso, que a seleção natural *não poderia* ter criado um comportamento pós-reprodução, porque ninguém vivia tanto, no passado distante, para ser exposto a tal mecanismo seletivo. Neste caso, o interesse por sexo e pelos relacionamentos mostrados por pessoas que já passaram da idade de ter filhos, nos dias de hoje, seriam simplesmente uma charada. Ações sem sentido, impulsionadas por corpos que pensam, erroneamente, que ainda são jovens e férteis. Contudo, é improvável que tal ponto de vista esteja correto. Desde que *alguns* de nossos ancestrais — cerca de 1% seria o suficiente — tenham vivido além, digamos, dos 60 anos, a seleção natural teria moldado o comportamento pós-reprodução atual, exatamente como o fez com o comportamento das pessoas nas fases iniciais e médias de suas vidas.

Existem três fatores-chave na ação da evolução sobre o comportamento das pessoas idosas, e todos já foram mencionados. Em primeiro lugar, as pessoas idosas aumentam o seu sucesso reprodutivo através da influência que exercem sobre o número e a qualidade de seus netos. Em segundo lugar, um par de avós, como casal estabelecido, terá uma influência maior do que só um avô ou avó, exatamente como dois pais são melhores do que um. E em terceiro lugar, avós biológicos têm mais probabilidade de exercer uma influência positiva do que avós adotivos, exatamente como pais biológicos são sempre melhores do que padrastos ou madrastas.

Desses três fatores, pode-se deduzir que as pessoas levam vantagem mantendo relacionamentos estáveis com os pais biológicos de suas crianças além do ponto em que eles, como casal, deixam de ter filhos. Mas se um parceiro os abandona ou morre, ou se eles abandonam a parceira, podem se comportar como os dois em nossa história, que buscavam um novo companheiro para ajudá-los a exercer sua função de avós. Não há dúvida de que ambos, o homem e a mulher, melhoraram seu sucesso reprodutivo com suas ações, principalmente porque o novo relacionamento deu-lhes maiores oportunidades para interagirem com os netos de novo. E como resultado disso, embora seja algo difícil de avaliar, todos os seus netos devem ter-se beneficiado, tornando-se mais bem-sucedidos do ponto de vista reprodutivo.

É relativamente fácil, portanto, ver por que as pessoas são impelidas a continuar com relacionamentos estáveis, ou a buscar outros melhores, além da idade normal de produção de filhos. E também por que elas devem tentar dividir seu tempo e seus recursos conjuntos de um modo ideal, entre filhos e netos. É claro que a rivalidade entre irmãos e outros conflitos que discutimos, com relação às famílias mistas, podem vir à tona quando avós adotivos tentam favorecer os seus próprios netos. Na nossa história, nenhum conflito desse tipo surgiu até o homem morrer e uma boa parte de sua riqueza, que de outro modo teria ficado para seus descendentes, ser passada para sua parceira e depois para os netos dela. Embora o homem e a mulher tenham aumentado seu sucesso reprodutivo com este relacionamento, dos dois quem lucrou mais foi provavelmente a mulher, porque, embora fosse mais pobre do que ele inicialmente, ela viveu mais tempo.

E agora chegamos ao aspecto que é mais difícil de entender — ou seja, por que o sexo deve fazer parte desses relacionamentos. De novo, a maioria das pessoas não vê um problema aqui: é óbvio, eles diriam, que as pessoas idosas não fazem sexo para ter filhos — todo mundo sabe que uma mulher não pode engravidar depois da menopausa. Eles devem fazer sexo simplesmente porque querem. E novamente, o biólogo evolucionista vai dizer que isto não é uma explicação. Deve haver algum lucro no sexo pós-reprodução. E qual é este lucro?

É importante manter aqui uma perspectiva histórica. Parte do conhecimento que nós, do mundo moderno, consideramos natural, não estava disponível para os nossos ancestrais. Por exemplo, na falta de registros oficiais, a informação de uma pessoa quanto à sua própria idade era muito pouco confiável. E justamente porque nossos ancestrais não tinham certeza sobre como as crianças eram concebidas, eles também não tinham certeza de quando a gravidez deixava de ser possível para uma mulher. Ao contrário disso; as ligações entre ovulação e gravidez de um lado, e entre a menopausa e o fim da ovulação do outro, são óbvias para nós, graças à pesquisa médica moderna. É importante ter em mente essas diferenças entre o conhecimento moderno e o antigo.

Ao calcular o benefício reprodutivo do sexo para as pessoas idosas, nós temos que distinguir entre homens e mulheres. Como já vimos, os homens nunca deixam de ser férteis. Embora a idade média para gerar o último filho, no caso dos homens, seja pouco diferente da idade das mulheres, isso se deve a oportunidades decrescentes, e não a uma capacidade decrescente. Um homem produz menos espermatozóides enquanto envelhece. Ele também ejacula menos e suas ereções são menos freqüentes, mais flácidas e mais curtas. Os períodos de impotência se tornam mais comuns. Apesar disso, a maioria dos homens ainda é capaz de ter filhos até mesmo depois da idade em que a debilidade física torna difícil uma relação sexual. O único problema do homem é sua capacidade cada vez menor de atrair mulheres jovens e férteis para serem suas parceiras. As pesquisas mostram que depois dos 50 anos ele tem que ser cada vez mais rico para atrair mulheres jovens, mas os homens muito ricos podem fazê-lo além dos 70 anos. Não é surpreendente, portanto, que os homens mantenham seu interesse nas mulheres jovens e no sexo, além de desejarem acumular riquezas e *status* durante a vida inteira. Mas embora a grande maioria tenha que se contentar com parceiras de sua idade, muitos mantêm o interesse em fazer sexo com essas parceiras idosas. Por quê? Que lucro reprodutivo um homem pode ter do fazer sexo com uma mulher que é velha demais para ter filhos?

A explicação têm tres partes. Primeiro, como já explicamos, mesmo um homem idoso mantém sua capacidade de gerar filhos. Em segundo lugar, uma mulher mais velha lucra se conseguir evitar que seu parceiro a deixe em troca de uma mulher mais jovem e ainda fértil, porque, se ele for embora, ela vai perder seu apoio no seu papel de avó. E em terceiro lugar, por mais estranho que possa parecer, é muito difícil saber quando uma mulher está velha demais para ter filhos.

Vamos examinar este último aspecto. Mesmo que um homem saiba a idade de uma mulher, ele raramente pode ter certeza absoluta de que ela já passou da época fértil. Registros mostram que algumas mulheres já engravidaram com a idade de 59 anos e até com 70 anos, se acreditarmos em alguns casos não documentados. Devemos nos lembrar também que nossos ancestrais homens nunca sabiam realmente a idade de uma determinada mulher. Além disso, a própria mulher não sabia e, mesmo se soubesse, ela sempre poderia mentir. O motivo de os registros de mulheres grávidas de 70 anos serem questionáveis é que, mesmo no século 20, nem todo mundo sabe com certeza a própria idade — e, de qualquer maneira, *elas* podem ter mentido.

Assim, tudo o que um homem pode fazer é tentar julgar a fertilidade de uma mulher a partir de sua aparência. Se ele souber quando foi a última vez que ela menstruou, ele pode ter um indício. Contudo, as mulheres que já passaram da menopausa às vezes sofrem falsos sangramentos vaginais e, sem os benefícios da investigação médica moderna, nossos ancestrais achavam muito difícil determinar qual fora o último período verdadeiro de suas parceiras. De qualquer modo, houve mulheres que engravidaram até dois anos depois de seu último período aparente. Devido a todas essas incertezas é que o corpo dos homens parece ter sido programado para presumir que, enquanto uma mulher mantém o interesse em sexo, uma relação com ela pode não ser inútil do ponto de vista reprodutivo. Isso dá ao corpo da mulher que já passou da menopausa um meio ideal de esconder sua infertilidade: permitindo e até mesmo solicitando o sexo. Por meio disso, a mulher mais velha pode conseguir algum apoio em sua luta para impedir que seu parceiro a abandone, fugindo com a primeira mulher jovem que demonstre interesse por ele. Nem sempre funciona, como a mulher da nossa história descobriu quando seu marido professor fugiu com uma de suas alunas, mas freqüentemente é o bastante para satisfazer o impulso subconsciente de um homem idoso para tentar conseguir mais filhos.

Nesse sentido, portanto, o comportamento sexual das pessoas entre os 50 e os 80 anos é, na verdade, uma continuação do padrão de conflito sexual e de cooperação que foi parte de suas vidas férteis. O que não é um enigma sem sentido, intocado pela seleção natural. O comportamento das pessoas pode ter menos influência em seu sucesso reprodutivo à medida que elas envelhecem, mas sempre terá *alguma* influência. E ele foi moldado pela seleção natural através dos sucessos e fracassos de nossos ancestrais mais idosos, exatamente como o comportamento sexual e paterno durante os primeiros quarenta anos de vida.

CENA 24

A ajudante familiar

Em pânico ao ouvir o som da campainha da porta, a mulher idosa agarrou a alça na parede da sala. Com grande esforço ela tentou erguer o corpo, afetado pela artrite, da cadeira na qual passava a maior parte das horas em que ficava acordada. Normalmente, a filha atenderia à porta, mas ela saíra para fazer compras e a anciã estava sozinha em casa.

Na terceira tentativa, ela conseguiu ficar de pé. Então, apoiando-se no andador, ela começou a atravessar a sala lentamente, em direção à porta da frente. Seu coração batia disparado, em parte devido ao esforço e à dor de se mover, em parte devido ao medo. Havia tantas histórias, na televisão e nos jornais, sobre mulheres de sua idade atacadas em suas casas. Quando chegou à porta, tentou olhar pela janela ao lado para ver quem estava lá fora. Mas, com sua visão cada vez mais fraca, tudo o que podia dizer é que havia duas pessoas diante da porta, talvez um homem e uma mulher.

Enquanto seus dedos enrijecidos lutavam com o trinco, ela gritou o mais alto que sua voz fraca permitia, perguntando quem era. Havia uma corrente na porta, e ela primeiro abriu apenas o suficiente para olhar através da fresta. Então, aliviada e contente de ver que o casal era seu irmão com a filha, ela se apressou em soltar a corrente.

Quando finalmente abriu a porta, pediu desculpas por ter demorado tanto e iniciou uma explicação tortuosa. Sua sobrinha assegurou-lhe que não era necessário. O irmão da mulher sofria da mesma doença e também aprendia a andar com um andador. Atrás dele estava a filha, agora com 60 anos. Ela trouxera o pai para uma visita, disse para a anciã. Tinha que fazer algumas compras e voltaria dentro de uma hora para apanhá-lo. Então, como se só agora lhe ocorresse, perguntou onde estava a filha dela. Ao ouvir que sua prima também saíra, ela hesitou, não querendo deixar o casal idoso sozinho, mas também hesitando em mudar seus planos para ficar com eles. Tinha contado com a presença da prima, sabendo como ela gostava de andar pela casa e fazer coisas para ajudar as pessoas nas raras ocasiões em que alguém as visitava. Tranqüilizada pela anciã de que a prima não ia demorar e que os dois ficariam bem, ela se ofereceu para acompanhá-los até a sala de visitas e acomodá-los. Acostumada com pessoas idosas, não pôde deixar de sorrir enquanto seguia, pacientemente, o pai e sua tia, que se moviam lentamente pelo corredor estreito, apoiados nos andadores.

Sozinho, o casal expressou seu prazer em ver um ao outro. O irmão, agora viúvo e com filhos espalhados pelo país, vivia num asilo de velhos. Era totalmente dependente dos membros da família para visitar a irmã e um círculo de amigos que se reduzia rapidamente. A maior parte do tempo entre as visitas e os telefonemas, ele passava dormindo. A irmã, contudo, ainda conseguia viver em sua própria casa, e ele a invejava por isso. Embora a maior parte da família tivesse se dispersado, sua sobrinha, concebida quando sua irmã estava na faixa dos 40 anos, vivera com a mãe toda a sua vida. E enquanto sua irmã ficava cada vez mais doente com a artrite, a mulher mais jovem assumira as tarefas da casa. Agora era o cordão umbilical ao contrário, sem o qual sua irmã simplesmente não conseguiria se manter.

Perguntou pela sobrinha. Ela estava bem? Agora que estava chegando ao final dos 30, não poderia mais ter certeza sobre sua saúde. Aliviado ao ouvir que, embora sua memória piorasse, ela estava bem e feliz, o homem começou a trocar lembranças com a irmã. Recordaram o choque que foi o nascimento dela, e a alegria de ver como ela era feliz e adorável quando criança, e o modo como ela ajudara a cuidar dos sobrinhos e sobrinhas quando eram pequenos. Uma das coisas de que sempre gostava, quando visitava a irmã, disse o homem, eram os abraços maravilhosos que recebia da sobrinha, não somente quando chegava, mas também durante a visita. E como ela cuidava bem da mãe e parecia feliz em fazê-lo. Ambos conheciam amigos com filhos que também tinham dedicado suas vidas a cuidar de pais idosos, mas tinham sofrido uma grande tensão com isso e o relacionamento deles se tornara amargo.

 Houve uma pausa na conversa. O homem olhou para o relógio sobre a lareira, sua visão tão boa como sempre fora, e pensou em quanto tempo a sobrinha levaria para chegar. Estava com muita vontade de vê-la, mas se demorasse muito sua filha voltaria antes e teria que partir.

 Assim que mencionou essa possibilidade, a campainha da porta tocou. Tomou a iniciativa de ir atender, embora fosse apenas um pouco mais ativo do que a irmã. Era sua filha. Ele sentiu uma pontada de decepção ao vê-la, porque significava que era hora de dizer adeus à irmã por mais algumas semanas, ou mesmo meses. E hoje em dia, cada vez que o fazia, pensava se não seria a última vez. Mas não precisava ter se preocupado com a possibilidade de não ver a sobrinha. Mal sua filha entrou e a mulher mais jovem apareceu no portão. Assim que o viu, seu rosto se iluminou com um grande sorriso. E apesar de estar carregada de compras, ela correu tão rápido quanto podia até a porta — não tinha o físico adequado para correr. Saudou alegremente a prima ao passar por ela e, chegando perto do tio, ela colocou as bolsas no chão. E então, continuando a sorrir para ele, deu-lhe um abraço tão forte que quase o separou de seu andador.

No final desta história, encontramos uma mulher que não faz nenhuma tentativa para ter filhos. Em vez de procurar um parceiro e tentar criar suas próprias crianças, ela dedica sua vida a cuidar da mãe, enriquecendo não apenas a vida *dela*, mas também, durante a infância, as vidas de seus irmãos, sobrinhos e sobrinhas — os netos de sua mãe. Por que a seleção natural teria programado alguém para desistir de suas próprias oportunidades de gerar descendentes apenas para ajudar os outros?

 A resposta a esta pergunta é muito instrutiva, revelando bastante sobre o funcionamento da seleção natural. Mas, antes que qualquer discussão possa fazer sentido, contudo, precisamos saber mais sobre a mulher da nossa história, a *ajudante*. Não há nenhuma dúvida de que seu comportamento, assim como sua química, são controlados pelos seus genes, pois ela é um tipo genético, uma pessoa com a síndrome de Down.

 O público em geral ainda tem uma imagem muito negativa dos indivíduos com a síndrome de Down. Eles são freqüentemente considerados como "erros", defeitos genéticos. Se uma mãe descobre que seu feto tem a síndrome de Down durante um exame de amniocentese na gravidez, a criança, com freqüência, é abortada. Até mesmo *The Cambridge Encyclopaedia of Human Evolution*, publicada em 1992, descreve a síndrome como "uma forma de anormalidade mental" e a "causa mais comum de severo retardo mental".

O biólogo evolucionista tem um problema com esta visão negativa. Em primeiro lugar, diferente de outras síndromes com bases genéticas semelhantes, é comum que a ocorrência seja considerada um simples erro. Mais de 2% das mulheres que engravidam depois dos 45 anos produzem um bebê com a síndrome de Down. Além disso, as pessoas com a síndrome apresentam características positivas que podem torná-las muito úteis dentro de uma grande família. Vamos nos concentrar nessas características positivas e considerar a possibilidade de que o fenômeno da síndrome de Down tenha sido moldado pela seleção natural. É preciso enfatizar que esta discussão não é mais do que uma hipótese, uma tentativa de estender uma teoria biológica de modo a encontrar uma explicação positiva para um fenômeno que, geralmente, é encarado de modo negativo. A evidência necessária para avaliar esta hipótese não se encontra disponível, e pode nunca ser obtida.

Indivíduos com a Síndrome de Down podem ser encontrados em todas as populações humanas e, onde quer que apareçam, apresentam as mesmas características. Eles são mais baixos que a média e têm um formato característico de cabeça, olhos, pálpebras e rostos. Esta condição não está restrita aos seres humanos e uma síndrome semelhante tem sido relatada em chimpanzés. Mas, apesar de sua incidência universal em seres humanos, ela não foi descrita cientificamente antes de 1866. A maioria dos indivíduos com a síndrome de Down é estéril. Mas isso não quer dizer que eles não tenham interesse em sexo e, ocasionalmente, as *mulheres* são férteis e se reproduzem. Quando o fazem, metade dos filhos nasce com a síndrome. Com freqüência, os indivíduos com a síndrome de Down sentem prazer em fazer coisas para outras pessoas, em vez de tentarem se reproduzir.

Mas se as pessoas com a síndrome de Down têm uma capacidade reprodutiva mínima e se a evolução age para favorecer as pessoas com características que aumentem o seu sucesso reprodutivo, como se pode afirmar que as pessoas com a síndrome de Down foram moldadas pela seleção natural? O princípio por trás da resposta é importante: a evolução produziu o fenômeno da esterilidade combinado com a vontade de ajudar, ao agir não sobre o ajudante, *mas sobre sua mãe.*

Só existe um elemento-chave nesta interpretação: a mulher pode produzir mais netos, no total, se recrutar um de seus filhos para ajudá-la, em vez de se reproduzir. Se isto parece paradoxal, considere esses dois cenários para uma mulher que tem três filhos. Em ambos os cenários, como em todas as nossas discussões sobre netos e questões correlatas, nós temos que imaginar uma situação ancestral na qual as pessoas vivem em uma grande família.

No primeiro cenário, todos os três filhos produzem descendentes. Suponha que a pressão sobre os recursos dos pais e depois dos avós é tão grande que cada criança só consegue criar um de seus filhos até a idade adulta. Nesta situação, a mulher só consegue três netos. No segundo cenário, suponha que, em vez de permitir que os três se reproduzam, a mulher consiga que um de seus filhos dedique toda a sua energia para ajudar o resto da família. E uma das coisas mais importantes que esta criança em especial terá que fazer será abandonar a distração e a sangria nos recursos familiares, que ocorreriam se ela tentasse ter filhos. Como resultado da ajuda que recebem deste filho estéril, os outros dois conseguem criar dois filhos cada um, até a idade adulta. Neste cenário, portanto, a mulher consegue um total de quatro netos e sua produção de descendentes aumentou de um terço fazendo com que um de seus filhos ajudasse, no lugar de tentar a reprodução.

Claramente, em princípio, existe o potencial para a mulher aumentar sua capacidade reprodutiva deste modo. Suas necessidades são diretas: ela deve dar à luz alguém que esteja mais interessado em ajudar do que em ter filhos, e a ajuda deve chegar na ocasião em que seu filho mais velho esteja começando a produzir os primeiros netos. De outro modo, criar um ajudante pode ser dispendioso e, sob certas circunstâncias, seria mesmo um luxo. Em particular, até que o ajudante chegue à idade de seis ou sete anos, ele dá mais despesas do que ajuda. Durante o período que vai da concepção até que ele ou ela comece a prestar ajuda, a mãe leva vantagem do ponto de vista da biologia evolutiva, se o ajudante tiver uma vulnerabilidade pré-programada, porque, se as condições da família deteriorarem, o ajudante, não os filhos férteis, será o primeiro a sucumbir. Na outra extremidade da vida do ajudante, seu papel diminui quando o último de seus sobrinhos e sobrinhas — os netos de sua mãe — se torna adulto e independente. Em média, portanto, sua maior contribuição será quando sua mãe estiver entre as idades de 40 e 80.

Indivíduos com a síndrome de Down se encaixam tão precisamente nestas condições, que é difícil não interpretar suas características como um produto da seleção natural. Em primeiro lugar, eles nascem no estágio certo da vida da mãe. Em segundo lugar, suas habilidades e aptidões são perfeitas para ajudar a mãe. Em terceiro lugar, eles possuem uma vulnerabilidade embutida, do nascimento até a idade de quatro anos e uma expectativa de vida curta (40 ou 50 anos). Sem dúvida, este é o aspecto mais cruel do modo como a seleção natural os projetou. Os detalhes desses três conjuntos de características não são bem conhecidos e merecem mais atenção.

Independente da idade de seu parceiro, uma mulher tem chances cada vez maiores de produzir um bebê com a síndrome de Down, à medida que envelhece. Com muita freqüência eles nascem de mulheres que já tiveram outros filhos. Mulheres com menos de 20 anos têm 1 chance em 2300 de ter um bebê com a síndrome de Down. Entre as idades de 25 e 30, as chances dobram para 1 em 1200. E então aumentam para 1 em 880 entre as idades de 30 e 35; 1 em 290 entre os 35 e os 40, 1 em 100 entre 40 e 45, 1 em 46 entre os 45 e os 50 anos. Assim, como a mulher aumenta a probabilidade de ter um bebê com a síndrome de Down na idade apropriada?

Ao contrário das sutis diferenças genéticas que discutimos em outras partes deste livro, a base genética para a síndrome é óbvia até mesmo sob o microscópio. Na grande maioria dos casos, ela resulta do fato de um bebê receber um cromossoma extra (47 no lugar de 46). Esse cromossomo extra, pequeno, é uma cópia extra do cromossoma conhecido como cromossoma-21. Normalmente as pessoas possuem apenas duas cópias dele, uma que veio do pai e outra da mãe, mas os bebês com a síndrome de Down têm três. Este cromossoma-21 extra geralmente vem da mãe, e é o resultado de uma divisão celular anormal, ocorrida dentro dela durante os estágios iniciais da produção do óvulo. Em vez de cada uma das células recém-formadas receber uma cópia do cromossoma-21, uma recebe dois e outra, nenhum. O acontecimento crítico nesse processo pode ocorrer quando a própria mãe ainda é um bebê, ou mesmo enquanto ainda era um feto, porque é nesta fase que ela produz os folículos primários que vão se transformar em seus futuros óvulos.

Quando a mãe ainda é um feto, seus ovários contêm cerca de sete milhões de folículos primários. Quando nasce, seu corpo já se livrou da maioria deles, deixando-a com cerca de 400 mil. Somente cerca de 400 destes vão se desenvolver durante sua vida, e o número que realmente se transforma em óvulos é de apenas 60. Assim, a maioria dos folículos primários que uma mulher tinha quando nasceu era destinada a produzir óvulos com apenas uma cópia do cromossoma-21 e, portanto, gerar bebês com capacidade de reprodução. Aqueles que vão produzir óvulos com *duas* cópias do cromossoma-21 são bebês com síndrome de Down em potencial. Um número igual vai produzir óvulos sem cromossoma-21 e se esses chegarem a ser fertilizados por um espermatozóide, eles serão abortados espontaneamente pela mãe.

Durante cada ciclo menstrual, entre seis e doze dos folículos primários da mãe começam a crescer, mas um, quase sempre, cresce mais do que os demais e produz o óvulo gerado pela ovulação. Os folículos remanescentes param de crescer e se desintegram. Durante a maior parte da vida fértil de uma mulher, seu corpo faz crescer um óvulo de um folículo primário com apenas uma cópia do cromossoma-21. Mas depois que ela passa dos 40 anos seu corpo tende, cada vez mais, a selecionar um dos folículos que vai produzir um óvulo com duas cópias.

De que modo as habilidades e aptidões dos indivíduos com a síndrome de Down os capacitam para o papel de ajudantes? Em geral, suas capacidades mentais são adequadas para eles aprenderem as habilidades necessárias à vida dentro de uma família grande e unida. Mas eles acham difícil, ou impossível, aprender as habilidades necessárias a uma existência *independente*. Geralmente seus talentos sociais são muito mais desenvolvidos do que os intelectuais. Em particular, eles são felizes, afeiçoados e cuidadosos. A mulher em nossa história teve muita sorte de receber a oportunidade para cumprir o papel de ajudante para o qual foi geneticamente programada. Mas muitas crianças com a síndrome de Down em nossa sociedade não encontram tal oportunidade.

Que esses ajudantes tenham uma vulnerabilidade embutida, que entra em ação quando os tempos são difíceis, é precisamente o padrão que deveríamos esperar de uma criança nascida para ser ajudante da mãe. Cerca de 60% dos fetos com a síndrome de Down abortam espontaneamente, e o número aumenta quando a mãe está estressada. Cerca de 20% dos fetos com Down nascem mortos. Do resto, de 15 a 20% morrem antes dos cinco anos, geralmente em conseqüência de uma doença cardíaca congênita, grave e inoperável. E de novo a previsão é de que estas mortes serão mais prováveis quando a situação de mãe e filho for mais tensa. Como vimos anteriormente, aqueles que sobrevivem além da idade de cinco anos contam com uma expectativa de vida de 40 ou 50 anos. Depois dos 40 eles começam a envelhecer rapidamente.

Mas se ter um bebê com a síndrome de Down pode ser vantajoso para o sucesso reprodutivo, futuro, de uma mulher, por que todas as mulheres não os produzem? A resposta é que, provavelmente, existe um equilíbrio muito delicado com relação aos custos e benefícios para a mulher no final dos 30 e até o meio dos 40 anos. De um lado, ela pode se beneficiar não tendo mais nenhum filho e concentrando todos os seus esforços em fazer o melhor que pode pelas crianças que já teve. Mas, por outro lado, ela pode se beneficiar produzindo outra criança completamente fértil, apesar de estar se condenando a outros 18 anos, ou mais, de investimento como mãe. Em algum ponto entre essas duas opções, é provável que exista uma estreita faixa de situações na qual a melhor opção para a mulher seja de produzir um ajudante, alguém que vai exigir apenas a metade dos anos de investimento materno, mas que então será um benefício, não um custo.

Como a faixa de situações em que um ajudante é a melhor opção é tão estreita, freqüentemente, tendo concebido um bebê com a síndrome de Down, o corpo da mãe muda de estratégia e o aborta. Mesmo quando uma criança dessas sobrevive ao nascimento, somente se as condições durante os primeiros cinco anos ou mais continuarem a favorecer a criação de um ajudante é que ele ou ela sobrevive para exercer sua função. Se as circunstâncias forem desfavoráveis, a mãe ou concebe outra criança fértil, ou evita outra gravidez, dependendo da direção tomada pelas novas condições. A hipótese de que a síndrome de Down foi moldada pela seleção natural precisa agora ser testada por novas pesquisas sobre as condições nas quais as crianças de Down são concebidas, sobrevivem e morrem. E do que mais precisamos é de informações — vindas de sociedades que ainda vivem em grandes famílias, assim como das que já estão na sociedade industrial moderna — sobre o impacto das crianças com Down na produção de netos para seus pais.

Muitas outras espécies também desenvolveram ajudantes em sua busca por um maior sucesso reprodutivo. Mas nem todos os ajudantes dessas espécies são estéreis como a maioria das pessoas com a síndrome de Down, embora muitos o sejam. Os exemplos mais conhecidos são as castas de trabalhadores estéreis entre as formigas, abelhas, vespas e cupins. Alguns pássaros, como um tipo de pica-pau da América, e alguns mamíferos, como o rato-toupeira da África, também vivem em grupos sociais que têm ajudantes estéreis. A situação não é muito diferente da que ocorre com alguns mamíferos carnívoros, como os lobos e os cachorros selvagens, em que apenas um casal da matilha tem filhotes e os outros ajudam a criar a prole. Nessas espécies, os ajudantes são, geralmente, os primeiros filhotes do casal reprodutor, e não os últimos, como ocorre entre os seres humanos. Mas isso acontece porque seu papel é ajudar os pais a ter mais filhos, não mais netos. O princípio, entretanto, continua o mesmo.

Existem indícios de que também os humanos, às vezes, usam uma criança mais velha como ajudante para produzir e criar mais filhos, em vez de netos. Nesses casos, entretanto, os ajudantes não são geneticamente diferentes, nem fisicamente estéreis. Eles não parecem diferentes dos filhos férteis, mas são diferentes no comportamento, de modo que podem ser persuadidos por seus pais a ficar em casa e ajudar, em vez de partir em busca de parceiros para reprodução.

O melhor estudo é talvez o de padrões de reprodução e movimento na Suécia do século 19. Ele mostra que as mulheres que ficavam no vilarejo onde nasciam, provavelmente vivendo com os pais, tinham grande probabilidade de ficar sem filhos. Já as mulheres que ficavam no vilarejo, mas tinham filhos, pareciam, em média, ter mais filhos do que aquelas que emigraram. Não sabemos se existe uma ligação direta entre essas duas descobertas, mas é possível que algumas das mulheres que ficaram em casa tenham assumido o papel de ajudantes "estéreis" para seus pais e irmãos, permitindo assim aos pais ter mais filhos, e criar melhor os filhos e os netos. Vários antropólogos, particularmente no leste da África, também relataram a possibilidade de tal comportamento ter ocorrido em culturas pré-industriais.

Há um epílogo triste para esta interpretação do papel dos ajudantes humanos. Com a desintegração das grandes famílias, seu papel foi cada vez mais desvalorizado. E provavelmente, nas modernas sociedades industriais as crianças com a síndrome de Down dão uma contribuição menor ao sucesso reprodutivo de uma mulher do que foi previsto pela seleção natural.

CAPÍTULO 9

O fim

CENA 25

Compromisso final

— Eu queria que ela morresse, eu realmente queria. Eu a amo muito e ela foi uma mãe maravilhosa, mas agora ela está arruinando minha vida — todas as nossas vidas — e eu acho que não posso suportar mais. Eu vou ficar maluca se ela durar muito mais tempo.

A mulher estressada olhou para sua amiga, imaginando se a tinha deixado chocada. Tinha guardado seus sentimentos por tanto tempo que depois que começou a falar, não conseguiu mais parar. Não queria ter dito que desejava a morte da mãe, mas era verdade. A amiga deu umas pancadinhas em sua mão, quase entornando a xícara de café ao fazê-lo.

— Deve ser terrível — disse ela. — Pelo menos quando minha mãe morreu, foi de repente. Num minuto ela era parte da família, alegre e atarefada, e no momento seguinte se fora. Foi realmente um choque, as crianças ficaram abaladas durante semanas. Mas fico feliz que tenha sido assim. Eu detestaria ter que passar pelo que você está passando.

— Não é só o dinheiro — disse a mulher enxugando as lágrimas —, embora esteja nos custando uma fortuna mantê-la no asilo. Ela não tinha muitas economias e, se viver muito, vamos perder tudo, ou teremos que removê-la e começar a pagar alguém. O custo já é um problema, mas é o tempo e a interferência em nossas vidas que estão me arrasando. Quase todo dia eu vou lá falar com ela — não posso deixá-la sem visitas. Mas as crianças não gostam de ir lá. Eles não querem vê-la lá deitada, babando, tremendo e não dizendo coisa alguma, só olhando.

Fez uma pausa para pegar um lenço.

— Eu estou negligenciando as crianças, eu sei que estou. É que eu não tenho tempo e energia para visitá-la — e me preocupar com ela — e ao mesmo tempo ser uma mãe adequada para eles. Nem estou cuidando direito da alimentação deles. Não os ajudo nos deveres de casa. Não é justo com eles.

A amiga bebeu o último gole de café e colocou a xícara sobre a mesa com uma rapidez que revelava que tinha que partir.

— Bem — disse ela, enquanto tentava encontrar alguma coisa confortadora para dizer — ...talvez não dure muito tempo. De qualquer forma, eu sinto muito, mas tenho que ir agora. É a minha vez de pegar as crianças na escola hoje.

Ela se levantou e ajeitou a roupa.

— Ela costumava ser tão ativa antes do derrame — continuou a mulher, olhando para a amiga e incapaz de parar. — Costumava me ajudar tanto com as crianças.

Sem responder, a amiga começou a caminhar para a porta, forçando a anfitriã a considerar seriamente sua necessidade de partir.

— Desculpe o desabafo — disse a outra, enquanto alcançava a amiga na porta. — Mas tudo que consigo pensar é que minha vida está sendo arruinada e não há absolutamente nada que eu possa.

A visitante tentou dar um sorriso tranqüilizador.

— Tudo bem, é que eu não posso ficar mais.

A mulher fechou a porta. Ia levar as crianças direto da escola para o asilo esta tarde. Já podia ouvir as reclamações em seus ouvidos. Odiava aquele pensamento, mas realmente desejava que a mãe os poupasse daquele sofrimento.

A morte é um assunto emocional, e é difícil discuti-la objetivamente com imparcialidade. Assim, desta vez, vamos começar analisando as espécies não-humanas e então examinar a importância de nossas conclusões para as pessoas. O argumento central é de que existe um momento na vida de um animal no qual ele aumenta seu sucesso reprodutivo não tentando ficar vivo para se reproduzir posteriormente, mas jogando tudo na reprodução *naquele momento*. É difícil ver como isso funciona em espécies como os humanos, já que não existe um momento definido em que esta decisão estratégica tenha que ser tomada por eles. Mas algumas espécies, como o salmão do Pacífico, por exemplo, ilustram bem a situação.

O salmão do Pacífico emigra, atravessando milhares de quilômetros, dos rios onde nasce até o Oceano Pacífico, onde se alimenta, cresce e se torna adulto. Então, um ano ou mais depois, eles voltam, para desovar nos mesmos rios onde nasceram. Quando o salmão adulto retorna ao rio, ele tem uma escolha estratégica. Ou ele poupa sua saúde e vitalidade para poder realizar a longa migração de novo e desovar outra vez dentro de dois anos, ou pode abandonar toda a cautela, se cansar até o ponto de exaustão e ter o máximo de filhotes na primeira tentativa. Ao fazê-lo, contudo, ele abandona qualquer possibilidade de emigrar e se reproduzir de novo.

É claro que a seleção natural programou o salmão do Pacífico para tomar a decisão que leva ao maior sucesso reprodutivo — que é a de se reproduzir e depois morrer. Os atuais salmões do Pacífico concentram todas as suas energias na reprodução ao voltarem aos rios onde nasceram. E eles estão tão programados para maximizar o esforço reprodutivo que todas as partes do corpo que não forem necessárias para nadar ou fazer sexo degeneram, inclusive o estômago e os intestinos. Esta degeneração libera energia, que é então usada para aumentar o esforço reprodutivo que ocorre uma única vez em suas vidas. Depois de consumir toda essa energia, não há retorno. Não há possibilidade de consertar ou fazer crescer de novo os órgãos. Após o fim da reprodução, o salmão exausto rapidamente se torna senil e morre.

Há dois motivos para esta morte programada ser o melhor meio de maximizar a capacidade reprodutiva do salmão. Em primeiro lugar, se uma fêmea de salmão escolhesse não ter o máximo de filhotes ao chegar no rio, e sim tentasse continuar viva, ela ficaria com menos energia disponível e assim produziria poucos ovos. De modo semelhante, o macho fertilizaria poucos ovos, porque teria menos energia para gastar vencendo lutas ou fabricando esperma. Em segundo lugar, mesmo se um dos sexos ficasse vivo, contendo seu esforço reprodutivo por um ano, suas chances de sobreviver a outra migração exaustiva e perigosa seriam tão pequenas que eles não conseguiriam se reproduzir de novo. Tudo o que conseguiriam seria uma redução no número de filhotes.

Obviamente, os humanos e outras espécies não são programados para morrer em benefício do seu sucesso reprodutivo, do mesmo modo espetacular como o salmão do Pacífico. Mas, de qualquer forma, ocorre um processo semelhante. E novamente, como em todas as discussões dos últimos dois capítulos, temos que pensar na seleção natural agindo no contexto de uma grande família, ancestral. O princípio-chave é o de que, além de um certo ponto, a presença permanente de uma pessoa idosa dentro de uma família grande começa a ter uma influência negativa sobre a produção de descendentes dele ou dela. Quando este ponto é atingido, a única coisa que o indivíduo pode fazer para evitar que todo o bom trabalho realizado até aquele momento seja desfeito é se retirar. Um modo de fazer isso é deixar a família. O outro é morrer. Diante disso, partir deveria ser uma opção mais sensata do que morrer. E assim aconteceria, se não fosse pelos anos de senilidade que precedem este momento. Geralmente a senilidade e a fragilidade do corpo chegaram a um ponto em que não há mais a opção de partir e levar uma vida independente. Por que, então, o processo de envelhecimento humano envolve enfraquecimento e senilidade, começando quase imperceptivelmente pelos 50 anos e terminando nos 70, ou depois, com a morte?

Existem duas teorias principais que tentam explicar a existência da síndrome da idade avançada e a morte. Uma teoria diz que isso é simplesmente o resultado das mutações acumuladas e dos erros químicos que ocorreram no corpo durante uma vida inteira. A outra teoria sustenta que, exatamente como as mudanças durante a fase fértil, o envelhecimento e a morte foram moldados pela seleção natural para serem os últimos passos de um indivíduo na sua busca pelo sucesso reprodutivo. Diante disso, elas parecem duas teorias independentes. Mas podem não ser. Elas podem, de fato, ser duas maneiras diferentes de se dizer a mesma coisa, como veremos.

A hipótese da mutação é muito simples, em princípio. Cada vez que uma célula do corpo se divide, o gene que ela contém, na forma de longos fios de DNA químico, precisa se duplicar exatamente, de modo que, depois da divisão, cópias passem para cada célula. Outras estruturas feitas de DNA, como as mitocôndrias, que são as usinas de energia das células, também precisam se dividir. Quase sempre o DNA da célula se duplica perfeitamente. De fato, as células possuem genes cujo trabalho é corrigir os erros, cortando fora o DNA mutante e substituindo-o por uma réplica fiel. Às vezes, entretanto, alguns erros escapam da correção e a célula sofre uma mutação. As linhagens de células possuem uma obsolescência embutida. Elas são guiadas, em suas divisões, por outros tipos de DNA, os telômeros, localizados nas extremidades de cada cromossomo. Os telômeros gradualmente se deterioram através das mutações, e, como resultado disso, as células só podem se dividir por um determinado número de vezes, até que os telômeros estejam exaustos. Então elas desistem. Somente três tipos de células escapam dessa obsolescência programada, e são rejuvenescidas por uma enzima especial, que conserta os telômeros. Esses tipos de células são os óvulos, os espermatozóides e as células cancerosas.

O resultado de toda essa atividade celular é que, à medida que uma pessoa envelhece, seu corpo acumula mais e mais mutações — nos genes, nas mitocôndrias e nos telômeros. Gradualmente, um número cada vez maior de células — e portanto o corpo em si — deixa de funcionar adequadamente, com um resultado inevitável. As pessoas se tornam senis e finalmente morrem.

À primeira vista, isso pode parecer contrário à teoria evolutiva. Nós já debatemos as estratégias que a seleção natural desenvolveu para permitir que homens e mulheres maximizem sua capacidade reprodutiva. Durante a fase de criação dos netos, a principal contribuição vem na forma de ajuda, conselhos, recursos e experiência. Contudo, ao longo da maior parte da evolução humana, e mesmo entre os agricultores e caçadores-colhedores de hoje, existe um custo importante para contrabalançar este benefício. Os avós exigem espaço e consomem comida. Quando são novos, os netos precisam de mais vigilância, cuidados e consomem pouco alimento. Nesta fase, a contribuição dos avós é considerável. Mas à medida que os netos crescem, em número e estatura, e exigem mais comida e espaço, as vantagens do cuidado dos avós diminuem e sua presença vira uma desvantagem. No final, a balança se inclina e a presença contínua dos avós começa a reduzir seu sucesso reprodutivo, já que eles passam a competir por recursos que serão mais úteis se aplicados nos seus filhos e netos.

Um meio pelo qual os avós podem reduzir o dreno nos recursos que representam e retardar o momento em que sua contribuição é superada pelo custo, é exigir menos espaço (tornando-se menos móveis) e menos comida (encolhendo em estatura). Finalmente, tendo reduzido suas necessidades ao mínimo, eles só podem deixar de ser uma ameaça ao seu próprio sucesso reprodutivo se desaparecerem completamente — morrendo. Se eles mantivessem a opção de continuar vivos, não se tornando frágeis e debilitados, então, como o salmão do Pacífico, eles provavelmente prejudicariam seu próprio sucesso na reprodução. A seleção natural, portanto, programou as pessoas para, primeiro, ficarem debilitadas e depois morrerem.

Esta teoria evolucionista explica a maioria das mudanças que ocorrem durante a velhice. Ela também explica uma das principais diferenças programadas em homens e mulheres, o fato de que, em média, as mulheres vivem mais tempo — geralmente vários anos — do que os homens. De um modo geral, as mulheres, hoje, podem esperar viver cerca de quatro anos mais do que os homens: 67,2 anos contra 63. A vantagem do sexo feminino é maior na Europa — quase oito anos a mais — e menor no sudeste da Ásia, onde é de apenas um ano de vida a mais. Esta variação global provavelmente reflete mais o impacto da medicina do que da evolução. Mas, ao mesmo tempo, as diferenças nas expectativas de vida de homens e mulheres quase certamente têm uma base evolutiva. Como a mulher tem mais certeza de que seus filhos e netos são seus, ela contribui mais para a criação dos netos e, assim, tem maiores perspectivas de aumentar seu sucesso reprodutivo nos anos em que é avó do que o homem. Ela também é menor, em média, e compete menos por comida do que o homem. À medida que seus netos crescem, vai demorar mais tempo para a influência positiva que ela tem sobre seu sucesso reprodutivo ser ultrapassada pela influência negativa. Em outras palavras, ela estará mais velha antes que a morte se torne sua estratégia final para maximizar o sucesso reprodutivo a longo prazo. De acordo com esta interpretação, doenças como alguns tipos de câncer e doenças do coração, que agora se sabe terem base genética, tornam-se ferramentas através das quais o corpo mata a si mesmo quando chega a ocasião. Estamos de volta à hipótese da mutação.

Assim, qual das duas teorias sobre o envelhecimento tem mais probabilidade de estar correta — mutação ou seleção natural? A resposta pode ser que ambas estão corretas! Elas não são mutuamente excludentes. Todas as conseqüências da divisão celular acontecem realmente, mas podem ser apenas um mecanismo pelo qual a seleção natural moldou o processo de envelhecimento, não a conseqüência real dele. A seqüência de mutações e consertos pode ter sido arranjada pela seleção natural de modo a conseguir um processo de senilidade e morte que mais favoreça o sucesso reprodutivo das pessoas.

Não existe nada de inevitável a respeito da acumulação de mutações. As células podem consertar ambas, as mutações e os telômeros, quando isso é adequado para elas. Os homens morrem antes das mulheres porque eles têm uma taxa mais alta de mutação do que as mulheres, enquanto elas possuem uma taxa maior de consertos das mutações. Mas não precisava ser assim. Mais provavelmente, a razão dessa diferença é que as mulheres ganham mais vivendo mais tempo, e foi *por isso* que elas desenvolveram uma baixa taxa de mutação e uma alta taxa de reparos. Presumivelmente, se as pessoas pudessem aumentar seu sucesso reprodutivo vivendo 200 anos, então seria deste modo que a seleção natural as teria moldado, exatamente como fez com as árvores e as tartarugas. Basta ajustar a taxa de mutação e reparos.

Qualquer que seja a teoria que aceitarmos — ou mesmo que aceitemos a combinação das duas —, a diferença entre as situações antiga e moderna parece clara. A síndrome da idade avançada se desenvolveu em nossos ancestrais, caçadores-colhedores, no contexto das famílias grandes, com limitações de espaço e de disponibilidade de comida. Nesse contexto, poderíamos esperar que a seleção natural produzisse uma situação de envelhecimento e morte que maximizasse, no todo, o sucesso reprodutivo das pessoas. Porém, no ambiente atual, a erosão da influência dos avós, devido à rápida mudança no ambiente, e o conseqüente declínio das famílias grandes combinaram-se para reduzir a contribuição que as pessoas podem dar ao seu sucesso reprodutivo nos anos em que são avós. Além disso, o impacto da medicina moderna pode fazer com que as pessoas se tornem uma sangria para os recursos da família durante muito mais tempo. A conseqüência disso pode ser um desequilíbrio na relação custo-benefício que a seleção natural ainda não teve tempo de corrigir.

Não é surpreendente, portanto, que cada vez mais famílias, atualmente, encarem o envelhecimento dos avós como uma carga, e não um benefício. Infelizmente, a situação da mulher da nossa história está se tornando cada vez mais comum. Experiências e recursos acumulados pelos avós durante suas vidas, teriam, anteriormente, beneficiado as gerações posteriores, aumentando o sucesso reprodutivo deles com a melhoria das perspectivas de vida de seus descendentes. Agora tais recursos são consumidos para mantê-los vivos e confortáveis em sua senilidade. Muitos agora chegam ao ponto em que se tornam um dreno para os recursos de seus filhos e netos, em detrimento de seu próprio sucesso reprodutivo.

A discussão sobre a morte, como uma estratégia para aumentar as perspectivas reprodutivas dos descendentes de uma pessoa, parece um tema adequado para terminar um livro sobre paternidade. Para muita gente, a idéia mais surpreendente — e mais chocante —, ligando todos os debates neste livro, será o princípio central da própria biologia evolutiva: de que todos os aspectos da paternidade humana, inclusive a morte, foram moldados pela seleção natural e que eles são, portanto, orquestrados pelos genes, mediados pela química do corpo e se manifestam, principalmente, como impulsos e motivações subconscientes. (Ocasionalmente, essas estratégias naturais emergem em nossas mentes conscientes, mas na maior parte do tempo nós não temos necessidade de pensar no que estamos fazendo — apenas fazemos.)

O comportamento paterno e materno foi moldado de modo tão rígido pela seleção natural porque ele tem uma influência direta no centro do processo seletivo: o sucesso reprodutivo. Cada aspecto, da concepção à morte, tem repercussões de longo prazo no número de descendentes que um indivíduo deixa. Os detalhes dessas repercussões foram mostrados nas várias histórias, enquanto os temas principais atravessaram quase todo o espectro do comportamento e da experiência paternos.

O primeiro tema é o de que os filhos são a escada para os netos e outros descendentes. A seleção natural não vai conceder seus prêmios àqueles que simplesmente tiverem mais filhos. Ela vai esperar para ver como a qualidade e a quantidade das crianças se complementam em seus descendentes. É devido a esta pausa na avaliação do sucesso que a escolha do companheiro, o planejamento da família e o favoritismo paterno são tão importantes, e por isso existem mais fatores na criação dos filhos do que simplesmente mantê-los em segurança. O modo como eles são alimentados, educados e protegidos — ou soltos no mundo — terá uma grande influência na capacidade reprodutiva de um indivíduo, a longo prazo. E é por isso que o acúmulo de riqueza e *status* é tão importante para a biologia da paternidade quanto fenômenos mais biológicos como saúde, fertilidade e comportamento.

O segundo tema é o do conflito — como pudemos ver, bebês significam guerras. Os conflitos surgem em todos os estágios — concepção, gravidez, trabalho de parto, infância, adolescência, paternidade e quando os pais se tornam avós, continuando até o momento em que damos o último suspiro. Todos os membros da família vão competir uns com os outros — pais, pais e filhos, irmãos, avós e pais, e assim por diante. De fato, o conflito de interesses é tão grande e variado entre os membros da família que parece surpreendente que possam existir momentos de paz e tranqüilidade dentro de qualquer lar — mas existem, e esses também se devem à seleção natural. Quanto mais sucesso uma família tiver na cooperação e na acumulação de recursos para a comunidade como um todo, maior será o benefício para cada um dos seus membros. Então, com a reunião desses recursos, os conflitos voltam à tona na forma de rivalidade entre irmãos e favoritismo paterno. O resultado é a corda bamba familiar na qual temos que caminhar, oscilando entre conflito e cooperação, amor e ódio, paz e confusão. Esta é a realidade da vida em família para a maioria das pessoas.

Depois existe a questão da confiança na paternidade, que emerge como um dos fatores que mais influenciam os conflitos familiares. O conceito é totalmente estranho para a maioria das mulheres, que são quase incapazes de se identificar com a psicologia masculina a esse respeito. Temores de que possa ter ocorrido uma troca de bebês na maternidade é talvez o mais próximo que uma mulher pode chegar em termos de empatia. E no entanto, a possibilidade de que uma criança, qualquer criança, possa não ser sua, está programado profundamente na mente masculina. Talvez alguns homens nunca aceitem isso *conscientemente* — ou nunca mencionem este medo, para não insultar sua parceira —, mas a possibilidade está sempre presente e tem grandes repercussões na qualidade do cuidado paterno. E o fato de que os homens nunca podem ter a mesma certeza das mulheres quanto ao parentesco genético com os seus filhos explica as muitas diferenças entre os sexos no tratamento das crianças. E quanto maior for a dúvida do homem, menor será o cuidado dele para com os filhos e os netos. Como foi demonstrado por muitos estudos, a certeza paterna é um fator importante na qualidade do cuidados dos pais com os filhos, tanto em outras espécies quanto nos humanos, o que, em si, demonstra como são subconscientes os impulsos que controlam esse aspecto.

O quarto tema é a confusão que pode surgir da evolução de estratégias condicionais: em outras palavras, das instruções programadas em nossos corpos para verificar a situação e só então agir. A reação à ordem dos nascimentos é um tipo de estratégia condicional; quão liberais devemos ser na educação sexual das crianças é outra. Superficialmente, estas estratégias podem parecer manifestações da cultura, não da natureza, do ambiente em que vivemos, não dos genes. Mas uma vez que tenhamos compreendido como as instruções para verificar antes de agir foram programadas pelos nossos genes, nós poderemos perceber a verdadeira natureza de tal comportamento. As estratégias condicionais são as causas principais das diferenças de comportamento, e não apenas entre os indivíduos, mas também entre as culturas. Diferentes regiões geográficas, períodos diferentes da história, criam ambientes diferentes com suas oportunidades e riscos — como, por exemplo, as variações no risco de doenças —, provocando, assim, comportamentos diferentes. Como resultado disso, as culturas diferem no que são consideradas como normas sociais de cuidado com os filhos. Mas quem arquitetou tudo foi a seleção natural, enquanto a cultura plagia e, invariavelmente, afirma ter criado as regras primeiro.

O quinto tema é o espectro surpreendente de comportamentos que foram moldados e burilados em ambientes ancestrais, mas que passaram com sucesso para o ambiente completamente diferente da sociedade industrial moderna. Conhecer o ambiente ancestral no qual evoluíram esses aspectos do cuidado paterno é importante para compreender o comportamento, seja o cuidado com os bebês, a educação sexual das crianças, o cuidado com os netos, a velhice e a morte. O advento das roupas, sistemas jurídicos punitivos, rápidas mudanças sociais e no ambiente geraram situações que a seleção natural nunca previu. As respostas evoluídas estão sempre surgindo, mas nem sempre fornecem a solução ideal. De pequenos problemas, como mamilos doloridos e noites sem dormir, a questões devastadoras, como o assassinato de crianças depois de abuso sexual — esses são os preços que temos que pagar pelo nosso atual modo de vida.

O último tema se relaciona com o mais influente dos desenvolvimentos modernos: o fim das grandes famílias. Avanços nas ciências médicas, permitindo que as pessoas vivam mais tempo, combinados com novas situações sociais, se chocam com as motivações e impulsos evoluídos. E os problemas vão dos impulsos frustrados dos avós para cuidar de netos à falta de uma válvula de escape para os impulsos programados em pessoas com a síndrome de Down. Mas, no devido tempo, a seleção natural fará o melhor possível para reprogramar as pessoas, a fim de que se comportem do modo mais adequado ao ambiente atual. Mas se este ambiente continuar mudando na proporção atual, a paternidade, no futuro, será uma experiência muito diferente de qualquer coisa que tenhamos experimentado.

OUTRAS LEITURAS

LIVROS

Baker, R.R. (1982). *Migration: Paths through Time and Space.* Hodder & Stoughton, Londres.
Baker, R. R. (1997). *Guerra de esperma: Infidelidade, conflito sexual e outras batalhas de alcova.* Editora Record, Rio.
Baker, R.R e Bellis, M.A. (1995). *Human Sperm Competition: Copulation, Masturbation and Infidelity.* Chapman & Hall, Londres.
Bortolaia Silva E. (1996). *Good Enough Mothering? Feminist Perspectives on Lone Motherhood.* Routledge, Londres.
Buss, D.M. (1994). *The Evolution of Desire: Strategies of Human Mating.* Basic Books, Nova York.
Dawkins, R. (1976). *The Selfish Gene.* Oxford University Press, Oxford.
Ford, C.S. e Beach, F.A. (1952). *Patterns of Sexual Behaviour.* Eyre & Spottiswoode, Londres.
Gibson, D. (1978). *Down's Syndrome: The Psychology os Mongolism.* Cambridge University Press, Cambridge.
Jones, S. (1996). *In the Blood: God, Genes and Destiny.* Flamingo, Londres.
Jones, S., Martin, R., Pilbean, D. and Bunney, S. (1992) *The Cambridge Encyclopedia of Human Evolution,* p. 506. Cambridge University Press, Cambridge.
Krebs, J.R. e Davies, N.B. (1993). *An Introduction to Behavioural Ecology.* Terceira Edição. Blackwell Scientific Publications. Oxford.
McLanahan, S. e Sandefur, G. (1994). *Growing Up with a Single Parent: What Hurts, What Helps.* Harvard University Press, Cambridge, Mass.
Russell, D.E. (1984). *Sexual Exploitation.* Sage, Beverly Hills, Calif.
Sulloway, F.J. (1996). *Born to Rebel: Birth Order, Family Dynamics and Creative Lives.* Pantheon Books, Nova York.

ARTIGOS

Adler, N.A. e Schuts,J. (1995). Sibling incest offenders. *Child Abuse and Neglect* 19, 811-19
Bell, J.A. (1991). The epidemiology of Down's syndrome. *Medical Journal of Australia* 155, 115-17
Bereczkei, T. and Dunbar, R.I.M. (1997) . Female-biased reproductive strategies in a Hungarian Gipsy population. *Proceedings of the Royal Society of London* B 264, 17-22.
Daly, M. e Wilson, M.I. (1985.) Child abuse and other risks of not living with both parentes. *Ethology and Sociobiology* 6, 197-210.
Grammer, K.,Dittami, J. and Fischmann, B. (1993). Changes in female sexual advertisement according to menstrual cycle. Paper read at the International Congress of Ethology, Torremolinos, Espanha.
Grammer, K. e Thornhill, R. (1994). Human (*Homo sapiens*) facial attractiveness and sexual selection: the role os symmetry and averageness. *Journal of Comparative Psychology* 108, 233-42

Haig, D. (1996). Altercation of generations: genetic conflicts of pregnancy. *American Journal of Reproductive Immunology* 35, 226-32

Hartmann, P.E., Rattingan, S., Prosser, C.G., Saint, L. e Arthur,P.G. (1984). Human lactation: back to nature. *Symposium of the Zoological Society of London* 51, \337-68.

Rogers, A.R. (1993), Why menopause? *Evolutionary Ecology* 7, 406-20.

Russell, D.E.H. (1984). The prevalence and seriousness of incestuous abuse: stepfathers vs. biological fathers. *Child Abuse and Neglect* 8, 15-22.

Singh, D. (1993). Body shape and women's attractiveness: the critical role of waist-to-hip ratio. *Human Nature* 4, 297-321.

Este livro foi composto na tipologia America Garamond em corpo 12/14 e impresso em papel Chamois fine 80g/m² no Sistema Cameron da Divisão Gráfica da Distribuidora Record.

Seja um Leitor Preferencial Record
e receba informações sobre nossos lançamentos.
Escreva para
RP Record
Caixa Postal 23.052
Rio de Janeiro, RJ – CEP 20922-970
dando seu nome e endereço
e tenha acesso a nossas ofertas especiais.

Válido somente no Brasil.

Ou visite a nossa *home page*:
http://www.record.com.br